先进的检测设备、制造装备是确保优质产品的前提……

优质产品是获得良好口碑的基础……

AY多级油泵

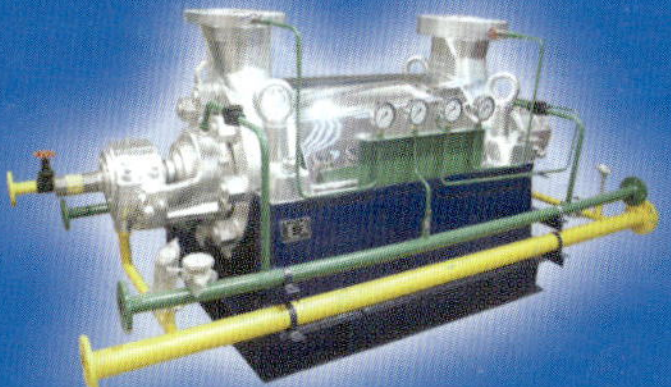

DG锅炉给水泵

KQSN型双吸泵

ZL立式轴流混流泵

筒袋式凝结水泵

凯泉集团上海黄渡工业园区鸟瞰图

上海开维喜阀门集团
SHK VALVE GROUP

Group Profile

上海开维喜阀门集团有限公司

上海开维喜阀门集团是长输管线、石油化工过程装置等严苛工况专用阀门供应商。历经近 20 年的发展创新，集团已形成以球阀系列、低温阀系列、控制与空分装置专用阀系列、高温高压及特殊物料阀系列为主导的产品结构，提供全方位工业阀门集成解决方案。

上海开维喜阀门集团推行专业化、多品牌运营战略，集团有专业的球阀制造工厂、控制阀与空分装置阀门制造工厂、高温高压及特殊物料阀门制造工厂和通用阀门系列制造工厂。此外，集团设有销售公司及北京、内蒙古分公司。安科特种阀门有限公司是集团核心公司，专业生产球阀产品。集团通过引进战略合作伙伴，对球阀工厂加工能力进行全面升级，打造具有国际竞争力的球阀专业制造基地。

在拓展主营业务、保持利润持续增长的基础上，上海开维喜阀门集团注重提升企业的核心价值，发展成为对股东、对员工、对客户、对社会高度负责任的大型企业集团。

SHK Group (original Shanghai KVC Valve Co., Ltd.) focuses on supplying special valves applied to long-distance pipelines, petroluem, petrochemical processing devices and other harsh working conditions. On the basis of inheriting the mature industrial valve manufacture experience, abosring the advanced technique from worldwide, and with multi-channel R&D cooperation and exchange through twenty years development and innovation. We offer integrated solutions for industrial valves.The leading products of group are ball valve series, cryogenic valve series, high temp.& pressure valve series, special material and process valves series.

SHK Valve Group perform the operation strategy of specialization and multi brand. Group have a professional ball valve plant, high temp. & pressure and special material valves plant, air separation valve plant, commodity valve series plant and two branches in Hongkong and America. Ball valve plant is the core company of the group, which importing advantage machines and introducing strategic partners, the process capability of plant is fully upgraded. Our target is striving to be the most competitive professional ball valve manufacturer.

On the basis of developing primary business and keeping the sustained growth, SHK Valve Group pays attention to upgrade the core value of enterprise, and develops to be a large group enterprise highly responsible to shareholders, employees, customers and society.

全方位工业阀门集成解决方案

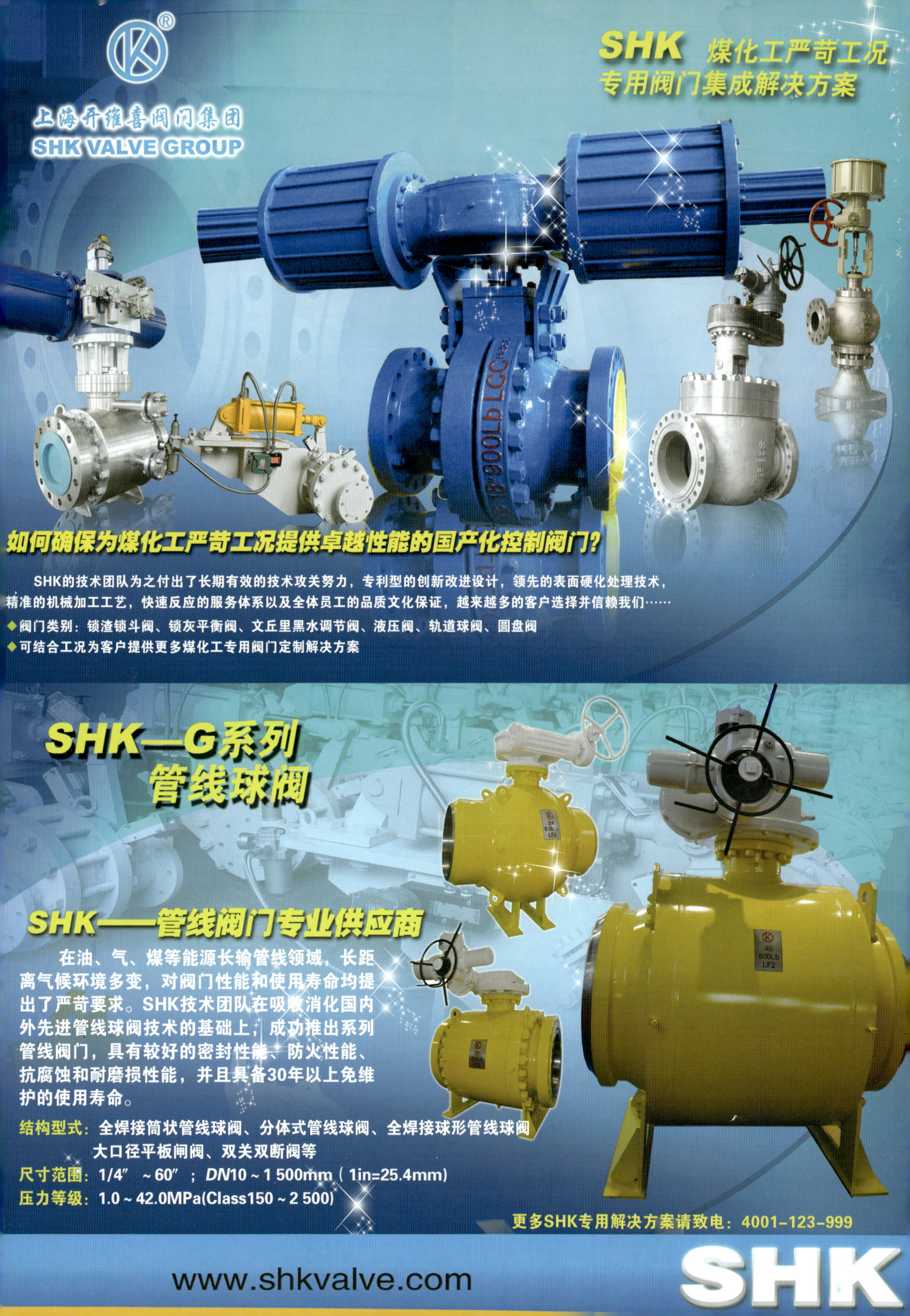
上海开维喜阀门集团
SHK VALVE GROUP
SHK 煤化工严苛工况
专用阀门集成解决方案
18" 900Lb LCC
如何确保为煤化工严苛工况提供卓越性能的国产化控制阀门？
SHK的技术团队为之付出了长期有效的技术攻关努力，专利型的创新改进设计，领先的表面硬化处理技术，精准的机械加工工艺，快速反应的服务体系以及全体员工的品质文化保证，越来越多的客户选择并信赖我们……
◆阀门类别：锁渣锁斗阀、锁灰平衡阀、文丘里黑水调节阀、液压阀、轨道球阀、圆盘阀
◆可结合工况为客户提供更多煤化工专用阀门定制解决方案
SHK—G系列
管线球阀
SHK——管线阀门专业供应商
在油、气、煤等能源长输管线领域，长距离气候环境多变，对阀门性能和使用寿命均提出了严苛要求。SHK技术团队在吸收消化国内外先进管线球阀技术的基础上，成功推出系列管线阀门，具有较好的密封性能、防火性能、抗腐蚀和耐磨损性能，并且具备30年以上免维护的使用寿命。
结构型式：全焊接筒状管线球阀、分体式管线球阀、全焊接球形管线球阀
大口径平板闸阀、双关双断阀等
尺寸范围：1/4″ ~60″；DN10~1 500mm（1in=25.4mm）
压力等级：1.0~42.0MPa(Class150~2 500)
40
600Lb
LF2
更多SHK专用解决方案请致电：4001-123-999
www.shkvalve.com
SHK

共赢未来

公司设有研发中心和面向全行业服务的石家庄杂质泵研究所，拥有CFD、CAE先进的设计手段，专门从事杂质泵、污水泵和潜水泵的设计理论、水泵性能、磨损机理、耐磨材料和新产品开发的实验研究工作。建有全国大型的测试精度达到国际标准的渣浆泵、潜水高压试泵站和河北省工业泵实验、测试检验中心。曾荣获全国“五一”劳动奖状、全国管理基础达标示范企业、全国机械企业管理优秀企业、国家“CAD”示范企业、国家“863”计划CIMS工程示范企业、河北省“质量效益型先进企业”、河北省“科技先导示范企业”和石家庄十大明星企业等荣誉。公司于1997年通过华信技术检验有限公司、美国FMRC公司的ISO9001质量体系认证以及中国船级社船用泵产品型式认证，并荣获河北省“质量管理奖”企业、国家二级计量单位、河北省“用户满意产品”企业、河北省“产品免检”企业等称号。

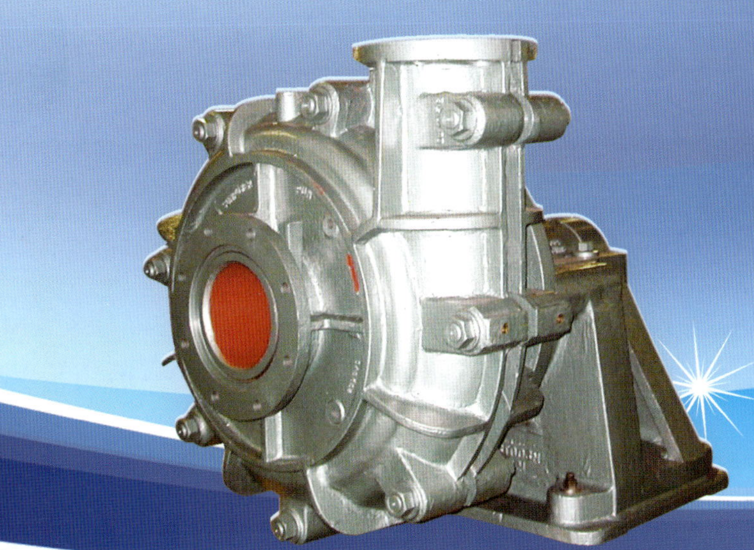

M／AH(R)／HH／L系列渣浆泵

1000WN型挖泥泵

遍布全国矿山、冶金、电力等行业单位。先后为安太堡露天煤矿、秦山核电站、石横发电厂、平圩发电厂、齐鲁30万t/a乙烯工程、渤海石油钻井平台、德兴铜矿和宝钢集团二期工程等近百个国家重大工程项目提供了数万台配套用泵。

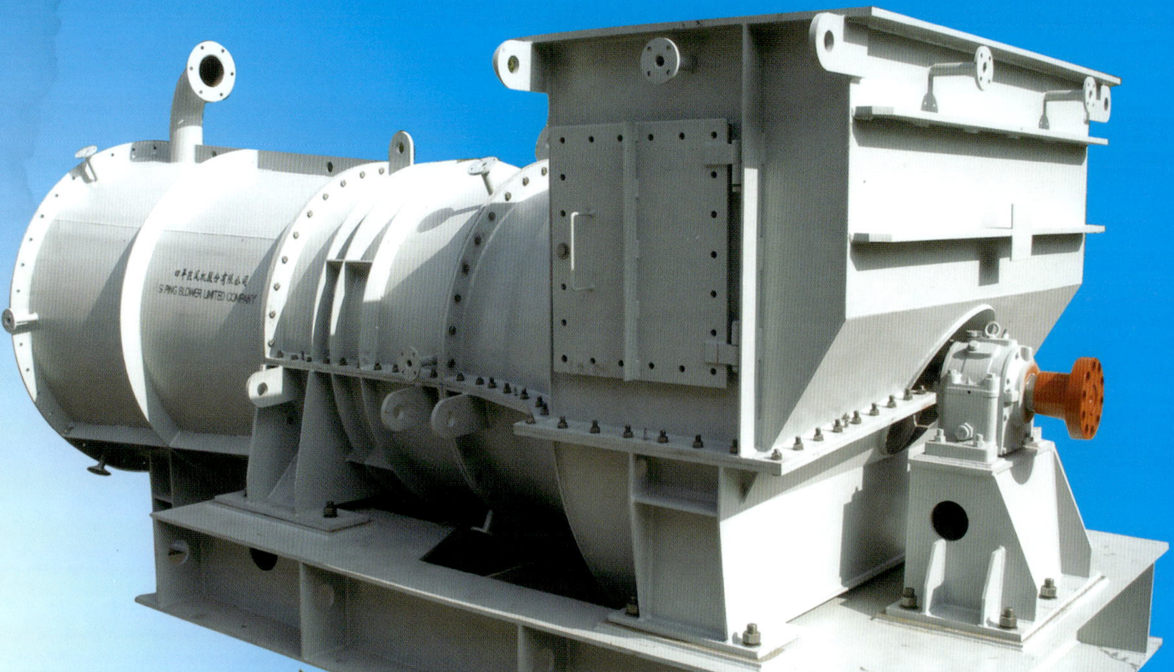

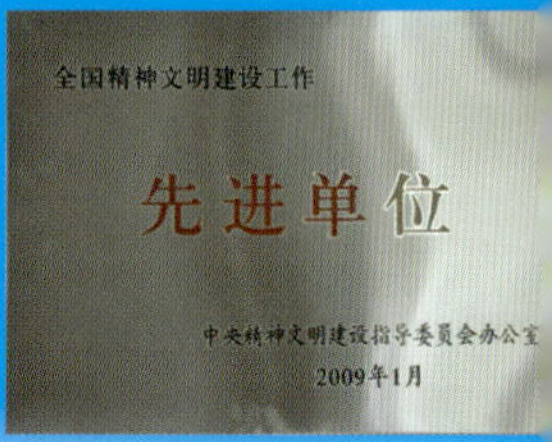

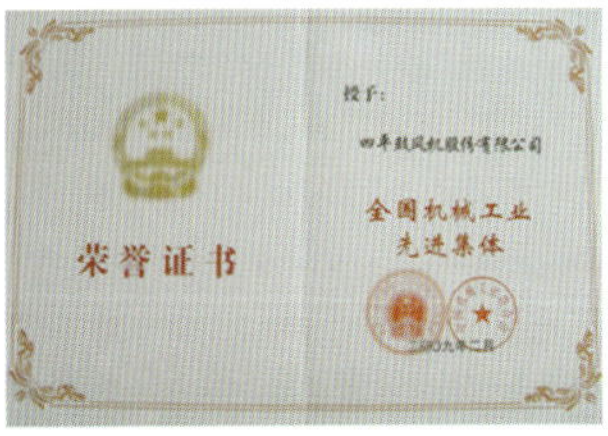

上海电气压缩机泵业有限公司

Shanghai Electric Compressor&Pump Co.,Ltd.

■1 000kN 活塞力工艺气往复式氢气压缩

■直径为 816mm 的大螺杆转子

■隔膜泵机组

上海电气压缩机泵业有限公司是中国石化供应商网络成员单位、中国石油和天然气集团公司供应商网络成员单位。公司占地面积 107 025m²，厂房面积 66 200m²。年生产大中型压缩机 200 台，大中型往复泵、隔膜泵 250 台。

公司经营范围：各类气体压缩机、高压泵设计、制造、销售及服务(以及涉及行政许可的凭许可证经营)。

产品及产品制造：

往复式压缩机：2～10列，1～7级，最大活塞力1 000kN；最大排气压力40MPa，最大电动机功率13 000kW。

1 000kN 活塞力重大型往复式压缩机主要用户有：中石化南化集团、齐鲁石化、上海石化、镇海练化等公司，中石油新疆乌鲁木齐石化、吐哈油田甲醇、哈尔滨炼油厂、辽阳石化以及大唐国际和山西潞安集团等。

1 000kN 活塞力重大型往复式压缩机荣获"2008 年度中国机械工业科技进步三等奖"、"2008 年度上海电气(集团)总公司科技进步二等奖"、"第四届中国国际流体机械展览会参展产品特等奖"以及 2009 年"上海市重点新产品证书"、2009 年中国国际工业博览会铜奖。1 250kN、1 500 kN 活塞力重大型往复式压缩机已在实质研发中。

螺杆式压缩机：最大转子直径 816mm，最大排气压力 2.5MPa，最大电动机功率 6 000kW。

由本公司自主研发创新、具有自主知识产权和专利、转子直径为 816mm 的工艺气螺杆式压缩机已投入商业运行，广获好评。该机各基础数据和考核指标达到设计与使用要求，具有高效(一机抵多机)、省功、低噪声、高自动化率等特性，其技术性能和单机能力达到国际先进水平，填补了国内空白，可满足百万吨级乙烯装置和化工、煤化工装置中对大功率和特大气量压缩机的需求，与进口产品相比，其性价比凸显该机广阔的市场前景。

往复式高压泵：3 柱塞、5 柱塞，最大排量 350 m³/h，最大排气压力 45MPa，最大电动机功率 900kW。

高低压隔膜泵：最大排量 320 m³/h，最大排气压力 12MPa，最大电动机功率 1 340kW。

总经理(法人代表)：吴永辉

■办公大楼

地址：上海长江西路 815 号
邮编：200431
负责人：马易韵(市场部总监)
项目联系人：龚志辉
电话：021-66188657 66188662
传真：021-56770813
E-mail:gongzhihui321@sina.com
http://www.compressor-sh.com

中国机械工业年鉴系列

中国通用机械工业年鉴

2010

中国机械工业年鉴编辑委员会
中 国 通 用 机 械 工 业 协 会　编

《中国通用机械工业年鉴》2010年刊设置综述、行业概况、产品进出口、企业概况、统计资料、产品与项目、大事记和附录等栏目，集中反映2009年通用机械行业的发展情况，详细记载了泵、风机、阀门、压缩机、真空设备、干燥设备、减变速机、分离机械及气体分离设备等分行业的发展情况，全面系统地提供了通用机械行业企业的经济指标。另外，本年鉴设置了“走进企业”栏目，对企业的生产和发展情况进行全面的报道；“特别关注”栏目介绍浙江永嘉泵阀企业发展情况，为众多永嘉泵阀企业今后如何更好地发展指明方向。

《中国通用机械工业年鉴》主要发行对象为政府决策机构、机械工业相关企业决策者和从事市场分析、企业规划的中高层管理人员以及国内外投资机构、贸易公司、银行、证券、咨询服务部门和科研单位的机电项目管理人员等。

图书在版编目（CIP）数据

中国通用机械工业年鉴．2010/中国机械工业年鉴编辑委员会，中国通用机械工业协会编．—北京：机械工业出版社，2010.9

（中国机械工业年鉴系列）

ISBN 978-7-111-31957-3

Ⅰ．中…　Ⅱ．①中…　②中…　Ⅲ．①机械工业—中国—2010—年鉴　Ⅳ．①F426.4-54

中国版本图书馆CIP数据核字（2010）第182958号

机械工业出版社（北京市百万庄大街22号　邮政编码100037）

责任编辑：魏素芳

北京正合鼎业印刷技术有限公司印制

2010年09月第1版第1次印刷

210mm × 285mm · 12印张 · 46插页 · 502千字

定价：200.00元

凡购买此书，如有缺页、倒页、脱页，由本社发行部调换

购书热线电话（010）88379821、88379829

封面无机械工业出版社专用防伪标均为盗版

中国机械工业年鉴系列

作为『工业发展报告』

记录企业成长的每一阶段

中国机械工业年鉴

编辑委员会

中国通用机械工业年鉴
特约顾问单位特约编辑

特约顾问单位	特 约 编 辑
四川空分设备（集团）有限责任公司	李钟钦
四平鼓风机股份有限公司	李振勇
长沙鼓风机厂有限责任公司	周　谦
上海鼓风机厂有限公司	吕群力
安徽安风风机有限公司	张海生
大连大高阀门有限公司	胡云金
上海开维喜阀门集团有限公司	向艳梅
上海科科阀门集团有限公司	赵晓霜
上海浦东汉威阀门有限公司	孔夙婷
特福隆集团有限公司	李锦硕
宣达实业集团有限公司	周晓彤
上海良工阀门厂有限公司	王　鹏
沈阳盛世高中压阀门有限公司	张　宽
浙江盾安阀门有限公司	陈金胜
江苏泰隆机械集团公司	陈冬红
山东省德州市金宇机械有限公司	金树森
浙江开山压缩机股份有限公司	赵晓伟
上海瑞气气体设备有限公司	吴天瑞
衡水海江压滤机集团有限公司	张子平
绿水分离设备有限公司	符元文
重庆江北机械有限责任公司	叶信林
西安超滤净化工程有限公司	汪　燕
江苏赛德力制药机械制造有限公司	吴红星
景津压滤机集团有限公司	张　丹
上海凯泉泵业（集团）有限公司	陈挺轶
广州市白云泵业集团有限公司	唐　敏
石家庄强大泵业集团有限责任公司	李　源
耐驰（兰州）泵业有限公司	杜　凡
昆明嘉和科技股份有限公司	陈　丽
上海佳力士机械有限公司	张莉萍
四川大川压缩机有限责任公司	李伶俐
上海电气压缩机泵业有限公司	马易韵
上海阿波罗机械股份有限公司	陈　侃
重庆水泵厂有限责任公司	王庆庆
浙江真空设备集团有限公司	陶永峰

中国通用机械工业年鉴

优化产品结构
发展自主品牌

前　言

2009年，在党中央、国务院关于“扩内需，保增长”方针的指引下，通用机械制造业继续加大产品结构和产业结构调整力度，开发适应市场需求的产品，克服了由于国际经济危机和世界经济衰退带来的不利影响，产值、经济效益继续保持增长，但增幅有所下降。

2009年，通用机械行业规模以上企业6 721家，完成工业总产值4 759.87亿元，同比增长11.91%；实现利润总额251.09亿元（1~11月），同比增长7.82%。

2009年，通用机械制造业紧紧围绕百万千瓦压水堆核电、天然气长输管线等新能源领域及国家重大工程的需要，以高度的政治责任感，投入了巨大的人力、物力和财力，研发成功一批具有国际先进水平的新产品，填补了国内空白，为重大技术装备国产化作出了重要贡献。百万千瓦压水堆核电泵阀过去长期依靠进口，国产率只有4%~6%。经过4年的努力，沈阳鼓风机集团有限公司、中核苏阀科技实业股份有限公司、大连大高阀门有限公司等一批泵阀制造企业，已陆续研制成功适应核电机组严格要求的产品，使百万千瓦压水堆核电机组核电泵阀国产化率提高到70%以上，该项工作受到国务院领导和国家能源局的表扬。天然气长输管线建设需要的管线压缩机组和大型全焊接球阀正处于研制阶段，其中上海耐莱斯·詹姆斯伯雷阀门有限公司、成都乘风阀门有限责任公司和五洲阀门有限公司研制的30台全焊接球阀样机已通过由国家能源局组织的专家鉴定和产品出厂验收。

通用机械制造业在深化国企改革方面也取得了重大进展，陕西鼓风机（集团）有限公司、杭州制氧机集团有限公司、江苏神通阀门有限公司和江苏金通灵风机有限公司等一批企业成功上市，企业发展进入新的阶段。

中国通用机械工业协会与中国机械工业年鉴编辑委员会希望通过《中国通用机械工业年鉴》，系统、广泛宣传通用机械行业在经济发展、深化改革、新产品新技术开发以及推进重大技术装备国产化等方面取得的成绩，展望发展前景，进一步促进行业的技术进步和经济可持续发展。

在《中国通用机械工业年鉴》2010年版的编撰过程中，得到了通用机械行业各有关企事业单位和相关用户的大力支持，中国通用机械工业协会与中国机械工业年鉴编辑委员会在此表示衷心的感谢，并将一如既往地为各界朋友和广大用户提供真诚的服务。

中国通用机械工业协会会长：隋永滨

2010年9月

广告索引

专题索引

走进企业

特别关注

产品与项目

大 事 记

附 录

Contents

Statistical Data

Products & Items

Chronicle of Events

Appendix

大连大高阀门有限公司

大连大高阀门有限公司是在原大连高压阀门厂的基础上于2002年7月改制而成的，是中国通用机械工业协会阀门分会理事长单位。公司始建于1956年，占地面积14万m²，总资产5亿元，现有职工700多人。公司具有核一级、核二级、核三级阀门设计和制造许可证，是国家武器装备科研生产的特定许可制造企业，是国家指定的重点装备关键阀门国产化的依托单位，是国家高新技术企业和省级科研中心。

公司在全国阀门行业率先通过了美国机械工程师协会ASME的"N"和"NPT"钢印资质。公司还持有中国特种设备压力管道及压力管道元件制造许可证、中国电力600MW火电机组入网许可证、中国船级社颁发的"船用阀门生产许可证"、球阀产品防火鉴定证书、英国劳埃德和挪威船级社的ISO9001质量认证证书、美国石油学会的API证书、欧盟承压设备CE安全证书和军工产品质量体系认证证书。

公司主要产品有闸阀、截止阀、止回阀、节流阀、球阀、旋塞阀、蝶阀、疏水阀、仪表阀、调节阀、波纹管阀、平板闸阀、真空阀、低温／超低温阀、抗硫阀、Y型阀、核级阀门、军工阀门、特种阀门以及管路法兰、阀门操作机构等共20大类、500多个型号、4 000多个规格。产品被广泛地应用在石油、化工、船舶、电力、冶金、机械、轻纺、军工和核电系统等工业装置上。

公司一贯重视新产品、新技术的开发与应用，技术力量雄厚，在与科研院校广泛合作的基础上，拥有一大批具有丰富研发经验的工程技术人员，具有很强的自主研发能力，所研制开发的多项产品，填补了国内阀门行业的空白，在国家百万千瓦核电自主化过程中率先实现了核一级大口径锻造高压阀门国产化，核电阀门累计订货4亿多元。

锻造止回阀

先进的模锻大口径阀门

核电新加工中心

锻造Y型自压密封截止阀

锻造能力

高磅级模锻闸阀

模锻Y型阀

质保能力

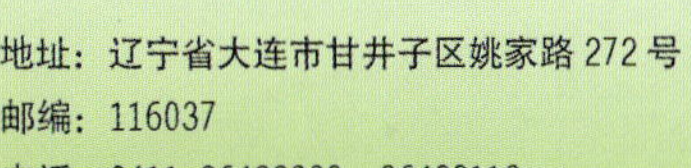

地址：辽宁省大连市甘井子区姚家路272号
邮编：116037
电话：0411-86422999　86422113
传真：0411-86422600　86422577
http://www.dldv.com.cn
E-mail:biaoshu@dldv.com.cn

高新技术企业
证书

武器装备科研生产许可证

机加工能力

“好阀门，科科造”不仅是科科人永恒的追求，更是对广大用户质量和服务的挚诚承诺！欢迎新老客户光临科科公司参观指导。

地址：上海市嘉定区南翔镇翔江公路963号　　邮编：201802
电话：021-59177192　　传真：021-59126789
http://www.valvekoko.com　　E-mail:shkokovalve@126.com

TFL 特福隆集团有限公司

地址：浙江省温州经济技术开发区高新园区高一路 66 号　邮编：325011
电话：0577-86585859　传真：0577-86584281　E-mail:tefulong@tefulong.com.cn

http://www.tefulong.com

特福隆集团经过 20 多年的蓬勃发展，先后兼并了 3 家国有企业，目前在温州、上海、杭州等地拥有 10 多家子公司。

集团公司（总部）坐落在温州经济技术开发区高新园区特福隆工业园内，占地面积约 4.7 万 m^2，拥有现代化的管理模式及一流的厂房和先进的生产设备。

特福隆集团率先通过了国际标准 ISO9001、ISO14001 和 OHSAS18000 等体系认证。智能型电动执行器产品获得国家火炬发展计划。特福隆集团还被认定为国家高新技术企业、省级高新技术企业研究开发中心。

特福隆集团的智能型电动执行器产品在国内数百家大中型企业中得到广泛使用，产品出口到世界各地。特福隆集团的产品深受国内外客户的青睐，誉满全球。

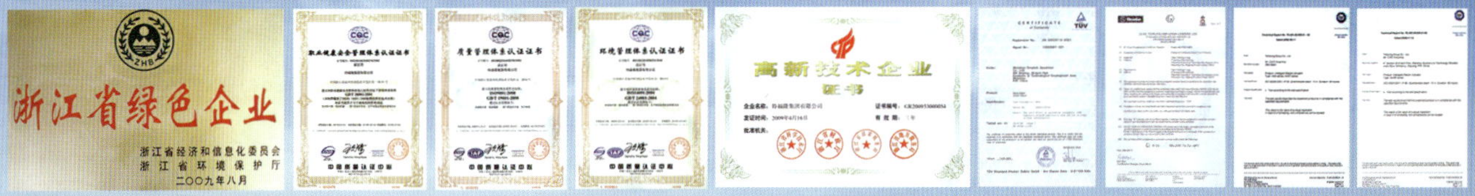

浙江省绿色企业
浙江省经济和信息化委员会
浙江省环境保护厅
二〇〇九年八月

高新技术企业
证书

特福隆

上海浦东汉威阀门有限公司
SHANGHAI PUDONG HANWEI VALVE CO.,LTD.

http://www.hwvalve.com

五洲阀门有限公司创建于1978年，是科技型高中压阀门专业制造企业。公司占地面积56 000m²，其中生产厂房38 600 m²。公司员工586人，其中高中级技术人员102人。公司拥有进口大型加工中心，2.5m磨球专机和50t梁式起重机等高精大型设备；设有省级特种阀门研发中心，配有CAD、CAM、有限元及三维设计软件。公司固定资产2.48亿元，注册资金6 800万元，是国家高新技术企业、中国通用机械工业协会阀门分会副理事长单位、中国阀门技术标准编制单位。公司已获得ISO9001:2008、ISO14001、OHSAS18001、API 6D、CE认证和特种设备制造许可证。

气动48寸球阀　　25寸气动锁斗阀　　56寸止回阀

五洲阀门有限公司

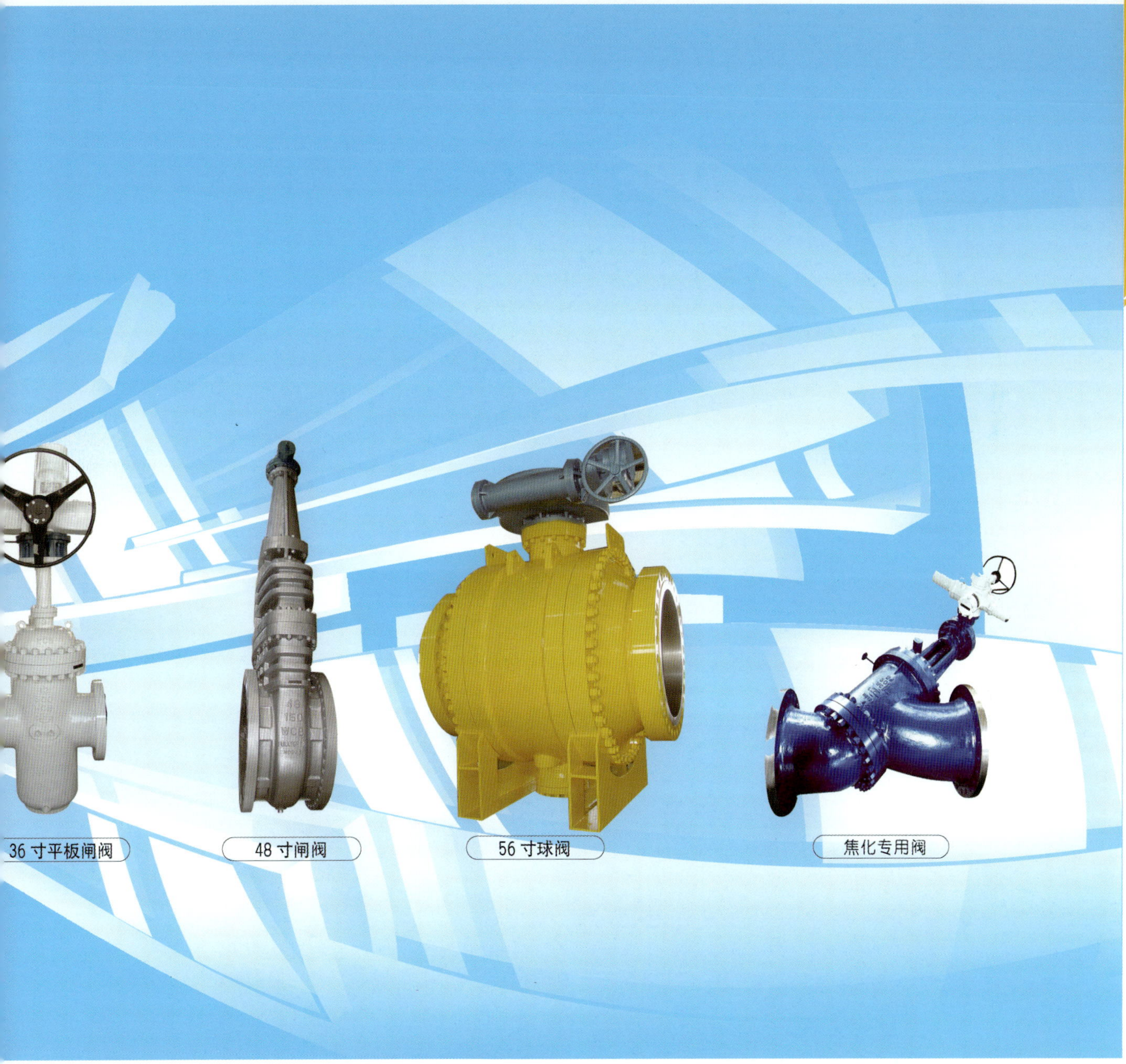

址：浙江省温州市龙湾区永强高新技术产业园区　邮　编：325024
话：0577-86916818　传　真：0577-86933224
ail: wz@wuzhou-valve.com

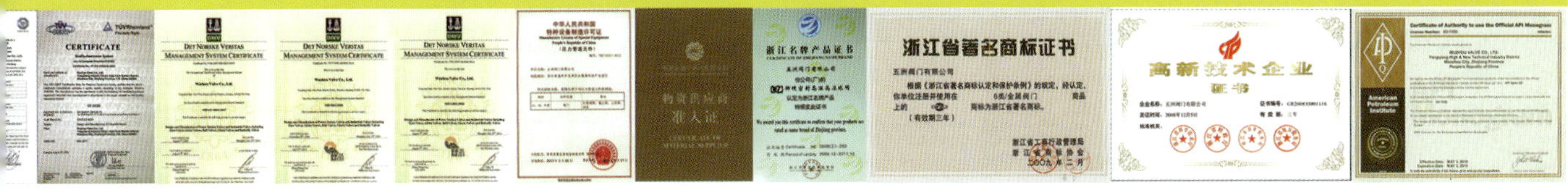

DunAn 盾安阀门

中国驰名商标

中国阀门知名品牌

中国建筑金属结构协会给水排水设备分会副主任委员

中国通用机械工业协会理事单位

中国五金制品协会副会长单位

因为专业 所以信赖

盾安阀门产业集团是盾安控股集团旗下专业从事阀门产品研发与制造的一家产业集团，是中国阀门行业知名品牌，曾为奥运鸟巢工程、三峡工程等重大国家工程项目提供阀门配套。

盾安阀门集团坚持专业化经营理念，集高、中、低压阀门生产为一体，力争成为具有国际竞争力的阀门企业集团。旗下现拥有浙江盾安阀门有限公司、安徽红星阀门有限公司、浙江华益机械有限公司和南通市电站阀门有限公司 4 家企业。

公司斥巨资建立了国家实验室认可的专业检测中心，与美国江森、德国菲斯曼等诸多国际著名企业合作研发新技术新产品，并主导起草或修订多项阀门类产品的国家标准，以引领行业的健康规范发展。

盾安阀门产业集团全面推行精益生产模式和 ERP 管理，以满足不同行业客户的需求为目标，以专业的产品和服务、高效的运营管理，努力为各行业系统客户提供专业、可靠的阀门产品和应用解决方案，从而赢得了广大客户的信赖与支持。

盾安阀门产业集团在发展壮大的同时，将努力实现与客户、合作伙伴、员工等利益相关者的共赢。

浙江盾安阀门有限公司
ZHEJIANG DUNAN VALVE CO., LTD.

地址：浙江省诸暨店口工业区 电话:0575-89003500 传真:0575-87655168
邮编:311835 http://www.dunanvalves.com E-mail:dafm@dunan.cn

企业风采

創民族工業品牌 造世界一流產品

高景津集团题 何光远

节能、高效快速压滤机

一节能

比常规快开压滤机节约土建面积35%，
单机运行能耗降低66%。

一高效

全部使用美国AB电动机，变频电控，双向检测，
整机实现零故障。

一快速

整机卸料运行时间：60～300 s 可调。

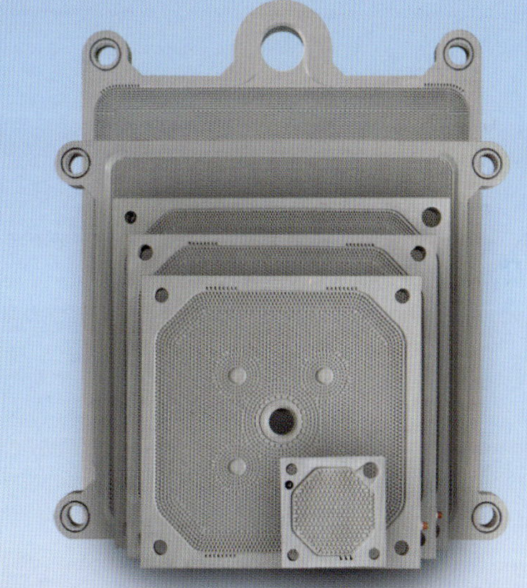

聚丙烯高压隔膜滤板
（国家专利产品）

中国分离机械标准化技术委员单位
中国分离机械行业协会副理事长单位

赛德力离心机制造专家

江苏赛德力制药机械制造有限公司成立于1953年，是集科研、生产于一体的高科技民营企业。

公司设立了专门的技术开发机构，具备国家压力容器特种设备制造许可证。公司在国内率先开发了吊袋离心机，电脑程序控制超大型超大口径立式刮刀下卸料离心机和卧式沉降离心机，产品已形成六大系列100多个品种，远销瑞士、俄罗斯、韩国、缅甸、新加坡、阿根廷、拉托维亚等国家及中国台湾地区，深受国内外用户欢迎。

主要产品

- 立式离心机系列、卧式离心机系列
- 过滤、洗涤、干燥设备(三合一)
- 过滤、洗涤设备(二合一)
- 干燥设备
- 粉碎设备
- 压力容器

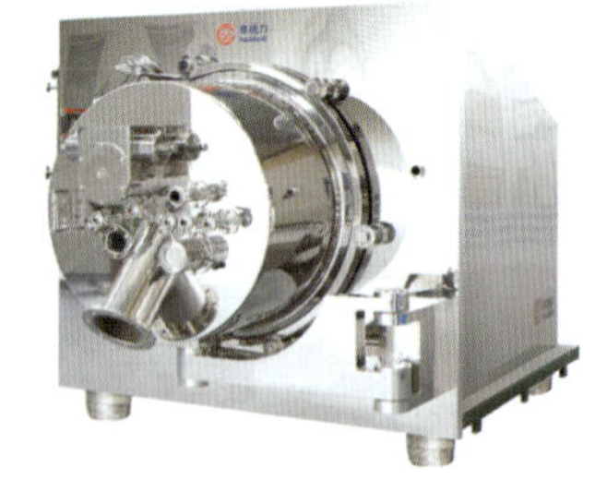
GKC穿墙型刮刀离心机

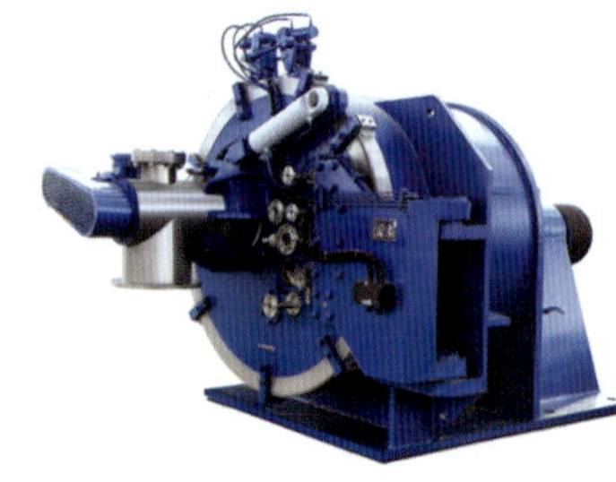
GKH虹吸刮刀离心机

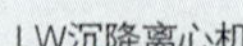
LW沉降离心机

LWL螺旋筛网式离心机

江苏赛德力
制药机械制造有限公司
JIANGSU SAIDELI
PHARMACEUTICAL MACHINERY MANUFACTURING CO.,LTD.

地址：江苏省靖江市中洲路31号
董事长、总经理：顾根生　13901426628
总机：0523-84805279 84805259
销售热线：0523-84808886 84805796
联系人：陈亚君　吴红星　包荷琴
外贸热线：0523-84808395
服务热线：0523-84808883 84808695
邮编：214500
传真：0523-84808995
E-mail:sales@saideli.com
www.saideli.com

江苏省高新技术企业

环保 | 节能 | 科技 | 高效 | 自动化

GKF全自动卧式刮刀离心机

LGZ—F立式刮刀无菌离心机

LGZ立式刮刀离心机

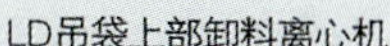

LD吊袋上部卸料离心机

LBF平板密闭大翻壳离心机

二合一过滤设备

ISO9001:2000国际质量管理体系认证企业
ISO14001:2004环境管理体系认证企业
GB/T 28001—2001职业健康安全管理体系认证企业

中国•绿水分离设备有限公司
Green Water Separation Equipment Co.,Ltd.

LW系列卧式螺旋卸料沉降离心机特点：高分离因数、低噪声、低振动。

分离因数3 500～4 000G，长径比为4.17时，振动烈度只有4mm/s；分离因数在2 000G时，振动烈度只有2.5 mm/s以下，噪声在75dB以下，若加上隔声罩，噪声在70dB以下。

2004年，公司的离心机产量和销量已经超过了建厂初期的7倍。至今，公司的年销售总额已经达到全国卧螺离心机年需求量的1/4，单机产量在全世界离心机生产商范围内排到第7位。

公司卧螺离心机的应用在国内相关行业占有较高的份额：城市污水约占69%，造纸等工业污水约占70%，大豆蛋白分离约占60%，高岭土分离约占65%。

用真诚服务用户　以效益奉献社会

重庆江北机械有限责任公司

JIANGJI CHONGQING JIANGBEIMACH CO.,LTD.

中国分离机械行业协会理事长单位
中国大型分离机械专业制造商
中国分离机械标准化技术委员单位
中国分离机械试验研究基地
通过ISO9001 ISO14001 OHSAS18001认证

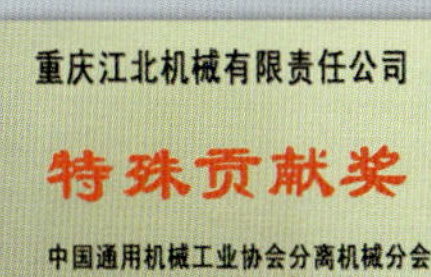

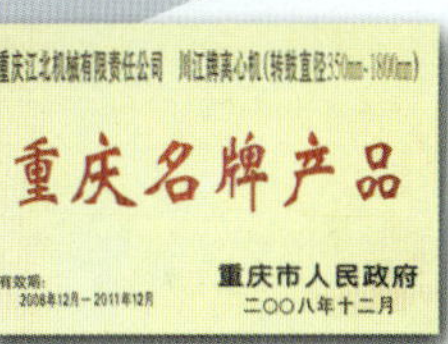

WT污泥脱水成套装置

提供“川江”牌各类离心机：

卧式活塞推料离心机
卧式螺旋卸料离心机
卧式虹吸刮刀卸料离心机
GMP对应机
离心成套装置

公司地址：重庆市北碚区水土　　邮编：400714
公司电话：023-63176500　　传真：023-68230242
销售电话：023-68230493　63176668　（公司在国内各省市设有常年办事处）
http://www.jiangbeimach.com　　E-mail:jiangji@jiangbeimach.com

（该图片为“江北机械”所有）

衡水海江压滤机集团有限公司
HENGSHUI HAIJIANG FILTER PRESS GROUP CO.,LTD.

海纳百川，江润千里

衡水海江压滤机集团有限公司始建于1985年，总占地面积80万m²，拥有资产7.5亿元，员工3 000名。其中，高级工程技术人员98名，中级工程技术人员319名。

公司主要生产板框式压滤机、厢式压滤机、隔膜式压滤机、快开压滤机及真空转鼓过滤机和智能密封加压过滤机。产品广泛应用于煤炭、矿山、电力、石油开采和炼制、化工、环保、冶金、颜料、染料、医药及食品饮料等行业，畅销全国各地，具有出口自主经营权和CE认证资质，出口欧盟和俄罗斯、日本、韩国、泰国、南非、加拿大、印度、印度尼西亚和菲律宾等几十个国家。

公司在同行业中率先通过了ISO9001国际质量体系认证和ISO14001国际环境体系认证，并获得职业健康安全管理体系认证，拥有几十项国家发明和实用新型专利。公司是压滤机国家标准起草人、中国通用机械工业协会分离机械分会副理事长单位和国家钛白粉中心、淀粉协会会员单位。公司荣获第三届国际流体机械展览会金奖、多项全国和河北省科技进步奖，多次被评为河北省质量效益型企业，是全国十佳选煤设备制造厂和国家化工装备总公司定点压滤机生产企业，是国内同行业中产品连续四届被评为省名牌产品的企业。2009年，公司荣获中国具有投标实力压滤机制造企业10强、中国矿用设备诚信供应商30强、中国机械制造500强等一系列殊荣。公司还获得了"河北省高新技术企业"荣誉证书，充分彰显了公司的科技实力和创新水平。

此外，公司还非常注重海江文化品牌的塑造，逐步确立了以"海纳百川，江润千里"为底蕴的企业文化。多年来，公司一直以海纳百川的宽广胸襟和包容气度，博采众长，延揽群贤，包容至上；实现着江润千里的博爱气魄和服务为先、独善其身、达济天下的奉献情怀。公司积极推进"最好的产品在海江，最好的人才在海江，最好的管理在海江，最好的机制在海江"的战略方针，不断开拓创新、锐意进取，正向着奋斗中的百年海江品牌和中国创造的目标迅猛前行！

衡水海江压滤机集团有限公司
HENGSHUI HAIJIANG FILTER PRESS GROUP CO.,LTD.
地 址：河北省衡水市路北新区振华新路　邮编：053000
电 话：0318-2139999　2178044　传真：0318-2149999
http：// www.hshj.com　E-mail：info@hshj.com

ZHEZHEN JITUAN

浙真集团

浙江真空设备集团有限公司创建于1952年，是中国通用机械工业协会常务理事单位、中国真空学会副理事长单位、中国真空设备行业协会副理事长单位、浙江省"名牌产品"企业、省工商部门认定的企业信用AAA级"守合同重信用"单位。公司于1997年通过ISO9001质量体系认证，现拥有总资产1.83亿元，是我国知名的真空设备生产基地。"ZZ"牌商标被认定为浙江省著名商标。公司技术中心先后被认定为浙江真空技术高新研究开发中心和省级企业技术中心。

公司以顾客为中心，积极引进、消化国际先进真空技术，并不断创新，先后开发制造了50多种具有国内领先水平的产品：滑阀式真空泵、罗茨式真空泵、水环（液环）式真空泵、气冷式真空泵、往复式真空泵、旋片式真空泵和各类真空机组等，产品广泛应用于航空航天、化工、医药、电子、食品、建材、镀膜、石油和国防科研等部门，并为国家重点工程提供配套设备。

公司以"追求卓越超群，提升品牌价值，增进顾客满意"为质量方针，坚持"立足真空，发展应用"的发展战略，致力于真空技术的开发和应用。公司热忱欢迎国内外用户前来建立技术和商务关系，竭诚为新老客户提供一流的服务。

JZQW3750—322 气冷式罗茨泵机组

JZQW10000—4222 气冷式直排大气罗茨机组

- 大抽速，高使用压力，高效节能
- 广泛应用于航天航空及需大抽气速率且高效节能的场合
- 国内大型的气冷罗茨泵机组

H—150M型滑阀真空泵（国家银质奖产品）

ZJP1200B 罗茨真空泵

ZHS150—6 真空蒸汽处理系统

浙江真空设备集团有限公司
Zhejiang Vacuum Equipment Group Co., Ltd.

地址：浙江省台州市椒江区轮渡路389号　邮编：318000　电话：0576-88223511
传真：0576-88224056　E-mail：zvew@mail.tzptt.zj.cn　http://www.zvew.com

浙江省著名商标证书

浙江真空设备集团有限公司

根据《浙江省著名商标认定和保护条例》的规定，经认定，你单位注册并使用在 7类/真空泵 商品上的 商标为浙江省著名商标。

（有效期三年）

浙江省工商行政管理局
浙江省商标协会

重庆通用工业（集团）有限责任公司

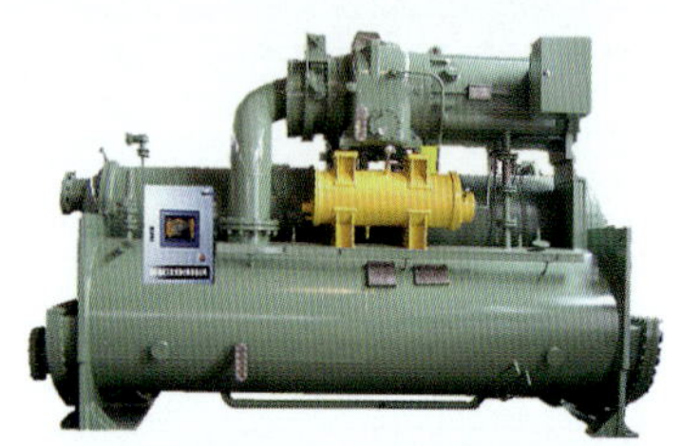
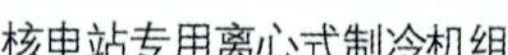
核电站专用离心式制冷机组

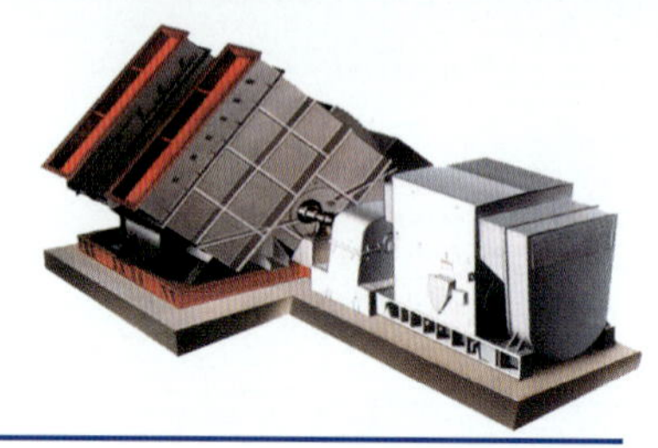
双吸入高温风机

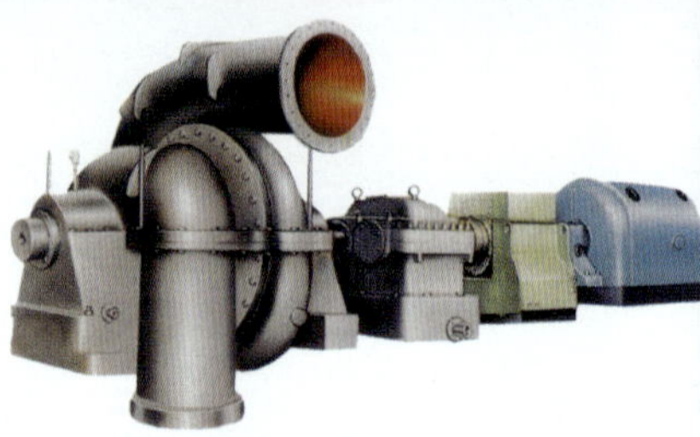
离心式鼓风机

重庆通用工业（集团）有限责任公司是我国制冷和风机行业重点骨干企业，主导产品有离心式制冷机组、离心式压缩机组、工业高温风机、离心通（引）风机、环保成套设备及风力发电机叶片等。公司拥有自主知识产权的离心制冷技术和兆瓦级风电叶片制造工艺技术，在风机的耐高温、耐磨、防粘附、防腐蚀、气体密封和高效率等方面创造了多项国内领先；自主研发的新一代高效曲叶片风机、高效等宽流道干熄焦循环风机、新一代曝气离心鼓风机、机械蒸汽再压缩离心通风机等产品入《节能机电设备（产品）目录》。公司以卓然成就荣获了“具有市场竞争力品牌”奖，成功迈入“中国工业企业 500 强”和“中国机械 500 强”。

离心式压缩机

德国申克50t 动平衡机

蓖冷风机

数控旋压机

井式退火炉

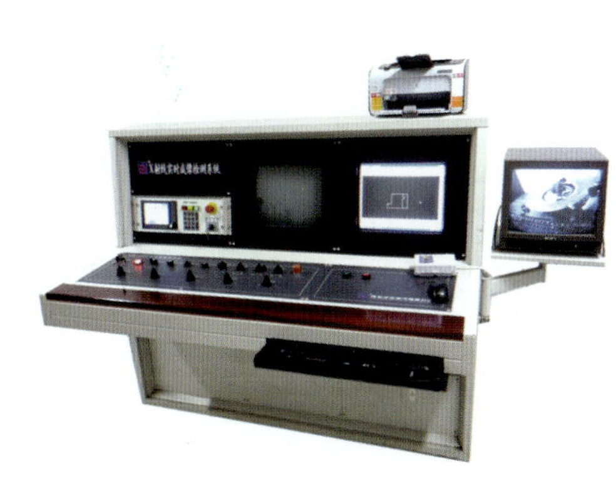

X射线实时成像检测系统

四轴油压机

重庆通用工业(集团)有限责任公司

地址: 重庆市南岸区机电路18号　　邮编: 401336
电话: 023-67651166　67661176　　传真: 023-67661064　67659553
E-mail: ctdzb@126.com　ct-fx@163.com　　http://www.cqgic.com

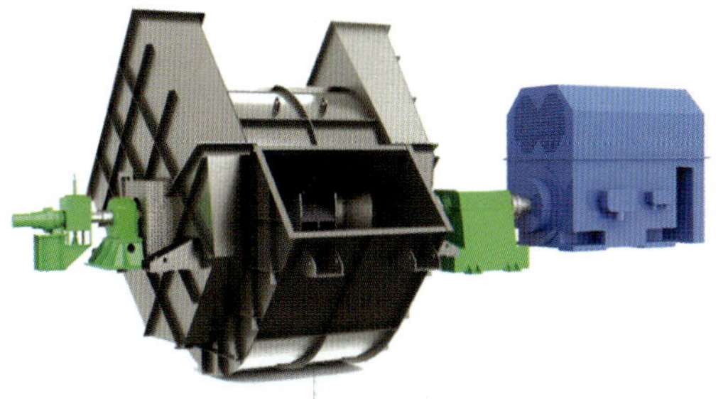

干熄焦循环风机

单级高速离心式鼓风机

高效曲叶片风机

重庆通用工业（集团）有限责任公司

重庆通用工业（集团）有限责任公司以强劲的研发、制造实力长期承担国家重点项目的产品研制工作，为国防工业以及钢铁、冶金、建材、化工、商业和酒店等国民经济各行各业提供了大量技术先进、质量稳定、性能可靠的重大装备，产品多次荣获国家、部、省、市各种奖励和荣誉，为国民经济和国防现代化建设作出了重要贡献。

长沙鼓风机厂有限责任公司
CHANGSHA BLOWER CO.,LTD.

长沙鼓风机厂有限责任公司是国家大型骨干企业，中国 500 家大型机械工业企业之一，国家重大技术装备配套风机定点生产厂，罗茨鼓风机国家标准起草单位，风机协会理事单位，石油、石化、电力、冶金等国民经济基础产业的装备配套成 员单位。公司于 1958 年开始专业生产罗茨鼓风机（真空泵），技术开发能力强、生产规模大、产品品种全。产品广泛应用于电力、石油、建材、化工、钢铁、气力输送、煤炭、制氧、食品、环保等多种行业和领域。

公司在产品设计、开发、生产、安装和服务等方面建立了科学严密的管理体系 ,并先后通过了ISO 9001质量管理体系认证、ISO 14001 环境管理体系认证、GB/T28001职业健康安全管理体系认证。

1950 年　湖南省度量衡制造厂成立
1958 年　开始专业生产罗茨鼓风机并更名为长沙鼓风机厂
1973 年　自主研制出 D、SD 系列罗茨鼓风机，形成国内完整系列的罗茨鼓风机产品
1981 年　建立罗茨鼓风机测试中心，成为湖南省风机产品质量监督检测站
1985 年　在国内率先研制出核电站冷却风机
1986 年　经国家相关部门批准，率先引进世界先进罗茨鼓风机（真空泵）设计制造技术，确立了企业在风机行业中的专业主导地位
1989 年　作为主任设计单位制定罗茨鼓风机国家标准
1990 年　在国内率先研制出双级罗茨鼓风机，压力达到 196kPa
1992 年　在国内率先研制出单级高负压罗茨真空泵，真空度达到 -78.4kPa，获国家“八五”科技攻关成果奖
1995 年　参与军工试验，率先将罗茨鼓风机用作军工设备并获成功
1996 年　在国内率先研制出单级高正压罗茨鼓风机，压力达到 156.8kPa
1997 年　通过 ISO9001 质量体系认证
1998 年　率先将罗茨鼓风机应用于变压吸附制氧装置
2000 年　进行现代企业制度改革，整体改制为长沙鼓风机厂有限责任公司
2001 年　产品升级换代，成功推出具有国际先进水平的 AR、JTS/JAS系列罗茨鼓风机
2002 年　在亚洲率先制造成功风量达到1 200m³/min的大流量罗茨鼓风机
2006 年　研制出 S 系列全新一代高速节能型鼓风机
2008 年　通过 ISO14001 和 GB/T28001 体系认证，成为“三标一体”体系认证企业

60周年庆

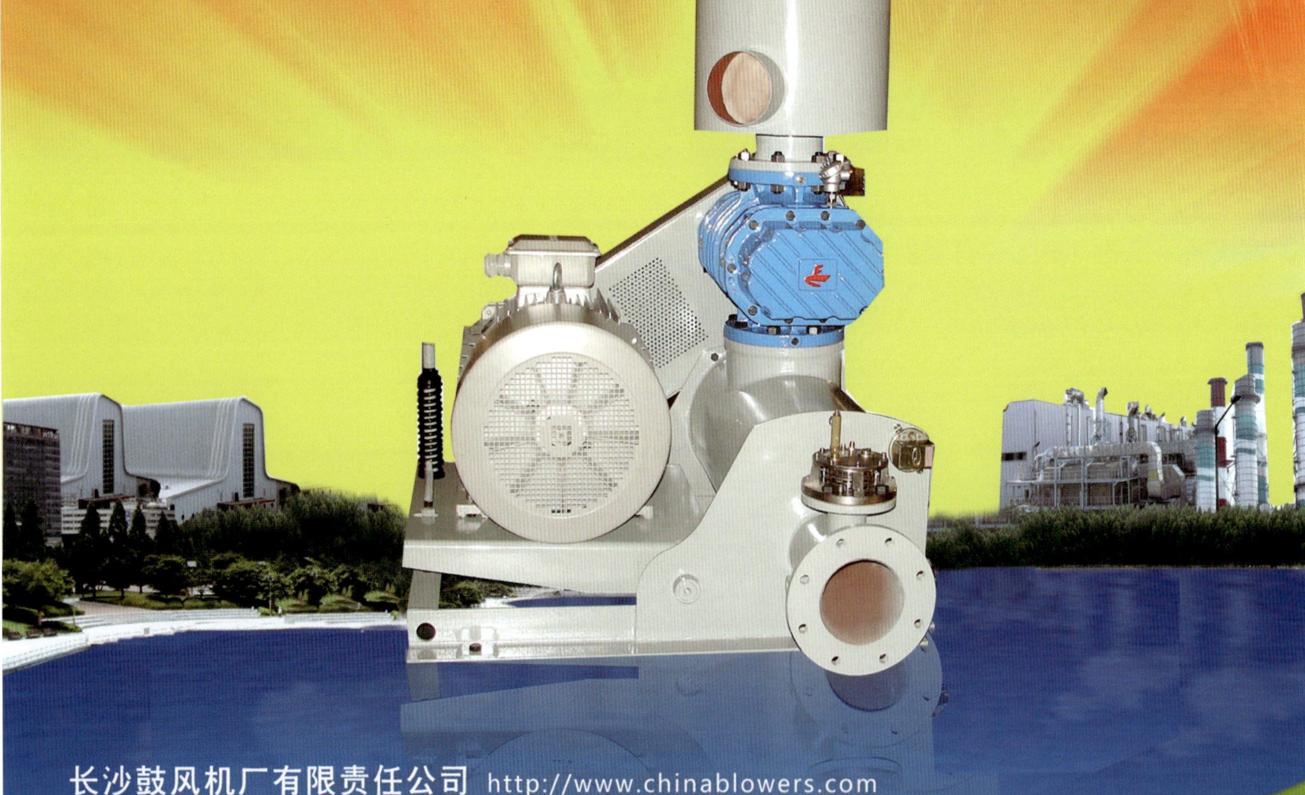

长沙鼓风机厂有限责任公司 http://www.chinablowers.com
地　　址：湖南省长沙市树木岭路388号　　邮　　编：410014　　E-mail:xs@ chinablowers.com
销售总部：0731-85593271 85306006 85306007　　售后服务：0731-85306092 85306093
图文传真：0731-85584765 85582640　　技术咨询：0731-85306050

上海鼓风机厂有限公司

http://www.sbw-cn.com

上海鼓风机厂有限公司是国家大型骨干企业、上海市高新技术企业，专业生产各类工业风机。公司于1947年成立，至今已积累了60余年风机设计和制造经验，是国内制造工业风机的三大基地之一，在风机行业享有较高的品牌效应。

公司占地面积10.9万m²，建筑面积7.6万m²。经过连续的技术改造，企业资产达到8亿元。公司先后从德国TLT公司引进了动叶可调轴流风机、工业离心风机、子午加速轴流式风机技术，从丹麦诺文科公司引进了船用风机技术，从日本日立公司引进离心压缩机技术，从而全面更新和提高了企业的技术等级和产品质量。近年来，通过引进技术二次开发以及自主发展的科技创新活动，不断开发出一些具有自主知识产权的新产品。

公司先后获得国家重大技术装备特等奖、国家重大技术攻关奖、国家质量金奖、国家科技进步奖及中国具有市场竞争力品牌、上海市名牌产品和中国机械500强等荣誉。

地址：上海市共和新路3000号
Add:No.3000 Gonghexin Road,shanghai,China
邮编：200072
电话：021-56650577
传真：021-56651514
E-mail:market@sbw-cn.com

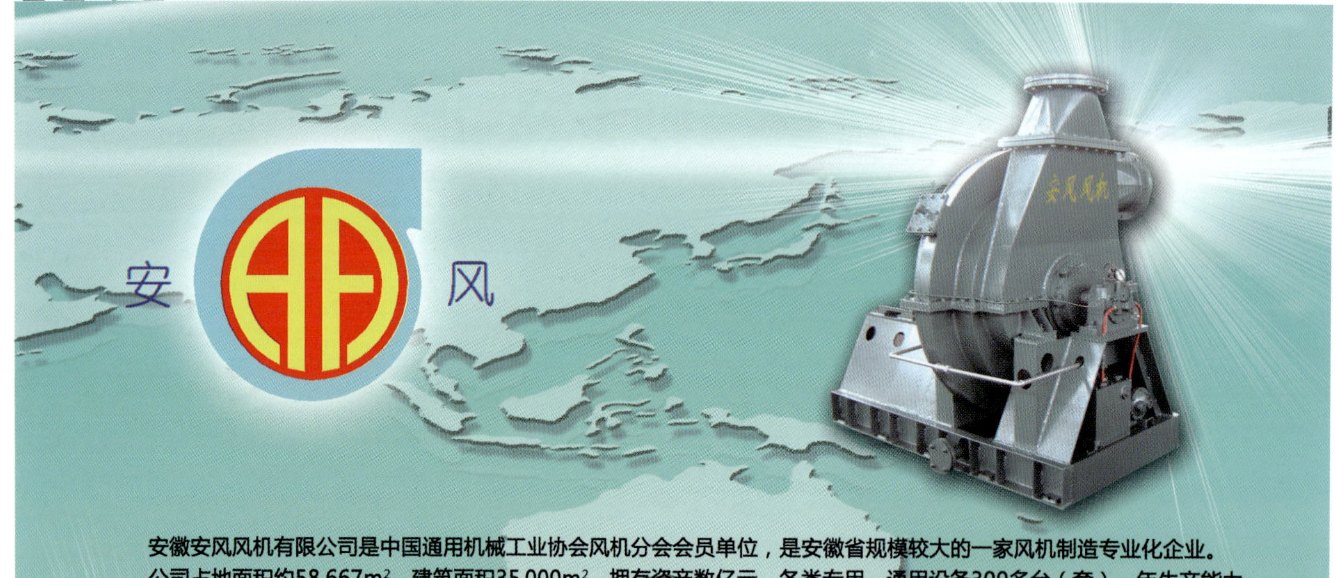

安徽安风风机有限公司是中国通用机械工业协会风机分会会员单位，是安徽省规模较大的一家风机制造专业化企业。

公司占地面积约58 667m²，建筑面积35 000m²，拥有资产数亿元，各类专用、通用设备300多台（套），年生产能力达4亿元以上。

公司有40年制造风机的历史，技术力量雄厚，研发能力强，每年都有大批新产品投放市场，并获得了较好的经济效益与社会效益。近几年来，有多项新产品获国家专利和质量奖，主导产品“安风”牌风机获“安徽省名牌产品”称号，并被安徽省认定为“安徽机械行业十大重点推广品牌”。

公司主要产品有：VML及VH系列中高压、高效率、低噪声轴流风机，冶金烧结（高温）风机，煤气鼓风机，电站锅炉风机，工业锅炉引风机，纺织轴流风机，环保曝气风机，水泥线专用风机以及用于其他行业的2.8～35号风机等，共计50个系列、500多种规格。广泛用于环保、冶金、化工、建材、电力、交通、消防、矿山、水泥、纺织、交通和粮食等行业。

安徽安风风机有限公司

地址：安徽省庐江县开发区世纪大道288号
邮编：231500
电话：0565-7316664　7322293
传真：0565-7326101
http://www.ahfj.com
E-mail: affan@affj.com

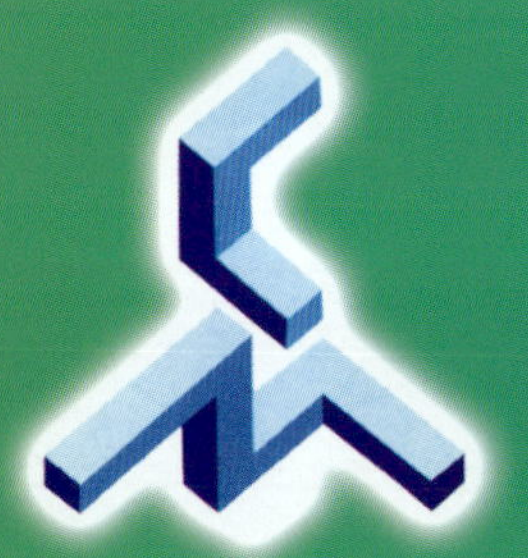

上海浦东高桥试验机厂有限公司

SHANGHAI PUDONG GAOQIAOTESTING MACHINERY CO., LTD.

以不断提高客户价值为目标

重质，守信，不断改善

上海浦东高桥试验机厂有限公司的前身是成立于1986年的上海沪胜检测公司，经过24年的发展，现已成为研发、生产、销售动平衡机的专业生产企业。

公司的产品包括1.6～40 000kg通用平衡机系列、风机平衡机、电机平衡机、传动轴平衡机、单面立式平衡机、曲轴平衡机和多功能平衡机等。产品应用涉及航空、电机、风机、内燃机制造、电动工具、冶金、纺织、化工、轻工制造和造纸机械等领域。

公司全体员工将继续努力以全新的形象、全新的能力、全优的服务奉献客户，为提高制造业产品质量贡献出我们最大的力量！

YYW—28000型硬支承平衡机

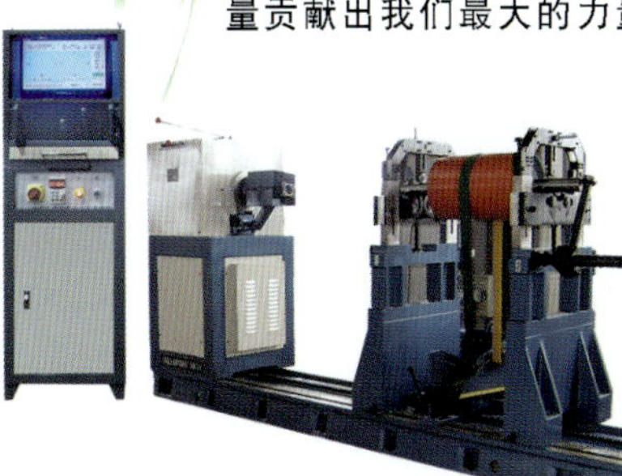

YYW/Q—5000型硬支承平衡机

YRD—100型传动轴平衡机

YLD—110型单面立式平衡机

上海浦东高桥试验机厂有限公司
SHANGHAI PUDONG GAOQIAO TESTING MACHINERY CO., LTD.

地址：上海市浦东新区高东镇高东新路509号　邮编：200137
销售热线：021-58481410　服务热线：021-58481580　传真：021-58482932
http：//www.shtestm.com　E-mail：testm@shtestm.com

中德合资 上海凯士比泵有限公司
KSB Shanghai Pump Co., Ltd.JV

上海凯士比泵有限公司是由上海电气(集团)总公司和德国KSB公司合资建立的泵专业公司，公司注册资本为2 700万美元，总投资3 980万美元，公司位于上海市闵行经济技术开发区，占地面积13.7万m²，现有职工800余名。

公司的德国投资方——德国KSB公司为世界著名的现代化的制造泵和阀门的公司，是世界泵业三大知名公司之一。在全球有38家独资或合资的工厂、100多家销售公司，共有雇员12 200多人。产品技术为世界一流，产品种类广泛，卓越的全面质量管理使其在全球占有强有力的竞争地位。

公司的中国投资方——上海电气(集团)总公司是中国大型发电设备和大型机械设备设计、制造、销售并能承担工程总承包和设备总成套的企业集团，隶属于上海电气(集团)总公司、创建于1930年的上海水泵厂，以其全部生产设施和工程技术投入到合资公司。

上海凯士比泵有限公司综合了合资双方的技术优势，在KSB总部的持续不断支持下，积极参与KSB的国际销售网络，主要生产高端泵产品，已成为中国境内产品范围广、技术水平领先的泵制造公司。公司在城市排水和污水处理、电站、石油、化工、炼油、船用及大型水利建设等领域享有很高的盛誉，公司生产的各类产品广泛应用于能源、工业、水与污水工程、楼宇等各个领域。

KSB集团的准则:

我们的工作标准是满足客户的需求

上海凯士比泵有限公司 上海市闵行区江川路1400号 P.C.: 200245 Tel：0086-21-64302888
KSB SHANGHAI PUMP CO., LTD. 1400 Jiang Chuan Rord, Minhang Shanghai, China Fax: 0086-21-64301504

KSB

SD 型除鳞泵

ZDF 型耐腐蚀自平衡泵

多联矿浆计量泵

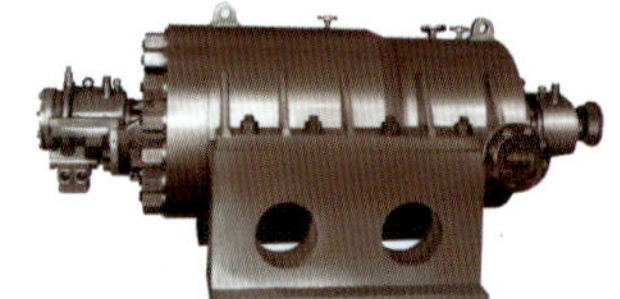

上充泵

化学加药装置

水压试验泵

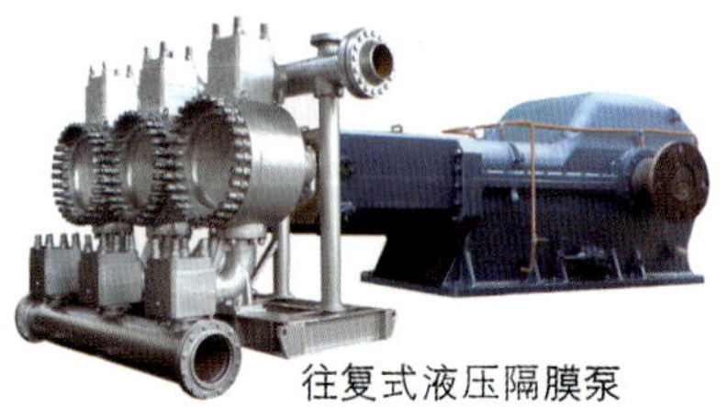

往复式液压隔膜泵

重庆水泵厂有限责任公司始建于 1951 年，占地面积超过 20 万㎡，是西部地区大型的泵类制造企业、全国泵行业重点骨干企业和国家重大技术装备国产化基地。

公司科研实力雄厚，装备水平先进，拥有各类生产设备 600 余台(套)，具有泵产品、压力容器及其成套设备的设计、制造、装配和售后服务的能力，具有一、二、三类压力容器设计制造资格。产品主要包括计量泵、往复泵、隔膜泵、高压自平衡离心泵、除鳞泵及系统、压力容器和水处理成套设备等。

公司拥有严格的质量管理体系，通过了 ISO9001 质量体系认证、机械军工质量体系认证和核级产品安全达标认证。公司是西南地区泵类产品检测中心，产品检测手段完备，设有计量泵微机试验台、往复泵试验台、离心泵检测试验台和成套装置检测中心等，确保为用户提供高质量的产品。

公司具有良好的信誉，先后获得“全国机械工业先进集体”、“中国机械 500 强”、“中国机械工业科学技术奖三等奖”、“重庆名牌产品”、“重庆市国企贡献奖”、“60 年影响重庆经济 60 企业”等荣誉。

公司以“重庆制造、装备中国、世界品牌”为愿景，为石油、石化、冶金、电站、化工、核能、国防、矿山、有色金属和城市给排水等行业提供了大量的、具有国际竞争实力的各种产品及成套设备，并远销海外。

地址：重庆市沙坪坝区井口工业园区井盛路8号
邮编：400033
Address:No.8 Jingsheng Road Jingkou Industrial Park,Shapingba District,Chongqing 400033,China
电话：023-65312261　　传真：023-65312953
Tel：0086-23-65312261　　Fax：0086-23-65312953
E-mail：cqsbzjb@163.com

专业生产平面二次包络环面蜗杆减速器

中厚板轧机压下2850平面二次包络蜗轮

平面二次包络专用滚刀

钢厂专用

冷床专用TPU500
二次包络减速机

轧机压下减速机

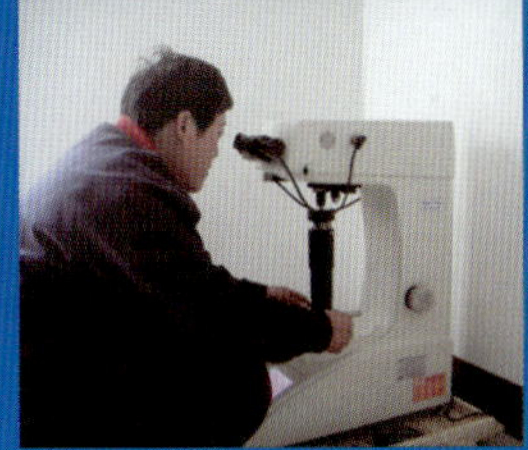
韦氏硬度仪

镗床

高温离子氮化炉

大型数控环面包络机床GJK75加工中心，最大可加工中心距800mm蜗轮蜗杆，加工精度高。

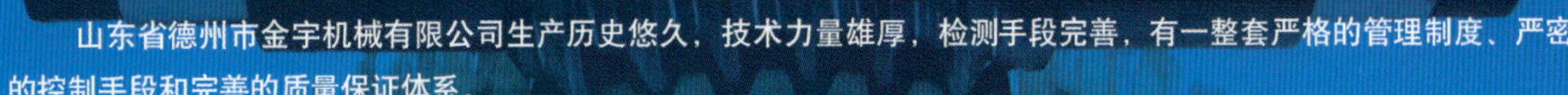

山东省德州市金宇机械有限公司生产历史悠久，技术力量雄厚，检测手段完善，有一整套严格的管理制度、严密的控制手段和完善的质量保证体系。

公司是生产平面二次包络环面蜗杆减速机的专业厂，拥有二次包络专用机床10台、大型Y31125滚齿机3台、中捷T611B镗床5台、汉江S7732蜗杆磨床1台、精密数控车床5台以及精密线切割。公司2007年引进国外大型数控二次包络专用GJK75加工中心，最大可加工中心距800mm的二次包络蜗轮蜗杆。公司还拥有其他大精尖加工设备及检测设备130多套。公司技术力量雄厚，加工手段先进，可承接各种环面蜗杆减速机的设计制造和进口减速机的国产化设计改造工程。

公司开发的二次包络环面蜗杆CAD计算机软件，可对环面二次包络蜗杆副齿形进行优化设计，可实现蜗杆、蜗轮与成形原理完全一致的加工、修正的高精度磨削。仅此一项技术研发和二次包络滚刀的制作就获得3项国家专利，填补了国内二次包络减速机制造技术的空白。公司生产的小间隙精密蜗轮蜗杆副，主要用于大型机床工作台的驱动、高精密分割器等无间隙圆周运动精确定位场合。该蜗轮副中心距最大可做到2 000mm，单节最大速比可做到1/365，同时不产生回程间隙。

公司专业生产PWU、PWS系列，TPG、TPU、TPS系列，HWB、HWT系列平面二次包络环面蜗杆减速机；煤矿候车配套减速机；WHX、WHC系列，CWU、CWS系列圆弧圆柱蜗杆减速机；SCWS系列轴装式、GCW系列双级蜗轮蜗杆减速机；KWU系列锥面包络圆柱蜗杆减速机；MC、MSC多面安装圆弧圆柱减速机及SWL系列蜗轮丝杆升降机。此外，公司还生产LCW立式圆弧圆柱蜗杆搅拌器以及新研发的可替代进口的二次包络蜗轮蜗杆减速机和DC系列蜗杆副。

山东省德州市金宇机械有限公司
Shangdong Dezhou Jinyu Machinery Co.,Ltd.

地址：山东省德州市湖滨北路888号(前赵工业园) 邮编：253015
电话：0534-2745032 2745033 2745001
手机：13905342183 联系人：金树森
http://www.jyjsj.com
E-mail:dzjinyu@163.com

3～355kW
OG22F
GAIRS COMPRESSOR
OG06F
OG11F

四川大川压缩机有限责任公司

SICHUAN DACHUAN COMPRESSOR CO., LTD.

出口尼日利亚的MW-2.4/16-200-DC型天然气压缩机　出口巴基斯坦的DC041CNG压缩机

四川大川压缩机有限责任公司是国内三大压缩机生产企业之一，地处四川简阳成渝高速简阳出口处，占地面积32万m²，总资产超过3.1亿元。现有职工782人，各类专业技术人员305人，享受国家津贴人员8人。

公司设有省级企业技术中心，拥有A1、A2级压力容器设计和制造资格许可证，CG1压力管道设计资格证。公司拥有大型铸造、锻造、热处理、机械加工设备和压力容器焊接设备共664台（套）；拥有诸多高精设备如西班牙加工中心、数控龙门铣床、数控160镗床、200落地镗床以及曲轴磨床等。

公司产品质量优良、安全可靠，已通过ISO9001国际质量管理体系认证、ISO14001环境管理体系认证及OHSAS18001职业健康安全管理体系认证。

地址：四川省简阳市简城镇建设西路　　邮编：641400　　电话：028-24038425　27012032
传真：028-24038000　27012030　　E-mail:sdcclied@yahoo.com.cn　　http://www.scdac.cn

4MW—46/4—27天然气增压压缩机

6M25型氮氢气压缩机

D-9.2/139-149型氮氢气循环压缩机

DW-66/4型空气压缩机

公司为国内、国外用户提供了适应低碳要求、质量优良的设备：

（1）与胜利油田设计院签订的M—4.0/0.45—25二氧化碳压缩机（工厂代号860）。

（2）与河南利源焦化有限公司签订的6M—293/39焦炉气压缩机（工厂代号3208）。

（3）低温技术压缩机：与天津渤海化工签订的DW—10.7/8.4—33.95（工厂代号1679）循环气压缩机，MW—13.5/7—34.45（工厂代号858）循环气压缩机。

（4）出口北欧CE认证MW—2.9/79—0.6/78—79合成气循环气联合压缩机，利用工业排放废气制新能源。

（5）为东方—三菱国内率先生产的F级重型燃气轮机配套的4MW—46/4—27无油天然气压缩机，一次性试车成功。

（6）2MT10—2.8～11.4/45型天然气变工况增压压缩机、4M8—36/320B型氮氢气压缩机被评为四川省优质产品。

四川大川压缩机有限责任公司已为化肥、化工、石油、煤炭、军工、塑料、建材和水电等行业提供了数万台套的大型压缩机。CNG加气站用天然气压缩机远销印度、巴基斯坦和尼日利亚等国，并有多种产品出口东南亚、非洲、欧洲，实现美誉与荣誉的双赢！

中国机械工业年鉴系列

《中国机械工业年鉴》

《中国电器工业年鉴》

《中国工程机械工业年鉴》

《中国机床工具工业年鉴》

《中国通用机械工业年鉴》

《中国机械通用零部件工业年鉴》

《中国模具工业年鉴》

《中国液压气动密封工业年鉴》

《中国重型机械工业年鉴》

《中国农业机械工业年鉴》

《中国石油石化设备工业年鉴》

《中国塑料机械工业年鉴》

《中国齿轮工业年鉴》

《中国磨料磨具工业年鉴》

《中国机电产品市场年鉴》

编辑说明

一、《中国机械工业年鉴》是由中国机械工业联合会主管、机械工业信息研究院主办、机械工业出版社出版的大型资料性、工具性年刊，创刊于1984年。

二、根据行业需要，中国机械工业年鉴编辑委员会于1998年开始出版分行业年鉴，逐步形成了中国机械工业年鉴系列。该系列现已出版了《中国电器工业年鉴》、《中国工程机械工业年鉴》、《中国机床工具工业年鉴》、《中国通用机械工业年鉴》、《中国机械通用零部件工业年鉴》、《中国模具工业年鉴》、《中国液压气动密封工业年鉴》、《中国重型机械工业年鉴》、《中国农业机械工业年鉴》、《中国石油石化设备工业年鉴》、《中国塑料机械工业年鉴》、《中国齿轮工业年鉴》、《中国磨料磨具工业年鉴》和《中国机电产品市场年鉴》。

三、《中国通用机械工业年鉴》由中国通用机械工业协会和中国机械工业年鉴编辑委员会共同编撰，自2002年开始出版以来，已经出版了2004版、2006版、2007版、2008版和2009版。2010年刊设置综述、行业概况、产品进出口、企业概况、统计资料、产品与项目、大事记和附录等栏目，集中反映2009年通用机械行业的发展情况，详细记载了泵、风机、阀门、压缩机、真空设备、干燥设备、减变速机、分离机械及气体分离设备等分行业的发展情况，全面系统地提供了通用机械行业企业的经济指标。

四、统计资料中的数据由中国通用机械工业协会及其分会提供，数据截止到2009年12月30日。

五、《中国通用机械工业年鉴》主要发行对象为政府决策机构、机械工业相关企业决策者和从事市场分析、企业规划的中高层管理人员以及国内外投资机构、贸易公司、银行、证券、咨询服务部门和科研单位的机电项目管理人员等。

六、在年鉴编撰过程中得到了中国通用机械工业协会及各分会、行业专家和企业的大力支持和帮助，在此深表感谢。

八、由于水平有限，难免出现错误及疏漏，敬请批评指正。

中国机械工业年鉴编辑部

2010年9月

综述

回顾通用机械行业“十一五”发展情况，对通用机械行业“十二五”予以展望；分析2009年通用机械行业经济运行情况

Reviewing the development of general machinery industry in the 11th Five-Year Plan period; looking forward to the general machinery industry in the 12th Five-Year Plan period; analyzing economic operating situation of general machinery industry in 2009

综述

行业概况

产品进出口

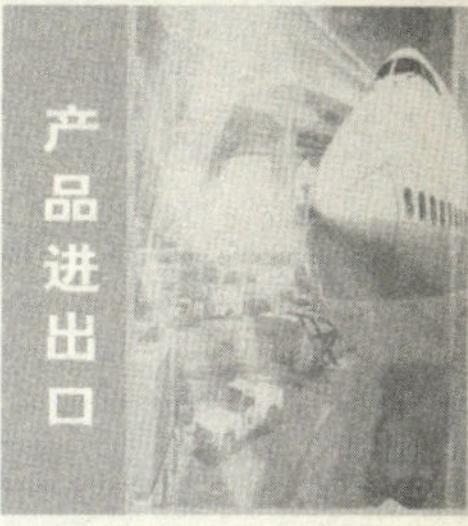

企业概况

统计资料

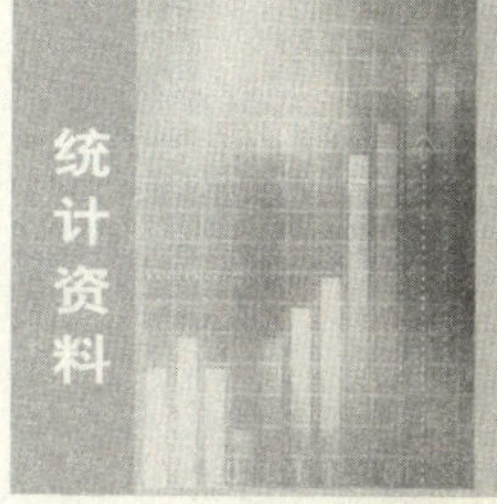

产品与项目

大事记

附录

综述

通用机械行业“十一五”发展回顾与“十二五”展望

一、通用机械行业“十一五”发展回顾

通用机械涉及泵、风机、压缩机、阀门、分离机械、干燥设备、气体分离设备、气体净化设备、真空设备、减变速机以及各种专用设备，其技术水平决定着化工、石化、电力、冶金、船舶、军工、轻工、纺织和医药等行业生产装置的运行水平。通用机械作为装备制造业的重要组成部分，在国民经济建设中起着十分重要的作用。

“十一五”期间，党中央、国务院提出加快振兴装备制造业，加大了对装备制造业的支持力度，依托国家重点工程，支持企业技术改造和科技攻关，大力推进重大技术装备自主化的步伐，为我国通用机械行业的发展提供了良好的发展机遇和市场空间。通用机械行业在经济、科技、管理等方面都取得了可喜的成就。

(一)2006～2009 年通用机械行业总体发展情况

2006～2008 年，通用机械行业进入高速稳步发展阶段，生产规模不断扩大，产能不断提高，主要产品产量高速增长。受国际金融危机的影响，2009 年增速放缓。2009 年，通用机械行业规模以上企业 6 721 家，其中，泵及真空设备制造企业 1 614 家，风机、风扇制造企业 635 家，气体压缩机械制造企业 495 家，阀门和旋塞制造企业 2 368 家，气体、液体分离及纯净设备制造企业 583 家，其他通用设备制造企业 1 026家。全行业拥有资产总额 3 694.33 亿元，从业人员达 83.77 万人。2009 年，通用机械行业规模以上企业完成工业总产值 4 759.87 亿元，实现主营业务收入 4 080.81 亿元，利润总额 251.09 亿元。2006～2009 年通用机械行业主要经济指标完成情况见表 1。2006～2009 年通用机械行业主要经济指标同比增速见表 2。2006～2009 年通用机械行业进出口情况见表 3。

表 1　2006～2009 年通用机械行业主要经济指标完成情况

年份	企业数（家）	工业总产值（亿元）	利润总额（亿元）	出口交货值（亿元）
2006	4 074	2 307.80	139.44	415.02
2007	4 844	3 133.70	174.54	544.96
2008	5 521	4 079.88	225.30	620.56
2009	6 721	4 759.87	251.09	596.25

表 2　2006～2009 年通用机械行业主要经济指标同比增速

年份	工业总产值增速（%）	利润总额增速（%）	出口交货值增速（%）
2006	27.59	23.86	44.72
2007	32.21	36.42	36.14
2008	28.68	30.02	12.65
2009	11.91	7.82	-14.81

表 3　2006～2009 年通用机械行业进出口情况

年份	进口额（亿美元）	出口额（亿美元）
2006	92.92	95.23
2007	102.42	131.74
2008	135.11	162.95
2009	133.97	135.75

(二)2006～2009 年通用机械行业主要产品生产情况

“十一五”期间，通用机械生产企业根据市场需求不断优化产品结构，中高端产品的比例逐年提高，产品品种、规格、数量基本满足国民经济各领域的需要；通过引进消化吸收、自主创新和集成创新，取得了一系列重大技术装备研究成果，部分满足了大型石化、煤化工、电力、冶金等领域重大技术装备的成套需求。部分产品的设计制造技术已接近或达到国际同类产品先进水平。

以石油化工、西气东输、电力、化肥等重大工程项目为依托的主导产品国产化比例在不断提高。年产 1 000 万 t 炼油装备的国产化率已达到 90% 以上，100 万 t/a 乙烯装置的设备国产化率已达 70%，30 万 t/a 合成氨装置、52 万 t/a 尿素装置设备国产化率已达 90%，4 万～6 万 m^3/h 空分装置成套设备国产化率已达 90%，60 万 kW 超临界发电机组中的通用机械辅机的国产化率达 65%，冶金、环保等重点工程中的通用机械国产化率均达到 85%，百万千瓦超超临界机组、百万千瓦核电机组配套的通用机械辅机以及煤制油装置中的通用机械成套设备国产化比例也在不断提高，这在很大程度上减少了我国对国外装备的依存度，改变了我国成套技术装备长期引进的局面。2006～2009 年通用机械行业主要产品产量见表 4。

表 4　2006～2009 年通用机械行业主要产品产量

产品名称	单位	2006 年	2007 年	2008 年	2009 年
风机	万台	263.97	432.30	452.78	930.49
泵(液体泵)	万台	3 752.47	5 964.93	6 211.78	6 931.29
气体压缩机	万台	1 841.05	3 039.33	3 087.14	1 265.21
阀门	万 t	205.75	260.32	326.78	458.39
减变速机	万台	229.18	351.44	396.41	370.30
分离机械	台	31 369	32 900	20 248	

(三)2006～2009 年通用机械行业在重大技术装备方面取得的主要成果

我国自 20 世纪 80 年代实施重大技术装备国产化以来，解决了国民经济建设中的许多难题，为国民经济各行业的发展提供了重要保障，同时提升了我国装备制造业的整体技术水平。“十一五”期间，通用机械行业以石油化工、西气

东输、核电等重大工程项目为依托，开展重大技术装备攻关，取得了丰硕成果。

1. 石化领域

(1)乙烯“三机”。

百万吨级乙烯项目是国家重大项目，俗称乙烯“三机”的裂解气压缩机、丙烯压缩机和乙烯压缩机是百万吨乙烯装置中的核心设备。乙烯“三机”长期以来一直为世界少数几大公司垄断，发展乙烯必须突破“三机”的门槛。

沈阳鼓风机集团有限公司在为大庆石化公司、上海石油化工股份有限公司、扬子石油化工有限公司、茂名石油化工公司乙烯改扩建项目成功研制“三机”的基础上，又承担了天津石化公司百万吨乙烯装置的裂解气压缩机、镇海炼化公司百万吨乙烯装置的丙烯压缩机和抚顺石化公司百万吨乙烯装置的乙烯压缩机国产化研制任务。

沈阳鼓风机集团有限公司为天津石化公司研制的百万吨乙烯装置裂解气压缩机组，攻克了裂解气压缩机高压缸机壳水压试验和大直径叶轮加工制造难度大等技术难题，完成了低压缸、中压缸、高压缸性能试验，各项机械性能指标远远优于国际石油协会标准的规定。在试运过程中，各项参数均在规定指标范围之内，执行机构动作灵敏，电气及仪表自动控制系统及各配套设备动作准确，机组的油、水系统工作正常。

沈阳鼓风机集团有限公司为镇海炼化公司百万吨乙烯装置研制的丙烯制冷压缩机通过了中石化公司验收委员会的出厂验收。验收委员会一致认为，沈阳鼓风机集团有限公司研制的百万吨乙烯装置丙烯压缩机整机功率偏差和机械运转振幅远远低于 ASME PTC 10 标准和 API617 标准规定值，机组的气动性能、效率及力学性能等方面均与国外进口机组相当，设计制造技术已达到国际先进水平。

在百万吨乙烯装置裂解气压缩机和丙烯压缩机的研制过程中，沈阳鼓风机集团有限公司采用多项自主开发的科研成果，攻克了大型机壳组焊、叶轮铣制、转子高速平衡、机械运转试验、性能试验等关键技术。在整机优化设计等方面进行了创新：一是采用新开发软件进行整体优化设计计算，满足了整机各工艺段运行工况的设计要求，具有宽广流量调节范围及各级性能完美匹配；二是在加抽气蜗室的结构设计搭建模型级数值平台，研究其流量特性及多股气混合特点，对设计模型级进行数值计算和优化；三是利用数值模拟方法对排气蜗室进行流场分析，从结构上进行优化，提高了机组的运转稳定性和可靠性；四是按 ASME PTC 10 标准的规定，编制了气动性能试验方案，进行了代用气体的热力性能试验，验证了产品设计、加工制造质量和气动性能指标，为用户提供了可靠满意的产品。

沈阳鼓风机集团有限公司分别为天津石化公司、镇海炼化公司提供的裂解气压缩机和丙烯压缩机均是国内研制的同类装置中最大的压缩机组，机组的整体技术水平达到了国际先进水平，打破了该类产品长期依赖进口的局面。

(2)乙烯冷箱。

乙烯冷箱是乙烯装置中的关键设备，由数组铝制板翅式换热器组成，是乙烯生产最主要的流程设备之一，也是乙烯装置中节能降耗的关键设备。

由杭州制氧机集团有限公司承担的“百万吨级乙烯冷箱的开发与研制”项目，以天津石化公司百万吨乙烯项目和镇海炼化公司百万吨乙烯项目为依托工程，并根据两套装置的不同特点采用了不同的设计方案。天津石化公司百万吨乙烯装置中的乙烯冷箱采用美国鲁姆斯公司二元冷剂制冷流程技术，分为一大二小共 3 台冷箱，其最高设计压力达 5.4MPa，其中最大的冷箱外形尺寸为 6 500mm × 4 200mm × 33 000mm，总重量约 265t，能满足 14 股流体同时换热。镇海炼化公司百万吨乙烯装置中的乙烯冷箱采用美国鲁姆斯公司二元冷剂制冷流程技术，分为一大三小共 4 台冷箱，其最高设计压力达 6.0MPa，其中最大的冷箱外形尺寸为 7 400mm × 4 000mm × 30 000mm，总重量约 300t，能满足 16 股流体同时换热。

杭州制氧机集团有限公司依托“十一五”乙烯建设工程，自主研发“百万吨级乙烯冷箱的开发与研制”项目，掌握了百万吨级乙烯冷箱的核心技术，完成了百万吨级乙烯冷箱国产化研制工作。在乙烯冷箱的开发研制过程中，杭州制氧机集团有限公司解决了百万吨级乙烯冷箱技术方案优化、多组分两相流的物性计算和 Q－T 曲线计算、多组分有相变流体的传热计算优化、同层多股流流道的优化和整台换热器通道排列优化、两相流体均匀分布结构技术的进一步开发、新型高效翅片的开发、超大型换热器钎焊工艺的完善和优化等多个技术难题，提供了满足流程工艺性能要求的冷箱，总体经济技术指标达到当前国际先进技术水平。

“百万吨级乙烯冷箱的开发与研制”项目具有显著的经济效益和社会效益。该项目研发成果还在四川、抚顺等乙烯新建项目中得到产业化应用，直接经济效益 1.5 亿元。百万吨级乙烯冷箱的研制成功，打破了国外少数公司的垄断局面，降低了成套乙烯装置的投资成本，不仅对提高我国乙烯行业的装备水平有着重大意义，而且对天然气液化、大型化肥装置，CO 深冷分离等其他行业的冷箱设备的研制也具有指导意义。

(3)PTA(精对苯二甲酸)装置空气压缩机组。

由陕西鼓风机(集团)有限公司研制生产的我国首台 PTA 压缩机组在重庆市蓬威石化有限责任公司 PTA 生产现场一次性开车成功，各项性能指标均满足用户要求。该机组作为 PTA 装置的核心设备之一，为对二甲苯的氧化反应提供空气，并能回收氧化反应的热能和尾气中的压力能量，具有效率高、性能稳定等特点，各项运行指标接近国际先进水平。

陕西鼓风机(集团)有限公司作为风机行业的骨干企业，是行业内最早进行系统技术、成套技术研究与应用的企业。通过对工艺系统和多机组流程工艺的潜心研究，已经掌握了与轴流压缩机、离心压缩机、尾气透平机等有关的系统技术和多机组的成套技术，已成功设计并完成千余套大型机组。此次重庆市蓬威石化有限责任公司 PTA 装置空气压缩机组采用了单轴布置设计方案，由轴流压缩机、离心压缩机、双分流冷凝式汽轮机和尾气膨胀机组成，全部设备均为国产设备，由陕西鼓风机(集团)有限公司提供成套供货。

在该机组的研制过程中，陕西鼓风机(集团)有限公司充分发挥在透平机械设计、制造方面的专业优势和大型复杂机组总成设计的优势，使机组稳定、可靠地提供满足工艺要求(1.5MPa)的空气，同时有效地回收装置副产蒸汽的能量和尾气中的压力能量。这是我国在进口20多套大型PTA装置工艺空气压缩机组后，首次实现该装置的国产化，改变了长期以来中国石化行业依赖进口设备的局面，对推进国家新型工业化和重大技术装备国产化以及企业参与国际市场竞争具有深远的意义。

(4)大型容积式压缩机。

上海电气压缩机泵业有限公司自行研制的1 000kN往复式压缩机和螺杆直径为816mm的螺杆压缩机已在中石化南化公司和青海昆仑碱业有限公司投入运行。

沈阳鼓风机集团有限公司研制的1 250kN往复式压缩机已成功应用于中石化金陵石化公司260腊油加氢装置，机组运行平稳，得到用户肯定。

无锡压缩机股份有限公司在成功开发10万t/a高密度聚乙烯(HDPE)装置用三列迷宫密封压缩机的基础上，又为天津石化公司100万t/a乙烯装置配套的30万t/a HDPE装置研发了四列迷宫密封工艺压缩机。大型迷宫密封压缩机是往复压缩机的高端产品，技术难度大、附加值高，可压缩烯烃类气体及混合气体。在国际上只有少数厂家掌握其关键技术。

以上产品的成功研制，打破了国外几个大公司在该类容积式压缩机产品上的垄断地位。

2. 核电领域

(1)上充泵。

上充泵是涉及压水堆核电站安全的关键设备，可称为核电站的一个重要“安全阀”，重庆水泵厂有限责任公司和中国核电工程有限公司联合研发的百万千瓦压水堆核电站上充泵样机，于2009年11月19日正式通过国家级鉴定验收。在此之前，该类产品仅有美国、法国、日本等国能够制造，我国核电上充泵全部依赖进口。

上充泵需确保泵组在事故工况时，能够承受介质温度从7℃瞬间上升到120℃的热冲击工况考验；上充泵在额定流量为160m^3/h时，要求能够在5m^3/h的极限小流量工况下运行1h以上；上充泵在事故工况下，其轴承部件能够满足不预先提供润滑油的情况下实现泵组紧急起动，突破了传统高速(4 720r/min)回转机械设备强制润滑轴承部件正常运行的极限；上充泵必须进行抗震计算和分析，以确保泵组在地震情况下能够正常运行。上述特殊要求给上充泵的总体结构设计带来极大的难度，设计中必须在确保泵满足各种特殊工况运行的安全可靠前提下，兼顾结构对泵的性能和效率指标的影响。

面对诸多技术难点，重庆水泵厂有限责任公司在充分论证各种技术方案的基础上，确定以自有高压自平衡多级离心泵成熟结构为基础，并针对上冲泵的特殊要求，将企业在长期经历各种复杂工况考验中所积累的独有技术和成功经验运用在上充泵的研制中。公司充分把握了多重可靠性冗余设计理念，运用有限元分析和三维模拟仿真分析等先进技术和方法，通过进行转子部件临界转速计算分析、泵组抗震计算、重要零部件的可靠性分析等，从材料选用到各种回转零件间隙值的优化，开展了大量的试验研究和攻关，并针对试验中出现的难点问题逐一进行改进和完善，确保样机制造精度和运行平稳可靠。不仅实现了上充泵样机顺利通过由核电专家全程现场见证的各项试验考核，而且泵组在经历各项试验的苛刻考核和多次解体重新组装后，其运行振动值依然低于技术规格书规定值的1/2。该产品运行平稳，可靠性高，其技术性能满足百万千瓦级压水堆核电站使用要求，达到了国际同类产品先进水平。

(2)前置泵。

上海电力修造总厂有限公司以山东海阳核电站一期工程为依托，在引进日本三菱重工卧式高速单级双吸离心泵技术的基础上，结合企业多年积累的600~1 000MW火电泵的技术和经验，完成了百万千瓦级常规岛前置泵的设计、制造，成为国内首个掌握设计和制造世界上最先进的第三代AP1000核电站常规岛主给水泵组前置泵产品的厂家。产品达到日本三菱重工的技术水平，可替代进口。首批产品将用于山东海阳核电站一期工程2×1 250MW压水堆核能发电机组。

(3)核级阀门。

比例喷雾阀应用于压水堆核电站反应堆冷却剂系统，是压力控制设备之一。该阀门技术要求高，长期以来，国内企业不具备设计、制造能力，一直依赖于国外进口，是发达国家对我国技术封锁、以昂贵价格赚取高额利润的产品。

中核苏阀科技实业股份有限公司与国家核电上海核工程研究设计院经多年努力，共同开发研制成功核一级比例喷雾阀，样机通过专家鉴定。这标志着我国已经具备了核一级比例喷雾阀的自主设计、制造、安装、调试的能力。该阀门的研制成功填补了国内空白，打破了国外企业在核级阀门方面的技术垄断。

除了核一级比例喷雾阀，相关阀门制造企业还相继成功研制出核一级止回阀、核一级截止阀、核级蝶阀等。按照国家核能开发计划，阀门骨干制造企业建造了核电阀门高温高压试验台架，可进行高压高温热态水的热循环试验、热冲击试验、热态动作寿命试验、热态流体阻断性能试验等。

随着以沈阳鼓风机集团有限公司、陕西鼓风机(集团)有限公司、杭州制氧机集团有限公司、重庆水泵厂有限责任公司和中核苏阀科技实业股份有限公司等骨干企业为龙头的通用机械重大装备国产化基地的逐步形成，百万吨乙烯装置和百万千瓦核电装置等一批重点项目的不断落实及裂解气压缩机、丙烯制冷压缩机、核电泵、核级阀门、大型冷箱的研制成功，我国大型石化、核电等通用机械重大装备国产化能力已得到进一步提升，在很大程度上减少了我国石化、天然气集输、电站装备对国外的依存度，改变了我国石化、核电装备长期依赖进口的局面。

（四）通用机械行业技术创新体系建设进展情况

当前，通用机械行业已拥有国家工程研究中心、国家重点实验室和国家认定的企业技术中心。

1992年，国家发展和改革委员会认定西安交通大学动力学院（中国通用机械工业协会压缩机分会理事单位）为流体机械及压缩机国家工程研究中心。

2009年，国家科技部认定合肥通用机械研究院（中国通用机械工业协会压缩机分会副理事长单位）为压缩机技术国家重点试验室。

1993年，国家首批认定陕西鼓风机（集团）有限公司（中国通用机械工业协会风机分会副理事长单位）为国家级技术中心。

2000年，国家科技部认定沈阳鼓风机集团有限公司（中国通用机械工业协会风机分会理事长单位）为首批国家级企业研究开发中心。

2010年，中国机械工业联合会向工业和信息化部推荐合肥通用机械研究院为"中小企业技术服务平台"。

二、通用机械行业"十二五"展望

（一）通用机械行业"十二五"面临的任务

1. 电力领域

未来几年，我国对发电设备的需求将出现由增到减的拐点，但水电、核电、风电、太阳能发电增速加快。预计2015年我国电力装机容量将达12亿kW左右，2020年将达到14亿～15亿kW，其中核电装机容量达到7 000万kW。当前已建成投产7座核电站，11个反应堆总装机容量910万kW，在建22个反应堆。2009年，风力发电装机容量近2 000万kW，2020年计划装机容量1亿kW。2009年，我国太阳能发电装机容量约16万kW，2020年计划太阳能发电装机容量180万kW。水电比重将大幅增加，重点建设金沙江向家坝800MW水电机组、金沙江溪洛渡770MW水电机组，并进一步研制1 000MW水电机组；研制响水涧250MW抽水蓄能机组、仙游300MW抽水蓄能机组。

2020年，在现有核电基础上需新建60万～100万kW核电机组60套以上，每套60万～100万kW核电机组需各种泵约400台（套），阀门近3万只，还需要部分风机、压缩机。

火电将以60万～100万kW超超临界机组为主，重点发展高效清洁发电机组。超超临界火力发电所需设备进一步向高参数、大容量、低污染和多品种方向发展。每套机组需各类泵约120台（套），需各类阀门近万只。

另外，风力、太阳能等新能源发电也离不开通用机械产品，如风力发电中需要减变速机、太阳能发电多晶硅生产中需要膜式压缩机等。

2. 石化与天然气领域

预计"十二五"期间，石化工业的发展态势总体稳健，炼油和乙烯行业将呈现不同的特点。

炼油行业将保持稳定增长。2009年，我国原油产量1.86亿t，原油进口量1.8亿t；2010年，原油市场需求近4亿t，其中进口约2亿t。当前我国原油加工能力为4亿t/a，预计到2015年我国原油加工能力将达到5亿t/a以上。新增产能在西南地区所占比例将有所加大，华南和环渤海地区的比重也将增加；部分大型炼油装置将进行扩能和流程优化改造，加工模式将有所提升；资源型合资项目的建设进程将进一步加快。

2010年，我国乙烯需求量将超过2 600万t，乙烯生产能力将达到1 600万～1 800万t/a。预计到2015年，我国乙烯生产能力将达到1 900万～2 100万t/a，自给率为63%～67%。"十二五"期间，我国将建成更多的世界级规模的炼油—乙烯—芳烃上下游一体化的产业基地，延长产业链、采用新技术和多品种方案等将成为主流选择。另外，基地化、规模化、一体化的建设将是行业发展的主题，从而进一步提高行业的综合竞争力。一体化石化装置的建设和改造将带动下游产业的发展。"十二五"期间，我国有机原料的生产规模将扩大，新技术的应用将增加，科技创新将取得明显成果；当前供应缺口较大的苯乙烯单体、ABS树脂、PTA和乙二醇等产品的产能将有所增加；特种合成橡胶的发展将取得较大突破；塑料改性和塑料合金产业将再上新台阶。

"十二五"期间，我国石化工业的重点是新建或改扩建十几套80万～100万t/a乙烯装置以及与之配套的深加工装置；60万～100万t/a PTA成套装置和千万吨级炼油成套装置等，逐步形成七大乙烯生产基地。一套大型（百万吨级）乙烯装置（包含10套左右下游配套生产装置：80万～100万t/a乙烯裂解装置、30万～45万t/a高密度聚乙烯装置、30万～45万t/a聚丙烯装置等）需各种压缩机、风机、泵、分离机械、空分设备、真空干燥设备等1 100多台（套）和10多万只配套阀门。

据估计，我国石化行业今后平均每年用于石化生产装置的固定资产投资约1 000亿元，设备投资按总投资的40%计算，每年石化设备投资可达400亿元，按通用机械产品占设备数量的60%计算，投资可达240亿元。"十二五"期间，对通用机械产品的需求可达1 000亿元以上。

另外，近几年中东和亚洲地区乙烯工业增长迅速。据统计，未来几年中东地区将建成投产1 400万t/a的乙烯产能，其中，伊朗的乙烯产能超过600万t/a，沙特的乙烯产能超过400万t/a，卡塔尔和阿拉伯联合酋长国的乙烯产能也将翻一番。到2012年，中东地区乙烯产能将由2008年的900万t/a增加到2 500万t/a。东南亚石油化工的发展也十分迅猛，主要集中在新加坡、泰国、印度、巴基斯坦、缅甸和马来西亚。在今后5年内，乙烯生产能力将扩大1 000万～1 400万t，炼油能力将增加5 000万～7 000万t；其次是化肥、PTA、PX等产量也将有成倍的增长。这些都为泵、风机、压缩机、阀门等通用机械生产企业提供了广阔的市场。

石油和天然气作为一次能源越来越受到国家的重视。天然气作为一种洁净能源，在我国能源结构中仅占3.4%，低于亚洲平均水平（8.8%），而世界平均水平为24%。2008年，我国天然气产量693亿m^3；2010年，我国天然气需求量约为1 200亿m^3；2020年，我国天然气需求量约为2 000亿m^3。为了发展天然气事业，我国计划到2020年实现天然气在能源结构中的比例达到15%。

2009年，我国油气管线总长6万km，原油管线1.7万km，成品油管线1.2万km，天然气管线3.1万km。国家计划继“西气东输”之后，还将在东、南、西、北建设跨国输气管线和支线，浙江、福建、广东要建设大型液化天然气登陆站。“十二五”期间将建设超过10 000km的输油管线（总投资2 200亿元）和超过20 000km的输气管线。其中，西气东输二线从土库曼阿姆河经乌兹别克、哈萨克斯坦进入中国新疆霍尔果斯，经新疆伊犁向长江三角洲、珠江三角洲地区输送天然气。该项目总投资近300亿美元，其中中国境内总投资1 422亿元。整个工程需要功率为30MW的大型离心式压缩机91台，需要干线球阀和旋塞阀3 000多台，其中需要ϕ750mm大型管线球阀数百台。天然气输送需配套的工程有天然气净化、天然气发电、天然气化工、天然气储气库及LNG调峰站等，配套设施和装备投资4 000亿元。

另外，我国将从中东地区进口天然气。为了便于输送，需在当地对天然气进行液化。天然气液化和输送需大量的低温泵、低温阀门、制冷压缩机和气体分离、净化设备以及超大型LNG船、低温储罐（9Ni钢）和多股流换热器等。

3. 煤炭领域

2008年，我国煤炭产量超过27亿t，“十二五”期间，我国煤炭工业将实施大集团、科教兴煤战略，神华集团、兖矿集团、淮北矿业集团、平顶山煤矿集团等企业将承担全国煤炭的全部增量任务，我国已规划并着手建设国有大型矿井182处，其中1 000万t/a的高产高效矿井将要建20处以上。重点发展800万～1 000万t/a井下厚煤层综采成套设备、150万～200万t/a薄煤层自动化综采成套设备，使我国煤矿机械装备向大型化、自动化、高可靠性方面发展。通用机械作为煤矿开采的重要辅机，必须适应煤炭行业的发展需要，加快开发技术先进、高效节能、高可靠性的大型矿用泵、通风机、煤层气回收压缩机、压滤机和减变速机等通用机械产品。

4. 煤化工领域

“十一五”期间，我国煤化工发展迅速。“十二五”期间，煤化工项目主要依托贵州开阳化工有限公司50万t/a合成氨项目、陕西100万t/a甲醇制烯烃项目等重大工程项目建设，带动我国煤制油、煤制甲醇、煤制烯烃等煤化工领域技术装备的发展。

煤化工的特殊性（高温、高压、腐蚀及固体颗粒磨损）对流程设备提出了许多苛刻要求。煤气化（液化）用离心泵、容积泵、特种阀门、大推力往复压缩机和大型离心式压缩机等，都要按煤化工的特殊性进行设计、制造。煤化工是一个潜在市场，值得通用机械生产企业密切关注。

5. 冶金领域

据估计，“十二五”期间我国将新增钢铁产量5 000万t，主要集中在当前国内产能不足或不能生产的钢材品种上。另外，以节能降耗和减少环境污染为重点的技术改造将是冶金工业的投资重点。这就需要通用机械行业不断开发新产品和节能产品（如高炉余热利用成套设备、烧结风机和制氧机以及压缩机、泵、阀门等），提高产品的技术水平，适应冶金工业技术进步的要求。

6. 环保领域

“十二五”期间，我国对环保产业的投入力度要比“十一五”更大，环保投资约为31 000亿元，将拉动环境污染治理设施运行费用为10 500亿元。水污染治理的重点是河流、工业废水和城市污水方面，大气污染治理的重点是燃煤电厂、冶金高炉、工业锅炉（窑炉）等污染排放治理，固体废物治理的重点是城市生活垃圾减量化、资源化、无害化处理、危险废弃物（含医疗废弃物）处理等，另外，还有废旧汽车、废弃家电与电子产品处理处置和回收等。通用机械生产企业要重点发展火电厂烟气脱硫、脱硝、除尘用的泵和风机产品，工业污水和城市污水处理用泵、分离机械、风机和阀门等，造纸碱回收过程中的过滤机、大型压榨脱水机和平面阀等。

7. 城市基础设施建设领域

未来几年，我国每年都要新建铁路上千公里，其中京沪高速铁路1 300km。2009年完成高速公路建设约8 000km，全国高速公路近6万km。到2015年，平均每年完成高速公路建设5 000km。通用机械生产企业需要为铁路、公路施工配套压缩机、风机、泵、阀门及工程机械所需的各种减变速机等。另外，我国的城镇建设也为通用机械行业提供了广阔的市场。

（二）通用机械行业“十二五”发展思路

“十二五”期间，通用机械行业将以国家产业政策为导向，瞄准国际国内两个市场，紧紧围绕石化、电力、新能源、新材料等工业对通用机械装备的需求以及城市基础设施建设等国民经济发展的重点任务，加强通用机械产品的基础和标准化研究，重点突破工艺性强、高温、高压、低温、强腐性环境下的通用机械产品的设计、开发与可靠性；加强企业管理，注重人才培养，不断提升企业的自主创新能力，加大新产品开发力度，提高国际竞争力；大型骨干企业逐步向单元成套和制造服务业转化，在全国形成若干个通用机械区域产业集群；实现大型乙烯、大型核电、大型煤化工、石油天然气集输等通用机械设备国产化，满足我国国民经济各部门发展的要求。

（三）通用机械行业“十二五”发展目标

（1）到“十二五”末，在石化、核电、超超临界火电、天然气集输、天然气液化等重点领域的通用机械装备国产化率比“十一五”末提高5～10个百分点，市场占有率达85%以上。

（2）加大高端产品和节能产品研发力度，适应市场对通用机械产品的可靠性、高效、集约化的发展要求，缩短与国外的差距，提升通用机械产品的国际竞争力。到“十二五”末，开发50个新产品并形成系列，完成重大技术攻关20项，使大型空分设备、离心压缩机、轴流压缩机、容积式压缩机、化工流程泵以及应用于石化和电力行业的各种阀门等高端产品的设计、制造技术达到国际先进水平，部分产品处于领先水平；产业结构有明显的变化，中高端产品在全部产品中的比例由“十一五”的25%提高到35%。

(3)到“十二五”末,全行业产值达到7 000亿～7 500亿元;形成产值过100亿元的企业2～3家,产值达50亿元的企业5～8家,产值过10亿元的企业60～80家。

(4)“十二五”期间,在泵、风机、压缩机、阀门、气体分离设备等重点行业分别建立工程研究中心和若干个企业战略同盟;充分发挥西安交通大学、江苏大学、兰州工业大学、华中科技大学、合肥通用机械研究院等单位在通用机械(流体机械)方面的科研和人才培养优势,组成产学研队伍,开展通用机械的基础研究和企业人才培训,每年从企业选派工程技术人员去高校进修;协会每年组织短期技术培训,请高校和研究院所的专业技术人员授课(包括基础理论、产品设计、企业管理、标准宣贯等);开展由高校、研究院所、企业共同参加的产品联合设计,使企业的技术、管理人员的创新能力有较大提高。

(5)“十二五”期间,重点培育沈阳鼓风机集团有限公司、陕西鼓风机(集团)有限公司、杭州制氧机集团有限公司、四川空分设备(集团)有限责任公司、开封空分集团有限公司等大型骨干企业由纯制造企业向工程成套和现代服务企业转变,为打造通用机械行业国际工程公司创造条件。

(四)通用机械行业“十二五”期间重点任务

(1)开展通用机械产品节能机理的研究。通过开展泵、压缩机、风机、阀门等内部介质流动的理论研究和介质温度、黏度对流道设计的特性要求的机理研究,为不同用户设计并提供各具特色的节能通用机械产品。

(2)开展通用机械单元系统设备节能技术研究。按照热能转换和利用的过程,开展干燥、分离、净化单元系统设备配置优化研究和工业余热利用等过程节能诊断及其控制理论与工业化研究。包括分离、干燥、净化系统与设备关键技术研究,通用机械单元系统余热利用关键技术研究、过程系统控制单元设备研究以及过程系统节能诊断和能量系统优化技术研究等。

(3)石化关键设备技术研究。开展大型天然气输送和液化压缩机关键技术研究、10万m^3/h空分装置用离心压缩机关键技术研究、百万吨PTA装置压缩机关键技术研究、大型工艺螺杆压缩机关键技术研究、高压小流量泵关键技术研究、耐腐蚀化工流程泵关键技术研究、多级高速泵关键技术研究、煤液化用耐蚀耐磨离心泵和容积泵关键技术研究以及高低温耐蚀特种阀门关键技术研究等。

(4)核电关键设备技术研究。开展AP1000型核主泵关键技术研究,二代加技术100D型核主泵关键技术研究,核二级、核三级泵关键技术研究,百万千瓦级压水堆核电阀门关键技术研究,快中子增殖反应堆阀门关键技术研究,高温气冷堆阀门关键技术研究以及核电泵、阀标准技术研究等。

(5)石油天然气集输关键设备技术研究。开展长输管线压缩机开发与研究,长输管线离心压缩机在线监测系统开发与研究,公称通径≥40in(1 000mm)、压力≥600Lb输气全锻焊结构管线球阀开发与研究,高压大流量制冷压缩机开发与研究,低温泵和低温阀开发与研究以及大型高效缠绕管换热器开发与研究。

(五)促进行业发展的政策措施

1.提高企业的核心竞争力

企业发展战略的基本内涵是培育核心竞争力。行业协会应配合政府引导企业提高开发独特产品的能力、发明专有技术的能力和创造先进营销模式的能力;在行业中建立与国际接轨的标准化指标体系,完善行业准入体系,规范行业发展,帮助企业克服发达国家的反倾销和各类技术性贸易壁垒的限制;在通用机械产业集群地区,行业协会配合地方政府从产业研发、质量检测、人员培训、信息化、电子商务和现代物流方面,建立真正为企业服务的平台;帮助企业理性地分析其优势、劣势,发现新的机遇,适时调整企业的整体规划和部署,提高企业的核心竞争力。

2.注重品牌建设

品牌是企业的高端软实力。企业具有自主知识产权的产品和全球认同的品牌是参与市场竞争的关键。自主品牌是一种基于创新能力、自主知识产权和企业文化的市场创造力,是用户对同类产品和服务进行市场比较后对厂商及产品价值的一种社会评价。“十二五”期间,通用机械生产企业必须改变一味扩大生产规模的发展旧模式,加大品牌建设的发展方式,在市场竞争中立于不败之地。

3.有效遏制恶性竞争

通用机械中一些产品的制造门槛比较低,中小企业众多,造成企业间长期处于同类、同档次产品的恶性竞争。“十二五”期间,将行业工作与生产许可证、产品标准制修订工作结合起来,对假冒伪劣产品进行严厉打击;对偷工减料、以次充好,违背市场价格的恶性竞争坚决制止,使企业间的恶性竞争得到有效遏制。

4.重视技术引进后的学习与提高

以往,通用机械行业的许多企业引进国外先进技术,只注重引进后对技术本身的使用,而轻视引进后的学习与提高,这主要表现在资金投入结构上。我国的企业平均每花1美元引进技术,只投入7美分进行消化吸收和创新,而日本却要投入7美元进行消化吸收和创新。从20世纪50年代到80年代,短短30年的时间,日本走过了从引进到创新的过程,进入了技术输出国的行列。而我国从改革开放至今已30多年,对外技术依存度仍很高,主要技术受制于人的状况没有发生根本转变。为改变这种状况,通用机械生产企业在“十二五”期间的技术引进过程中,要注重引进技术学习的过程,把主要的投入用到自我技术能力的培养上。

5.加快通用机械行业信息化建设

通用机械是传统产业,必须用信息化来促进其发展、提高,使企业走出一条科技含量高、经济效益好、资源消耗低、环境污染少、人力资源优势得到充分发挥的发展道路。借助信息化对通用机械行业的技术改造与提升,推动产业结构调整和优化,促进企业管理的现代化,大幅度提高通用机械行业的技术水平和经济发展水平。

6.建立激励机制,注重人才培养

高素质的专业技术人员和技术工人始终是装备制造

业发展的重要条件，企业的竞争最终取决于人才的竞争。企业要重视在职员工的教育，不断提高员工的技术水平和技能；要建立激励机制，对在企业发展中作出重大贡献的员工给予重奖，充分调动员工的积极性；加快企业科技创新人才的培养，使之成为一项制度；扩大对外开放力度，吸纳国内外人才“为我所用”。“十二五”期间，要注重培养工程技术人员的自主研发能力，使企业具备适应市场变化和需求的能力，真正成为技术创新的主体；企业的新产品开发经费平均占销售额的3%～5%；行业协会要帮助中小民营企业完成科技人员的职称评定、科技成果鉴定工作。

7. 政府给予通用机械行业更多的关注与支持

通用机械产品应用领域十分广泛，但在很多应用领域被称为通用辅机，其国产化率远低于主机的国产化率。对于通用机械行业共性、战略性、关键的技术和装备，依靠单个企业难以奏效，需要政府、协会加强组织引导。行业协会要帮助会员企业积极申报科研和新产品开发项目，在企业无力单独投资进行重点研发的情况下，建议政府部门加大在这方面的投入，对企业研发给予一定的科研补贴，提高企业科技创新的积极性。一些有发展潜力的民营企业同样是科研资金投向应该关注的对象，如企业技改项目的国债支持、中小企业的融资支持、节能产品研发支持和工程研究中心建设的资金支持等。

8. 发挥行业协会的作用

明确行业协会的法律地位，发挥行业协会在提高企业竞争力、规范行业竞争秩序、创造平等的竞争环境方面的作用。行业协会应发挥调查研究、政策建议、技术咨询、项目评估、跟踪管理和检查监督等服务职能，使协会真正成为企业与政府之间的桥梁，引领行业建康有序发展。

〔撰稿人：中国通用机械工业协会张雨豹〕

2009 年通用机械行业经济运行情况分析

2009 年，对于通用机械行业来说是不平凡的一年。国际金融危机的影响充分显现，通用机械行业经历了内忧外患的严峻考验，主要经济指标大幅下滑，创近几年最低水平。

一、2009 年通用机械行业经济运行特点

1. 主要经济指标大幅下滑，创近几年的最低水平

2009 年，通用机械行业规模以上企业 6 721 家，其中，泵及真空设备制造企业 1 614 家，风机、风扇制造企业 635 家，气体压缩机械制造企业 495 家，阀门和旋塞制造企业 2 368 家，气体、液体分离及纯净设备制造企业 583 家，其他通用设备制造企业 1 026 家。2009 年，通用机械行业规模以上企业完成工业总产值 4 759.87 亿元，同比增长 11.91%。其他相关经济指标的增速也都有不同程度的变化：工业销售产值 4 616.62亿元，同比增长 12.90%；出口交货值 596.25 亿元，同比下降 14.81%。截至 2009 年 11 月底，通用机械行业规模以上企业实现主营业务收入 4 080.81 亿元，同比增长 10.91%；实现利润总额 251.09 亿元，同比增长 7.82%。2009 年通用机械行业主要经济指标完成情况见表 1。2009 年通用机械行业不同类型企业主要经济指标完成情况见表 2。

表 1　2009 年通用机械行业主要经济指标完成情况

行业名称	工业总产值		新产品产值		工业销售产值		出口交货值	
	数值（亿元）	同比增长（%）	数值（亿元）	同比增长（%）	数值（亿元）	同比增长（%）	数值（亿元）	同比增长（%）
全行业	4 759.87	11.91	579.56	9.01	4 616.62	12.90	596.25	-14.81
泵及真空设备	1 039.43	17.65	116.20	12.68	1 003.67	17.83	137.82	-8.27
风机、风扇	570.14	20.12	84.95	2.37	542.04	21.31	55.79	-7.88
气体压缩机械	705.13	4.29	117.12	-16.09	686.84	5.02	103.13	-12.56
阀门和旋塞	1 342.14	7.71	112.13	23.51	1 303.37	7.59	231.15	-21.67
气体、液体分离及纯净设备	436.36	15.13	54.19	16.88	426.35	17.21	34.19	-5.38
其他通用设备	666.67	12.25	94.97	38.03	654.35	16.61	34.17	-14.35

表 2　2009 年通用机械行业不同类型企业主要经济指标完成情况

控股类型	企业数（个）	工业总产值		新产品产值		工业销售产值		出口交货值	
		数值（亿元）	同比增长（%）	数值（亿元）	同比增长（%）	数值（亿元）	同比增长（%）	数值（亿元）	同比增长（%）
国有控股	181	465.42	-0.95	166.48	3.37	451.28	2.19	27.78	4.63
集体控股	301	205.78	15.39	13.21	5.39	200.33	15.97	10.17	-4.57
私人控股	5 214	3 014.68	19.66	301.23	18.38	2 916.60	19.55	258.26	-12.41
港澳台商控股	247	201.67	6.45	13.66	13.09	192.18	6.32	52.32	-9.95
外商控股	644	785.29	-3.66	65.61	-8.47	774.49	-0.50	240.93	-20.15
其他	134	87.03	7.37	19.37	-2.38	81.74	7.85	6.79	-14.90

从表 2 可以看出，集体控股企业和私人控股企业经济指标增速远高于其他类型企业，民营企业抗风险能力加强。

2008 年年底，通用机械行业工业总产值同比增速为 28.68%，到 2009 年 2 月骤降为 5.95%。但纵观 2009 年全年的工业总产值增速走势，通用机械行业在低速增长中实现了平稳发展。2008～2009 年通用机械行业工业总产值增速走势见图 1。2009 年通用机械各分行业工业总产值同比增速见表 3。

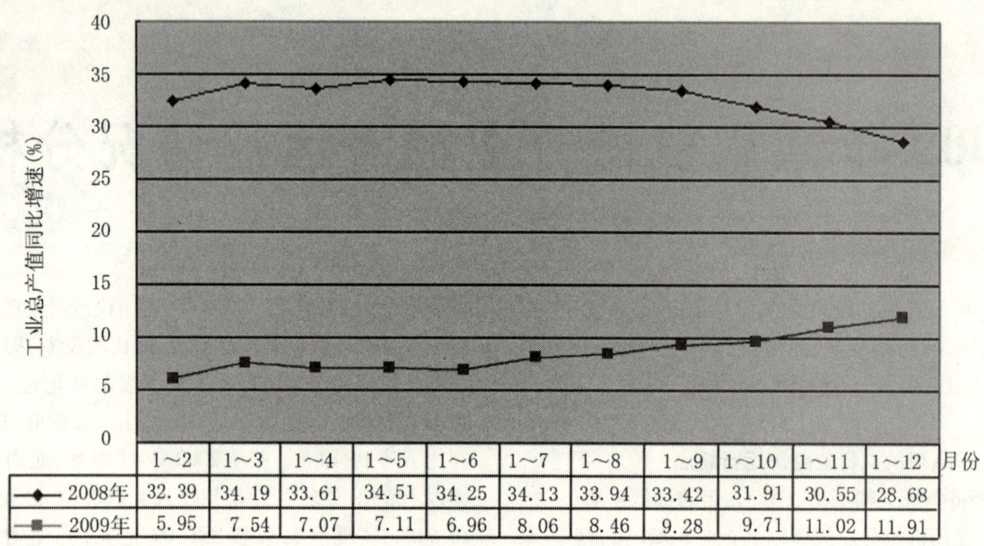

	1～2	1～3	1～4	1～5	1～6	1～7	1～8	1～9	1～10	1～11	1～12
2008年	32.39	34.19	33.61	34.51	34.25	34.13	33.94	33.42	31.91	30.55	28.68
2009年	5.95	7.54	7.07	7.11	6.96	8.06	8.46	9.28	9.71	11.02	11.91

图 1　2008～2009 年通用机械行业工业总产值增速走势

表 3　2009 年通用机械各分行业工业总产值同比增速　　（单位：%）

行 业 名 称	1～2 月	1～3 月	1～4 月	1～5 月	1～6 月	1～7 月	1～8 月	1～9 月	1～10 月	1～11 月	1～12 月
泵及真空设备	14.06	14.20	13.39	12.99	13.13	13.78	13.64	15.24	15.15	16.90	17.65
风机、风扇	12.29	14.43	12.25	11.77	10.23	12.07	11.38	11.16	11.55	16.68	20.12
气体压缩机械	-14.48	-11.06	-9.35	-8.78	-8.17	-6.07	-3.20	-1.89	-0.05	1.41	4.29
阀门和旋塞	5.50	7.16	5.76	6.55	6.18	6.04	6.31	6.18	6.40	7.10	7.71
气体、液体分离及纯净设备	7.90	9.38	9.26	11.21	9.69	11.50	10.65	13.82	14.17	13.47	15.13
其他通用设备	15.61	17.10	17.11	14.33	14.56	16.11	15.69	15.82	15.58	15.46	12.25

2. 出口持续大幅回落，降幅收窄

据海关统计，2009 年通用机械行业进出口总额 269.72 亿美元，同比下降 9.51%，增幅比上年同期下降 36.77 个百分点；进出口顺差 1.78 亿美元，比上年同期减少顺差 26.06 亿美元。在进出口总额中，出口额 135.75 亿美元，同比下降 16.69%，增幅同比下降 40.38 个百分点；进口额 133.97 亿美元，同比下降0.84%，增幅同比下降 32.76 个百分点。

2009 年，通用机械行业完成出口交货值 596.25 亿元，同比下降 14.81%，增幅比上年下降 27.46 个百分点。受国际金融危机的影响，通用机械行业出口交货值自 2008 年同比增幅大幅下降，2008 年增幅较 2007 年下降 23.49 个百分点，2009 年较 2008 年增幅下降 27.46 个百分点，降幅增大且变为负增长。2007～2009 年通用机械行业出口交货值增速走势见图 2。

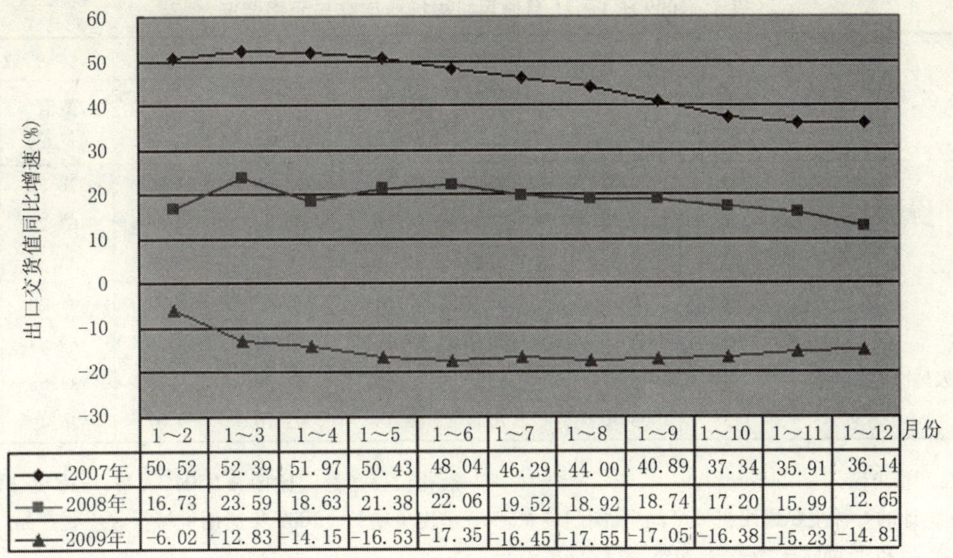

图2 2007~2009年通用机械行业出口交货值增速走势

2009年,泵及真空设备行业出口交货值增幅比上年下降27.85个百分点,风机、风扇行业出口交货值增幅比上年下降27.41个百分点,气体压缩机械行业出口交货值增幅比上年下降27.95个百分点,阀门和旋塞行业出口交货值增幅比上年下降25.56个百分点,气体、液体分离及纯净设备行业出口交货值增幅比上年下降21.80个百分点,其他通用设备行业出口交货值增幅比上年下降68.38个百分点。

3.行业经济运行平稳,经济运行质量尚可,利润总额大幅下滑

2009年1~11月,全行业累计实现利润总额251.09亿元,同比增长7.82%,增幅较上年同期下降22.2个百分点。成本费用利润率6.98%,比上年同期仅下降0.14个百分点;产品销售率96.91%,比上年同期提高0.8个百分点。

在6个分行业中,泵及真空设备行业利润增幅比上年下降25.27个百分点,风机、风扇行业利润增幅比上年提高1.85个百分点,气体压缩机械行业利润增幅比上年下降41.44个百分点,气体、液体分离及纯净设备行业利润增幅比上年下降6.33个百分点,阀门和旋塞行业利润增幅比上年下降5.28个百分点,其他通用设备行业利润增幅比上年下降52.57个百分点。2009年1~11月通用机械行业销售利润指标完成情况见表4。

表4 2009年1~11月通用机械行业销售利润指标完成情况

行业名称	主营业务收入		利润总额		成本费用利润率		产品销售率	
	数值(亿元)	同比增长(%)	数值(亿元)	同比增长(%)	数值(%)	同比增减百分点	数值(%)	同比增减百分点
全行业	4 080.81	10.91	251.09	7.82	6.98	-0.14	96.91	0.80
泵及真空设备	873.87	17.42	51.82	18.93	6.83	0.23	96.14	-0.15
风机、风扇	475.72	19.53	29.22	34.71	6.92	0.87	94.21	1.30
气体压缩机械	611.73	2.95	28.06	-18.99	5.03	-1.36	97.82	1.38
阀门和旋塞	1 148.74	5.21	74.78	11.74	7.26	0.47	97.00	-0.39
气体、液体分离及纯净设备	364.91	12.55	26.40	29.17	8.30	1.17	97.81	3.26
其他通用设备	605.84	15.26	40.81	-10.55	8.02	-2.47	98.67	2.28

4.产成品库存大幅回落

2009年1~11月,通用机械行业累计产成品库存278.32亿元,同比下降1.53%,增幅比上年同期下降30.3个百分点。其中:泵及真空设备行业增幅比上年下降51.35个百分点,风机、风扇行业增幅比上年下降11.4个百分点,气体压缩机械行业增幅比上年下降39.7个百分点,阀门和旋塞行业增幅比上年下降20.12个百分点,气体、液体分离及纯净设备行业增幅比上年提高14.96个百分点,其他通用设备行业增幅比上年下降28.6个百分点。

5.行业亏损面增大

2009年1~11月,通用机械行业亏损面14.3%,比上年提高1.41个百分点;亏损企业数959家,同比增长30.83%;累计亏损额22.13亿元,比上年同期增亏9.81亿元。在6个分行业中,5个行业亏损额增加,1个行业亏损额减少。2009年1~11月通用机械行业库存与亏损情况见表5。

表5　2009年1~11月通用机械行业库存与亏损情况

行业名称	亏损企业数		亏损额		应收账款净值		产成品库存	
	数量（家）	同比增长（%）	数值（亿元）	同比增长（%）	数值（亿元）	同比增长（%）	数值（亿元）	同比增长（%）
全行业	959	30.83	22.13	79.71	793.00	14.97	278.32	-1.53
泵及真空设备	217	19.23	3.90	40.93	176.32	14.86	63.29	-6.19
风机、风扇	103	35.53	1.07	27.47	116.29	25.63	43.58	20.71
气体压缩机械	89	20.27	10.63	300.84	129.62	16.77	41.20	-17.31
阀门和旋塞	293	47.98	3.88	13.19	210.98	13.58	69.88	-0.81
气体、液体分离及纯净设备	84	-6.67	0.95	-39.65	64.09	8.30	23.88	9.81
其他通用设备	173	53.10	1.70	62.18	95.70	9.07	36.49	-1.54

6. 主要产品产量下降

2009年，在统计的6种主要通用机械产品中，阀门产量同比增长3.74%，风机产量同比增长3.24%，气体分离及液化设备产量同比增长0.04%，泵、压缩机、减变速机产量呈现负增长。2009年通用机械行业主要产品产量见表6。

表6　2009年通用机械行业主要产品产量

企业数（家）	产品名称	单位	产量	同比增长（%）
877	泵	万台	6 931.29	-0.33
82	其中：真空泵	万台	397.63	-7.52
289	风机	万台	930.49	3.24
42	其中：鼓风机	万台	143.09	-6.07
130	气体压缩机（不含制冷设备用压缩机）	万台	1 265.21	-12.89
1 132	阀门	万t	458.39	3.74
32	气体分离及液化设备	万台	3.62	0.04
235	减变速机	万台	370.30	-0.48

7. 国家向中西部地区投资成效显著

通用机械行业经过近10年的快速发展，行业产业主要集中在江苏、浙江、上海、山东、广东及东北地区。按产值计算，这些地区的产值占整个通用机械行业总产值的71%，其中：东北、山东两地区产值占全行业产值的23%，江苏、浙江、上海地区产值占全行业产值的41%。为应对国际金融危机，国家加大了固定资产投资，并重点投向中西部地区。2009年，中西部、东北、山东等地区的工业总产值增速为20%，高于广东、江苏、浙江和上海地区的增速。

二、科技投入不断加大，高端产品不断推出

近年来，通用机械行业各企业都加大了新产品的研制、开发力度，取得了可喜成果。自2001年设立中国机械工业科学技术奖以来，通用机械行业共获奖励165项，其中获得一等奖11项、二等奖54项、三等奖100项。

2009年，通用机械行业共有27个项目获得中国机械工业科学技术奖。其中，沈阳鼓风机集团有限公司为中国石化茂名分公司64万t/a乙烯装置研制的裂解气压缩机组（H598），合肥通用机械研究院的石化装置风险评价与风险控制关键技术研究与工程应用获得中国机械工业科学技术奖一等奖。中核苏阀科技实业股份有限公司研制的核一级高Cv值止回阀，四川省鼓风机制造有限责任公司利用专利技术开发的高效、节能、低噪罗茨鼓风机，江西气体压缩机有限公司研制的2Z—1.5/25变频系列乙炔气压缩机，江苏大学和江苏省流体机械工程技术研究中心研制的大型开式水泵试验系统，浙江大学和浙江科尔泵业股份有限公司的大型延迟焦化装置高压切焦泵技术研究与工业应用，合肥通用机械研究院研制的CPD—600LB型两位三通换向阀，大连大高阀门有限公司研制的核一级大口径全流通高Cv值锻钢旋启式止回阀，沈阳鼓风机集团有限公司研制的单轴悬臂多级离心压缩机和上海佳力士机械有限公司和清华大学汽车工程系研制的纯电力客车用超静音单螺杆空压机等项目获中国机械工业科学技术奖二等奖。

中核苏阀科技实业股份有限公司研制的核二级电动弹簧式平行双闸板闸阀，河南省高山阀门有限公司和兰州理工大学研制的S14F/44F高效节能热静力型蒸汽疏水阀系列产品，上海理工大学、上海凯士比泵有限公司、上海市通用机械技术研究所有限公司、上海良工阀门厂有限公司、上海第一水泵厂有限公司共同研制的火（核）电等重大工程配套泵阀优化设计与试验研究及应用，北京汇知机电设备有限责任公司研制的GDS134—60/160型大型高压双作用隔膜压缩机，江苏大学和济宁安泰矿山设备制造有限公司的内装式多级矿用隔爆潜水电泵的研究与应用，西安陕鼓动力股份有限公司的高炉煤气余压透平发电装置自动准同期并网方法分析与实验研究、2 万 m^3/h 空分装置压缩机组，湖州核华机械有限公司研制的橡胶带式真空过滤机，杭州兴源过滤机有限公司、杭州兴源轻工机械有限公司、浙江兴源过滤股份有限公司共同研制的 XAZ 全自动啤酒麦汁压滤机，江南阀门有限公司研制的大口径电动真空蝶阀，合肥通用机械研究院研制的 DWT—70 机车用无油压缩机，无锡压缩机股份有限公司的高效节能天然气压缩机的研制及产业化，沈阳鼓风机集团有限公司的年产百万吨级乙烯装置用压缩机有限元分析、离心压缩机排气蜗壳的优化设计、大型新型齿轮增速组装式离心压缩机组，广东省佛山水泵厂有限公司研制的 KPS 型单级双吸离心泵等 16 个项目获中国机械工业科学技术奖三等奖。

2009 年 8 月，中国空分设备有限公司在河北廊坊与新地能源工程有限公司签订了长株潭天然气应急调峰储配站 $2\times10\ 000m^3$ LNG 储罐的设计、采购、安装总承包合同。这是该公司在 LNG 储罐上的第一个合同，也是第一个完全由国内企业自行承接、设计和施工的大型吊顶型 LNG 储罐项目。自 2006 年以来，公司凭借多年在低温技术领域积累的经验，在原有空分液氧、液氮低温储存工艺及储罐技术的基础上，首先成功开发出具有自主知识产权的低温乙烯终端站核心工艺技术和关键设备——大型低温储罐，并实现了南京化学工业园 20 000m^3 低温乙烯储存装置一次开车成功和安全稳定运行。该低温储罐打破了国外的技术垄断，其主要性能指标达到国际先进水平，并已申报发明专利 1 项和实用新型专利 4 项。20 000m^3 低温储罐的开发，为实现大型 LNG 储运装置的国产化打下了坚实的基础，也为开发更大型低温液化天然气储运装置创造了有利的条件。

2009 年，五洲阀门有限公司投资 8 000 多万元新增生产 500 台(套)长输管线全焊接球阀生产项目，将为企业增加 5 亿元以上的年产值。该项目已正式被列入国债项目计划，得到国家 900 万元的财政补助。项目完成后，有望打破长输管线全焊接球阀被国外企业垄断的历史，并率先投入西气东输二线东段工程。

陕西鼓风机(集团)有限公司瞄准能量回收市场需求，充分利用资源、技术、资金等多方优势，积极开拓低温余热回收发电市场。2009 年 8 月，西安陕鼓动力股份有限公司与陕西实丰水泥股份有限公司正式签订 5 000t/d 水泥窑低温余热发电装置总包合同，标志着陕鼓集团在该领域实现了新突破。

四川金星压缩机制造有限公司的“油田伴生气回收移动工作站”入选《2009 年成都市首台(套)及关键零部件产品目录》。该产品是国内首创的将压缩机、发动机、发电机、脱水装置、电控装置、隔音房和汽车集成在一起的移动式油田伴生气回收系统。整个系统可移动回收零星的油田伴生气，以天然气发动机作为驱动源，而且所有设施不需要外来电源。这样，既解决了偏远的油气田无电作业难的问题，又具备天然气回收成本低的优势。

2009 年，山西太钢不锈钢股份有限公司和大耐泵业有限公司特殊不锈钢材料联合开发中心成立。这个中心的成立，旨在提高耐腐蚀泵和特殊泵用特殊不锈钢材料的研发和应用水平。

三、市场环境

随着金融危机的深化和贸易保护主义抬头，一些国家通过征收反倾销税或设置技术壁垒限制进口中国产品。2009 年 4 月 27 日，阿根廷生产部发布决议对原产于中国的液体冷冻泵采取临时最低限价措施；阿根廷生产部 9 月 9 日发布第 297/2009 号决议，对原产于中国的螺杆压缩机进行反倾销调查，涉案产品海关编码为 84148032 和 84143099。9 月 16 日宣布，将对从中国进口的离心泵展开反倾销调查。这是继 2006 年 12 月欧盟对原产于中国的空气压缩机进行反倾销后，通用机械行业出现的又一次反倾销案。

2009 年 2 月 4 日，国务院常务会议审议并原则通过《装备制造业调整振兴规划》，要求我国装备制造业通过加大技术改造投入，增强企业自主创新能力，大幅度提高基础配套件和基础工艺水平；加快装备制造企业兼并重组和产品更新换代，促进产业结构优化。国务院还进一步明确提出了调整产业结构、发展循环经济的战略方向，要求在大幅提高经济增长和社会发展的同时，促进资源循环利用和高效利用，以减少资源消耗和污染排放，实现物质化的经济增长。温家宝总理在 8 月 19 日主持召开的国务院常务会议上，提出进一步扶持中小企业发展的措施。国家颁布的这一系列促进经济发展的政策措施，为通用机械行业提供了很好的发展空间。

四、通用机械行业经济运行中存在的问题

(1)恶性竞争进一步加剧。通用机械行业中低档产品占 80% 以上，高档产品约占 20%，中低档产品产能过大，企业产品结构调整难以在短期内完成。2010 年，企业间的恶性竞争不会有大的改观，甚至有可能加剧。

(2)国际反倾销力度加大。随着世界经济复苏，各国为了保护本国的企业利益，将加大反倾销力度。我国通用机械行业出口产品以中低档产品为主，价格便宜，是欧洲、美国等国家反倾销的重点。

(3)重大装备国产化步履维艰。重大装备国产化是提升我国装备制造业的重要途径，但是由于用户部门对国产化问题没有足够的重视，并且推动重大装备国产化的政策执行不到位，使重大装备国产化工作进展缓慢。重大装备“首台首套”应用问题依然是国产化的突出问题。许多用户以没有业绩为由，拒绝采购国产化装备，甚至连有相似业绩的装备也不认可，拒绝采用国产设备。有些用户在设备招标过程中，采取设备捆绑的方式进行招标，给国内企业投标设置了障碍。重大装备国产化得不到很好实施，将严重阻碍通用机械行业的产品结构调整和整体技术水平的提高。

五、2010 年预期

2010 年，随着世界经济的复苏，中国的经济形势将进一步巩固。装备制造业作为国民经济的基础产业在国民经济发展中将发挥重要作用，而通用机械作为装备制造业的重要组成部分，将随着核电、西气东输、天然气液化、石化、电力、城市地铁、高铁及环保等相关产业的发展得到进一步发展。

预计2010年，通用机械行业工业总产值同比增长20%～25%，产值有望达到6 000亿元。随着世界经济的复苏，出口形势将会有较大的改观，将会扭转2009年出口负增长的局面，出口同比增速约为10%。

我国经济全面好转后，各行业都将加快发展，对原材料的需求加大，加之电、气、水、煤涨价，将带动原材料价格全面提升。另外，通用机械行业的企业主要集中在上海、江苏、浙江、广东等地，这些地区的一线工人招工困难，要留住现有的工人必须提高工资待遇，必将加大企业成本。因此，利润增速将低于生产增速，利润总额同比增速预计为15%左右。

〔撰稿人：中国通用机械工业协会李多英　审稿人：中国通用机械工业协会钱家祥〕

行业概况

从生产发展情况、市场及销售、科技成果及新产品、基本建设及技术改造、企业结构调整等方面报道我国通用机械行业各分行业的发展情况

Reporting the development situation of the branch industries of china general machinery industry in aspects of production development, market & sales, scientific/technical achievements & new products, capital construction and technical transformation, and structural adjustment of enterprises

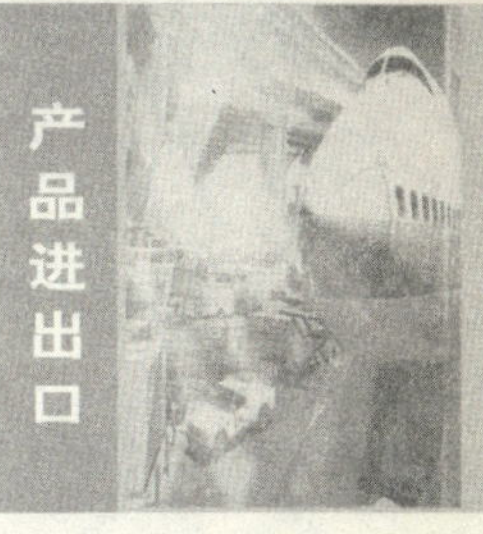

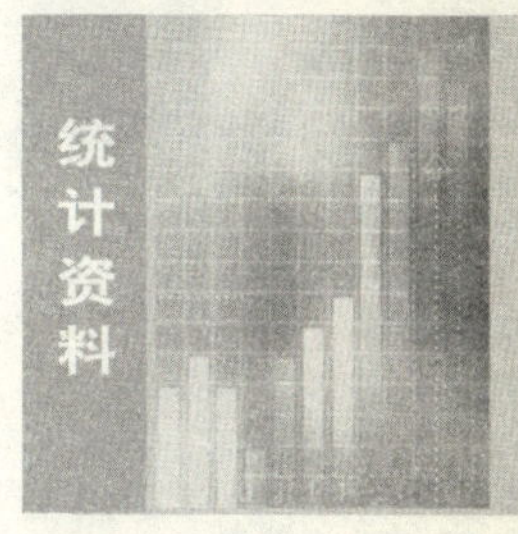

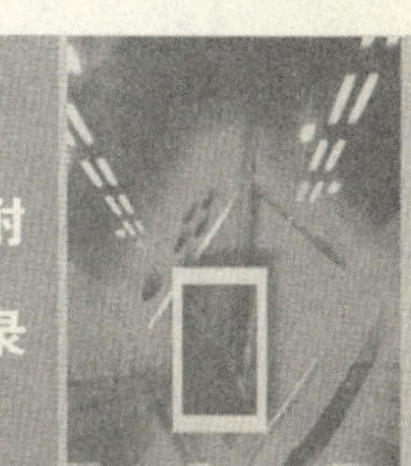

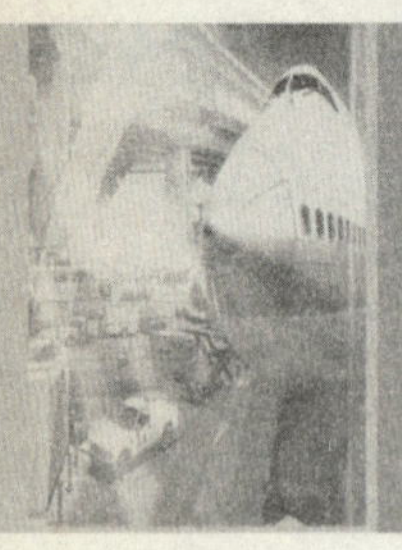
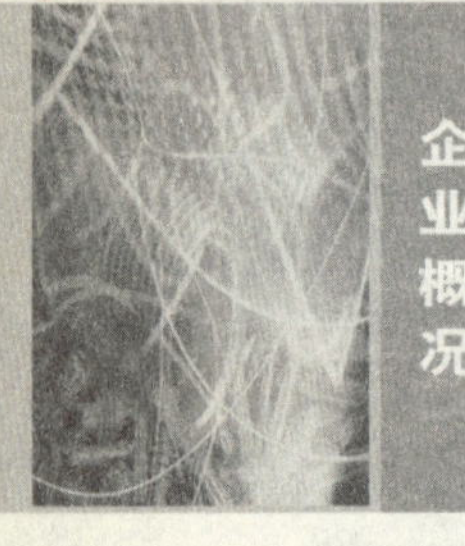

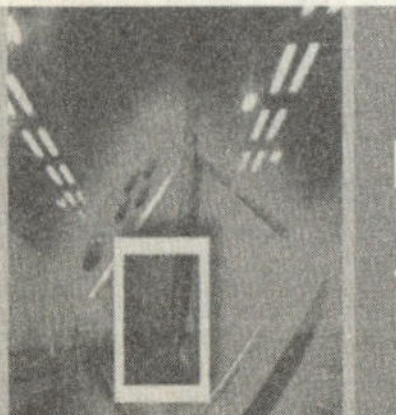

行业概况

上海科科：在创新和竞争中发展壮大

——记上海科科阀门集团有限公司

上海科科阀门集团有限公司（以下简称上海科科）创建于1987年，位于上海市南翔工业园区，毗邻上海虹桥机场，拥有3个生产基地，总占地面积98 000m²，建筑面积65 000m²。

上海科科现有员工875人，其中工程技术人员185人。拥有数控车床、加工中心等各类加工和检测设备600多套。公司主要采用美国API、ANSI，英国BS，德国DIN，法国NF，日本JIS、JPI及中国GB等先进标准，生产公称通径1/4～80in（6～2 000mm）、压力级150～2 500Lb（0.1～42MPa）、工作温度-196～680℃的闸阀、截止阀、球阀、止回阀、旋塞阀、蝶阀和电站阀等。阀门材质主要有碳素钢、合金钢、不锈钢、蒙乃尔合金和20号钢等，并可根据用户要求制造各种特殊阀门。

20多年来，上海科科在阀门制造业中积累了丰富的经验，实现了稳定快递发展。2001年，公司获得了美国石油学会API认证、德国莱茵技术公司的ISO 9001:2000国际质量体系认证，同时还获得了欧盟PED“H”模式CE安全认证。公司是中国通用机械工业协会阀门分会会员单位，中国石化物资资源市场成员单位，中国石油天然气集团公司一级供应网络成员单位，国家石油和化学工业局、中国化工装备总公司定点生产企业。公司具备高水平的研发、制造、检测、试验能力及健全严谨的科学管理体制，产品规格齐全、质量可靠，广泛应用于石化、天然气、冶金、电力、制药和建筑等行业。产品远销中东、东南亚、欧美等多个国家和地区，深得用户广泛赞誉和信赖。

开拓创新　积极研发新产品

一直以来，上海科科坚持率先发展、科学发展、和谐发展，把经济发展的目标定位于“市场与效益”上。公司设立技术研发部，研发人员经常参与国际展会和学术交流，并参与产品技术标准的制定工作。公司加大发展模式的创新，下大力气调整产品结构，实现多元经营，弥补市场经济中发展的不足。在推进企业市场化的进程中，研发出一系列具有市场前景的新产品。

（1）锁渣阀。上海科科生产的锁渣阀采用对分式、固定球、金属密封结构，维护简单，拆装方便；双阀座进口密封，两个阀座均能独立切断进口端流体，实现双阻断；球体、阀杆一体化设计，保证了球体、阀杆的对中性和阀杆的强度；Inconel X—750环形弹簧能保持高温下的弹力稳定，并采用独特的密封措施，保证弹簧范围内无灰渣，确保阀座的可靠浮动及与球体的密封；采用硬质合金宽带自刮削机构，在阀门开关的同时实现球面自洁，防止灰渣堵塞在球体的密封面上；采用金属重熔技术将镍基硬质合金与球体、阀座基体表面重新熔合在一起，可有效防止硬质合金层的剥落、脱落；合理的硬度差确保球体与阀座密封面寿命长，密封效果好。

锁渣阀

该阀的适用介质为渣水，公称通径8～20in（200～500mm），压力级600Lb、900Lb，适用温度-20～650℃。

（2）轨道球阀。上海科科生产的轨道球阀采用偏离

轨道球阀

摆动及转动原理，实现阀门的开关动作。其特点是消除了阀门损坏的最基本因素——密封面的擦伤。该球阀为整体式，坚固安全、维修方便；密封性能可靠，在火灾环境中保证密封；高压工况下操作方便；适用于易燃、易爆工况。

（3）单焊缝全焊接球阀。通过多年调研并结合市场实际，公司研制出流线形单焊缝全焊接球阀，可广泛适用于石油、天然气、炼油、核工业以及其他领域。该阀主体为流线形，外形美观；优化设计，体积小，重量轻，使用方便，价格合理；对分式，固定球，金属硬密封或软密封；双阀座，均能独立切断流体，实现双阻断与排

单焊缝全焊接球阀

放；单焊缝结构，制造工艺先进，密封可靠，性能稳定，使用寿命长。

上海科科在注重产品研发的同时，大力发展国际贸易经销商，并着重加强阀门产品的国产化；注重产品质量的提高，改进加工工艺和技术水平，提高阀门产品的可靠性和高温高压阀门的性能，朝着阀门自动化方向迈进。

建立有效的质保体系

上海科科建立了有效的质量保证体系，做到“凡事有人来管，凡事有章可循，凡事有人检查，凡事有据可查”；制定了“技术专业，品质完美，零件一次合格率98.5%，整机一次交付合格率100%”的质量目标；严格按“三按”生产，即按照生产部制定的具有可操作性的工艺生产，按照技术部审查过的具有正确性、工艺性的图样生产，按照标准生产，确保产品的规范性。

质检部依据检验计划、检验规程及设置的关键控制点对产品进行检验、控制、把关，生产部、质检部监督检查工艺纪律的执行情况。在生产过程中出现不合格产品时，检验员对不合格品做出标记后进行隔离，并书面汇报质检部，由责任部门负责制订纠正和预防措施。同时，质检部进行跟踪检查，以确保产品质量。

制定营销策略　谋划长远发展

上海科科今后的市场营销策略是：根据客户的需求开发新产品，在具有潜力地区对主打产品进行推广活动；参加加拿大、迪拜、美国等国外专业性展会和国内展会；进一步健全市场营销网络；在保证产品质量的基础上提高产品的综合竞争力；进一步加强公司销售团队的综合素质。

公司计划投入2 100万元用于产品的研发、实验认证和推广。预计2010年实现销售收入12 292万元，利润252万元；2011年实现销售收入13 500万元，利润300万元；2012年实现销售收入15 500万元，利润400万元。

在“十一五”末期以及未来一段时间内，上海科科将自觉实践科学发展观，推进新一轮技术改造，进一步提高产品附加值，朝着资源节约型、环境友好型的方向发展；进一步加快企业改革步伐，持续稳步地推进结构调整，淘汰落后产能，做到充分利用和使用资源；进一步营造良好的市场环境，继续在规模做大、实力做强、质量做佳、结构做优、效益做多等方面争当行业的排头兵。

特福隆：坚持走多元化经营之路

——记特福隆集团有限公司

特福隆集团有限公司（以下简称特福隆集团）经过20多年的蓬勃发展，先后兼并了3家国有企业，在温州、上海、杭州等区域拥有10多家子公司。特福隆集团坐落在温州经济技术开发区高新园区内，占地面积4.7万m²，拥有现代化的管理模式及一流的厂房和先进的生产设备，主要产品为智能型阀门电动执行器，年生产能力可达5万台以上。

特福隆集团建有省级技术研发中心，拥有一支精悍的研发团队，不断地研发出满足客户多元需求的新产品。由特福隆集团技术研发中心研发的智能型阀门电动执行器荣获国家专利，智能型阀门电动执行器的一系列产品受到了国内外专家的一致好评，经过专家鉴定认为该产品技术处于国内领先水平，接近国际先进水平。

智能型阀门电动执行器是配备有微处理器的智能化控制单元，具有人机对话、现场组态、故障自诊断和数据记录等功能，并可加装数据通信接口的机电一体化智能网络控制装置。适用于闸阀、截止阀、节流阀、隔膜阀、球阀、蝶阀和挡板阀等产品的控制。

智能型阀门电动执行器广泛应用于石油、化工、天然气、发电、冶炼、制药及污水处理等行业中的阀门、风门及挡板等开关型及调节型设备的控制。该产品的技术代表着整个行业的发展方向，它的研发成功将推动我国的现场管线工业自动化控制技术迈上一个新的台阶，为我国的工业自动化控制行业及国民经济发展作出了重大贡献。该产品在数百家国内大中型企业中得到广泛使用，并出口到世界各地，用户反映良好。

特福隆集团电动执行器省级技术研发中心是特福隆集团技术创新的重要载体，也是特福隆集团新产品、新技术和新工艺的直接来源。加强企业技术中心建设是提升企业技术创新能力的着重点和关键环节，在当前经济形势下，抓好技术中心建设工作意义尤为重大。2009年，通过各级政府的引导和扶持，特福隆集团企业技术中心在机构设置、研发设施、技术人员配备和管理制度方面不断完善，已成为企业提高核心竞争力的重要支撑力，技术中心的中长期技术创新

战略规划的制定和不断增长的研发投入，为企业的后续发展奠定了基础。

2009年，特福隆集团企业技术中心不断增加投入，通过加大技术开发经费投入，承担各级政府部门的科技计划项目，引进高水平技术开发人才，企业技术中心的技术研发总体水平明显提高，自主开发能力不断增强。2009年，该技术中心科技人员达49人，同比增长8%，其中拥有硕士学位的人数14人，同比增长17%。2009年，该中心共完成科技项目4项，同比增长33%。截至2009年，专利累计达17项，2009年申请专利4项，同比增长33%，其中发明专利申请1项。

特福隆集团是国家级重点高新技术企业，技术中心所生产的智能型电动执行器产品被列入国家火炬发展计划。

2009年，技术中心研发了核能源阀门电动执行器。该项目的研发成功，能够加快我国自主研发核电级阀门智能型电动执行器，能够提高我国核电机组自动化远程控制水平的国产化，能够加快我国百万千瓦级核发电的进程，能够解决我国援外建造核发电工程的配套。当前，特福隆集团根据我国核电事业的发展需求，研发的核电级阀门智能型电动执行器能够填补了国内空白，对加快我国核电装备国产化具有很重要的意义，具有一定的经济效益和社会效益。

特福隆集团已经步入技术创新与管理创新发展阶段，在同行中率先实施了企业全过程的ERP网络信息化管理，为企业的科学管理奠定了基础。特福隆集团还坚持“以人为本”的企业文化建设，坚持人性化管理和科学管理相结合的理念，以建设和谐企业为中心，实践了文明单位建设、平安企业建设、安全生产建设、劳动和谐建设、廉洁文化建设和学习型企业建设。

特福隆集团自创立伊始就以高瞻远瞩的目光，建立了多元化发展的战略目标。在不久的将来，特福隆集团要赶超世界一流企业水准，为我国的阀门驱动装置与现场总线的工业自动化控制开创更好的明天！

以领先技术创汉威名牌

——记上海浦东汉威阀门有限公司

上海浦东汉威阀门有限公司（以下简称上海汉威）创建于1992年，是一家集设计、制造、销售和技术咨询于一体的阀门制造企业，以生产球阀和特种阀门著称。公司现为中国通用机械工业协会阀门分会常务理事单位。

上海汉威拥有产品研发中心、现代化的加工和检验设备、完善的质量保证体系和销售服务网络，已通过ISO9001、ISO14001、GB/T28001、APIQ1和TS体系认证以及API6D、API607、API6FA、PDO、CE/PED等产品认证。公司生产的产品有20多个系列、3 000多个规格。产品广泛应用于石油、天然气输送管线以及炼油、化工、电站等诸多领域，70%以上的产品出口到欧美、中东、中亚和东南亚等国家和地区。

本着“科技兴业”之理念，公司创建伊始就把目光定位在技术含量高、国家重点项目和国际市场看好的阀门产品上，从而实现“人无我有、人有我优”的战略目标。

积极探索　稳步发展

20世纪90年代初，国内化工行业的PTA（精对苯二甲酸）装置上马多、建设快，大量需要高耐腐蚀、高性能的专用阀门，当时此类阀门全部依赖进口。上海汉威通过市场调研认为，将该类阀门国产化既是阀门企业肩负的社会责任，又蕴藏着巨大的商机。为此，公司组织专家与用户单位合作，从修理、测绘开始，对每种产品进行分析、研究。与材料研究所共同开发耐强腐蚀的钛合金、哈氏合金、锆合金及钛钯合金等材料和铸造工艺。公司先后研制出PTA专用角阀、放料阀、旋塞阀和送风旋转计量阀等八大品种、上百个规格的全系列PTA阀门，为PTA阀门国产化奠定了坚实的基础。

1994年，上海汉威研制出丙烯酸装置用不锈钢球阀。

1995年，上海汉威研制出双偏心高性能系列蝶阀。

中哈管线用大口径球阀

1996年，上海汉威研制出应用于石化高温炉出口系统的公称通径为2 900mm的大口径高温蝶阀。

1997年，上海汉威接受中石化公司的委托，开始研制24通旋转阀。1999年，24通旋转阀研制成功。该旋转阀通过了由中石化公司组织的产品鉴定，并获得中石化科技进步奖二等奖。24通旋转阀的成功研制打破了国外企业的垄断，为重大装备国产化作出了贡献。

24通旋转阀

1998年，上海汉威注意到我国能源战略将给管线阀门带来广阔的市场，决定研发石油天然气系列球阀。经过十几年的努力，API6D球阀已成为公司的拳头产品。API6D球阀广泛应用于中石油、中海油的输送管线、站场、城市管网及采油采气井口、平台等各类工程和设备中，并大量出口。

2000年，上海汉威研制出全焊接密闭球阀（公称通径50～1 000mm），这是一种主要用于区域供热系统的球阀。同年，获得欧洲“P”标志准入证。为开发此种阀门，公司还特别研制了密闭球阀热态测试系统，可模拟2.5MPa、120℃的工况，由计算机程序控制，自动记录测试数据，可对阀门进行不同压力、不同温度下的力矩测试、密封性能测试、阀球位移测试及寿命测试等。2001年，该产品开始批量出口瑞典等欧洲国家。该产品获得建设部科技进步奖三

大口径球形全焊接球阀

等奖。

2001年，上海汉威生产的API6D管线球阀开始出口中东、南亚和欧洲市场。

随着生产规模的扩大和产品升级、设备更新换代的需要，上海汉威的厂区两经搬迁。2002年，上海汉威在最具活力的浦东新区购地建设新厂区（即今天的厂区）。厂区建有现代化的办公楼、重型产品生产车间、职工宿舍和食堂等，添置了大量现代化的加工和测试设备。

2006年，上海汉威研制成功固定柱式模拟移动床色谱分离设备，主要应用于果糖分离、制药等生物工程。

2008年，上海汉威生产的API6D全焊接轴流式止回阀和API6D大口径全焊接球阀出口中亚，应用于中哈输油管线。其中公称通径32in（800mm）的全焊接轴流式止回阀是上海汉威研制的新一代止回阀，应用了多项公司专有技术。该阀的阀瓣和流道为流线形设计，阀座具有软硬两种密封，具有流阻小、噪声低、密封可靠和强度高等特点。该阀运行效果令用户非常满意，为公司赢得了较多国外订单。

经过多年的技术积累和研发，上海汉威于2009年底推出了国内首台具有国际领先水平的40in（1 000mm）、600Lb球形全焊接球阀。该球阀主要用于石油天然气长输管线主管线，采用左右半球体对焊的单焊缝阀体形式，具有外形流畅、重量轻、强度高的特点。该球阀完全符合API6D标准，而且应用了公司独创的多级阀座密封技术，可靠性高、使用寿命长，可做到30年免维护。该球阀在材料应用、结构、制造工艺等方面都有较大突破，标志着国产长输管线干线球阀取得了巨大进步。在2009年12月举行的廊坊国际管道博览会上，该阀门引起了国内外用户的高度关注，获得一致好评，并获得了本届博览会金奖。

重视研发　加大投入

先进的技术靠的是过硬的专业人才队伍。上海汉威始终把人才战略作为公司生存和发展的第一战略来抓，特别注重科技人才的培养和吸纳。公司的技术人员中有行业专家多名，研究生、工程师40多名，形成了老、中、青相结合的科研队伍，拥有从产品设计、材料、工艺到产品应用的各个专业的人才。公司建立了阀门研发中心，引进了先进的设计分析软件。多年来，上海汉威取得了多项国家专利，获得了“上海市高新技术企业”称号。当前，上海汉威63%的销售收入来自高新技术产品。

2009年，上海汉威投入3 000余万元购进了一批先进的加工中心、三维测量仪、数控车床、大型立车、大型落地镗铣床、大型窄间隙数控自动埋弧焊机和垂直升降数控立体仓库等设备，对原有零部件仓库进行了立体化改造。12月底，开始兴建2 000m^{2}大型球阀专用生产测试厂房，2010年建成后将极大地提高公司大口径球阀的生产能力，进一步巩固上海汉威在球阀领域的领先地位。

立足现状　规划未来

2009年，上海汉威制定了未来几年的技术发展规划并已开始实施。①加强市场调研、加大新产品预研力度；深入中石油、中石化、中海油等老用户，做好技术服务，了解用户新需求；完善销售网络，开拓新的应用领域，关注世界阀门产品发展动向，为确立新产品研制项目提供依据。②结合国家能源战略和世界能源产业的需求，大力发展API6D产品，特别是加快长输管线球阀的技术更新；完善深海油气开采用特种阀门的开发计划，填补我国阀门行业在这一领域的空白。③两年内完成生物制药制糖装置的成果转化，实现产业化。④扩大研发队伍，更新试验设备，在现有研发中心的基础上，建成上海市企业技术中心。⑤完善科技创新奖励机制，建立企业技术开发奖励基金。⑥加强企业内部对高新技术产品的推广技术支持，加大市场推广力度。

不断推出高品质的新产品是一个企业生存和发展的基础。上海汉威将一如既往地坚持“以科技引领企业发展”的方针，注重技术创新，实现科技与产品质量的完美结合，打造具有国际影响力的汉威品牌。

立足阀门国产化　不断开拓高端新产品

——记五洲阀门有限公司

创建于1978年的五洲阀门有限公司是一家科技型阀门专业制造企业，是浙江高新技术企业、浙江省重大高新技术产业化项目单位。公司是中国石化物资资源市场成员单位、中国石油天然气集团公司一级供应成员单位，化工部化工装配总公司、北京燕山石化公司、南京扬子石化公司、山东齐鲁石化公司和上海宝钢等企业的定点供应成员单位。公司下设5个分公司，可为石油、化工、冶金、轻工、电站、城建供水及输油、输气、天然气、长输管线等工程提供高中压球阀、蝶阀、平板闸阀、闸阀、截止阀、止回阀、电站阀以及引进装置配套的非标和特殊阀门共计八大类、1 000多个规格。其中，硬密封高温系列球阀、高压矿砂料浆阀等获得多项国家专利，并被国家科技部列为国家重点火炬计划项目和国家级新产品，三偏心蝶阀获专利新产品奖。产品畅销全国各地，并出口美国、新加坡及欧洲、非洲、中东等地区。

经过20多年的发展，公司总体规模和综合竞争力已跃居行业前列。究其发展秘诀，源于技改工作已成为公司每年的必修课。公司以2 300万元从意大利引进了一台先进的球磨专机以及先进的无损探伤测试设备，来提升产品质量和档次，促进阀门产品国产化进程，为西气东输二线工程的阀门产品国产化贡献了力量。当前，公司能够制造公称通径为64in（1600mm）的超大口径全焊接管线球阀，并成功研发出耐高压、耐高温、耐腐蚀球阀系列产品，将有效替代进口，满足国内众多重大工程的需求。

积极探索工艺技术

五洲阀门有限公司非常重视技术和工艺手段的积累与创新。实践证明，对工艺技术的不懈探索成为公司在阀门产品国产化过程中发挥重要作用的支柱力量。公司拥有多项顶尖技术，并已成功申请了发明专利，企业每年都有一定数量的技改项目，投入的科技经费约占销售收入的6%。通过强化工艺技术创新，公司在不断满足用户需求的同时不断吸收新用户，按用户要求研发新产品，完成产品系列化，实现高附加值，进而参与国际竞争。

五洲阀门有限公司作为天然气长输管道关键设备国产化高压大口径全焊接球阀的研制单位之一，承担了用于国家西气东输二线项目的10台近1 000万元的高压大口径全焊接球阀。这项首台套高压大口径全焊接阀门国产化项目攻克了许多技术难题，经过方案设计、工艺评估、产品试制、型式试验和鉴定验收，取得了突破性进展。2010年7月，国家能源局在温州主持召开了由五洲阀门有限公司研制的“天然气长输管道高压大口径全焊接球阀”出厂鉴定暨验收会。经鉴定专家讨论认为，该

56in(ϕ 1400mm)球阀

产品经过性能试验和鉴定试验，试验项目、内容及试验结果均满足“高压大口径全焊接球阀国产化试制技术条件”、“大口径高压全焊接球阀新产品试验大纲”以及API6D等相关国际标准要求。鉴定委员会一致通过产品出厂鉴定并同意出厂验收。当前，公司研制的高压大口径全焊接球阀已可以实现批量生产。

此外，五洲阀门有限公司投资8 000多万元新增生产500台（套）长输管线全焊接球阀生产项目，正式被列入国债项目计划，已得到国家900万元的财政补助。公司成为自金融危机以来浙江省第一家被国家列入国债项目的阀门企业。该项目已在浙江海盐加紧实施，该项目包括全焊接管线球阀和核电阀门两个国产化阀门装备。

创新的产销研机制

早在10多年前，五洲阀门有限公司就提出“用户的标准就是公司的标准”这一概念，为用户度身订做产品，规范行业标准。为此，公司专门建立了一套有自身特色的产销研机制。如果用户在一般标准外提出了技术上的新要求，公司一旦确定将其纳入研究范围之内，便会列出相应的开发计划表，按计划进行研究、试验和开发，直至生产出符合用户要求并可批量生产的产品。这种集生产、研究、销售于一体的机制由完备的计算机信息管理系统支撑，在技术标准、工艺设计等方面对新产品的开发和用户的服务都起到整体的决策作用。这一机制不仅成为五洲阀门有限公司区别于国内其他企业的一大亮点，更使公司赢得了用户实在的好评——“在五洲订完货，无需来人，按单结算就行”。

公司致力于产品的国产化，形成了一套全新的产品研发模式——由五洲阀门有限公司牵头，以合肥通用机械研究院、西北工业大学、浙江大学、兰州理工大学等单位作为依托，共同组成国产化攻关研制小组，联合进行攻关研制，并积极推广应用科研技术新成果，使新产品研发工作在整个供应链上得到有效延伸。

重视售后服务

售后服务是五洲阀门有限公司又一大创新亮点。一个完整的销售过程并不是产品卖出手就结束了，而是产品在具体应用之后的“后续工序”中没有质量问题才算完成销售。公司把这种服务称作用户更多层次的、下延式的、范围更广的使用产品质量的服务。公司将售后处理能力和反应速度列入所有经营例会的考核之中，作为考核指标之一。当前，公司产品的售后处理周期一般控制在12h之内，这一做法得到了用户的广泛认可。

电动闸阀

替代进口、做强做大阀门产业，实现阀门产品替代进口，是五洲阀门有限公司永恒的目标。今后，公司将坚持贯彻“质量第一、用户至上、诚信为本”的经营方针，以“可用性、可信性、可靠性”为目标，创建“五洲”名牌，以优秀的质量、优惠的价格、优良的售后服务为国家经济建设服务。

2009 年泵行业概况

一、生产发展情况

2009 年，中国通用机械工业协会泵业分会有 264 家会员单位，其中企业会员 238 家（重点骨干企业 38 家）、科研院所和大专院校 23 家、团体会员 3 家（永嘉县泵阀工业协会、博山泵业商会、中国通用机械工业协会泵业分会螺杆泵专业委员会）。2009 年，泵业分会 145 家会员企业（上报统计资料企业）完成工业总产值 323.2 亿元，比上年增长 3.5%，增速比上年下降 14.1 个百分点；完成工业销售产值 310.9 亿元，比上年增长 3.8%，增速比上年下降 13.5 个百分点；完成工业增加值 87.8 亿元，比上年增长 5.7%，增速比上年下降 9.4 个百分点。从划分的 6 个地区来看，工业总产值保持小幅增长，增速减缓。其中，东北地区下降 32.3%，华北地区下降 13.1%，西北地区下降 12.2%，华东地区增长 8.4%，中南地区增长 6.3%，西南地区增长 12.6%。泵行业 38 家重点骨干企业完成工业总产值 183.5 亿元，占泵行业总产值的 56.8%。2009 年泵行业工业总产值前 10 名企业见表 1。

表 1　2009 年泵行业工业总产值前 10 名企业

序号	企业名称	工业总产值（万元）
1	上海凯泉泵业（集团）有限公司	200 000
2	上海东方泵业（集团）有限公司	164 063
3	上海连成（集团）有限公司	159 237
4	丰球集团有限公司	133 303
5	上海电力修造总厂有限公司	110 914
6	山东博泵科技股份有限公司	107 587
7	上海熊猫机械（集团）有限公司	94 922
8	山东双轮集团股份有限公司	93 953
9	上海凯士比泵有限公司	78 324
10	沈鼓集团水泵股份有限公司	75 133

2009 年，大耐泵业有限公司秉承“创新发展、深化改革开放”的理念，认真落实大连市政府关于辽宁省沿海经济带的战略构想，在生产经营方面取得长足发展。大耐泵业有限公司与山西太钢不锈钢股份有限公司成立山西太钢不锈钢股份有限公司大耐泵业有限公司特殊不锈钢材料联合开发中心，共同致力于提高耐腐蚀泵和特殊泵用特殊不锈钢材料的研发和应用。此外，公司还与兰州理工大学流体机械学院建立了人才输送机制，成为其流体机械专业实习基地。2009 年，公司被评为“中国机械 500 强”企业、辽宁省企业技术中心。

2009 年，大耐泵业有限公司进行了 API610 新标准升级，设计手段逐步由二维升级成三维。在生产管理方面，公司在现有的企业资源计划（ERP）生产管理系统基础上，引进国外先进的企业管理模式，从而实现了产品生产流程的全面管理。

2009 年，宝鸡航天动力泵业有限公司坚持以生产工业泵为主，充分发挥地域优势，加大了与长庆油田的合作，全年与长庆油田所签订单 1 022.85 万元。公司在生产管理中不断调整思路，走出了一条快速应对、批量生产，既保证产品质量又能保交货期的路子。公司有多项新产品进入市场销售阶段，从而完善了公司的产品结构，拓展了企业生存发展空间。2009 年 11 月，公司为山东金城集团有限公司提供两台 DM200—175×13 型高压除焦水泵。这种水泵是公司新开发的高科技产品，填补了省内空白，其性能达到国际同类产品水平。

上海阿波罗机械制造有限公司是一家致力于开拓高端泵产品的高新技术企业。为了达到核电设备国产化目标，公司邀请了国内一大批有志于改变中国核泵现状的专家和核泵制造业精英的积极加盟。公司现有专业从事开发、设计、制造团队 320 余人，大中专以上学历人员占职工总数的 65% 以上。通过多年持续不断的努力，公司已拥有百万千瓦级核电站混凝土蜗壳海水循环泵、辅助给水电动泵、辅助给水汽动泵、安全厂用水泵、设备冷却水泵等世界级高端产品的设计开发能力和核心制造管理能力。2009 年 1 月，公司取得了由国家核安全局颁发的中华人民共和国民用核安全设备设计、制造许可证。

2009 年，江苏振华泵业制造有限公司产品开发向新领域开拓。航空煤油系统用自吸离心泵的研发和鉴定开辟了航煤泵等特种领域用泵市场，真正实现了“大泵”的销售。而双吸泵的成功引进，解决了公司大流量和高汽蚀泵制造的难题，进一步拓宽了市场。水泵减振降噪技术得到成功突破，确保舰、艇用泵研发成功。公司按国军标、质量体系要求进行了整个过程文件的编制整理，并完成方案评审、技术施工评审和样机验收、交付及样机技术鉴定过程中的技术协调等工作。全年共有 604 人次参加各种类型的培训，培训费用达 20 多万元。同时，公司继续做好后备干部的培养教育，并最终选拔出 6 名后备干部，充实到相应的岗位。通过一系列培训教育活动，激励员工坚定理想信念，提高了员工的业务水平和综合素质。

2009 年，石家庄强大泵业集团有限责任公司完成了《铸件焊补工艺规程》等标准的制修订 16 项；完成了挖泥泵、脱硫泵、新型渣浆泵、SXK 中开泵（500mm 口径以下）、LC 化工流程泵、BY 油泵、VXL 斜流泵的设计定型和工艺定型；完成产品档案系统软硬件安装调试；成立情报委员会以及专家委员会，制定了《外聘专家管理办法》。

埃梯梯飞力(沈阳)泵业有限公司生产的ITT飞力品牌产品在国内得到广泛应用，尤其是在污水处理、隧道、机场、矿山、港口、楼宇和农业等领域拥有较高的市场占有率。产品应用于上海苏州河治理工程、北京高碑店污水处理厂、北京奥运会工程和新疆克拉玛依油田等全国重点工程。

二、重大技术装备情况

为了适应我国石油、化工、电力、冶金、国防、军工等行业的发展，泵行业企业通过自主创新和引进—消化—吸收—再创新等举措，取得了一系列重点产品的研究成果。在我国重大装备国产化工作的推动下，泵行业已形成一批开发能力强、加工手段齐全、制造技术水平较高的泵产品制造企业，如沈鼓集团水泵股份有限公司、石家庄强大泵业集团有限责任公司、长沙水泵厂有限公司、山东博泵科技股份有限公司、大耐泵业有限公司、重庆水泵厂有限责任公司、上海凯士比泵有限公司、上海电力修造厂有限公司、上海凯泉泵业(集团)有限公司、嘉利特荏原泵业有限公司和广东省佛山水泵厂有限公司等企业。这些企业凭借其先进的创新理念、机制和核心技术，为我国泵制造业自主创新和国产化发挥了重要作用。例如，60万kW超临界火电机组泵产品国产化率达到70%左右，30万t/a合成氨、52万t/a尿素装置泵产品国产化率达到90%以上，年产千万吨炼油装置泵产品国产化率达到90%，百万千瓦超超临界火电机组、百万千瓦核电机组及煤炼油装置中泵产品国产化率也在不断地提升。这些新产品在很大程度上减少了我国对进口泵产品的依存度，有效地扭转了我国对关键泵产品依靠引进的局面。

上充泵是百万千瓦压水堆核电站机组关键泵，也是核二级泵中技术要求高、适用工况多、结构复杂、设计和制造难度大的一种泵。当前，世界上只有少数几个国家能够生产此类泵。重庆水泵厂有限责任公司与中国核电工程有限公司合作研发的百万千瓦压水堆核电站上充泵样机于2009年11月19日在重庆通过了专家鉴定，此次鉴定会由中国机械工业联合会主办。国家能源局能源节约和科技装备司黄鹂副司长、中国机械工业联合会隋永滨总工程师、中国机械工业联合会重大装备办公室叶大蓉副主任、国家能源局能源节约和科技装备司田瑞航处长等领导以及核电行业的权威专家参加了产品鉴定。由叶奇增院士为组长的鉴定专家组认为，离心式上充泵样机技术资料完整，试验数据真实有效；产品设计结构合理，可适应多种运行工况，材料选择恰当；各项基本性能试验(水力性能试验、极限小流量试验、耐久试验、热冲击试验、杂质试验和无预润滑起动等试验)指标满足研制任务书和技术规格书要求；机组通过了力学及抗震分析和评定，满足相关规范要求；工艺装备先进，质量管理体系完善并运行有效，具备批量生产的能力，达到了国际同类产品先进水平，鉴定专家组一致同意通过鉴定。

2009年11月，宝鸡航天动力泵业有限公司与河南理工大学合作开发的煤矿井下岩石层压裂注水项目HTB500—28/35压裂注水泵组在河南鹤壁中泰矿业有限公司井下开始安装。井下岩石层压裂注水是为了将岩石层与煤层间的瓦斯完全释放。此项目满足了煤炭工业“安全生产，增加清洁能源供应，促进可持续发展”的要求，为确保我国高瓦斯煤矿的安全生产提供了新的装备技术。

三、市场及销售

2009年，泵业分会145家企业实现主营业务收入311.4亿元，比上年增长6.9%，增速比上年下降5.8个百分点。38家重点骨干企业完成主营业务收入172亿元，比上年增长3%，增速回落2.9个百分点。2009年泵行业主营业务收入前10名企业见表2。

表2　2009年泵行业主营业务收入前10名企业

序号	企业名称	主营业务收入(万元)
1	上海凯泉泵业(集团)有限公司	180 180
2	上海连成(集团)有限公司	150 183
3	上海东方泵业(集团)有限公司	146 485
4	丰球集团有限公司	129 038
5	上海电力修造总厂有限公司	119 129
6	上海熊猫机械(集团)有限公司	115 702
7	山东博泵科技股份有限公司	106 497
8	上海凯士比泵有限公司	84 487
9	山东双轮集团股份有限公司	82 081
10	长沙水泵厂有限公司	70 388

2009年，泵业分会有57家会员企业的产品出口，实现出口交货值28.5亿元，比上年下降6.3%，增幅同比下降15.8个百分点。产品出口企业比上年增加了8家，但出口额却明显下降，其原因是丰球集团有限公司和上海连成(集团)有限公司等出口企业受国外市场影响较大，出口订单大幅减少。这两家企业出口交货值分别为6 598万元和3 126万元，与上年同期相比，下降幅度分别为90.7%和92%。2009年泵行业出口交货值前10名企业见表3。

表3　2009年泵行业出口交货值前10名企业

序号	企业名称	出口交货值(万元)
1	浙江山河实业有限公司	22 595
2	上海电力修造总厂有限公司	21 866
3	山东博泵科技股份有限公司	16 893
4	山东长志泵业有限公司	13 791
5	浙江新界泵业有限公司	13 402
6	安徽莱恩电泵有限公司	10 820
7	大连深蓝泵业有限公司	9 795
8	长沙水泵厂有限公司	9 252
9	广东凌霄泵业股份有限公司	9 145
10	广东省佛山水泵厂有限公司	8 708

2009年,泵业分会会员企业产品销售率为96.19%,比上年同期的95.96%提高0.23个百分点。从分布的6个地区来看:东北地区产品销售率为90.38%,比上年下降0.08个百分点;华北地区产品销售率为100.11%,比上年提高2.6个百分点;西北地区产品销售率为97.93%,比上年提高2.38个百分点;华东地区产品销售率为96.52%,比上年下降0.6个百分点;中南地区产品销售率为96.49%,比上年下降0.18个百分点;西南地区产品销售率为96.34%,比上年提高7.48个百分点。

2009年,泵业分会145家会员企业实现利润总额23.1亿元,比上年增长16.1%,增速比上年下降7.5个百分点。实现利税总额38.9亿元,比上年增长18.6%,增速比上年下降0.7个百分点。在统计的145家企业中,盈利企业有126家,亏损企业有19家。在盈利企业中,重点骨干企业是拉动行业经济效益增长的主力。2009年泵行业利润总额前10名企业见表4。

表4　2009年泵行业利润总额前10名企业

序号	企业名称	利润总额（万元）
1	上海凯泉泵业(集团)有限公司	21 074
2	丰球集团有限公司	14 534
3	上海连成(集团)有限公司	13 694
4	上海熊猫机械(集团)有公司	8 848
5	上海东方泵业(集团)有限公司	8 789
6	大连深蓝泵业有限公司	6 455
7	安徽三联泵业股份有限公司	6 274
8	襄樊五二五泵业有限公司	6 129
9	上海凯士比泵有限公司	6 117
10	山东双轮集团股份有限公司	5 973

2009年,泵行业综合经济效益综合指数为183.53%,比上年提高11.02个百分点。重点骨干企业经济效益综合指数为197.03%,比上年提高5.55个百分点。从国家考核的7项指标来看,评价和考核企业盈利能力的总资产贡献率为13.37%,比上年提高0.81个百分点,高于国家标准值(10.7%)2.67个百分点;反映企业发展能力的资本保值增值率为117.55%,比上年提高3.89个百分点,低于国家标准值(120%)2.45个百分点;反映企业经营风险的资产负债率为56.97%,比上年下降6.16个百分点,低于国家标准值(60%)3.03个百分点,说明企业无风险经营;反映企业经营状况、资金利用效果的流动资金周转率为1.46次,比上年减少0.02次,低于国家标准值(1.52次)0.06次;反映企业投入产出的成本费用利润率为7.96%,比上年提高0.73个百分点,高于国家标准值(3.71%)4.25个百分点;反映企业生产效率和劳动投入的全员劳动生产率为121 101元/人,比上年增加9 078元/人;反映企业产销衔接状况的产品销售率为96.19%,比上年提高0.23个百分点,高于国家标准值(96%)的0.19个百分点。2009年泵行业经济效益综合指数前10名企业见表5。

表5　2009年泵行业经济效益综合指数前10名企业

序号	企业名称	经济效益综合指数（%）
1	丰球集团有限公司	390.30
2	江苏振华泵业制造有限公司	371.05
3	昆明嘉和科技开发有限公司	359.67
4	上海山川泵业制造有限公司	349.86
5	威乐(中国)水泵系统有限公司	338.57
6	合肥华升泵阀有限责任公司	327.88
7	嘉利特荏原泵业有限公司	319.55
8	安徽三联泵业有限公司	316.92
9	南京蓝深制泵集团股份有限公司	310.51
10	杭州振兴工业泵制造有限公司	300.87

2009年,泵行业会员企业应收账款净额74.6亿元,比上年增长2.3%。产成品存货资金22.8亿元,比上年下降63.9%,减少资金占用40.4亿元。

为将金融危机带来的影响降到最低,石家庄强大泵业集团有限责任公司采取积极措施加以应对,扩大信息收集,加大了信息运作量,并对客户实行分级管理;对回款控制系统和合同前评审进行了严格控制,重点加强质保金的清欠工作,取得了一定成效。公司生产的矿潜泵、中开泵、斜流泵、化工泵和油(浆)泵分别在煤矿、煤(石油)化工、海水输送、海水脱硫、灌溉及水厂等领域取得突破,实现订货8 071万元。公司生产的脱硫泵继打入韩国市场后,2009年又成功打入印度市场。公司成功开发了南非、美国、中东、菲律宾和巴西5个地区的销售代理,其中南非、菲律宾、巴西代理均实现了订货,全年国外代理实现订货1 000万元,回款600万元。2009年,公司实现主营业务收入33 951万元,实现利税总额4 051万元。

2009年,大耐泵业有限公司完成产品销售收入37 663万元,实现利润总额3 331万元,纳税2 923万元。石油、石化行业一直是公司产品销售工作的重点,主要表现在以下几方面:① API610 OH2泵型——PC系列石油化工流程泵,用于石油化工流程中大多数介质的输送,是石化装置中覆盖范围最广的产品。通过对该系列产品升级,使其达到了国际领先水平。在国内大多数的石化装置及国外项目中,均创造了不俗的业绩,年创经济效益达6 000万元。②API610 VS6泵型——VB系列立式筒袋泵,用于石化行业中低汽蚀余量的液体输送,还可用于火电机组及核电机组凝结水系统中输送凝结水。公司引进国际先进的水力设计及机械强度校核计算软件进行设计,提高了产品性能,扩大了应用范围,年创经济效益达3 000万元。③API610 VS4泵型——LH系列长轴液下泵,用于石化行业中各种苛刻条件下介质的输送。该系列泵使用温度可达450℃,泵型结构紧凑,设计合理,使用效果良好,填补了国内空白。年创经济效益达2 000多万元。公司继成功取证之后,承接了中广核工程有限公司承建的红沿河核电厂、宁德核电厂、阳江核电厂一期工程项目和中国核电工程有限公司承建的方家山核电厂、福清核电厂一期工程项目等配套用泵的研制任务。在稳定国内市场的同时，公司有针对性地开拓了国际市场。2009年，公司与伊朗、阿拉伯联合酋长国、俄罗斯及新加坡建立了良好的合作关系，为后续开拓东南亚和中东地区市场打下了坚实的基础。

2009年，宝鸡航天动力泵业有限公司面对出口完全停滞、矿山受国际矿石价格的影响大幅萎缩等不利因素，积极制定应对措施，对市场管理模式进行了调整，打开了油田用泵市场快速增长的局面，公司被选为中石油一级供应商。公司还采取项目制管理策略，使其在长庆油田实现主营业务收入800多万元，在河南油田和江汉油田也取得了较好的成绩，在克拉玛依油田、青海油田市场实现了产品销售，在中石油吐哈油田取得了优秀供应商资格。公司贯彻一厂一策的销售策略，做好原有配件市场，稳定、巩固新开发产品的市场，实现配件销售和回款1 200多万元。全年销售各类工业泵395台，实现销售产值6 317万元。

2009年，南京蓝深制泵集团股份有限公司在国内已设立分公司(市场部)46个，基本实现了大中城市均设有销售单位。2009年，公司泵产品销售18 594台(套)，销售收入37 894万元。

2009年，在金融危机对市场影响较大的情况下，山东长志泵业有限公司加快新产品开发和新市场拓展，并提出明确的发展战略，即"完善化工渣浆泵，巩固传统市场；开发渣浆泵，开拓采矿冶金市场；以磁力泵为切入点开发化工流程泵，拓展石化、煤化市场；以核级铸件为切入点进入核电用泵市场；加强与国际知名泵制造企业合作，拓展外贸市场，打造有国际竞争力的大型工业泵制造集团"。2009年，公司还加大了市场开拓力度，销售额大幅度提高。其中，东北地区销售额占公司销售总额的15%，成为公司重要的销售增长点。公司产品销售领域涉及石化、石油、化工、钢铁、煤炭和电力等多个行业，2009年实现主营业务收入45 791万元，其中公司主导产品石油化工泵的销售收入约占公司销售收入总额的85%以上。公司在磷复肥、氧化铝和硝酸三个传统行业的市场合同额超过亿元，继续保持稳定态势；在烟气脱硫市场合同额2.85亿元，比2008年减少837万元。

2009年，江苏亚太泵阀有限公司积极应对国际金融危机的影响，抓住国家扩大内需、加强基础及民生工程建设的机遇，大力开发新产品，取得了良好的经济效益，全年产品销售同比增长12%，其中新产品销售占41%；利税增长15%，创历史新高。公司开发了潜水回流泵、侧翻式拍门、潜水窨井泵、增强型潜污泵、潜水浓浆泵等新产品，改进了移动泵站、潜水高温耐磨泵、隔爆型潜水污水泵等产品，已交付使用的4台1 100kW特大型齿轮传动潜水轴流泵通过了江苏省科技厅及江苏省经济和信息化委员会联合组织的专家鉴定。此外，公司还凭借良好的产品及优质的服务在核电领域站稳了脚跟，继潜水电泵成功应用于岭澳核电工程后，公司又先后中标中广核红沿河、宁德、台山核电站项目，为这些项目提供了价值达3 200万元的潜水污水泵、潜水高温防爆泵产品。

江苏振华泵业制造有限公司深入开展市场调研，把握市场趋势，及时了解市场动态信息，进一步优化产品结构，生产出一系列适销对路的产品。公司积极开展企业电子商务，拓宽产品销售渠道，同时到研究所、设计院、海军总部、基地军营和船厂等进行宣传推广，使产品市场占有率进一步提高。公司在加强企业销售管理的同时，大力提高企业的服务质量，严格控制费用开支，降低生产和运营成本。公司坚持稳固军品市场，全力开拓民品市场(如成功开发了航煤泵市场)，2009年共签订合同1 200多份，合同额1.55亿元。

襄樊五二五泵业有限公司坚持以市场为先导，依靠技术创新和市场开拓，提高了公司的市场竞争力，使经济效益得到大幅度提高。2009年，公司实现主营业务收入约3.72亿元，同比增长21.5%；利润6 129万元，同比增长55.7%。

四川三台剑门泵业有限公司采取直接、主动的营销战略，积极从市场中寻求和发展新客户，先后参与并中标江油、广元、苍溪、什邡、剑阁、三台等地的援建和中央财政灾后重建项目，实现产品项目中标销售500万元。

四、科研成果及新产品

2009年，泵业分会会员企业完成新产品产值115.4亿元，比上年略有提高。

2009年，石家庄强大泵业集团有限责任公司开发新产品56种，完成渣浆泵升级产品14种。公司通过对中开泵系列改进升级，形成了第三代(SXK)中开泵，使泵效率和性能得到进一步提升；提高脱硫泵性能并形成脱硫泵系列，同时完成对500X—TLB和400X—TL脱硫泵的改进；开发出1200VXL—D19.5等4种斜流泵产品以及ZLT1300.1150A等轴流泵产品，为公司稳步拓展海水泵市场提供了保障。2009年，公司申报专利29项，其中15项被授予专利权。"ERP制造业信息化"项目和"A31耐磨材料研究"项目分别获得石家庄市科技进步奖一等奖和二等奖。

宝鸡航天动力泵业有限公司以油田、矿山、石化三大市场用泵为主，积极开发新产品，如甘肃柳园的井下排泥泵、焦作的煤层注水泵均采用公司开发的恒压注水系统。2009年，公司共开发出HTB200A、HTB250A油田车载用泵等18种新产品。其中，NB系列泥浆泵得到省市中小企业专项资金扶持；5ZB系列油田注水泵被列为宝鸡市科技支撑产业化项目；HTB系列钻修两用撬装泥浆泵、油田恒压注水泵系统项目被列为陕西省新产品开发项目。另外，公司完成3ZB—20/13、5ZB25/25等变型设计与改进的产品共40余种。

2009年，丰球集团有限公司开发完成了WQd—QG系列污水污物切割电泵、QDX—F系列潜水电泵、QDX—BS系列不锈钢潜水电泵、WQ—SQG系列切割泵、SJ100自吸式射流泵、半不锈钢污水污物电泵、VSP—DQG系列不锈钢切割泵、ASQ系列半不锈钢潜水电泵等产品；改进了QDX2—30—0.75BS、WQ1100SQG等泵的水力性能，还完成了NPH、PU及T系列泵的新结构电机壳的工装和加工工艺设计。另外，还完成了HS10—10—0.75、WQJ系列搅拌泵等产品的工艺工装设计。2009年丰球集团有限公司开发的新产品见表6。

表6　2009年丰球集团有限公司开发的新产品

序号	产品名称	型号	主要技术参数	适用范围
1	WQd—QG系列污水污物切割电泵	WQd10—7—0.75QG	功率0.75kW，电压/频率220V/50Hz，最高扬程10m，最大流量18m³/h	污水排放、家庭生活废水排放
		WQd10—10—1.1QG	功率1.1kW，电压/频率220V/50Hz，最高扬程14m，最大流量30m³/h	污水排放、家庭生活废水排放
2	QDX—F系列潜水电泵	QDX250F	功率0.25kW，电压/频率220V/50Hz，最高扬程10m，最大流量15m³/h	农业灌溉、江河水排放、工业排污及输送
		QDX450F	功率0.37kW，电压/频率220V/50Hz，最高扬程11.5m，最大流量24m³/h	农业灌溉、江河水排放、工业排污及输送
		QDX750F	功率0.75kW，电压/频率220V/50Hz，最高扬程15m，最大流量27m³/h	农业灌溉、江河水排放、工业排污及输送
		QDX1100F	功率1.1kW，电压/频率220V/50Hz，最高扬程19m，最大流量30m³/h	农业灌溉、江河水排放、工业排污及输送
3	QDX—BS系列不锈钢潜水电泵	QDX3—5—0.12BS	功率0.12kW，电压/频率220V/50Hz，最高扬程7.5m，最大流量6m³/h	输送海水及物理性质类似于水的一般腐蚀性介质
		QDX3—7—0.18BS	功率0.18kW，电压/频率220V/50Hz，最高扬程9m，最大流量7.2m³/h	输送海水及物理性质类似于水的一般腐蚀性介质
		QDX5—7—0.25BS	功率0.25kW，电压/频率220V/50Hz，最高扬程11m，最大流量8m³/h	输送海水及物理性质类似于水的一般腐蚀性介质
4	WQ—SQG系列切割泵	WQ750SQG	功率0.75kW，电压/频率220V/50Hz，最高扬程18.5m，最大流量9.6m³/h	污水排放、家庭生活废水排放
		WQ1100SQG	功率1.1kW，电压/频率220V/50Hz，最高扬程20m，最大流量15m³/h	污水排放、家庭生活废水排放
		WQ1500SQG	功率1.5kW，电压/频率220V/50Hz，最高扬程23.5m，最大流量12m³/h	污水排放、家庭生活废水排放
		WQ2200SQG	功率2.2kW，电压/频率220V/50Hz，最高扬程30m，最大流量12m³/h	污水排放、家庭生活废水排放
5	SJ100自吸式射流泵	SJ100	功率180W，电压/频率230V/50Hz，最高扬程26m，最大流量1.8m³/h，最大吸程9m	家庭井下抽水、水塔供水及冲洗、喷雾
6	半不锈钢污水污物电泵	VSP250F	功率0.25kW，电压/频率220V/50Hz，最高扬程7m，最大流量12m³/h，通过颗粒直径28mm	农业灌溉、江河水排放、工业排污及输送
		VSP1100F	功率1.1kW，电压/频率220V/50Hz，最高扬程13m，最大流量30m³/h，通过颗粒直径50mm	农业灌溉、江河水排放、工业排污及输送
		VSP370F	功率0.37kW，电压/频率220V/50Hz，最高扬程8m，最大流量12m³/h，通过颗粒直径28mm	农业灌溉、江河水排放、工业排污及输送
7	VSP—DQG系列不锈钢切割泵	VSP750F—DQG	功率0.75kW，电压/频率220V/50Hz，最高扬程10m，最大流量18m³/h	污水排放、家庭生活废水排放
		VSP1100F—DQG	功率1.1kW，电压/频率220V/50Hz，最高扬程12m，最大流量21m³/h	污水排放、家庭生活废水排放
		VSP1500F—DQG	功率1.5kW，电压/频率220V/50Hz，最高扬程13m，最大流量23m³/h	污水排放、家庭生活废水排放
8	ASQ系列半不锈钢潜水电泵	ASQ—200M	功率1.5kW，电压/频率220V/50Hz，最高扬程15m，最大流量75m³/h	井水、江水排放，农业灌溉以及工业污水排放
		ASQ—200T	功率1.5kW，电压/频率380V/50Hz，最高扬程15m，最大流量75m³/h	井水、江水排放，农业灌溉以及工业污水排放
		ASQ—300T	功率2.2kW，电压/频率380V/50Hz，最高扬程20m，最大流量75m³/h	井水、江水排放，农业灌溉以及工业污水排放
		ASQ—500T	功率3.7kW，电压/频率380V/50Hz，最高扬程24m，最大流量85m³/h	井水、江水排放，农业灌溉以及工业污水排放

以上所述产品均批量发往美国、南美等国家，产品销售势头良好。

2009 年，丰球集团有限公司共申报各类项目 23 项，申报专利 15 项，其中发明专利 2 项、实用新型专利 13 项，共有授权专利 3 项。2009 年 11 月，QX25—9—1. 1 系列小型潜水电泵（涵盖机型：QX75—5—2. 2、QX3—30—1. 1、QX8—35—2.2、QX45—5.5—1.1）获农业部颁发的农业机械推广鉴定证书，并被列入 2009 年第三批生产企业目录；“改善转子压铸内部性能及改善转子加工工艺”及“焊接技术在不锈钢拉深件中的应用”等项目被国家外国专家局列入自主研发项目；WQN600—10—30 内循环闭式冷却系统潜污泵获绍兴市科学技术奖三等奖，获诸暨市科学技术奖二等奖；丰球泵业省级高新技术研究开发中心通过省科技厅考核验收并获得良好成绩。另外，公司还有 3 个产品分别列入省经贸委、省科技厅新产品开发计划，其中两个产品已通过省级科技成果鉴定。

2009 年 12 月，山东长志泵业有限公司研制生产的 GSB—W 型卧式高速泵和 TDR 型辐射进料泵通过了省级新产品鉴定。其中，GSB—W 型卧式高速泵是一种采用齿轮增速的单级离心泵，属于新型小流量、高扬程化工流程泵类。该产品使用特制的齿轮箱来增加叶轮转速，使单级泵的扬程高达 1 850m；采用开式叶轮结构设计，使该泵能适应各种复杂的工况条件，可广泛应用于石油、化工、电力、冶金、造纸、制药、食品和环保等领域，是多级离心泵的理想替代产品。经专家鉴定，该产品性能指标达到了国内先进水平。TDR 型辐射进料泵是一种能在危险环境中输送高温高压危险化学品的大型特种双壳体卧式多级离心泵，最高使用温度达 400℃，最大压力 24. 5MPa，主要用于炼油厂延迟焦化装置，是理想的替代进口产品。经专家鉴定，该产品性能指标达到了国内领先水平。2009 年，公司获得 4 项专利，其中发明专利 1 项（外环流式旋转活塞泵）、实用新型专利 3 项（焦化炉辐射进料泵、中开式单级单吸离心泵、导叶式多级中开卧式离心泵）。

2009 年，山东长志泵业有限公司有多项新产品进入了市场销售阶段。这些新产品的转化成功，进一步完善了公司的产品结构，拓展了企业的生存发展空间。2009 年 9 月，公司为山东清源沥青科技有限公司提供了 1 台 GSB—W 型卧式高速泵。该产品具有效率高、体积小、成本低、节能等优点，是多级泵的理想替代产品，经客户使用，其主要性能指标达到同类进口产品水平。11 月，公司为山东金城集团有限公司提供两台 DM200—175 × 13 型高压除焦水泵，产品性能达到了同类进口产品水平，填补了省内空白。

辽宁恒星泵业有限公司与中国石油管道公司共同研制开发的 HPT 型大功率大流量高转速管线输送泵是单级双吸水平中开卧式离心泵，主要技术参数：流量 2 843m^3/h，扬程 194m，效率 88%，转速 2 985r/min。该泵主要由泵体、叶轮、轴、轴承、机械密封、检测仪表和电伴热保温系统七大部分组成。具体结构如下：①泵体为卧式水平中开式结构，采用双蜗壳式设计，具有径向力小、水力效率高等特点。上泵体设有温度变送器检测孔和取油孔，其中温度变送器检测孔用于泵壳温度的检测，取油孔用于排气和密封冲洗用油的获取。泵的进出口设置在下泵体上，其轴心线与泵轴线垂直，检修时无需拆卸进出口管线和电机。②叶轮采用单级双吸封闭式结构，材质为双相不锈钢。叶轮采用三维抗汽蚀优化设计及过流表面硬化处理，具有使用寿命长、效率高、轴向力小和抗汽蚀性能好等特点。③泵轴采用刚性结构设计，轴承间跨度短，轴封处挠度小，运行平稳，瞬间反转对泵轴及叶轮无损害。④主轴承及平衡残余轴向力的轴承均采用滚动轴承及自润滑方式，轴承箱设有防爆电加热器，可保证润滑油在户外低温环境下的使用。⑤采用英国约翰克兰的机械密封，并配置了高性能旋液分离器。同时还设有密封泄漏检测装置，具有密封泄漏自动报警功能。⑥检测仪表是泵的关键配套设备，其中温度变送器和振动变送器具有数显、防雷、环境适应性强和灵敏度高等优点；用于密封泄漏检测的浮球液位装置，具有优良的液位检测开关、过滤型节流孔板等配置。通过这些配套仪表，可实现自动监测和自动报警，使泵的安全运行得到了保证。⑦电伴热与保温系统主要由加热部件（泵壳与泄漏排污管线采用瑞侃电热带，轴承箱采用不锈钢防爆电加热器）、温度检测元件、电伴热温度控制箱和便于拆装型保温外壳组成。其中，电伴热温度控制箱具有伴热带与电加热器温度自动调节与断线报警显示等多项功能，从而使系统的功能完整，运行可靠，操作方便，适于远程监控。HPT 型大功率大流量高转速管线输送泵具有高效节能、质量可靠、运行平稳、结构合理、造型美观、维修方便、监控功能齐全、环境适应性强和使用可靠等优点。2009 年 12 月 26 日，该产品在沈阳输油分公司铁岭输油站一次开车成功。经过 72h 运行后一切正常，其流量、扬程、效率、机组噪声、泵振动值等指标均优于德国同类产品。该产品填补了国内空白。

台山核电站常规岛水泥蜗壳泵颈部件是襄樊五二五泵业有限公司拿到的第一个核级产品订单。其核级铸件要同时达到外形尺寸、化学成分、金相、无损检测、力学性能、耐蚀性 6 个方面的质量标准。而金相、无损检测、力学性能、耐蚀性 4 个方面的质量标准在此之前公司从未涉足过；外形尺寸、化学成分要求的严格程度超越了公司以往的质量标准。公司各部门历经 10 个月的研制探索，终于于 2009 年 12 月开发成功。首批 4 件颈部件交付后将在台山核电站度过 60 年的服役期。此外，公司还赢得国际核电巨头阿尔斯通公司的信任和认可，并获得阿尔斯通公司在中国大陆颁发的第一张核级铸件产品生产许可证。

2009 年，襄樊五二五泵业有限公司创新设计 7 种型号的新型磁力泵，试制 4 种型号。新型磁力泵已通过湖北省科技厅的鉴定。鉴定结果表明，该产品技术性能达到国际先进水平。公司按照“开发国内一流渣浆泵”的发展战略，不断优化设计方案，渣浆泵设计方案趋于成熟。另外，公司的“烟气脱硫循环泵的研制”获得湖北省科技进步奖三等奖；技术创新项目中有两项获得银光集团一等奖，一项获得二等奖，两项获得三等奖。

江苏亚太泵阀有限公司研制生产的1600QZ55—1100—C特大型行星齿轮传动潜水电泵技术参数:流量6.54~10.3m^3/s,扬程1.67~10.3m,潜水电动机功率1 100kW。泵内置的行星齿轮减速装置传动比为3.3,降低了机座号,电动机直径减小,有利于潜水电泵装置流态,并提高了泵机组效率。在泵体结构设计上,成功地将高压潜水电动机、行星齿轮减速装置和轴流泵结合为一体,并采用散热风道、自动防凝露装置、密封防砂装置、防抬起吊装置和故障自动检测报警装置。2009年,公司"移动泵站研究及应用"项目被江苏省人事厅列为六大人才高峰建设科研计划,"贯流泵的延伸开发与扩大产能"项目获得江苏省经济贸易委员会贴息资助,"高效倒伞曝气装置开发应用"项目获得江苏省财政厅资助。

2009年,江苏振华泵业制造有限公司完成了XXX型工程两型污水泵系统的研制,开创了泵组系统设计的先河;完成了首台航空煤油泵样机的制造和鉴定,为公司赢得了市场。公司研发的恒压变频供水装置可替代水柜,体积小,重量轻,可靠性高,变频节能,PLC智能控制,有着广阔的市场前景。重点工程产品舰用高真空、低灌注卧式离心排盐泵和舰用高真空离心式蒸馏水泵顺利通过由中船重工第七〇四研究所组织的样机性能测试、验收。

上海阿波罗机械制造有限公司于2009年7月21日和12月15日分别成功召开了福清/方家山项目海水循环泵设计评审会和福清/方家山项目海水循环泵制造开工会。核电站辅助给水电动泵在核电站中的主要功能是作为蒸汽发生器主给水泵或者系统供水发生故障时的备用泵。为促进核电用泵国产化,公司于2007年5月选择该类泵作为向国家核安全局申请"民用核安全机械设备设计/制造许可证"的样机产品,正式向国家核安全局递交了核三级辅助给水电动泵的设计和制造资格申请书。2008年,公司完成核三级泵的设计、制造资格的取证工作;2009年2月11日,中国机械工业联合会在上海组织召开了"百万千瓦压水堆核电站辅助给水泵样机鉴定暨辅助给水汽动泵设计方案研讨会",并通过鉴定委员会鉴定:该泵的研制是成功的,产品结构先进可靠,主要技术指标达到了国际同类产品先进水平。

2009年,宝鸡航天动力泵业有限公司自主研制的HTB500型泥浆泵组在江汉油田安装调试完毕。该泵组与F500型泥浆泵相比,体积小,重量轻,移动方便,既可用于洗井、修井、钻井,也可以做移动注水泵站用。

2009年,埃梯梯飞力(沈阳)泵业有限公司陆续推出了G&G大泵系列产品和专为国内市场设计的steady泵两种系列产品。G&G为大型的潜水污水泵,功率30~640kW。steady泵是一款专门为国内市场设计的新产品,功率2.4~4kW。上述系列产品投放市场后受到了用户的欢迎,市场前景看好。

五、企业节能、降耗、减排的目标、措施与成效

石家庄强大泵业集团有限责任公司为了完成2009年制定的万元产值降耗4.5%的节能目标,采取了以下节能措施:①建立了以总经理为组长的节能工作领导小组,并在每月的中层干部会议上布置安排节能工作,能源管理办公室按月检查,制定整改措施,落实责任部门和责任人,并进行考核。②进一步明确目标,落实责任,层层分解落实考核指标,把节能减排工作当作日常事务来抓。每月对节能目标实施情况进行检查、通报,掌握实施进度,并对责任者进行考核、奖惩。③积极实施节能技术改造,提高能源利用率。如完成了冷凝水的综合利用,年节约资金10万多元;将空调加装了节电的变频装置。④认真贯彻执行国家节约能源法及配套法律法规,接受能源监察机构的能源监察,落实所提出的改进措施,完成政府制定的节能减排目标。⑤能源基础管理工作扎实、细致。统计报表及时、准确,计量完备,并对相关人员进行了节能知识培训。2009年,公司万元产值综合能耗为0.151 1t标准煤,同比下降4.66%。2006~2009年累计节能8 517t标准煤,是"十一五"节能目标921t标准煤的9.25倍。

宝鸡航天动力泵业有限公司在抓好生产经营的同时,积极做好节能、降耗、减排工作,以财务管理为重点,以成本费用控制为核心,积极开展内控管理体系建设,防范经营风险。加强内部成本费用的控制,各分厂能以内部成本利润为核心,分解各项成本指标,责任明确,落实到位;各管理、服务部门制定内部费用消耗指标,确保各项费用预算指标在控制范围内,搞好各级内控人员培训,上下结合,按计划推进并建立了公司内控管理体系。2009年,公司重点加强了对销售环节、物资采购环节、物资入库领用环节、生产工时管理环节、费用报销环节、基建维修环节等的内控管理,使水、电、油能源消耗和费水排放得到有效控制。

埃梯梯飞力(沈阳)泵业有限公司注重在如下几个方面开展节能减排工作:①为压缩空气管路系统加装压力监控装置,以便及时发现压缩空气漏气情况,通过及时修复以避免因漏气和压缩机频繁起动而引起的耗能。②照明系统节能。生产车间安装区域照明及局部照明,车间靠窗的区域照明在日照充足的时候关闭。车间区域照明系统装有自动定时开关,若局部区域加班,可手动开启区域照明。③空调系统装有中央智能控制系统,可通过设置系统参数、规范管理程序来达到节能的目的。

六、质量及质量管理

截至2009年年底,泵业分会会员中已有150多家企业通过了ISO9001质量体系认证。会员企业严格按照质量体系要求规范和指导生产操作,不断强化职工质量意识。

沈鼓集团水泵股份有限公司自1995起先后通过华信技术检验公司ISO9001质量管理体系认证和GJB/Z9001国家军用标准质量体系认证;获得国家核安全局颁发的300~1 000MW压力堆核电站核一级、核二级、核三级用泵设计、制造许可证;通过海军装备部质量管理体系海军第二方认证。

2009年是石家庄强大泵业集团有限责任公司质量系统调整完善的一年。这次整顿是按照ISO9001的管理模式和管理思路,以整顿操作层面的工步、工序为着力点,将质量责任和质量管理内容落实到岗位,提高可操作性。同时,将质量检验与质量管理职能分开，把质量检验职能转移到车间，实行错位检查，强化了下道工序是上道工序的“用户”意识，为不断提高产品质量提供了制度保障。为加强产品全过程质量控制，特别是薄弱点控制，制定了《强化质量控制薄弱点实施方案》、《生产现场技术质量问题处理办法》以及《大型泵件加工过程控制办法》，建立重点工序、工步质量控制点14个；关键零部件工序卡的制定与应用对控制产品关键部位质量起到了一定作用；《产品采购监造管理办法》的实施，加大了对供方生产过程的控制力度，确保了整机产品质量。全年工艺纪律检查1 330项次，查出不符合项次63个，总体工艺贯彻率达95.26%。公司通过了华信公司对Q/E/O管理体系的现场审核，完成了ISO 9001:2008质量管理体系转版培训及文件的修订和实施；通过了国军标质量管理体系认证。此外，全年计量器具检定4 242台件，周检合格率达99.32%，精密测试1 077件次；以“全员全过程全方位参与，全面提高质量安全水平”为主题的质量月活动的开展，促进了员工对产品质量意识的进一步提升。

2009年，南京蓝深制泵集团股份有限公司质量管理体系认证标准更换为ISO 9001:2008，有效期为2009年11月至2012年11月。

山东长志泵业有限公司严格按照ISO9001质量体系的要求执行质量管理，2009年通过了最新版本ISO 9001:2008体系认证。认证有效期至2012年9月17日。

江苏亚太泵阀有限公司2009年顺利通过了ISO 9001质量体系、环境与安全体系的复审。

四川三台剑门泵业有限公司2009年首次通过了TS16949质量体系审核。公司康明斯质量改进年度计划推进情况良好，外形检具、淡水泵测试台架改造等项目均按期完成，得到了康明斯SOI质量管理部的好评。

江苏振华泵业制造有限公司积极推行ISO9000质量管理体系，于2002年通过了中国新时代质量认证中心的GB/T 19001—2000质量管理体系认证。公司每年均通过新时代质量认证中心的审查，质量体系的持续有效性、符合性得到不断改进，产品质量稳步上升。2009年完成体系文件修订10次，进行75次合格供方评审。

七、基本建设及技术改造情况

2009年，泵业分会会员企业共完成固定资产投资104 337万元，其中建筑安装工程投资36 923万元，设备工具购置投资34 631万元。重点骨干企业完成固定资产投资52 152万元，其中建筑安装工程投资20 597万元，设备工具购置投资19 719万元。

2009年，沈鼓集团水泵股份有限公司投资85 500万元在现有厂区进行基本建设，新建核泵厂房和核电办公楼，建设研究开发部、机械加工车间、装配试验车间，形成年产30台核主泵的生产能力。项目投产后，预计实现年主营业务收入226 560万元，实现利润总额27 108万元。

2009年，石家庄强大泵业集团有限责任公司实施了重大技术装备关键零部件技术改造。其中，风电关键零部件制造项目中新增50t桥式起重机、10t中频保温炉、大型人工抛丸机、5t脱硫包、数控落地镗床、喷锌设备和固定式工作平台等工艺设备15台(套)，可满足风力发电设备配件铸件要求高的条件。公司配备专业仿真软件、PUMPLINX空化软件、STAR—CD多相流分析软件、Pro/E三维设计软件和ANSYS有限元分析软件，以提高挖泥泵产品开发设计能力。

2009年，宝鸡航天动力泵业有限公司申请立项的工业泵生产线技术改造项目已得到政府环保部门和中国航天科技集团公司第六研究院的同意批复，待2010年融资后实施。2009年对急需满足生产的设备进行了更新改造，如红外高速CS分析仪、巴氏合金浇注炉等；对落地镗床电器自动控制部分运用PLC程序控制，且运用英国数显技术进行了技术改造。

2009年，为了进一步扩大生产规模，山东长志泵业有限公司投入技改资金2 500万元，新购置数控加工设备(加工中心、数控车床等)18台、检测设备(直读式光谱仪、动平衡机、机械全性能测试机等)9台；改建、扩建厂房5 000m^2，并更换了中央空调，既改善了工作环境，又提高了工作效率。

2009年，襄樊五二五泵业有限公司继续坚持内外并举扩大产能的方针，积极推进高新区扩产改造工程建设，在一期工程竣工的基础上，适时组建铸造二厂。将原铸造分公司改为铸造一厂，形成两个铸造厂分工合作、并驾齐驱的格局，使产能大幅度提升，进一步落实以特种钢铸造为本的经营战略。在努力推进高新区建设的同时，公司还适时增添加工设备，挖掘设备生产潜能，改进生产工艺，使生产加工能力有所提高。为适应核级铸件生产需要，公司加大了铸造工艺装备和检验检测能力，配置了25t中频炉、大容量热处理炉，增添了无损检验、力学性能等系列检验检测设备，组建了理化检测中心，引入华铸CAE铸造工艺分析软件，引进呋喃树脂，充分使用AOD炉，并输送大批人员外出培训，有力地促进了铸造工艺技术水平和检验检测能力的提高。

2009年，江苏振华泵业制造有限公司技改投入936万元，完成了35型新产品的研制、预研和转产任务。

八、企业组织结构和产品结构调整

2009年，陕西航天动力高科技股份有限公司全面收购整合宝鸡航天动力泵业有限公司，使其成为陕西航天动力高科技股份有限公司的全资子公司。公司按照现代企业制度实行董事会领导下的经营班子负责制。在产品结构调整中突出油田、矿山用泵的开发，大大提升了以注水泵、洗井泵、泥浆泵系列为代表的油田、矿山用泵的市场份额。

安徽三联泵业股份有限公司与日本久保田株式会社事业部本着优势互补、共同发展的理念，自2008年5月起，通过历时近两年的洽谈，就合资成立安徽久保田三联泵业有限公司的具体事项进行了多轮磋商。当前，已正式签订合资协议书。合资双方共同投资1.15亿元成立安徽久保田三联泵业有限公司，其中日本久保田株式会社事业部投资额占总投资额的70%，安徽三联泵业股份有限公司投资额占总投资额的30%。合资公司主要生产技术含量高、工艺先进的双吸式蜗壳泵、大型潜水泵以及城市污水处理设备等高新技术产品。产品主要销往东南亚及欧洲市场，年销售目标2亿元以上。双方完成合资公司的初期建设后，实施二期项目建设，增置先进的机械加工设备、检测设备，进行高新技术产品的研制开发，并拓展到石油和核电泵产品领域，打造世界泵产品品牌，实现共同发展目标。

2009年，四川三台剑门泵业有限公司大胆创新，先后完成了IS系列泵盖、悬架、钢制底盘和其他产品零件的结构优化设计，解决了生产制造中的瓶颈问题，降低了生产成本，显著提高了产品整体质量。

〔撰稿人：中国通用机械工业协会泵业分会杨敬兵　审稿人：中国通用机械工业协会泵业分会田世禄〕

2009年风机行业概况

一、生产发展情况

2009年，中国通用机械工业协会风机分会会员总数156家。其中，企业会员145家、大学6所、研究院所4家、联营公司1家。据统计，风机分会145家会员企业中，有国有企业12家、集体企业39家、民营企业80家、港澳台合资企业4家、中外合资企业7家、港澳台独资企业1家、外商独资企业2家。按大中小型工业企业划分，有大型企业3家、中型企业27家、小型企业115家。

2009年，风机分会统计的104家会员企业年末从业人员人数合计44 328人。其中，工程技术人员7 216人，管理人员7 114人。

截至2009年年底，风机分会104家会员企业固定资产原价为823 105万元，固定资产净值为482 020万元；拥有金属切削机床8 018台、锻压设备1 481台。

2009年，风机分会104家会员企业完成工业总产值（当年价）2 561 690万元，比上年2 649 821万元减少88 131万元，同比下降3.33%；工业销售产值（当年价）2 480 438万元，比上年2 422 926万元增加57 512万元，同比增长2.37%；工业增加值745 318万元，比上年669 716万元增加75 602万元，同比增长11.29%；利润总额187 292万元，比上年157 248万元增加30 044万元，同比增长19.11%；全员劳动生产率173 953元/人，比上年155 973元/人增加17 980元/人。

2009年，风机行业企业尽管受到金融危机不同程度的影响，风机行业整体经济运行基本保持了平稳发展。工业总产值超亿元的企业有31家，比上年增加5家。2009年风机行业工业总产值前20名企业见表1。

表1　2009年风机行业工业总产值前20名企业

序号	企业名称	工业总产值（万元）	同比增长（%）	序号	企业名称	工业总产值（万元）	同比增长（%）
1	沈阳鼓风机集团有限公司	880 661	9.96	11	浙江亿利达风机有限公司	38 918	3.55
2	陕西鼓风机（集团）有限公司	378 633	-25.34	12	四平鼓风机股份有限公司	37 935	23.33
3	南阳防爆集团股份有限公司	143 769	-5.24	13	成都电力机械厂	37 056	-56.74
4	浙江上风实业股份有限公司	125 140	1.40	14	长沙鼓风机厂有限责任公司	27 334	0.65
5	重庆通用工业（集团）有限责任公司	112 881	-16.36	15	湖北双剑鼓风机制造有限公司	25 260	-11.82
6	上海鼓风机厂有限公司	72 187	-8.70	16	佛山市南海九洲普惠风机有限公司	20 127	16.92
7	江苏金通灵风机有限公司	52 366	-15.37	17	南通大通宝富风机有限公司	19 800	-16.19
8	湖北省风机厂有限公司	51 360	106.10	18	浙江兴益风机电器有限公司	18 915	-2.30
9	山东省章丘鼓风机股份有限公司	48 869	2.69	19	百事德机械（江苏）有限公司	17 127	-4.40
10	湘潭平安电气有限公司	43 795	13.40	20	中意机电（湖北）鼓风机制造有限公司	17 100	90.85

注：山东省章丘鼓风机股份有限公司为原山东省章丘鼓风机厂有限公司。

2009年，风机产品的品种没有发生大的变化，但空调用离心通风机和轴流通风机产量在风机产品产量中的比重增加很大。2009年，风机产品产量6 248 571台，比上年5 733 954台增加514 617台，同比增长8.97%。

2009年，风机分会会员企业中生产离心压缩机和轴流压缩机的有沈阳鼓风机集团有限公司、陕西鼓风机（集团）有限公司和上海鼓风机厂有限公司。2009年，共生产离心压缩机261台，产值为340 925万元，占全部风机产值的22.23%；生产轴流压缩机63台，产值为133 070万元，占全部风机产值的8.68%；生产能量回收透平机组59台，产值为60 290万元，占全部风机产值的3.93%。其中，沈阳鼓风机集团有限公司生产离心压缩机192台，占行业的73.56%。陕西鼓风机（集团）有限公司生产离心压缩机67台，占行业的25.67%；生产轴流压缩机63台，占行业的100%；生产能量回收透平机组59台，占行业的100%。上海鼓风机厂有限公司生产离心压缩机2台，实现了恢复生产离心压缩机新的突破。全部离心压缩机、轴流压缩机和能量回收透平机组产值约占全部风机产值的34.84%。从产品产值和产品产量可以看出，离心压缩机和轴流压缩机产量虽然不多，但产值较高，已占全部风机产值的1/3，在风机中属于科技含量较高、加工难度较大的重大技术装备产品。

2009年，风机分会会员企业离心鼓风机产量7 895台，产值为115 187万元，占全部风机产值的7.51%；罗茨鼓风机产量38 768台，产值为91 506万元，占全部风机产值的5.97%。离心通风机、轴流通风机（包括空调用风机）属于量大面广产品，2009年通风机产量合计6 114 141台，产值为679 751万元，占全部风机产值的44.33%。其他风机产量87 379台，产值为112 781万元，占全部风机产值的7.35%。2008～2009年风机产品产量对比见表2。

表2 2008～2009年风机产品产量对比

产品名称	2008年（台）	2009年（台）	同比增减（台）	同比增长（%）
合计	5 733 954	6 248 571	514 617	8.97
离心压缩机	243	261	18	7.41
轴流压缩机	109	63	-46	-42.20
能量回收透平机组	78	59	-19	-24.36
离心鼓风机	7 339	7 895	556	7.58
罗茨鼓风机	31 323	38 768	7 445	23.77
叶氏鼓风机	13	5	-8	-61.54
离心通风机	5 079 406	5 455 401	375 995	7.40
轴流通风机	537 461	658 740	121 279	22.57
其他风机	77 982	87 379	9 397	12.05

二、市场及销售

2009年，风机分会104家会员企业实现主营业务收入2 327 724万元，比上年2 370 368万元减少42 644万元，同比下降1.8%。主营业务收入超亿元的企业有30家，比上年增加4家。2009年风机行业主营业务收入前20名企业见表3。

表3 2009年风机行业主营业务收入前20名企业

序号	企业名称	主营业务收入（万元）	同比增长（%）	序号	企业名称	主营业务收入（万元）	同比增长（%）
1	沈阳鼓风机集团有限公司	643 548	4.87	11	湘潭平安电气有限公司	42 913	42.46
2	陕西鼓风机（集团）有限公司	366 778	-15.10	12	浙江亿利达风机有限公司	36 835	4.08
3	南阳防爆集团股份有限公司	161 954	3.84	13	四平鼓风机股份有限公司	34 527	7.09
4	重庆通用工业（集团）有限责任公司	119 126	-2.55	14	长沙鼓风机厂有限责任公司	27 094	-3.78
5	浙江上风实业股份有限公司	104 018	-12.55	15	湖北双剑鼓风机制造有限公司	23 865	-15.36
6	成都电力机械厂	74 750	-9.15	16	南通大通宝富风机有限公司	18 440	-12.23
7	上海鼓风机厂有限公司	72 259	-4.98	17	浙江兴益风机电器有限公司	18 438	-3.52
8	江苏金通灵风机有限公司	59 167	3.52	18	中意机电（湖北）鼓风机制造有限公司	17 007	118.04
9	山东省章丘鼓风机股份有限公司	53 128	-0.09	19	佛山市南海九洲普惠风机有限公司	16 129	9.86
10	湖北省风机厂有限公司	50 085	109.23	20	百事德机械（江苏）有限公司	15 886	-2.46

2009年，风机分会会员企业中有32家企业产品出口，出口交货值116 234万元，比上年113 122万元增加3 112万元，同比增长2.75%。2009年风机行业出口交货值超3 000万元企业见表4。

表4 2009年风机行业出口交货值超3 000万元企业

序号	企业名称	出口交货值（万元）	同比增长（%）	序号	企业名称	出口交货值（万元）	同比增长（%）
1	陕西鼓风机（集团）有限公司	28 275	11.06	6	张家港市英德利空调风机有限公司	4 187	60.42
2	南阳防爆集团股份有限公司	16 770	-27.87	7	江苏金通灵风机有限公司	4 174	-47.40
3	沈阳鼓风机集团有限公司	15 394	88.54	8	重庆通用工业（集团）有限责任公司	3 677	-22.85
4	上海鼓风机厂有限公司	14 422	55.13	9	浙江兴益风机电器有限公司	3 456	-46.58
5	安徽安风风机有限公司	7 022	439.32	10	四平鼓风机股份有限公司	3 336	-7.64

2009年风机行业企业面对复杂多变的国内、国际经济环境和不利的市场形势，化挑战为机遇，变压力为动力，克服各种困难，确保企业在危机中继续保持稳定发展。

沈阳鼓风机集团有限公司坚持自主创新，开拓国内、国际两个市场。在保持传统优势产品高中标率的前提下，大型空分、精对苯二甲酸（PTA）、输气管线用压缩机等新产品市场以及国际油气、化工市场、成套订货方面实现了历史性突破。与中石油抚顺石化公司签订了百万吨级乙烯装置用乙烯压缩机组合同，拥有了独立研制百万吨“乙烯三机”的能力；与中国石油天然气集团公司签订西气东输二线3台管线压缩机合同，并承接长输管线电驱压缩机组和燃驱压缩机组研制合同订单，进入了长输管线压缩机市场；与江苏海伦化学有限公司签订了120万t/a PTA改造项目，首次实现独立承接的总成套，对开拓PTA市场和大型空分市场具有历史意义。同时，海外市场的开拓也取得可喜成绩，不仅在原有的市场基础上开发了东盟、非洲、南美及俄罗斯、阿拉伯联合酋长国等市场，而且打入了欧美长期占领的国际油气、化工市场，出口产品订货额达1.17亿美元。

2006~2009年，陕西鼓风机（集团）有限公司在国内轴流压缩机产品市场占有率高达90%以上，已有6台AV100轴流压缩机成功投产运行，并拥有6万m^3/h等级空分装置用压缩机的设计与制造能力，为山东华鲁恒升化工股份有限公司制造的4.8万m^3/h空分压缩机已成功投运。自2005年以来，公司签订的空分压缩机组合同已超过80台（套）。其中，生产的60万t/a精对苯二甲酸装置压缩机组已完成生产并安装调试，于2009年11月15日投产成功。公司还成功为韩国现代公司配套5 250m^3高炉TRT装置，占领国际TRT市场制高点。2007年，公司订货达到历史高峰，透平压缩机订货204台，能量回收装置订货124台。2008年，受国际金融危机影响，公司市场销售受到较大影响，主导产品订货大幅下降，透平压缩机订货70台，能量回收装置订货62台。2009年，在国家经济政策拉动下，订货有所回升，但还没有达到历史高峰。

上海鼓风机厂有限公司面对市场竞争日趋白热化的严峻挑战，把市场放在第一位，所有厂级干部都分工负责市场，同销售员一起跑市场，争订单，提高中标率。公司还及时调整营销策略，适应市场变化，改变盈利模式，重点抓好“改造风机”的市场开发工作，通过风机改造，实现电厂能耗的下降。2009年，公司共完成改造风机任务5 447万元。此外，公司积极抓好备品备件和大修理业务市场，公司已出厂大型TLT风机5 400台、动叶可调轴流风机3 100台，最长的运行时间为20多年；备件的更换和风机的大修理任务很多，2009年共完成备件修理任务7 466万元，改造风机和备件修理均创造了历史纪录。

重庆通用工业（集团）有限责任公司积极推进风力发电产业的发展，2009年风电叶片基地建成并正式投产，实现850kW风电叶片的批量生产，“重通造”850kW叶片在重庆第一个风力发电场——武隆四眼坪风力发电场装机并网发电。该技术在消化吸收国外风电叶片产品技术的基础上，通过自主创新，形成了拥有完全自主知识产权、世界一流的兆瓦级风电叶片设计和制造工艺技术，“兆瓦级风力发电叶片及机组重要零部件产业化”项目通过了市级重点技术创新项目鉴定，并已向国家知识产权局申请了两项专利。“重通造”兆瓦级风电叶片在山东烟台方山风力发电场和重庆武隆四眼坪风力发电场装机运行，各项技术指标完全达到国外同类产品先进水平，充分展示了公司良好的技术和生产实力。2009年，公司的风电产业新增订货3 154万元，正在成为公司发展新的经济增长点。

四平鼓风机股份有限公司通过对全国经济形势的客观分析和行业发展走向的科学判断，结合不同情况适时调整营销策略，采取有效措施进行积极应对。①重点加强了对已签合同的慎重排查，对近1 000万元的已签合同及时停止排产，降低了经营风险。②针对建材行业受拉动内需政策影响，较其他行业复苏较早，采取了“巩固建材，拓展冶金，扩大出口，增强备件”的营销策略，采取一切措施收集项目信息，快速反应，精心准备，认真抓好每一个项目。2009年首次实现直接出口创汇34.5万美元，全年承揽合同37 990万元，并成功承订了2台烧结余热发电用静叶可调轴流风机，为开发该领域市场奠定了坚实基础。③全面做好回款工作，加大回款工作力度，共清回陈欠货款和质保金5 700万元，全年回款突破4亿元，为生产经营提供了充足的资金保证。

山东省章丘鼓风机股份有限公司在危机面前及时了解行业和市场的发展趋势，有的放矢开展工作，掌握主动权。①把握市场脉搏，有的放矢调整工作重点。2009年上半年，公司专门委派项目管理人员用大量时间了解走访设计院和直接用户，从而确定了工作重点。一是针对国家加大基础建设投入以及水泥行业的发展趋势，重点推出ZG系列罗茨鼓风机，建立并形成了比较稳固的合作关系；二是尝试网上销售的新模式，如针对慧聪网买卖通直接面对环保水处理行业的情况，申请加入金牌会员，从而进一步扩大宣传，获取销售信息。公司通过努力，被正式批准成为联合国注册供应商，标志着公司产品品质完全能够满足联合国采购的要求，具备了与国外同类知名品牌产品同台竞技的能力。②强化管理，突出服务，坚持“向优势市场要利润，向弱势市场要订单”的原则，继续深入推行市场行业分类及区域分片负责制，抓大项目、重点项目，效果显著。为了切实为用户服务好，公司专门召开销售专题会议，要求各部门以“让用户满意”为最终目的，协作配合，理顺关系。同时，应对危机，规避风险，及时调整付款方式，认真做好欠款回收工作；不断完善售后服务制度，充实技术力量；按照“大销售”的目标和要求对业务员进行培训，对内勤人员进行商务礼仪培训，努力实践“内勤服务外勤，外勤服务销售，销售带动产业发展”的工作方针。③风神鼓风机有限公司正式运营，拉动外销，提升了公司实力。2009年1月，山东省章丘鼓风机股份有限公司首家境外企业——在美国独资设立的风神鼓风机有限公司获得了商务部的正式批准。这不仅让企业进一步了解国外市场需求，学习掌握更先进的技术，寻求更多更好的合作伙伴，还可以通过扩大外销，对外大大提升企业的知名度和竞争力，对内进一步提高产品质量和创新能力，实现以外销带动内销，促进企业不断做大做强。2009年，公司外贸出口签订订单70笔，出口55批次，实现销售收入同比增长36%；出口国家达到23个，遍布欧美、大洋洲、东南亚、中东及非洲等地区。

长沙鼓风机厂有限责任公司在罗茨风机市场趋紧、竞争激烈的不利情况下，抓住国家“保增长、扩内需，实施4万亿投资计划项目”的宏观政策机遇，根据对市场形势变化的判断以及对用户需求和竞争对手特点的分析，有针对性地采取了不同的营销策略：①针对水泥、建材等基础工业重点领域实施差异性营销策略和专项销售推广计划，通过对内、对外二次调价，增强价格竞争力。②针对重点客户、重大项目进行集中管理，加大市场走访交流的力度和频次，抢占竞争先机，力保大项目不失、大客户不丢。③针对乙炔、焦化等竞争劣势领域进行专项研究，精心组织，着力攻关。④针对煤制油市场应用领域的发展趋势，密切关注，做好预案等。通过这些有力措施，2009年销售工作取得了较好业绩：①全年完成罗茨风机订货3 339台，比上年增加171台；完成订货2.6亿元，实现销售总额2.827亿元，圆满完成既定的销售目标任务，有力拉动了企业效益的增长。②市场拓展和扩张取得了新的突破：在宁夏大地化工项目中打进乙炔风机市场，实现了零的突破；在内蒙古乌海地区100万t/a焦化项目中成功建树新业绩，起到了行业引导和推广作用。③全年受理用户来电来函1 170单，服务单位707家，出差767人次，在服务工作量大、重大服务项目多的情况下，较好地满足了用户服务要求。④全年清回欠款2 200多万元，综合回款率98.2%，资金回笼维持比较稳定的水准。

江苏金通灵风机股份有限公司及时调整营销策略，奉行“服务+制造+服务”的经营理念，通过一年的努力，基本建立了覆盖全国的销售网络体系，专门从事各类污水处理风机设备的销售；增设风系统技术服务处，专门从事为用户提供风系统研发方案、风系统节能改造方案等技术服务工作；建设柳州公司销售网络，围绕“贴近服务，加深服务”的宗旨，布密销售网络，建立了一支全新的营销队伍。2009年，公司实现销售收入5.92亿元，实现了预期的增长。在面对国际经济形势动荡，国内经济投资结构重大调整，以及公司为完成上市任务对业绩增长、利润增加、现金流改善等压力下，按计划完成了一系列经济指标。

湖北双剑鼓风机制造有限公司产品主要销往化工、冶金、污水处理、矿山、电力和石油等行业。2009年，在已有制酸风机技术的基础上，实现了“S型高速烟气脱硫系列风机”大型化（适应30万t/a硫铁矿制酸项目风机）。2009年，公司向化工行业销售风机210台，占销售总额的23.4%；向冶金行业销售风机192台，占销售总额的21.4%。此外，新型污水处理风机销售54台，比上年有较大增长，占销售总额的19.2%。

湘潭平安电气有限公司突出抓好销售，拓展市场占有率。2009年实现销售回款2.1亿元，比上年增长28.14%。在市场开拓方面有了重大突破，全年新发展客户73家。除尘项目经调整市场策略，一举拿下千万元订单。

北京华怡净化科技研究所有限公司平时注重科技创新和创新技术的储备，2009年9月，公司风热电一体机、出口型滤毒通风装置、高效小型智能化风机等订单或意向订货不断增多。其中，风热电一体机订货数百台；出口型滤毒通风装置近百台，大大超过几年的总和；高效小型智能化风机近百台。

2009年，山东海福德机械有限公司加强营销管理，抓住市场机遇，坚持以市场为导向，以客户为中心，提高产品质量和服务水平，促进产品销售。①加强企业宣传，提升企业知名度。全年参加了北京、深圳、哈尔滨、成都、西安、乌鲁木齐等十余个行业展会；定期在有关网站和有关杂志刊登广告；在车站做大型户外广告；利用电子商务和公司网站加强与客户网上交流，及时捕获市场信息。②加强销售力量，新成立4个办事处，进一步充实和调整销售人员队伍，完善销售布局，增强营销能力。为适应市场需求，提高市场反应的灵敏度，公司成立了招投标领导小组；成立清欠办公室，加强货款回收工作；整理公司环境，加强企业文化宣传，建立客户接待室，提升公司形象。③公司根据国家宏观政策的调整和市场发展形势，及时调整营销工作思路，在稳固原有环保行业业务优势的基础上，大力开发水泥、电力行业的业务，取得了较好成绩，并稳定了几个较大客户，也为今后做大市场创造了条件。

包头市爱科风机技术有限责任公司认真对全国市场需求变化进行分析，准确地把握产品的市场走势，制定切实可行的营销策略，并根据不同时期的市场变化情况，适时调整销售策略，建立诚信的用户网络，不断提高产品在市场的占有率，较好地完成了年初制定的销售任务。

三、科研成果及新产品

2009年是风机行业新产品开发取得重大突破的一年，共研制完成新产品1 611种、241 492台；完成新产品产值922 459万元，比上年885 367万元增加37 092万元，同比增长4.19%；获部、省、市级科技进步奖、优秀新产品奖等共计38项。

沈阳鼓风机集团有限公司紧紧围绕行业发展和市场需求，按照集团五年发展规划制定的目标，狠抓科研项目管理，加大科研经费投入，加快科研成果转化和应用速度，企业科技创新体系进一步完善；产学研合作进一步增强，工艺水平和试验能力进一步提升，新产品和新技术研发成果显著。公司被国家命名为“创新型试点企业”，在自主创新能力方面进入了国家级第一梯队。2009年，公司在模型级开发、应用和升级换代方面迈出了坚实的一步。全年共进行了22项、36套模型级的安装试验，完成410条性能曲线试验任务；进行了大型PTA/PIA、PCL等大流量模型级，以及轻介质高能头三元模型级研发与系列化设计和应用等，为打开输气管线、大型PTA、大型空分等市场提供了坚强的技术支撑和保证；全年共鉴定新产品280种，组织完成产学研项目11项、技术创新项目97项、科研成果推广应用28项；被列入市级以上科技项目22项，获得自有专利20项，获得市级以上科技成果奖励29项；科技拨款4 087万元，创历史新高。

2009年，陕西鼓风机（集团）有限公司完成重要的成套系统技术有：①3H—TRT系统技术。3H—TRT系统技术是在保持和优化传统能量回收机组（TRT）系统的高炉煤气余压余热能量回收发电功能的基础上，对高炉顶压进行高精度的智能控制。3H—TRT 系统具有三"高"(3H)特点：高精度顶压稳定性控制；提高高炉顶压设定值；提高高炉利用系数，降低焦比。公司该项技术达到国际领先水平。②硝酸装置透平成套机组。为适应硝酸产品市场需求，公司自主开发研制了硝酸装置"三合一"机组（即原动机 + 空气压缩机 + 尾气膨胀机）和"四合一"机组（即原动机 + 氧化氮压缩机 + 空气压缩机 + 尾气膨胀机），两机组具有节能环保等特点。公司已为 5 万 t/a、10 万 t/a、15 万 t/a、27 万 t/a 硝酸装置提供近 40 套机组，该项技术已达到国际同类机组技术水平。③BPRT 同轴机组。BPRT 机组是将鼓风系统和能量回收机组合并为同一系统，使能量回收机组原有系统简化，取消发电机及发配电系统，合并自控系统、润滑油系统、动力油系统等，将能量回收机组回收的能量直接驱动鼓风机。该技术为公司独创，达到国际领先水平。④共用型能量回收装置。利用两座以上高炉各自的阀门系统，把煤气导入同一透平机组，驱动一台发电机发电，该机组可满足两座以上高炉同时运行发电和单座高炉运行发电的要求。采用该技术，既节约了资金，又节约了土地。该技术为国内首创，达到国际领先水平。⑤燃气—蒸汽联合循环发电装置（简称 CCPP 装置）。该装置用轴流 + 离心串联式压缩机将煤气送入燃气轮机。一般由燃气轮机与蒸汽轮机共同带动发电机发电。CCPP 装置具有热效率高、造价低、起动快等优点，且节能环保，其技术达到国内先进水平。⑥高炉过滤脱湿系统技术。将高炉鼓风机的空气过滤器和脱湿装置集成为高炉鼓风过滤脱湿组合装置，降低空气湿度和高炉鼓风入口温度，达到稳定高炉炉况和降低鼓风机功耗（5% ~ 15%）的目的，该技术为国内领先水平。

2009 年，陕鼓集团西安陕鼓动力股份有限公司研制开发完成空分装置压缩机组、电动鼓风机组、甲醇装置合成气压缩机组、1 000m^3 高炉煤气余压透平机组、印度 MONNET 鼓风机组、印度 BIL1 780m^3 高炉工程、高炉电拖鼓风机组、甲醇循环气压缩机组及丙烯压缩机组、AV50—13 轴流机组、8 万 m^3/h 及以上空分压缩机、13.5 万 m^3/d 天然气液化项目配套压缩机组等 18 种新产品共 43 台，经陕西省机械行业办公室鉴定，均达到国际先进水平。2 万 m^3/h 空分装置压缩机组、高炉煤气余压透平发电装置自动准同期并网方法分析与实验研究，均获得中国机械工业科学技术奖三等奖；透平压缩机组及能量回收机组远程在线监测及故障诊断系统获得西安市科学技术奖二等奖。

2009 年，上海鼓风机厂有限公司坚持科技创新，鼎力扶持压缩机二次创业。通过抓市场订单，实现了离心式压缩机整机订单的突破，先后承接了中国石化巴陵石化公司再生气压缩机、核电高温气冷堆大型氦回路 HTL 氦气压缩机、核电高温气冷堆燃料球输送氦气压缩机、核电高温气冷堆主氦压缩机及泰州联成化学工业有限公司苯酐一期、二期空气鼓风机等整机订单。在工业风机方面，完成离心式循环流化床风机、烟气脱硫高温耐磨离心风机、SAF28 动叶可调双级循环流化床配套风机、RTF42 静叶可调轴流式增压风机等十余种产品的创新。同济大学"汽车风洞"项目是上海市重大产业科技攻关项目，总投资为 4.9 亿元。风洞项目主要包括国内首座汽车气动声学整车风洞、国内首座热环境整车风洞和一个集汽车造型、加工、设备维护、科研和管理为一体的多功能中心。风洞项目中的 2 台关键设备——叶轮直径 8.5m 的气动声学风洞风机和叶轮直径 4.5m的热环境风洞风机由上海鼓风机厂有限公司设计制造，并已获得上海市"首台重大技术装备奖"。气动声学整车风洞的风口 27m^2，最大风速达到 250km/h，风洞内处于完全的静音状态，可确保汽车噪声测试的准确性。由上海鼓风机厂有限公司提供的气动声学整车风洞风机风量为 1 920m^3/s，风机重量 110t。热环境整车风洞的风口为 7 ~ 14m^2，风速为 100 ~ 200km/h。它的环境模拟范围是：可控温度 -40 ~ 55℃，可控湿度 5% ~ 95%，可控阳光模拟 300 ~ 1 200W/m^2。由上海鼓风机厂有限公司提供的热环境整车风洞风机风量为 390m^3/s，风机重量 24t。

重庆通用工业（集团）有限责任公司针对技术创新的薄弱环节，系统地提出了发展原始创新、集成创新、开放创新和持续创新"四位一体"的技术创新体系。在原始创新方面，对离心式制冷机、离心式鼓风机的现有技术进行再研究、再创新，重点放在制冷机、鼓风机的工作原理、控制系统和工艺手段的创新方面，成功研发了高效等宽流道干熄焦循环风机并通过市级鉴定。在集成创新方面，将制冷机产品的动力系统、液压系统和控制系统等成熟技术进行有效组合，增强了产品竞争力。如对核电专用机组的优化设计，提升了公司产品在核电市场上的竞争力。在开放创新方面，积极主动地与国内外科研机构、大专院校进行多层次的技术交流和合作，如多轴离心空压机的联合设计；采用引进、消化、吸收、再研发的方式，进军风力发电领域，用较短的时间完成了新材料的替换，形成新的竞争优势。在持续创新方面，将技术和市场紧密地结合在一起，对产品不断进行改进、完善，实现系列化开发生产，以满足客户不断提出的高品质、高效率、高产出、高效益的要求，确保产品的生命力，延长产品生命周期。2009 年，公司一批具有市场前景的新产品开发成功，并陆续投放市场。公司自主研发的 6—39—B 系列高效曲叶片离心通风机和高效等宽流道干熄焦循环风机通过了市级新产品鉴定。其中 6—39—B 系列高效曲叶片离心通风机效率比原引进的 BB50 高温风机提高 4.5%，产品市场竞争力进一步得到提升，其经济效益和社会效益都将十分显著。高效等宽流道干熄焦循环风机的成功研发，拓展了新的市场，为提升重大装备的国产化水平、服务国家经济建设将起到积极的推动作用。2009 年，公司研发的 BCD300—1.90/1.00 曝气风机通过专家验收，打破了该产品长期被国外产品所垄断的格局，为尽快实现污水处理主要设备的国产化、降低用户的投资和运行成本提供了有力支撑。公司与重庆康迪环境科技有限公司合作研发了 MVR 污水处理系统核心设备——MVR 风机和成套装置。

四平鼓风机股份有限公司狠抓产品开发、产学研项目和三新技术推广应用，企业技术进步取得了实质性进展。在产品开发方面，成功研制了电站静叶可调、动叶可调轴流风机，并生产制造叶轮直径2.8m的静叶可调轴流风机，在烧结余热发电领域开拓了新市场，填补了公司电站轴流风机的空白。在产学研方面，与西安交通大学合作开发“高效节能离心通风机研发”项目，制定了模型机试制方案，并完成了相应的模型机图样设计任务，为下一步产品试制奠定了基础。“多级低速离心鼓风机”项目申报了“吉林省五个一批企业创新工程”产业技术研发项目，获得了国家技术开发项目资金40万元，并享受相关优惠政策。在新技术方面，进行了风机转子系统有限元刚强度分析软件培训和产品应用；针对不同用途、不同工况的风机产品，选用了外观质量好、价格低的耐磨复合板在产品上进行实际应用，并在高温风机上首次采用了12Cr1MoV钢作基材的耐磨复合板，耐磨技术在风机上的应用，降低了设计成本。在新工艺方面，进行了耐磨喷涂工艺市场调研，储备了相关应用技术，为产品具有良好的耐磨性提供了新的工艺；通过气刨工艺的应用，不仅解决了叶轮焊接质量难以符合探伤标准的问题，还提高了作业效率；编制了静叶可调轴流风机工艺过程卡，并在制造过程中不断进行完善，为以后大型轴流风机产品制造提供了宝贵经验。

山东省章丘鼓风机股份有限公司根据市场需求设计开发完成了ZR8—800型大风机，试制完成了ZR8—900P型非标风机，设计完成了出口美国的MB3004、MB3006、MB3007和MB4504风机，实现批量供货。在离心风机方面，先后完善了机型的系列开发，并设计开发了C70—1.6N型碳环密封富氧风机，输送特殊介质，拓展了应用领域。与西安达尔流体机械研究所合作，成功开发出B200—1.7型单级高速离心鼓风机，并进行100、125、150三种机型系列开发。“炭黑用整体焊接C型多级离心鼓风机”荣获2008年济南市科技进步奖三等奖；“新型高效ZG型三叶罗茨鼓风机”获得2009年济南市科技发明二等奖。

2009年，北京华怡净化科技研究所有限公司完成了两项科技创新成果。①“充气式多谱段假导弹发射车”专用风热电一体2型机。风热电一体机是公司为解放军某部“充气式多谱段假导弹发射车”配套的关键军用设备。公司在风热电一体1型机的基础上，重新设计制造一体机的风能、热能、电能部分。经部队组织包括中国工程院院士参加的专家鉴定会鉴定，专家一致认为，风热电一体1型机和2型机完全符合军方要求，属国内首创，各项指标为国际领先水平。②高效小型智能化新型风机。2009年，公司组建了“华怡电子”，专门研发智能化新产品。经过反复设计和试验，公司掌握了研制高效小型智能化风机的高新技术，先后制造出HY—GG—1.25、1.25A、1.25B、1.25JA、1.3A、1.3B型风机。特别是1.3B型风机，能经受-40~50℃温度考验，满足军方需求。高效小型智能化风机具有效率高，小型化，节能、节材显著，无级变速，智能控制等特点。该产品可作为小型风机的更新换代产品，也可为高精尖技术配套服务，其发展前景十分广阔。

江苏金通灵风机股份有限公司不断加大技改力度，加快新产品研发步伐。通过人才引进和绩效考核管理的推动，电气控制设计及制造已初步具备自主开发和制造能力。①完成了D80~D800单级高速离心鼓风机样机设计，通过不断的调研摸索，结构设计更为合理，产品的稳定性和可靠性得到提高，为批量生产定型做好了准备。②小型离心空气压缩机在西安交通大学前期设计的基础上，不断消化吸收国内品牌产品的优点，第一台样机的合理性、工艺性、安全性得到提高。③动、静可调轴流风机进行了样机试制，主要部件已完工，完成钢厂转炉干法除尘煤气风机的模型机设计和试验，达到初步设计要求。④确定了焦炉煤气鼓风机样机的试制型号，并完成产品图样的设计，对多级鼓风机进行了三元流叶轮的设计，并应用在焦炉煤气设计开发中。

石家庄市风机厂有限责任公司与合肥水泥研究设计院合作，设计开发了SNY—51№25F和SNY75—73№22F两种规格型号的风机。该风机是在借鉴日本F式风机的基础上，对F式风机进行了新的改造，交付用户使用后，运行状态良好，性能满足要求。

2009年，常熟市鼓风机有限公司开发设计了XMF细纱机节能风机、SZ省能型轴流通风机、KHF高效离心通风机、CJK节能金属空调箱、染整车间岗位送风机组、9—12/19输送风机、RDF热定型循环风机、除尘机组配套主机JF节能离心风机以及NCF系列离心风机及滤尘器筒体、卷烟厂滤棒除尘系统等10个系列40多个规格新型风机及空调机，实现新产品销售额近1 000万元。

威海克莱特菲尔风机有限公司机车专用风机项目被列入山东省科学技术发展新产品计划，R3G500嵌入式无刷直流外转子集成一体化风机被列入威海市科学技术发展新产品计划，和谐号动车及大功率机车专用风机项目被列入国家火炬计划项目。截至2009年年底，机车专用风机项目已进入批量生产阶段，R3G500嵌入式无刷直流外转子集成一体化风机项目进入样机测试阶段，和谐号动车及大功率机车专用风机进入到小批量试生产阶段。

山东海福德机械有限公司与山东轻工业学院合作，对三叶罗茨鼓风机进行整体优化设计，完成了科技成果转换。对独立设计生产的HSG系列三叶罗茨鼓风机的HSG200型产品进行改进，通过改进叶轮型线，使容积效率提高8%。

2009年，湖北双剑鼓风机制造有限公司研制了30万t/a硫铁矿制酸装置用S3200型风机，至此初步形成了制酸风机系列化生产，部分产品替代了进口。公司成功研制了大型钢铁企业除尘用的Y6—2X51№34F大型通风机；为国内首条3 000吨级纤维乙醇项目研制了小型高速风机(D200—2.445)，该项目打破了过去单纯以粮食类原料生产乙醇的历史，使利用秸秆类纤维质原料生产乙醇成为现实，为国家节约大量粮食。2009年，公司还完成了国家发改委、工业和信息化部“重点产业振兴和技术改造”项目1项，完成国家科技部“中小企业重点创新基金”项目1项，完成湖北省科技厅“重大科技专项计划”项目1项，取得国家实用新型专利3项。

湘潭平安电气有限公司成功开发了矿井智能局部通风系统、FSZ 轴流主通风机、SL 射流风机、风机在线监测与故障诊断系统、井下除尘器等5个新产品。通过产学研合作、企业强强联手合作模式，解决了变频器散热、放电、井下运行时的 EMC 电磁兼容等关键技术，使"矿井智能局部通风系统"已研发成功。该系统为国内首创，具有自主知识产权，达到了国内领先水平。该智能局部通风系统已在山西璐安、吉林通化、山西西山等井下实施运行，得到了用户的认可与好评。

南阳防爆集团股份有限公司坚持自主创新，开发出一批具有自主知识产权的高新技术产品，填补多项国内空白。公司研制的世界最大容量的 TAW8800kW—20P 增安型无刷励磁同步电机，用于神华集团建设的世界第一个达到工业化规模的煤直接液化项目，该系列产品被中石化总公司确定为替代进口产品；出口国际市场的 NEMA 系列超高效率电机、XPA 系列高效电机、PPA 系列低压大容量高效率三相异步电动机，达到当今国际领先水平，销往美国、澳大利亚、新西兰等20多个国家和地区；QFW 系列无刷励磁同步发电机达到国际先进水平，批量出口国际市场；YAXn、YBXn、YXn 系列高效节能电机在中国电机行业率先获得"国家节能产品认证"。公司风机产品结合了公司高效电动机和防爆电动机两项技术，将防爆电动机技术、高效电动机技术、防爆电动机与风机的一体化设计、高压检测试验技术等与风机技术相结合，确保了风机的高效性、可靠性与安全性。公司生产的系列风机经国家煤矿防尘通风安全产品质量监督检验中心的检测，产品气动性能和防爆性能优异，技术水平和性能指标国内领先。公司在经过多次试验的基础上，采取多项技术措施，成功地开发出适应250℃高温环境下能够正常运行不小于1h的高效地铁风机专用电动机，且应用以上优势开发的地铁隧道风机具有效率高、噪声低、耐高温、起动时间短、防喘振、监控和安全保护系统完善以及运行安全可靠的特点。

此外，长春花园机械有限公司研制了 FBD 系列矿用防爆压入式对旋轴流局部通风机，有 FBD№5.0/2×7.5、FBD №5.6/2×11、FBD№5.6/2×15、FBD№6.3/2×18.5、FBD №6.3/2×22 等5种机型，并经国家安全生产重庆矿用设备检测检验中心检测合格，取得了生产合格证书。上海应达风机有限公司对老产品进行更新换代，研发了 SYDF4—72、SYDF11—65、SYDF11—48、SYDF—31 新型风机，已经投入生产。

四、节能、降耗、减排的目标、措施与成效

在节能、降耗、减排方面，企业牢牢抓住金融危机给企业带来的练好内功、内涵挖潜，提升核心竞争力的机遇期，引入先进的管理理念，大力开展双增双节工作，修订管理标准，加快信息化建设，提高质量管理水平，为促进企业持续、稳定和健康发展起到了积极推动作用。

1. 为用户开展节能降耗服务

陕西鼓风机(集团)有限公司在主机技术方面大力开发节能产品。①轴流压缩机：具有效率高、噪声低、节能等特点，比离心压缩机效率高近10%。②工业流程能量回收装置：包括高炉煤气余压回收透平发电装置、硝酸尾气能量回收透平机组、催化裂化装置烟气能量回收透平机组，利用废气发电或拖动其他机械，既节能又环保，具有效率高、回收功率大等特点。③离心压缩机：产品通过自主研发、技术引进、合作生产基本上形成了系列化，叶轮多数采用三元流技术，具有效率高、节能的特点，整机效率提高3%～5%。

上海鼓风机厂有限公司组织技术人员和业务人员主动上门为电力企业在提高发电量的同时，努力降低电厂自耗电服务，制定改造方案，帮助电厂进行技术更新，对原有的风机进行节能改造。针对矿山企业越来越重视本质安全度，业务员主动上门宣传，一是对效率低、不够安全的老式矿井风机建议更换；二是针对矿井开采时间长、井下阻力增大、风机效率下降等情况，建议进行技术改造。由于坚持节能减排和帮助用户提高效益的营销思路，2009年公司共完成改造风机业务5 447万元。

2. 企业双增双节效果显著

四平鼓风机股份有限公司以信息化建设为重点，管理方式实现新突破。①通过 OA 办公系统的实际应用，把技术中心作为信息化建设的突破口，通过这一主线把技术与生产环节有机结合起来，不但实现了无纸化办公，而且由于采用电子文档和网上审批，大大提高了工作效率和管理水平。同时，为了推进各管理环节的信息化，结合企业实际，研究业务流程，收集大量数据，设计了近百个管理表单并科学地绑定了业务流程，实现流程再造。针对 OA 办公系统在库房管理工作中的应用，结合年终盘点工作，开发了采购报检入库、领料付料等表单，为库房管理甩账本奠定了基础。②成本控制取得了较好成效。通过开展价值工程、节约挖潜等形式，从产品设计、物资采购、生产制造、产品发运全过程进行成本控制，努力提高企业经济效益。在设计环节，通过开展价值工程来降低设计成本，全体技术人员进一步更新了设计理念，按照新的设计规定，合理选材和简化产品结构，仅在轴承箱选用窄系列方面为企业节约资金数百万元；在采购环节，努力降低采购成本，由于原材料价格波动频繁，采取询价、比价采购等方式全年降低采购成本498.53万元；加强车间费用考核，车间两项费用考核指标在2008年基数的基础上下降5%，在产能增加的情况下，综合考核略有节余；在产品发运环节，采取招投标方式选择货站，降低了运输费用。与此同时，充分运用国家有关技术开发费抵免企业所得税这一政策，使企业在技术开发费加计扣除方面获得103万元的所得税扣除，为企业节约了资金。③现场管理明显改善。公司投入近4万元对生产现场进行改进，粉刷了安全通道，规范了定置管理，使现场管理上了一个新台阶，取得了明显成效；投入7万元对库房进行改造，改善了库房环境。④基础管理工作，对现有部分规章制度进行了完善修改，购置并安装使用电子汽车衡、电子吊秤，进一步加强了进出物资计量管理。⑤进一步加强了计划管理，综合计划执行率达到87.5%，同比提高33.6个百分点，是近几年完成最好的一年。

长沙鼓风机厂有限责任公司在成本管理方面，把开源、节流两大增效源头重点放在降控成本上面。①以年度综合计划为主线，实行资金预算管理，推行成本目标控制，分解目标、细化考核、严格奖惩，增强各部门成本控制的主动意识。②对采购、外协等成本控制关键点，总结多年管控经验，进一步细化管控手段，提高成本控制实效。③合理调整库存结构，加大利库力度，重点抓好电动机利库专项工作，全年利库电动机 273 台，盘活库存资金 340 万元。④加强费用支出的审核、审批和监控，降低管理费用。通过组织招标，合理调整区域运输单价，平均下调运输单价 5%，运费收入比由 2008 年的 2.9% 降低到 2.14%，降控运输成本 157 万元。

山东省章丘鼓风机股份有限公司用科学规范管理，节支增收保发展，将管理工作深入细化到每一个步骤和环节，及时发现解决管理中存在的漏洞和问题，实施科学有效的管理方法。不断提升物资供应及管理水平，实行“大供应”战略，物资供应中心对全公司的物资实施集中采购，对仓库统一管理，并逐步推行“零库存”管理，从而减少采购成本，合理生产储备，更好地为生产服务；继续加强废旧物资处理监管，全体处室管理人员轮流进行监督，做到规范严谨；财务部门在做好日常结算、核算等工作的同时，积极争取税收优惠政策，为企业发展提供各项数据支持和保障。

五、质量及质量管理

截至 2009 年年底，风机分会有 126 家会员企业通过了 ISO 9000 质量管理体系认证，占企业会员数量的 86.9%。通过实施全面质量管理，企业产品质量不断提升。2009 年全行业风机主要件主要项目抽查合格率为 98.6%，机械加工件综合废品率为 1.08%。

沈阳鼓风机集团有限公司全面引入和推广精益生产理念，通过对企业的生产流程、组织架构、人员构成、职责定位等调研，确定了精益推进方案，质量管理水平与品牌建设能力得到进一步提升。2009 年，公司根据年初经济工作会议确定的质量目标，加强过程控制，严格责任考核，保证了质量管理体系有效运行。全年完成质量突破项目 8 项，计划质量改进项目 14 项；实现主导产品一等品率 100%，主要件主要项抽查合格率 97.28%。全年离心压缩机一次试车合格率 69.19%，优质品率为 58.76%。同时，从建立售后服务的快速响应机制入手，建章立制，强化考核，开辟售后服务绿色通道，提高全员服务和品牌意识，“沈鼓牌”离心压缩机依然保持着“中国名牌产品”的荣誉。

2009 年，陕西鼓风机（集团）有限公司荣获中国质量协会颁发的“2009 年全国质量奖”证书。在质量管理方面的主要做法是：①严格按照质量体系实施供方管理，对原材料供货商、外协外扩外配套厂家以及工程服务项目承包商，严格按程序评审，并实施动态管理。②推行“零缺陷”工程，制定《员工质量行为规范》和《员工洁净化生产作业规范》等管理制度。从 2001 年开始，共完成技术开发和质量改进 300 余项，大幅度提高了机组的技术含量和质量水平。③实施缺陷产品管理制度。利用近年来成功开发的数十项专有技术和专利技术，对早期研制的在技术、质量方面可能存在缺陷的产品实行召回制度，免费进行技术改进和技术升级。④实施质量考核和质量奖励制度。公司制定了《质量责任损失赔偿及质量事故处理办法》、《质量管理工作考核办法》和《质量信息反馈、处理及奖励实施办法》，对于因内外部质量问题给企业造成直接经济损失的责任人按规定赔偿损失；对于零缺陷项目、质量改进项目和质量标兵进行奖励，激励员工主动发现产品质量和技术文件中存在的问题。

重庆通用工业（集团）有限责任公司不断深化质量管理体系建设，一是加强质量管理体系建设，依据 GJB 9001A—2001 标准建立了国军标质量管理体系；二是完善公司质量管理制度和各类技术指导文件，规范管理流程，确保实物制作、质量判定标准的一致性；三是建立完善主轴等原材料入厂验收相关质量控制和管理制度，加大对外购、外协产品的验收力度，并对外配套协作单位实行动态管理、随时监控，确保配套产品供货质量；四是针对风机质量问题开展专项整治和质量巡查，产品外观质量大幅改进；五是加强过程控制，推行质量“一卡通”，员工执行工艺纪律的情况有所改善；六是对重点项目制定“重点项目产品质量控制计划”，实施重点控制，通过规范项目实施过程中各项管理工作来提升实物质量。

2009 年，四平鼓风机股份有限公司采取多种方式加强质量管理，严格质量控制，确保为用户提供合格产品。①加强质量管理。第一，加强对职工进行质量意识教育。利用标语、板报、质量大讨论、开展质量活动月活动等形式进行质量宣传教育。第二，不断加强质量管理基础工作。结合质量体系换版，完成了公司管理体系文件重新换版工作，并组织策划两次内部审核，接待 1 次外部审核，对内外部审核中发现的不合格项组织制定了纠正和预防措施，使相应质量问题得到了有效控制，确保了程序文件有效运行。第三，认真落实每月质量例会制度。通过质量例会，针对内外部反馈的质量问题及时研究，制定纠正和预防措施，使叶轮掉块、叶轮螺栓松动、产品装箱不规范易丢件、现场安装调节门经常装反、轴承运行中出现质量问题等现象得到及时改进，减少了售后服务的次数，降低了费用。第四，进一步加强了质量档案管理。通过现场实物抽检和记录抽查等手段确保各项质量记录的真实性；针对质量问题信息反馈，对关键过程增加检验卡控制，建立质量记录清单，确保质量记录及时归档。②提高检测手段，加强质量控制。公司更新了超声波探伤设备，配备了漆膜测厚仪等检测仪器，重点在加强轴承检验、主轴内在质量、轴承体、涂装过程、产品外观质量等方面进行控制，确保入厂轴承 100% 检验，不定期对主轴调质后的力学性能、金相组织进行抽检，对出现的质量问题及时反馈。严把入库关，对出现质量问题的产品决不放过，使质量问题在公司内得到有效控制。③加强售后服务工作。针对在售后服务过程中经常遇到的问题，对售后服务人员进行业务知识培训，制定服务人员考核要求，提高服务人员的业务素质和售后服务质量。全年通过传真处理问题 200 余份，派发现场服务人员 500 多人次。通过采取多种措施，重点产品和出口产品质量明显提升，以出口阿曼为代表的产品得到了用户的高度评价，也带动了公司整体产品质量的提高。

长沙鼓风机厂有限责任公司在质量管理上把握质量控制要点，加强过程监控与质量把关，并针对风机流量低、振动大、烧轴承等质量问题，着力解决质量缺陷与不足。围绕打造S系列精品，重新梳理并建立质量内控标准，从铸件源头抓起，组织外出学习交流，制定内部改进措施，S系列产品实物质量得到稳步改进和提高。精鑫公司作为公司铸件保障源头，通过完善经营目标责任制，实施车间生产承包制，狠抓生产组织秩序和过程质量控制，铸件产量、质量和交货保障能力均得到稳步提升。2009年，铸件毛产量达到6 015t，比上年增长6.22%，品种计划完成率有较大提高；铸件外观质量显著提高，综合废品率得到较好控制，比上年下降2.7个百分点。2009年，产品一次送检合格率达到91.84%（S系列产品一次送检合格率由上半年试制初期不到50%提高到80%以上），质量损失率0.59%，产品验证执行率100%。针对S系列新产品的小批量生产给生产组织工作带来新的困难，公司重点围绕产销衔接工作的要求，采取了一系列增产保销措施：①遵循计划保销售。围绕“四大计划”主线（月度销售执行计划、旬应急计划、周发货计划、重点合同控制计划），将三包修理、风机配件、离心风机纳入计划体系进行控制，加强对生产各环节作业计划的细化、调度、督促和考核，实现产销同步跟进。②量质并重保生产。以提质增产激励为手段，按“做对做好“的原则，强调遵循计划，加大质量指标与增产奖励的挂钩考核力度，在保证质量的前提下提升产能、产量。③坚持巡检促执行。由总经理牵头，销售、生产、技术、质量、采购、企管等部门负责人组成巡检小组，每周两次定期巡检，对产销对接与质量控制过程中的现场细节问题进行检查、考核与督促整改，及时、高效地解决影响生产过程的各种问题。在完善产品设计，优化制造工艺方面，通过推行线切割工艺，有效解决了不锈钢小风机叶轮加工的效率和精度问题；全面调控和梳理风机间隙、机壳叶轮尺寸公差，解决流量低的问题；通过应用液压螺母，从工艺上解决中大型风机齿轮装配可靠性问题，提升罗茨鼓风机产品的可靠性和市场竞争力。

江苏金通灵风机股份有限公司不断完善质量管理体系，最大限度地满足用户的需求，以优质的服务和产品质量取得用户的信赖。①深入开展全员质量管理。2009年，公司对自检自控、生产管理、焊工培训情况进行蹲点调查，召开现场观摩会，制造公司产品一次交检合格率平均为99.45%，环保公司产品一次交检合格率平均为98.96%。②开展质量专项检查。从2009年2月起，公司每月组织一次产品抽查，检查重点是成品和制造过程中的薄弱环节。每次检查均形成检查通报发至相关责任单位，要求落实整改。全年共抽查制造公司产品51件、环保公司产品48件，对于发现的产品质量问题及时改进。通过质量抽查，有效地推动了产品质量的提高。③围绕顾客满意度开展工作。企管部每月正常开展电话用户满意度调查，及时收集用户的建议和意见，跟踪售后服务反馈信息的处理情况。通过调查，将反馈的问题及时处理，采取改进措施并落实到位，给用户或投诉人满意的答复。

山东海福德机械有限公司以“提高加工精度，提高生产效率，降低生产成本”为目标，2009年购进了立式铣床、立式加工中心、数控刨床等先进自动化加工设备，使产品加工精度和加工质量大幅度提高。公司为挖掘老设备的潜力，提高产品加工质量，不断完善生产工艺，改进操作规程和工装设计，其中完成涉及叶轮、密封套、消声器等关键部件的工装设计7项，工艺改进10余项，不但提高了产品性能，而且节约了不少电费。在开展“全面质量管理”和“6S”活动中，对职工进行培训，职工素质有了很大提高。尤其是生产车间，通过开展整理、整顿、清扫、清洁、安全等各项工作，现场管理水平得到提升。

2009年，湖北省风机厂有限公司通过ISO 9001质量体系2008版验证审查，质量管理体系进一步完善，质检中心投入使用，力学实验室、化验室、计量室、产品试验台相继建成。员工的质量意识和质量管理队伍素质不断提高，为公司质量管理、质量控制提供了保障。产品零部件加工废品率基本达到公司目标要求，产品实物质量得到客户认同，用户投诉率不断下降，全年三包费用占销售收入的0.07%。

湘潭平安电气有限公司注重质量管理工作，制定了主扇、局扇风机的关键工序、重要工序的质量控制方法；定期召开技术质量例会，对发现的问题及时汇总整改和跟踪检查，加大了对产品质量的考核力度；每月组织人员进行工艺纪律执行情况的检查，对发现的问题进行分析并提出整改意见，及时解决生产过程中存在的问题，从而增强了员工的规范操作意识，有效地提高了产品质量。

六、基本建设和技术改造

2009年，风机行业企业共完成固定资产投资85 600万元，其中设备购置42 868万元。

2009年5月，由沈阳经济技术开发区管委会组织召开了沈阳鼓风机集团有限公司战略重组技术改造项目竣工验收会。验收组专家认为：该项目已达到了设计生产能力和预期的经济效益，在承担百万吨乙烯、百万千瓦核电等国家重大技术装备国产化任务中发挥了重要作用，产生了显著的社会效益，符合《专项技术改造项目竣工验收办法》的有关要求，同意通过项目竣工验收。公司通过战略重组技术改造，新建生产、办公及辅助配套、动力站房和公共基础设施等土建工程363 366m^2，使企业的整体工艺布局、工艺路线走向、运输周转路径，更加适应生产发展的要求。公司购置大型数控龙门铣床、数控卧式加工中心、数控五坐标加工中心等关键的工艺设备，使企业整体工艺装备的综合能力和水平在国内继续保持了领先的地位，并接近或达到国际同行业的先进水平。新建30 000kW试车测试控制系统，可以满足100万t/a乙烯、60万t/a合成氨、6万m^3/h空分等装置配套的离心压缩机机械运转和性能试验的要求，接近或达到欧美日等工业发达国家的试车水平。试验中心新建的空气动力模型级试验系统为进一步完善提高自主研发能力，加快科研成果向实际生产的转换，不断推出适应市场需要的新产品，起到了极大的推进作用。引进的轴流压缩机设计制造技术、气管路应力计算和结构分析软件经过消化吸收和再创新，已在产品开发中发挥重要作用。新建的覆盖集团全部生产经营管理活动的信息化基础平台，不仅为适应未来5～10年信息化发展提供了必要的保证，也使企业信息化综合管理水平提升到一个新的层次。截至2009年年底，二期技术改造项目积极推进，签订合同总计29 368万元。从2007年开始，建立了机组远程监测及故障诊断中心，实施监测系统多元化。截至2009年年底，监测用户已达29家（计109台机组），用户范围包括东起上海、西到新疆塔里木塔西南、北起黑龙江大庆、南至海南洋浦半岛的区域。

2009年，陕西鼓风机（集团）有限公司投资4 100多万元，完成了设备购置、设备大修、基本建设、信息化建设、汽轮机建设等项目。建成了世界唯一的TRT工艺流程试验台，模拟进行高炉顶压的高精度稳定性控制研究；在国内风机行业首家研制的旋转机械远程在线监测及故障诊断技术已在60家客户得到应用。

重庆通用工业（集团）有限责任公司于2009年10月完成了主体搬迁并试生产，11月底全面完成了企业搬迁并形成新区生产能力。通过搬迁建设，优化了工艺流程和布局，强化了保障能力、创新管理机制、重塑核心优势，为企业科学发展、经营持续增长奠定了基础，实现了“新工厂、新装备、新流程、新面貌”的四新目标。①产品研发能力大幅提升。公司投资近1 000万元建设透平机械数字化设计平台，包括引进美国北方工程公司的离心压缩机敏捷设计系统、ETI公司的DyRoBes转子动力学分析软件、比利时Numeca公司的旋转机械CFD分析软件和西安交通大学叶轮机械临界转速计算程序等，使企业研发能力和研发手段得到大幅提升，达到行业领先水平。②产品测试验证能力大幅提升。公司投资3 000多万元修建了面积达4 000m^{2}的产品试验车间，建有离心压缩机试验台位5个，可以满足最大装机功率12 000kW机组的力学性能试验需要；建有离心式冷水机组试车台位3个，可以满足制冷量100万～600万kcal/h（1kcal=4 186.8J）机组试车需要；建立了风机性能试车装置和流体机械气动性能模拟试验平台，极大地提升了产品性能试验测试能力和测试效率。③产品制造能力大幅提升。公司投资12 000多万元增添意大利帕玛加工中心等大型关键加工设备数十台，提升了一流的透平机械零部件加工能力，可同时满足风电行业等大型零部件的加工需要。此外，还增添了ϕ4 500mm数控旋压机、12 000kN油压机、50t动平衡机、高精度转子组动平衡机、X射线计算机实时成像检测系统和直径达5 600mm的国内最大的天然气退火炉等现代化设备，进一步提升了企业综合制造实力和工艺能力，形成了国内一流的离心通风机制造能力。

2009年，四平鼓风机股份有限公司根据市场形势的变化，合理配置资源，共投入资金1 771万元，购置并安装了Z2080、Z3050摇臂钻床，CW61160重型卧式车床和钢筋弯曲机各1台，新增电焊机10台，同时完成了68台设备的二级保养，提高了设备使用效率。

长春花园机械有限公司为适应生产大型风机和开发新产品的需要，在资金紧张的情况下筹资近400万元新建厂房3 300m^2，配置了5t、10t、20t桥式起重机；自行设计制造了平板机、滚法兰机、压力机、叶轮自动焊胎等专业设备，提高了专业化程度。

山东省章丘鼓风机股份有限公司ZG型三叶罗茨鼓风机技术改造项目被列入山东省技术改造项目，项目总投资2 100万元。该项目在原有15 500m^{2}现代化风机车间内招标、采购了BK2010A/S双向数控龙门刨床、BMV1370立式加工中心、FBB2020RQ卧式镗铣加工中心、MCH800卧式加工中心、CK3665/4280数控车床、CW163/80普通车床、钻床、铣床以及桥式起重机等，提高了生产效率，缓解了设备压力；改进了L系列风机叶轮加工工装和工艺，尝试了L2～L8风机叶轮不刮研试制成功；实施完成了3H叶轮刨床双刀刀架数控让刀；改进设计了3HD/E系列风机转子刨夹具，并通过专业加工制造，提高了转子加工质量。

2009年，江苏金通灵风机股份有限公司先后完成了新厂区一期、二期的扩能建设和搬迁任务，并已全面投产。新厂区项目总投资1亿元，占地面积93 300m^2，建筑面积50 400m^2，新购置设备9 000万元。研究院对新厂区压缩机、鼓风机、测试站投入进行了总体规划，确定了设备投入和试验站建设目标。新型压缩机加工区域的建设以及多功能测试台位的建设已初具雏形。

石家庄市风机厂有限责任公司由于大机号产品的增多，产品精度要求也越来越高，公司共投入20多万元对组焊车间叶轮班及金工车间部分工序增加了矫正平台，对涂装车间室内除尘装置进行了改造，增加了过滤以及烟道装置，取得了较好效果。

2009年，常熟市鼓风机有限公司投入模具费用65万元，新制昆泰克风机模具7套、尼的曼风机模具25套、滤尘器筒体模具8套、KHF节能风机模具18套以及SZ型省能型轴流风机全套模具，为生产提供了保证。

威海克莱特菲尔风机有限公司被列入威海市重点技术改造项目的机车风机项目总投资2.5亿元，截至2009年年底，已累计投入资金2 800万元，建设的10 000m^{2}标准化厂房已投入使用，15 000m^{2}的标准化厂房于2010年4月投入使用。该项目投资全部完成后，将大大提高公司的生产能力，公司的工艺技术水平将提高一个新的台阶。为了提高产品质量，加快产品开发速度，提升产品技术水平，公司在国外专家指导下，建立了AMCA实验室。该实验室达到国际先进水平。

湖北双剑鼓风机制造有限公司为了适应加工制造大型风机的需要，2009年购置了B2320A数显龙门铣刨床1台、CW61125卧式车（磨）床1台。通过新增大型设备，进一步提高了生产大型风机的能力。

2009年，湖北省风机厂有限公司顺利完成了设备搬迁，并新增了8m卧式车床、20t动平衡机等关键设备。

此外，上海应达风机有限公司新增了焊接机器人、数控旋压机、数控折弯机、立式车床等先进设备，通过设备更新改造，使产品在制造工艺上有了大的突破。山东中昊民防设备有限公司为提高产品质量和生产效率，2009年投资购置了数控等离子切割机、数控联合冲剪机、数控车床、数控剪板机、数控折弯机、混凝土搅拌站等高、精、尖的设备。

七、企业组织结构和产品结构调整

沈阳鼓风机集团有限公司为适应市场经济和企业快速发展的需要，于2009年2月成立了全资子公司——沈阳鼓风机集团风电有限公司。经过近9个月的紧张工作，风电技术引进和转化工作已全部结束，样机的装配制造工作进展顺利，试验台具备试车条件。样机试车、风场样机地基施工基本结束，具备了安装条件，为下一步全力挺进风电市场做好了充分的准备。同时，集团内部也进行了组织机构调整，成立核电公司、客户服务公司、机电设备安装检修有限公司和配件公司等。

陕鼓集团西安陕鼓动力股份有限公司与上海鼓风机厂有限公司、上海电气集团总公司于2009年6月29日在上海锦江饭店正式签订了战略重组框架协议，陕鼓动力持有上鼓60%的股权。西安陕鼓动力股份有限公司按照相关法律规定，已建立了较为完善的公司法人治理结构，设立了股东大会、董事会和监事会。

2009年，山东省章丘鼓风机厂有限公司在企业改革上有了重大举措。2009年7月，山东省章丘鼓风机股份有限公司创立大会暨第一次股东大会召开。会议讨论通过了股份公司章程、议案等一系列方案和细则，选举产生了第一届董事会和监事会，标志着公司进一步深化改革工作取得了成功，为上市工作和企业做大做强奠定了基础。

2009年10月，威海克莱特集团有限公司正式成立，集团下设威海克莱特菲尔风机有限公司等3家子公司，并在子公司内部成立了离心风机事业部和特种风机事业部。在产品结构调整方面，主要发展了轨道风机项目，已取得了初步成就。

〔撰稿人：中国通用机械工业协会风机分会郭绍华　审稿人：中国通用机械工业协会风机分会龚伟〕

2009年阀门行业概况

一、生产发展情况

2009年，在国际金融危机的大背景下，阀门行业仍保持了稳步的发展，主要经济指标都有所提高。中国通用机械工业协会阀门分会上报统计资料的129家会员企业完成工业总产值253.2亿元，比上年增长12.8%（其中新产品产值72.7亿元，比上年增长25.6%）；完成工业增加值73.2亿元，比上年增长22.6%；实现销售产值240.7亿元，比上年增长12.4%。阀门总产量为168.3万t，比上年增长11%。

在统计的129家会员企业中，工业总产值超过2亿元的企业有42家。2009年阀门行业工业总产值前20名企业见表1。

表1　2009年阀门行业工业总产值前20名企业

序号	企业名称	工业总产值（万元）	序号	企业名称	工业总产值（万元）
1	苏州纽威阀门有限公司	161 369	11	良精集团有限公司	47 266
2	河南开封高压阀门有限公司	96 406	12	浙江石化阀门有限公司	47 082
3	江南阀门有限公司	81 205	13	上海开维喜阀门集团有限公司	46 517
4	北京市阀门总厂（集团）有限公司	62 400	14	浙江盾安阀门有限公司	45 093
5	山东益都阀门集团股份有限公司	62 211	15	承德高中压阀门管件集团有限公司	41 879
6	中核苏阀科技实业股份有限公司	57 018	16	五洲阀门有限公司	40 185
7	伯特利阀门集团有限公司	53 642	17	浙江超达阀门股份有限公司	40 156
8	挺宇集团有限公司	53 127	18	环球阀门集团有限公司	38 263
9	河北远大阀门集团有限公司	51 781	19	慎江阀门有限公司	37 500
10	上海凯科阀门制造有限公司	51 675	20	上海双高阀门（集团）有限公司	37 119

二、市场及销售

2009年，阀门分会129家会员企业实现主营业务收入245亿元，比上年增长15.2%；实现利润总额23.6亿元，比上年增长18%。2009年阀门行业主营业务收入前20名企业见表2。2009年阀门行业利润总额前20名企业见表3。

表2 2009年阀门行业主营业务收入前20名企业

序号	企业名称	主营业务收入（万元）	序号	企业名称	主营业务收入（万元）
1	苏州纽威阀门有限公司	146 744	11	良精集团有限公司	46 724
2	河南开封高压阀门有限公司	93 507	12	浙江盾安阀门有限公司	44 840
3	江南阀门有限公司	79 632	13	承德高中压阀门管件集团有限公司	40 933
4	山东益都阀门集团股份有限公司	62 109	14	浙江石化阀门有限公司	40 390
5	北京市阀门总厂（集团）有限公司	59 086	15	伯特利阀门集团有限公司	39 980
6	中核苏阀科技实业股份有限公司	56 314	16	环球阀门集团有限公司	38 263
7	挺宇集团有限公司	53 127	17	浙江超达阀门股份有限公司	37 941
8	河北远大阀门集团有限公司	50 494	18	五洲阀门有限公司	37 275
9	上海凯科阀门制造有限公司	50 454	19	兰州高压阀门有限公司	36 355
10	上海开维喜阀门集团有限公司	49 061	20	慎江阀门有限公司	36 285

表3 2009年阀门行业利润总额前20名企业

序号	企业名称	利润总额（万元）	序号	企业名称	利润总额（万元）
1	苏州纽威阀门有限公司	29 488	11	上海开维喜阀门集团有限公司	4 832
2	河南开封高压阀门有限公司	17 027	12	中核苏阀科技实业股份有限公司	4 795
3	挺宇集团有限公司	8 555	13	山东益都阀门集团股份有限公司	4 194
4	郑州市郑蝶阀门有限公司	7 976	14	哈电集团哈尔滨电站阀门有限公司	4 105
5	江苏神通阀门股份有限公司	7 232	15	浙江盾安阀门有限公司	4 011
6	五洲阀门有限公司	6 705	16	河北远大阀门集团有限公司	3 988
7	上海凯科阀门制造有限公司	6 353	17	浙江石化阀门有限公司	3 959
8	江南阀门有限公司	5 633	18	伯特利阀门集团有限公司	3 758
9	开维喜阀门集团有限公司	5 281	19	北京市阀门总厂（集团）有限公司	3 640
10	特福隆集团有限公司	4 869	20	浙江超达阀门股份有限公司	3 576

2009年，阀门行业经济效益综合指数为215.2%，比上年增长5.8个百分点。2009年阀门行业经济效益综合指数前20名企业见表4。

表4 2009年阀门行业经济效益综合指数前20名企业

序号	企业名称	经济效益综合指数（%）	序号	企业名称	经济效益综合指数（%）
1	上海沪工阀门厂	708.2	11	上海耐莱斯·詹姆斯伯雷阀门有限公司	317.1
2	特福隆集团有限公司	654.2	12	哈电集团哈尔滨电站阀门有限公司	316.8
3	挺宇集团有限公司	539.3	13	上海凯科阀门制造有限公司	314.8
4	浙江石化阀门有限公司	446.2	14	上海冠龙阀门机械有限公司	307.1
5	江南阀门有限公司	444.4	15	安徽铜都阀门股份有限公司	304.9
6	乐山长仪阀门制造有限公司	420.8	16	江苏神通阀门股份有限公司	293.9
7	上海浦东汉威阀门有限公司	377.1	17	承德高中压阀门管件集团有限公司	292.9
8	河南开封高压阀门有限公司	364.1	18	隆尧县诚信阀门有限公司	291.7
9	五洲阀门有限公司	355.9	19	上海双高阀门（集团）有限公司	281.1
10	山东益都阀门集团股份有限公司	355.0	20	浙江超达阀门股份有限公司	280.5

2009年，阀门分会统计的企业出口创汇58 939万美元，产品主要销往美国、日本、韩国等国以及欧洲、中东、中国台湾等地区。2009年阀门行业出口创汇前20名企业见表5。

表5　2009年阀门行业出口创汇前20名企业

序号	企业名称	出口创汇（万美元）
1	苏州纽威阀门有限公司	13 444
2	伯特利阀门集团有限公司	3 241
3	上海阀门厂有限公司	2 390
4	苏州工业园区思达德阀门有限公司	2 000
5	河北远大阀门集团有限公司	1 760
6	陕西航天泵阀科技有限公司	1 675
7	河南开封高压阀门有限公司	1 419
8	潍坊裕川内燃机配件有限公司	1 330
9	石家庄光晋阀门有限公司	1 025
10	南通高中压阀门有限公司	1 001
11	中核苏阀科技实业股份有限公司	982
12	浙江超达阀门股份有限公司	975
13	华东阀门有限公司	804
14	河南省高山阀门有限公司	738
15	上海远高阀业有限公司	711
16	上海双高阀门（集团）有限公司	709
17	上海科科阀门有限公司	685
18	四川精控阀门制造有限公司	617
19	开维喜阀门集团有限公司	540
20	永康市良工阀门有限公司	498

三、科技成果及新产品

在新产品开发上，阀门行业各企业都取得了良好的成果。

中核苏阀科技实业股份有限公司新研发的比例喷雾阀和核二级W型电动闸阀（公称通径200mm，设计压力6.4MPa）均处于国内先进水平。新研发的核二级直通式隔膜阀、核一级电动截止阀、核二级气动球阀、核二级平行双闸板电动闸阀及超临界火电闸阀也达到了国内先进水平。

大连大高阀门有限公司开发的核一级止回阀、核一级截止阀、核一级闸阀及核二级止回阀、核二级截止阀、核二级闸阀均通过了国家级鉴定，填补了国内空白，并推进了核电阀门国产化的进程。

河南开封高压阀门有限公司新开发的600MW超临界火电机组用高温高压F91整体锻钢闸阀的工作温度571℃，工作压力26.7MPa；600MW亚临界火电机组用高压WB36锻钢拼焊三通阀的工作温度300℃，工作压力32.0MPa；亚临界火电机组用高温高压F91整体锻钢水压试验阀的工作温度575℃，工作压力16.68MPa；600MW超临界火电机组用高温C12A平衡式抽汽止回阀、600MW亚临界火电机组用高压A105锻钢拼焊内置式止回阀，都处于国内先进水平。

苏州纽威阀门有限公司开发的新产品高压力超低温球阀公称通径400mm，最高工作压力15MPa，最低工作温度-196℃；轻型全焊接球阀公称通径400mm，设计压力10.2MPa，适用温度-46～200℃。

慎江阀门有限公司研发的F1400QZ747H—66型水轮机进水专用球阀公称通径1 400mm，公称压力6.6MPa，适用温度-10～65℃，适用介质为水。该产品已获得直接经济效益2000万元。公司研发的管线旋塞阀公称通径12in（300mm），公称压力CL600，已进入型式试验阶段。

北京市阀门总厂（集团）有限公司开发的API6D Q347F系列三段式软密封固定式球阀公称通径2～24in（50～600mm），压力级150～1 500Lb。该三段式软密封固定式球阀和公称通径为50～600mm的多层次硬密封三偏心蝶阀均达到国内先进水平，已批量生产。两种产品在开发的当年就获得了4 000万元的经济效益。

五洲阀门有限公司开发的快速切断气化锁斗阀公称通径200～500mm，试制成功并已可靠应用，年增产值3 000万元，年增利润350万元，年创汇70万美元。

良精集团有限公司新开发的高温高压自密封双平板闸阀获国家发明专利，2009年实现销售收入6 855万元；超临界输水阀通过了省级科技成果鉴定，已批量生产，实现销售收入7 201万元；立式排液阻气逆止阀通过了省级科技成果鉴定，已批量生产，实现销售收入5 015万元。

鞍山亨通阀门有限公司2009年研制的工业炉专用热风阀公称通径31～500mm，公称压力≤0.25MPa；二位三通阀在换向周期约30s的情况下使用寿命大于100万次，动作时间不小于2s。这两种产品都已进行批量生产。

安徽屯溪高压阀门有限公司研发的40DFS600Lb型全焊接球阀、高压波纹管闸阀、高压波纹管截止阀以及低温闸阀均已达到国内领先水平。

由扬州电力设备修造厂和常州电站辅机总厂有限公司研制的核级电动装置及核级阀门气动装置输出转矩为35～8 140N·m，产品达到国内领先水平，能够满足建造核电站K3类工作环境的要求。

四、基本建设及技术改造

为了应对国际金融危机，阀门行业一些大型企业积极进行技术改造，开发新产品，提高企业的国际竞争力。

2009年，河南开封高压阀门有限公司投资1.1亿元的金工分厂竣工。

株洲南方阀门股份有限公司投资18 000万元进行10万台阀门扩产工程，在株洲（国家）高新区购地约2.3万m^2，新建10 800m^2的厂房，扩大多功能控制阀、可调式减压阀、软密封闸阀和倒流防止器的生产能力，并增加多层次三偏心蝶阀和鸭嘴阀的生产线；在株洲（国家）高新区董家塅购地12.4万m^2，新建年产2万t的铸铁、铸钢生产基地。

2009年，大连大高阀门有限公司百万千瓦级压水堆核电阀门国产化项目基本完成，其中CPR1000核电阀门国产化项目完成投资980万元，大型压水堆核电站核级阀门用大型锻件及高压阀门国产化项目已完成厂房建设的前期准备工作。

北京市阀门总厂（集团）有限公司投资8 000万元进行

全焊接球阀生产车间及技术改造，项目已于2009年年底完成，当前已投入使用。公司还投资2 600万元进行新型蝶阀生产车间及技术改造，进行项目核心产品空冷岛蝶阀、三偏心双向金属硬密封蝶阀、全衬胶蝶阀的研发设计工作，当前第一期项目改造已经完成，并部分投入使用。

五、存在的问题

（1）由于应收账款数额大，收账慢，资产流动性弱，将会增加收账费用和坏账损失，减弱企业流动资产的投资收益。资金回笼慢，影响企业的偿债能力并增大企业的机会成本。

（2）总资产周转率下降。总资产周转率由上年的1.52次下降为1.17次，其原因是平均资产总额的增长幅度（49.2%）快于主营业务收入的增长幅度（15.1%），这表明企业利用全部资产进行经营的效率下降，最终将会影响企业的盈利能力。企业应采取各种措施来提高企业的资产利用程度，比如，提高主营业务收入或处理多余的资产。

综上所述，2009年虽然受到国际金融危机的影响，但阀门行业企业的生产经营与2008年同期相比，实现了稳步增长。为了今后健康发展，行业企业应提高管理水平，从产品质量入手，开发新产品，转变经营方式，并优化资源配置，充分利用全部资产进行经营，通过自主创新，实现企业转型升级，不断提高阀门行业的整体水平。

〔撰稿人：中国通用机械工业协会阀门分会战宇〕

2009年压缩机行业概况

一、生产发展情况

截至2009年年底，中国通用机械工业协会压缩机分会共有会员单位138家，其中国有企业19家，股份制企业42家，民营企业69家，合资、独资企业8家。2009年压缩机行业92家企业基本情况见表1。

表1 2009年压缩机行业92家企业基本情况

指标名称	单位	数值
年末从业人员	人	28 618
其中：管理人员	人	4 858
工程技术人员	人	3 888
工人与学徒	人	18 351
其他	人	1 521
固定资产原价	万元	389 026
固定资产净值平均余额	万元	224 487
流动资产	万元	981 771
全员劳动生产率	元/人	111 950

2009年，压缩机分会92家会员企业上报统计数字显示：完成工业总产值119.5亿元，比上年下降1.9%。其中，压缩机产品产值增长15.2%，增速比上年下降4.8个百分点；压缩机配件产值下降13.6%，比上年下降25.6个百分点；其他产品产值下降53.8%。压缩机行业92家会员企业完成工业增加值32.1亿元，比上年增长5.9%。26家重点联系企业完成工业总产值84.9亿元，同比下降4.1%。26家重点联系企业中只有8家企业产值呈现不同程度的增长，增幅较大的企业有：开山集团产值近23亿元，同比增长29.4%；浙江鸿友压缩机制造有限公司产值同比增长22.2%；湘潭压缩机有限公司产值同比增长7.5%。有18家企业产值呈下降水平，下降水平较大的企业有：沈阳鼓风机集团有限公司往复机事业部（-46.9%）、重庆气体压缩机厂有限责任公司（-41.1%）、柳州柳二空机械股份有限公司（-40.1%）。92家企业按6个地区组划分，产值增减水平分别为：东北组下降24.5%，华北组下降10.6%，华东一组增长11.1%，华东二组下降13.0%，华西组下降4.5%，中南组增长0.9%。2009年压缩机行业工业总产值前20名企业见表2。2007～2009年压缩机产值产量完成情况见表3。

表2 2009年压缩机行业工业总产值前20名企业

序号	企业名称	工业总产值（万元）	序号	企业名称	工业总产值（万元）
1	开山集团	229 660	11	浙江鑫磊机电股份有限公司	29 066
2	上海飞和实业集团有限公司	59 426	12	浙江鸿友压缩机制造有限公司	24 996
3	山东省潍坊生建集团	56 709	13	上海宝勒特压缩机有限公司	21 950
4	上海电气压缩机泵业有限公司	51 011	14	阜新金昊空压机有限公司	21 799
5	四川金星压缩机制造有限公司	44 993	15	上海佳力士机械有限公司	18 889
6	北京京城环保产业发展有限责任公司	43 386	16	自贡通达机器制造有限公司	16 586
7	沈阳鼓风机集团有限公司往复机事业部	41 765	17	南京压缩机股份有限公司	16 429
8	无锡压缩机股份有限公司	38 161	18	上海斯可络压缩机有限公司	16 078
9	四川大川压缩机有限责任公司	36 032	19	安瑞科（蚌埠）压缩机有限公司	16 007
10	江苏超力机械有限公司	33 658	20	湘潭压缩机有限公司	14 710

表3 2007~2009年压缩机产值产量完成情况

年份	压缩机				其中:螺杆压缩机		其中:工艺压缩机	
	本年产值（万元）	比上年增长（%）	本年产量（台）	比上年增长（%）	本年产量（台）	比上年增长（%）	本年产量（台）	比上年增长（%）
2007	681 116	8.4	2 602 088	-19.7	19 769	24.8	2 923	30.4
2008	817 597	20.0	1 265 867	-51.4	32 103	62.4	3 184	8.9
2009	941 802	15.2	1 387 244	9.6	40 146	25.1	3 202	0.6

注:2007年统计企业75家,2008年统计企业85家。

从表3中可分析出,压缩机产值平均增长14.4%,产品产量平均下降24.6%,但螺杆压缩机产量却平均增长36.3%,反映出行业内生产螺杆压缩机的企业在增多,螺杆压缩机的生产规模和生产能力在不断扩大。特别是开山集团上海开山工业园第三条螺杆主机生产线建成投产,产量从2008年的124 843台跃升至2009年的144 691台,给行业经济的发展带来了新的动力。近年来,工艺压缩机的产量也在不断增长,说明行业企业的发展理念正在转变,规避同质化竞争,逐步走向差异化“专、特、精、新”的发展之路。

2009年,压缩机行业企业利润、利税总额保持了同步增长。压缩机行业92家企业实现利税总额127 401万元。其中,重点联系企业实现利税83 877万元,同比增长16.4%,增速比上年提高12.6个百分点。压缩机行业92家企业实现利润76 846万元。其中,重点联系企业实现利润50 403万元,同比增长10.3%,增速比上年提高5.6个百分点。2009年实现利润较好的单位:开山集团20 643万元,同比增长77.1%;北京京城环保产业发展有限责任公司5 914万元;上海飞和实业集团有限公司5 537万元。以上3家企业利润之和为32 094万元,占行业92家企业利润总和的41.8%。92家企业中有亏损企业13家,亏损额为1 227万元。2009年压缩机行业各地区主要经济指标完成情况见表4。

2009年,压缩机行业92家企业经济效益总体水平呈高位运行。这些企业经济效益综合指数为163.4%,比上年提高18.7个百分点,也是近几年指数最高的一年。其主要原因:一是2009统计企业数量比2008年增加了7家,其中包括沈阳申元气体压缩机厂、温州固耐化机制造有限公司、无锡锡山安达防爆电气设备有限公司和上海优耐特斯压缩机有限公司等经济效益较好的企业;二是沈阳电机股份有限公司2008年亏损1 099万元,导致该企业于2009年破产,故未作统计。重点联系企业经济效益综合指数为160.8%,比上年提高8.8个百分点。行业92家企业总资产贡献率为10.1%,比上年提高1.8个百分点;资本保值增值率为115.5%,比上年提高2.5个百分点;资产负债率为65.3%,比上年下降4.2个百分点;流动资产周转率为1.2次,比上年减少0.1次;成本费用利润率为6.9%,比上年提高2个百分点;产品销售率为97.4%,比上年下降0.9个百分点。2009年压缩机行业各地区主要经济效益指标完成情况见表5。

表4 2009年压缩机行业各地区主要经济指标完成情况

地区	主营业务收入（万元）	利税总额（万元）	利润总额（万元）	工业增加值（万元）
东北组	77 518	7 731	4 259	20 652
华北组	68 741	10 933	7 689	15 189
华东一组	568 013	64 369	43 517	157 994
华东二组	260 240	25 659	12 022	68 007
华西组	113 684	13 413	7 828	39 773
中南组	67 758	5 296	1 531	19 099

表5 2009年压缩机行业各地区主要经济效益指标完成情况

地区	经济效益综合指数（%）	总资产贡献率（%）	资本保值增值率（%）	资产负债率（%）	流动资产周转率（次）	成本费用利润率（%）	全员劳动生产率（元/人）	产品销售率（%）
东北组	120.1	2.8	104.5	90.0	0.5	5.1	92 403	101.2
华北组	169.9	14.9	110.3	55.8	1.3	11.3	76 867	98.2
华东一组	206.4	13.6	123.0	57.7	1.7	8.2	151 990	94.8
华东二组	137.9	8.9	105.7	63.6	1.2	4.6	87 582	105.4
华西组	173.0	9.6	127.7	64.2	0.9	7.5	127 437	91.6
中南组	96.2	4.8	102.1	73.3	0.7	2.3	60 516	97.6

二、市场及销售

2009年,压缩机行业产品销售率持续走低。行业92家企业完成销售产值116.5亿元,比上年下降2.7%;产品销售率为97.4%,比上年下降0.9个百分点;产成品库存10.25亿元,比期初减少25%。重点联系企业产品销售率为98.4%,比上年下降1.2个百分点。6个地区组产品销售率分别为:东北组101.2%,比上年提高8.5个百分点;华北组98.2%,比上年提高4.3个百分点;华东一组94.8%,比上年下降3.8个百分点;华东二组105.4%,比上年下降0.8个百分点;华西组91.6%,比上年下降1个百分点;中南组

97.6%,比上年提高4.2个百分点。产品销售率持续走低主要是受市场需求萎缩的影响,企业订货量比上年下降3.9%。

2009年,压缩机行业92家企业实现主营业务收入115.6亿元。重点联系企业实现主营业务收入82.9亿元,同比下降3.5%,增速比上年下降6.2个百分点。主营业务收入增幅较大的企业有:开山集团增长19.2%,宁波欣达螺杆压缩机有限公司增长6.4%,湘潭压缩机有限公司增长5.3%。主营业务收入为5亿元以上的企业有:开山集团227 983万元,山东省潍坊生建集团59 200万元,上海飞和实业集团有限公司50 792万元,无锡压缩机股份有限公司50 025万元。4家企业主营业务收入之和达到38.8亿元,占行业92家企业主营业务收入总和的33.6%。6个地区组销售收入水平为:华北组下降3.6%,华西组增长3.1%,华东一组增长8.2%,华东二组下降12.2%,中南组增长16.7%,东北组下降18.4%。2009年压缩机行业主营业务收入前20名企业见表6。

表6　2009年压缩机行业主营业务收入前20名企业

序号	企业名称	主营业务收入(万元)	序号	企业名称	主营业务收入(万元)
1	开山集团	227 983	11	浙江鑫磊机电股份有限公司	25 846
2	山东省潍坊生建集团	59 200	12	浙江鸿友压缩机制造有限公司	23 626
3	上海飞和实业集团有限公司	50 792	13	南京压缩机股份有限公司	19 471
4	无锡压缩机股份有限公司	50 025	14	上海宝勒特压缩机制造有限公司	18 760
5	北京京城环保产业发展有限责任公司	45 190	15	阜新金昊空压机有限公司	18 017
6	沈阳鼓风机集团有限公司往复机事业部	43 554	16	上海佳力士机械有限公司	16 866
7	四川金星压缩机制造有限公司	42 018	17	上海斯可络压缩机有限公司	15 878
8	上海电气压缩机泵业有限公司	40 549	18	安瑞科(蚌埠)压缩机有限公司	15 168
9	江苏超力机械有限公司	33 658	19	湘潭压缩机有限公司	12 954
10	四川大川压缩机有限责任公司	27 906	20	重庆气体压缩机厂有限责任公司	12 749

1. 产品销售情况

2009年,压缩机行业92家企业共生产各种大中小型压缩机1 387 244台,销售1 378 169台,出口640 064台。动力用压缩机生产1 384 042台,销售1 374 999台,出口639 898台。其中,往复式活塞压缩机生产1 340 596台,销售1 332 697台;单螺杆压缩机生产9 957台,销售9 687台;双螺杆压缩机生产33 489台,销售32 615台。工艺用压缩机生产3 202台,销售3 170台,出口166台。其中,往复式活塞压缩机生产3 040台,销售3 030台;单螺杆压缩机生产42台,销售40台;双螺杆压缩机生产120台,销售100台。

2009年,压缩机行业92家企业生产排气量为100 m^3/min及以上的压缩机58台,销售55台;生产排气量为99~41m^3/min的压缩机1 510台,销售1 493台;生产排气量为40~20m^3/min的压缩机10 595台,销售9 988台;生产排气量为19~1m^3/min的压缩机70 794台,销售69 776台;生产排气量为1m^3/min以下的微型压缩机1 301 085台,销售1 293 687台。

2009年,压缩机行业92家企业生产其他气体压缩机及销售情况:生产氮氢气压缩机126台,销售112台;生产氮气压缩机241台,销售223台;生产天然气压缩机1 148台,销售1 135台;生产二氧化碳压缩机295台,销售296台;生产氢气压缩机402台,销售388台;生产煤气压缩机156台,销售172台;生产氧气压缩机156台,销售171台;生产其他气体压缩机665台,销售661台。

2. 受国际金融危机的冲击,出口产品持续大幅下滑

2009年,压缩机行业共有28家企业向45个国家和地区出口压缩机,虽然在出口企业数量上没有变化,但出口量大大萎缩。28家企业出口交货值为7.02亿元,比上年下降35%,在2008年出口交货值下降的基础上又下降10.8个百分点。2009年出口交货值前4家企业是:浙江鸿友压缩机制造有限公司23 082万元,同比增长17.8%;浙江鑫磊机电股份有限公司9 157万元,同比下降67.5%;四川金星压缩机制造有限公司9 081万元,同比下降63.2%;开山集团4 828万元,同比下降39.3%。其中,浙江鑫磊机电股份有限公司2009年调整销售市场,大部分产品转为内销。

当前,全球性产能过剩矛盾突出,外部需求迅速萎缩,致使国产压缩机出口企业普遍出现了利润降低、订单减少等现象,而贸易保护主义抬头成为影响出口复苏的重要因素。欧盟委员会于2009年发布公告称,对原产于中国的空压机的反倾销措施于2010年3月21日到期。当这一反倾销案还未落幕时,阿根廷生产部于2009年9月发布第297/2009号决议,对原产于中国的螺杆空压机进行反倾销调查,涉案产品海关编码为84148032和84143099。因此,2010年压缩机出口形势仍不容乐观。

三、科研成果及新产品

近年来,压缩机行业企业积极为各相关行业开发节能压缩机产品,协助完成国家"十一五"期间节能减排任务。2009年,压缩机分会会员企业完成新产品产值33.3亿元,比上年下降9%;新产品产值率为27.9%,比上年下降2.2个百分点;科技活动经费42 445万元,比上年增长13.9%。

2009年1月19日,阜新金昊空压机有限公司生产的DLGJC型机车用单螺杆空压机通过了沈阳铁路局的装机运行和技术鉴定。随着我国铁路运输机车现代化的步伐加

快，铁路机车现用的往复活塞式空压机排气量不足，体积过大，维修量大，寿命短，不适应机车向高速重载牵引方面发展的需要。新一代铁路专用 DLGJC 型机车用单螺杆空压机能满足铁路机车空压机更新换代要求，可为“和谐号”Ⅰ、Ⅱ、Ⅲ 型动车组及其他新型机车配套。这种产品的特点是：①具有结构简单、受力平衡、高效、寿命长等特点。经沈阳铁路局技术鉴定，该产品的容积流量与机车现用的 NPT5 空压机双机相当，节能显著。②使用结果表明，采用单螺杆压缩机作为机车空压机核心，填补了国家在这一方面的空白。③产品整机结构符合铁路相关标准要求，结构设计通用性强，有利于新型机车的选型，也有助于旧式机车空压机的改造选型。④性能优越。采用进口阀控制，能适应机车频繁起动和温差变化大的需要。本产品连续运行无故障时间高于活塞式空压机 5 倍以上；设计使用寿命为 10～15 年，而活塞式空压机使用寿命仅为 2～4 年。

阜新金昊空压机有限公司开发生产的 DLG—100 型单螺杆空气压缩机是一种大排量容积式空压机，单机容积流量 $100m^3/min$。该产品整机采用风冷和水冷两种方式，成为当今国内外单机排气量最大的螺杆式空压机。这种大排量空压机解决了风冷噪声高的技术难点，采用四风机并联式结构，并增加降噪减振装置，改变了传统的单风机冷却方式，使整机体积和振动减小，噪声降低。另外，风冷式与水冷式相比，由于不用冷却水、水泵、管路以及冷却塔及水池等设施，可降低设备的投资及日常使用维护的费用。

2009 年 4 月 27 日，四川大川压缩机有限责任公司研发的 DC044CNG 加气站压缩机在尼日利亚调试成功，现已投入商业运行。该产品为电动机与压缩机主机分体撬装、四列对称平衡式活塞压缩机，采用水冷、无油润滑方式，气体经四级增压后送入高压储气井和储罐，供天然气运输槽车灌装和 CNG 汽车装瓶使用。该机容积流量 2 $200m^3/h$，轴功率 255kW，吸气压力 1.6～2.0MPa，排气压力 20.0MPa，压缩机转速 740r/min，机组总重量 12 500kg，主机外形尺寸 4 200mm×3 200mm×1 800mm，电动机功率 280kW，电动机转速 740r/min。

2009 年 11 月 12 日，上海电气压缩机泵业有限公司的 2 700kW 大功率大气量螺杆压缩机通过了上海市经济和信息化委员会鉴定验收。该产品具有以下主要创新点：①机组轴封采用双道充气碳环密封，不仅解决了大直径螺杆压缩机泄漏问题，而且符合国家环保标准，有明显的节能效果。②采用自主创新设计的可倾瓦推力轴承结构，延长了高转速和大推力下的轴承使用寿命，以确保螺杆压缩机运行的长期可靠性和稳定性。③突破关键焊接技术，采用自主创新的大面积焊接异种钢材水夹套，攻克了双层壁壳体无法浇铸等技术难题。④采用先进的自控系统，具有自诊断功能，可对机组气、水、油各系统进行全面的检测和控制，从而保证大型螺杆压缩机的运转安全可靠。当前，国际上仅有德国 GHH、美国 AC 公司和日本神户制钢等少数公司能生产 2 700kW 大功率大气量螺杆压缩机。该产品填补了国内空白，打破了国外同行业的技术垄断。由于该产品曾安全成功地运行了近一年，而且各项技术参数和性能指标已达到国家标准要求，因而为我国石油化工、煤化工（煤制油）、化肥工业装备的国产化奠定了基础，具有明显的社会效益和经济效益。随着我国国民经济的发展，对乙烯、苯乙烯以及 ABS 树脂等的需求量不断增加，为螺杆压缩机开辟了十分广阔的市场。

2009 年 2 月 27 日，无锡压缩机股份有限公司承担的江苏省重大科技成果转化专项资金项目“系列环保节能干螺杆压缩机产业化”通过了江苏省科技厅验收。干螺杆压缩机是螺杆压缩机的高端产品，是航空航天、化工、冶金、纺织、医药、食品等行业不可或缺的精密装备。该产品在气体压缩过程中不注入任何润滑油，保证了压缩气体的纯净无油，而且高效节能，比常规螺杆压缩机可节能 10%～20%，在清洁生产及节能环保方面有明显优势。

无锡压缩机股份有限公司依托中石化天津分公司 100 万 t/a 乙烯工程，首次为 30 万 t/a HDPE 装置配套的低压溶剂回收压缩机——四列迷宫压缩机于 2009 年 3 月 4 日试车成功，并通过了用户验收评定。“大型多列迷宫压缩机”专题是“十五”国家重大技术装备研制项目“大型乙烯成套设备研制”的立项项目，也是国家科技支撑计划“百万吨乙烯装备及相关技术开发”项目和中石化公司国产化攻关项目。无锡压缩机股份有限公司已成为继瑞士、日本压缩机制造企业之后，国际上少数能够生产大型四列迷宫压缩机的企业之一。

2009 年 5 月，无锡压缩机股份有限公司顺利完成了新产品 $100m^3/min$ 无油螺杆压缩机的主机超温试验。在该产品的设计过程中，开发人员借鉴了公司 $60m^3/min$ 无油螺杆压缩机的理论与成功经验，确保了新产品的顺利试验。$100m^3/min$ 无油螺杆压缩机主机的超温试验成功，不仅为产品设计提供了准确有效的试验数据，而且为产品的衍生开发提供了可靠依据，对促进公司的产品结构向多元化发展具有重要的意义。

2009 年 5 月，无锡压缩机股份有限公司开发的 7423D、7335C、7303B 三种新型柴油移动压缩机组圆满试制成功。为确保样机的试制成功，试制人员对新产品的整机能耗、管路调节控制作用、电气功能与保护措施、整机各部分的性能以及恒温阀控制管路性能等制定了全面的研制试验方案。试验结果表明：7423D、7335C、7303B 三种新型柴油移动压缩机组均满足设计要求。

2009 年 5 月，安瑞科（蚌埠）压缩机有限公司生产的 MDC—1200/35 型膜制氮车新产品研发项目顺利通过蚌埠市经济贸易委员会组织的项目验收。该项目为 2007 年蚌埠市经委立项的市级技术创新项目，其产品的技术水平处于国内领先地位。该产品整套系统由空气压缩、气体过滤干燥、气体分离和氮气增压等四个分系统组成，分别安装在两辆长 13m 的 25t 载货半挂车上，氮气供气量为 1 200 m^3/h，供气压力为 35MPa。MDC—1200/35 膜制氮车的成功研制，大大提升了公司的产品技术水平和市场竞争能力，拓展了公司产品应用领域，标志着公司产品研发水平迈上了新台阶。

2009年9月20日,安瑞科(蚌埠)压缩机有限公司研发的LG·V—25/250—A型复合式空气压缩机通过了安徽省经济和信息化委员会组织的新产品鉴定。该产品是一种由柴油机驱动的螺杆空气压缩机与往复活塞式空气压缩机串联而成的复合式空气压缩机,额定排气压力为25MPa,公称容积流量为25m³/min。机组安装在带有方舱式外壳的整体撬块上,可广泛用于石油、化工领域的采油、管道试压、扫线、气举等工程。该产品应用了公司的"双盘管式冷却器"自主专利技术(ZL200520126866.3),具有如下创新点:①由柴油机同时驱动螺杆压缩机和往复活塞压缩机,采用PLC集中控制,自动化程度高,安全可靠,可实现无人值守。②将柴油机、螺杆压缩机、往复活塞压缩机三者冷却系统有机地融为一体,解决了大型移动式压缩机机组因结构紧凑、热量大而造成不易散热的技术难题。③撬装、方舱式外壳和闭式水循环冷却系统采用新颖设计,便于车载移动,而且噪声低,节约水资源,可满足高压大排量压缩机进行野外作业的需求。该产品技术水平先进,具有无基础、体积小、便于转移,可在无水无电的野外施工,能实现无人值守连续运行,节约土地资源和降低用户运行成本等优点。随着油田采油新工艺的不断扩大,油田市场对大排气量、高压力、机动性好的压缩机产品的需求将越来越多。

2009年9月22日,开山集团的螺杆空气压缩机主机升级换代的首款产品——SKK110MM型主机一次试机成功,其比功率、噪声、振动等性能指标全面超越现有产品。该产品是开山北美研发中心使用汤炎博士发明的Y型线设计的第一款机型。从测试的情况来看,该机型运转非常平稳,噪声低而柔和,比功率符合国家节能产品的要求。SKK产品中有8个型号的螺杆空气压缩机已经取得了国家节能产品认证。

2009年,上海优耐特斯压缩机有限公司研发的UD355型螺杆式空气压缩机通过了专家评审,被上海市科学技术委员会授予"上海市重点新产品"。该机型集中体现了大功率大容量产品的特点和优势,不仅使用安全稳定,而且节能环保。获得国家实用新型专利的压缩机油滤座、压缩机后冷却器与气水分离器在该机型中得到运用,精简了管路,减少了渗漏,方便维修,延长了机器的使用寿命。

2009年,无锡杰尔压缩机有限公司与美国麻省理工学院、GL-TURBO. LLC(美国杰尔公司)、北京航空航天大学能源与动力学院共同研制开发了高效节能型单级高速离心压缩机。该机是专用于污水处理曝气工艺的关键动力设备。该压缩机主要由机械系统和自动化控制系统组成,其中机械系统主要包括叶轮、进口导叶及高速齿轮箱等部件。叶轮采用有限元模型、模态分析等技术手段设计而成,由主叶片和分叶片构成,叶轮的最高效率可达92%。出口导叶通过模拟工况下的流场分析设计而成,进出口导叶设计成可调结构,比市场同类产品(出口导叶不可调节)具有更宽的流量调节区域(增加20%的调节量),且仍能保持在高效率范围内运行,以适应曝气工艺中不同阶段的曝气量,达到高效节能的目的。高速齿轮箱采用单级增速硬齿面斜齿轮副、可倾瓦轴承及专有的油封技术和结构,其最高转速达23 000r/min,设计、制造均由美国杰尔公司完成,确保了传动效率和使用寿命(寿命≥20年)。自动化控制系统是专门为监控压缩机而设计制造的,用以控制压缩机的起动、停车、运行及故障检测,并能在发生故障时自动报警或停止运行。

2009年,四川金星压缩机制造有限公司无站用储气系统活塞式压缩天然气子站研发成功。该项目采用CNG加气子站新流程设计,不用单独在系统中设置储气罐,减小了建站投资;有别于常规CNG加气子站的工程建设,在技术上有所突破;系统整体成撬,采用变频调速技术,供气稳定;采用气缸无平衡段和无油润滑技术,节能效果显著;产品与CNG拖车气瓶组直接连接,形成一个加气系统,具有布局紧凑、集成性强、性能优异等特点。该产品可用于天然气管道压力低、开口难或无管网覆盖地区的CNG加气子站建设,其特点是可移动作业,不用单独设置储气系统,投资少,建站快。该产品填补了国内无站用储气系统活塞式压缩天然气子站的空白,技术含量高,创新性强,拥有多项自主知识产权。

广东正力精密机械有限公司研制的OG(F)D3—42.8/8型节能高效单螺杆空气压缩机由于输入比功率超过GB19153标准二级要求,于2009年获节能认证。该机采用背压平衡式最小压力阀、高效的螺旋雾化喷嘴和卸荷阀三项发明专利技术,具有以下特点:①采用特殊螺旋结构设计的喷油嘴,可根据实际用量进行调节,雾化效果好,提高了液体的冷却效果,从而降低了能耗。②采用背压平衡式最小压力阀技术,该阀作用在活塞上的力主要由背压来平衡,加之弹簧的受力不受阀的进气口大小约束,而且阀的通径与流量可以任意加大,而弹簧的受力却很小,使阀的灵敏度高,流量大,压损少。③采用卸荷阀技术。作用在阀板上的力大部分或全部由平衡活塞来平衡,由于弹簧的尺寸小,整个阀的体积也就减小。该阀使用寿命长、体积小、流量大,起动电流小,可避免对电网造成强烈冲击。④采用气路多功能集成控制器专利技术。压缩机的气路控制系统由控制电磁阀、泄放阀、梭阀、限流调节器和管路等组成,其功能是控制压缩机起动以及负载、卸载运行。原有的压缩机气路控制系统中控制元件采用管路连接,造成零件分散,接头多,管路多,而且维护不便,使气体压力损失大。采用以上专利技术生产的空气压缩机产品经国家检测中心认证测试,一次性全部通过国家节能认证。

四、基本建设与技术改造

2009年,压缩机分会各会员企业为了扩大再生产,提高生产与市场竞争能力,进行技术更新改造与基础建设投资,完成固定资产投资61 904万元(据不完全统计),比上年增长48.1%。

江西气体压缩机有限公司铸件生产线技术改造项目从立项批复经江西省经济贸易委员会备案,经过近两年的实施,于2009年9月竣工。该生产线投产后,年产压缩机产品铸件的能力将得到大幅度提升。

2009年3月24日，开山集团上海开山工业园第三条螺杆主机生产线建成投产，与先前安装调试完毕的其他设备一起形成新的生产能力。至此，开山集团的螺杆机生产规模可达月产螺杆主机近2 000台。

2009年，开山集团投资2 000万元进行两项重大技术改造项目。10月25日，开山集团35kV变电所高配扩容改造接驳成功。至此，开山集团变电所的供电能力将在原有基础上翻一番，达到20 000kV·A。10月30日，开山集团铸造一车间的中频电炉改造开炉成功，电炉的改造不仅解决了环境污染问题，还能保证铸件浇注铁液的质量，提高了铸件的品质。这两项技改的完成为开山集团高品质螺杆机的生产提供了保障。

五、企业组织结构和产品结构调整

2009年6月26日，浙江开山压缩机股份有限公司正式创立。该公司是由开山通用机械有限公司整体变更而来，注册资本1亿元。其控股75%股份的开山凯文螺杆机械有限公司研制生产的螺杆主机，拥有完全自主知识产权。根据计划，股份公司成立后，将尽快争取在国内上市。此前，“开山北美研发中心”挂牌成立，由汤炎博士任研发中心主任。

2009年11月，开山压缩机（香港）有限公司与恒贯国际联合有限公司（香港）在上海正式签署合资协议。根据协议，双方将共同投资在香港设立合资公司——凯达压缩机有限公司。这标志着开山集团运作全球市场的平台正式成立，使其在海外市场规模化开拓进程中迈出了重要的一步。

〔撰稿人：中国通用机械工业协会压缩机分会刘海芬 审稿人：中国通用机械工业协会压缩机分会钱家祥〕

2009年真空设备行业概况

2009年，真空设备生产企业认真贯彻落实党中央的决策部署，紧密结合我国振兴装备制造业的一系列政策和规划，加强资源利用效率，加快转变经济增长方式，提高自主创新能力，完善企业管理体系，有效地解决了经济运行中出现的种种问题，在复杂的经济形势下，保持了较好的增长水平。

一、生产发展情况

2009年，中国通用机械工业协会真空设备分会共有主要会员单位85家，其中企业80家，大专院校和科研院所5家。2009年真空设备分会50家会员单位基本情况见表1。

表1　2009年真空设备分会50家会员单位基本情况

年末从业人数（人）					全年从业人员平均人数（人）	从业人员工资总额（万元）	固定资产原价（万元）	流动资产（万元）	年末所有者权益（万元）
合计	其中								
	工人与学徒	工程技术人员	管理人员	其他					
10 537	6 523	1 658	1 701	655	10 218	31 459	199 932	356 653	278 351

2009年，真空设备分会50家会员企业完成工业总产值（当年价）40.73亿元，比上年增长4.3%；完成工业增加值9.92亿元，比上年下降7.2%；实现主营业务收入34.48亿元，比上年下降5.72%；实现利润总额3.04亿元，比上年下降6.46%；完成出口交货值2.04亿元，比上年下降35.44%；完成工业销售产值39.13亿元，比上年增长4.88%。在统计的50家企业中，工业总产值超过亿元的企业有8家，合计产值为262 610万元，占行业总产值的64.47%。2009年真空设备行业工业总产值超亿元企业见表2。

表2　2009年真空设备行业工业总产值超亿元企业

序号	企业名称	工业总产值（万元）	序号	企业名称	工业总产值（万元）
1	广东省佛山水泵厂有限公司	68 176	5	长沙鼓风机厂有限责任公司	27 334
2	淄博水环真空泵厂有限公司	48 424	6	北京中科科仪技术发展有限责任公司	16 665
3	上海汉钟精机股份有限公司	43 700	7	中国科学院沈阳科学仪器研制中心有限公司	11 974
4	佶缔纳士机械有限公司	35 808	8	中山凯旋真空技术工程有限公司	10 530

二、市场及销售

2009年，受金融危机延续的影响，整个行业的销售增幅较上年有一定回落，但总体仍保持了稳定的增长。行业企业根据市场的变化，积极采取各种有效措施，降低成本，增加销售额。真空设备分会50家会员企业完成主营业务收入34.48亿元；完成工业销售产值39.13亿元，比上年增长4.88%。

2009年，浙江真空设备集团有限公司针对产品销售形势严峻的实际，延续了上一轮销售承包责任制和星级评定制度，同时对部分产品进行了适当的调价。通过提高市场需求的预测水平来准确把握市场信息，及时做好产销协调，既保证产品不脱销，又避免了不合理的产品库存，盘活了流动资金。公司还积极运用各种展示平台，做好企业产品的形象宣传。公司全年实现主营业务收入8 174万元，实现利税1 315万元。

近几年来，兰州真空设备有限责任公司努力拓展客户资源，调整产品结构，向"高、精、尖"方向发展，同时加强营销队伍建设。2009，公司实现主营业务收入9 713万元，同比增长3.5%。国际金融危机给国内外市场带来了严重冲击，公司在全体员工的共同努力下，仍然取得了良好的经营业绩，保持了稳步发展的势头。

2009年，淄博真空设备厂有限公司主要以市场开发、项目跟踪、密切用户关系和调整内部管理为重点，以强化资金回收为中心，加强信息管理与反馈，开拓了新的市场。通过覆盖全国的以公司业务员为主的直销网络，大力宣传"双山"牌真空设备，努力开拓国家扶持的重点行业，充分利用公司在化工行业的较好业绩和声誉优势，围绕新技术、新工艺，开展市场调研和分析，加大对新产品的宣传和推广力度，先后有6种新产品投放市场。当前，大型化、成套化、系统化、技术含量高、附加值高的产品已逐步成为公司的主导产品。

2009年，广东中环真空设备有限公司实现主营业务收入5 859万元，比上年有小幅度下降。受国际金融危机的影响，公司产品出口下滑幅度较大，出口额减少一半以上。在国内刺激消费政策的拉动下，公司国内销售实现10%的增长。

2009年，北京中科科仪技术发展有限责任公司面对金融危机带来的不利影响，积极开展了一系列回馈老用户的活动，进一步巩固和加深了与老客户之间的关系；针对OEM客户采取真空产品组合配套销售模式，局部地区开展检漏仪以旧换新业务，满足客户特殊需求。同时，公司高度重视重点潜在客户，鼓励业务人员深入用户企业了解具体需求，中高层领导也多次随同走访用户企业生产现场。在渠道建设方面，积极支持、扶持经销商，新培育了佛山、厦门经销商；巩固和加强现有4个办事处的本地化工作，同时完成了武汉办事处的筹建；新签约了越南、印度、伊朗经销商，增加成套设备出口。2009年，公司实现新增合同额为年度预算的145.6%，同比增长12.7%。其中，真空技术业务牢牢把握Low－e玻璃镀膜、ITO镀膜、照明、太阳能等行业的用户需求，特别在华东、华南、北京等地区占据重要的市场地位。全年分子泵销售同比增长13%，检漏仪销售同比增长21%，单品种分子泵年销量创历史最好成绩。2009年，公司出口高频电刀26台，实现了医疗仪器领域出口"零"的突破。

中国科学院沈阳科学仪器研制中心有限公司设有销售管理部，负责产品销售及售后服务等工作，已经形成了一支技术过硬的专业营销团队。2009年，公司主营业务收入8 522万元，出口交货值265万元，新产品销售收入800多万元，创历史最好水平。

中山凯旋真空技术工程有限公司利用多年的市场营销经验，在真空炉、真空镀膜机以及油处理设备方面都取得了一定的成绩。2009年公司的销售特点是紧跟市场热点，顺应市场潮流，紧跟国家的产业发展方向。2009年，公司在马来西亚、泰国、印度、澳大利亚、阿曼及中国台湾地区开发了新客户，加上巴西阿海珐等客户的订单，实现出口合同总额4 351万元。

沈阳恒星实业有限公司积极完善销售制度，建立一套明确、系统的业务管理方法，明确了新的产品成本售价机制、销售信息集中管理机制，成立了一支懂技术、熟悉业务、比较稳定的销售队伍。2009年，公司完成工业销售产值3 278万元，其主导产品真空退火炉、2X—70旋片式真空泵市场销售情况良好。

扬州长江水泵有限公司在销售过程中奉行"以客户创效益，以客户为关注焦点"的理念。公司产品主要销向煤炭行业，全年销售真空泵4 254万元，其中2BEY72大型真空泵销售情况良好。2009年，公司实现主营业务收入8 275万元，同比增长23.6%。

泰兴新型工业泵厂十分重视市场开拓，积极加强销售渠道建设。公司与北大先锋科技有限公司、四川天一科技股份有限公司、四川开元科技有限责任公司等保持长期合作，将销售人员分为江浙沪、华南、华北、华中、西南、西北、东北及山东、安徽等十余个销售小组，抓住信息源头，跟踪客户需求，扩大销售领域。公司还针对含氯化物介质工况的气态氯化物的蒸馏、提纯、真空分析尾气回收等场合，开发生产VKT氯化物专用无油立式往复真空泵，并根据用户需求，进行了重大的结构改进设计，形成了一定的销售规模。

宁波市仪表阀门厂以生产蝶阀、挡板阀、球阀和电磁阀为主。受国际金融危机的影响，2009年该厂销售曾一度萎缩。该厂在困境中寻找机遇，及时改变销售策略，以产品质量为主导，加强市场营销力量，倡导优质服务，充分发挥销售人员的潜能。2009年公司销售额在2 000万元左右。

山东伯仲真空设备有限公司主要产品有2BV、2BE系列水环式真空泵及压缩机，ZJ系列罗茨真空泵，JZJ系列罗茨水环真空机组，LG系列螺杆真空泵及ZGP系列耙式真空干燥机。其中，2BV、2BE系列产品是在消化吸收西门子真空泵的基础上，经过优化改进而形成的产品系列，其性能与安全性可与国外产品媲美，是近几年销量增幅较大的产品；

ZJ系列罗茨真空泵和LG螺杆真空泵是公司近几年开发的新产品，也是公司两个新的增长点。2009年，公司实现主营业务收入5 346万元。在国内销售不断增长的同时，出口业务也取得了长足发展。2009年，公司主要出口产品为2BV、2BE系列水环式真空泵，产品主要销往英国、美国、巴西、苏丹、泰国、荷兰、印度、以色列、澳大利亚和匈牙利等国家。

2009年是博山精工泵业有限公司建厂以来面临的经济形势最为严峻的一年。2009年第一季度，由于市场需求下降，产品订货量减少，销售收入同比降低36.3%，公司经济效益跌入低谷。面对严峻的市场形势，公司采取外拓市场、内抓管理、提高生产工作效率、降低质量损失、全方位节约挖潜等应对措施，取得了明显的效果。为开拓市场，增加销售，公司根据国内外经济发展趋势、国家拉动内需政策、产品及市场变化、营销团队状况等多方面的实际情况，适时修订了促销政策和考核办法，进一步加强用户服务工作，加大对新产品的宣传和推销力度。2009年，公司实现主营业务收入5 180万元，同比增长71%，创公司历史最高水平。公司主导产品水环式真空泵（机组）和往复式真空泵在化工和制药行业销售818台，销售收入3 579万元；在冶金行业销售58台，销售收入220万元；在煤炭行业销售59台，销售收入343万元；在轻工行业销售114台，销售收入358万元；在农业食品行业销售59台，销售收入196万元。以上行业产品销售量合计1 108台，占总销售量的85%；销售收入合计4 696万元，占公司总销售收入的91%。从2009产品销售的品种、规格来看，拥有多项专利的耐腐蚀真空泵（机组）仍是最畅销的产品，且2BE、2BV两个系列产品居多。由于国际金融危机的严重影响，公司产品出口量大幅下滑，全年仅出口2BE—50水环式真空泵2台。为提高企业的出口创汇能力，公司于2009年10月设立了国际贸易部，并积极申办自营出口权。2009年12月22日，公司获得进出口报关登记证书，取得自营进出口权（海关注册登记编码：3703963648）。

衡阳市真空机电设备有限公司生产的真空太阳能集热管镀膜机国内市场占有率超过60%。公司的镀膜机年产量200台（套）左右，并有小量出口，主要集中在东南亚市场。公司以山东、江苏、浙江、北京、广东（5个办事处）为支撑点，建立营销网络，实施区域性管理模式；创建企业管理软件，利用互联网实现全国各个地区的即时管理；建立企业网站，宣传企业文化、行业动态和企业动态，介绍新产品性能、新技术使用和推广等；借助于媒体（报刊、杂志、广播、电视、新闻发布会等）扩大宣传报道；积极参加国内外行业各种展览、展销会，扩大企业形象。公司建立长期的、稳定的、制度化的销售技术、技巧、新产品性能培训；建立并完善产品销售奖励制度和激励机制；确定合理的售后服务资金比例和确保资金的及时、准确到位；建立《企业售后服务人员手册》，强化售后服务人员职业道德的自律性；建立产品销售服务中心，培训售后服务专业技术人员；设立售后服务配送中心，完善相关配套设施；建立市场销售和服务信息反馈制度，增强市场预测的准确性；建立售后服务考核制度；建立研发和生产技术人员定期市场巡回服务制度。

三、科技成果及新产品

2009年，真空设备行业企业以市场为导向，继续加大科技投入力度，不断加大新产品开发步伐，研制出一大批高科技、高附加值的新产品，为振兴我国装备制造业、促进真空设备行业科技进步作出了新的贡献。2009年，真空设备分会会员企业共完成新产品产值15.23亿元，占所完成工业总产值的58.53%。2009年真空设备行业新产品产值前10名企业见表3。

表3　2009年真空设备行业新产品产值前10名企业

序号	企业名称	新产品产值（万元）	占工业总产值百分比（%）	新产品产值比上年增长（%）
1	淄博水环真空泵厂有限公司	37 418	77.3	12.10
2	广东省佛山水泵厂有限公司	33 976	49.8	-24.45
3	佶缔纳士机械有限公司	29 227	81.6	-29.25
4	长沙鼓风机厂有限责任公司	21 384	78.2	0.65
5	北京中科科仪技术发展有限责任公司	14 746	88.5	41.87
6	中山凯旋真空技术工程有限公司	10 530	100.0	-15.43
7	淄博真空设备厂有限公司	6 694	70.0	8.68
8	衡阳市真空机电设备有限公司	5 384	66.7	37.19
9	扬州长江水泵有限公司	5 021	60.3	22.90
10	博山精工泵业有限公司	4 545	83.5	72.37

浙江真空设备集团有限公司生产的JZJ2H300—4C真空系统被列入浙江省技术创新项目计划并通过省级鉴定，获得2项专利授权；异氰酸酯工程真空系统（MDI）被列入国家火炬计划；ZJQ—10000罗茨泵获得台州市科技进步奖三等奖，并入选浙江省科技进步奖。2009年，公司研发的新产品及老产品的改型换代产品有12项，投入的新产品项目基本上在当年产生效益。

2009年6月，兰州真空设备有限责任公司研制的JP—1400型磁控溅射卷绕真空镀膜设备通过了甘肃省科技厅、甘肃省工业和信息化委员会组织的技术成果及新产品鉴定。该设备是当前我国进行电磁屏蔽材料和光学镀膜材料研发和生产的先进设备，其先进性、可靠性、多功能性等关键技术均有新的突破，填补了国内同类设备在此技术领域的空白。2009年10月，公司应用专利技术研制的大型钢带真空卷绕镀膜设备顺利通过用户验收。这是我国第一台拥有完全知识产权的钢带卷绕镀膜设备，它的研制成功标志着我国钢带镀膜生产打破了国外技术壁垒，实现了完全国产化。2009年，公司研发的大型复杂曲面制件磁控溅射镀膜机、双冷却镀膜悬浮真空连续卷绕镀膜机获得国家知识产权局实用新型专利授权。

2009年，广东中环真空设备有限公司开发出多个新产品，其中，JCP—W2300型磁控溅射镀膜设备采用了“基片固定，阴极运动”的逆向设计理念，靶体可做二维运动。同时，将靶材设计为仿形、异形、弧形等结构，满足对工件尺寸大、形状不规则、膜层均匀度要求严格的特殊镀膜要求。该设备已投入我国新一代高性能战斗机的部件生产。

2009年，北京北仪创新真空技术有限责任公司非晶硅太阳能电池示范线设备装配调试完成，已生产出合格的太阳能电池板。该设备采用计算机系统进行控制，操作简单；部分关键零部件采用进口件，整条生产线运行稳定可靠；该设备生产的非晶硅薄膜太阳能电池组件的技术指标与国际同类设备生产的产品水平相当。2009年，公司的非晶硅太阳能电池设备进入工艺产业化的研发阶段，形成完整的非晶硅薄膜太阳能电池项目产业化，对设备结构进行更深入的研究，增强结构的合理性，降低设计成本，以进一步提高电池的转化率，并为下一代微晶薄膜太阳能电池设备的研究奠定基础。在非晶硅太阳能电池设备已有5项专利的基础上，公司又申报了6项实用新型专利。

2009年，中国科学院沈阳科学仪器研制中心有限公司新申请专利18项（其中发明专利5项），授权专利17项（其中发明专利1项、外观设计专利3项、实用新型专利13项）。“卷烟物检综合测试台”获得了沈阳市专利奖优秀奖。公司申报的12in PECVD设备研制项目已被列为国家重大科技专项2008年首批启动项目。此外，在国家“863”计划的支持下，公司研制出拥有自主知识产权的罗茨干式泵（机组），当前已经小批量生产并销售。在此基础上，公司申报的干式泵项目已被列为国家重大科技专项2009年启动项目之一。

2009年7月，北京中科科仪技术发展有限责任公司获得科技部、国资委、中华全国总工会三部门联合批准，成为第三批国家创新型试点企业之一。公司将根据“创新型企业”建设工作总体安排，加快产品和技术升级，增强市场竞争力，提升创新能力。公司2009年研发费用投入总计近1 000万元，全年共完成结题项目19个。在承担国家科技重大专项及其他科技攻关项目方面也取得了显著进展：①“磁悬浮分子泵系列产品开发与产业化”项目被科技部列为“极大规模集成电路制造装备及成套工艺”重大专项（02专项）2009年启动项目。国家财政资助初步审定为3 313万元。②通过一系列的调研工作，制定了“深紫外全固态激光源前沿装备”商品化实施方案，参与了光电子显微镜、拉曼光谱仪、自旋分辨能谱仪和角分辨能谱仪的研制工作。③“十一五”科技支撑项目“高压场发射电子枪的研制”进展顺利，已完成大部分零件的采购，经过清洗、安装、检漏后，进行抽真空、烘烤、高压老化试验，即将进行下一步系统调试。④作为“真空技术装备国家工程实验室”共建单位，完成“真空获得技术与应用试验平台”建设，提出了“增建磁悬浮分子泵运行环境测试平台”申请，获得批准。⑤公司承担的海淀科委科技攻关专项“磁悬浮分子泵”和中关村科技园定标资助项目通过验收。2009年，共申请专利19项，申请软件著作权2项，制定国家标准和行业标准各1项。公司获授权专利9项，获批准软件著作权2项。

2009年，淄博水环真空泵厂有限公司的2BEC80水环真空泵项目被列入山东省科技创新成果计划和国家火炬计划项目，2BEC系列新型水环真空泵项目被列为国家火炬计划重点项目，2BEC100水环真空泵项目被列入国家重点新产品计划项目，2BEC120水环真空泵项目被列入山东省创新计划项目，精密减速机项目被列入山东省创新计划项目。

扬州长江水泵有限公司将水环式真空泵高效节能自动化和一体化作为研发方向，2009年新产品开发费用不低于销售收入的4.5%。2009年，公司申报实用新型专利11项、发明创造专利4项，新产品销售收入占公司总收入的60%。

泰兴新型工业泵厂WLW2400B无油立式真空泵在通辽金煤化工有限公司一次性成功运行，填补了国内大型立式往复泵的空白。公司生产的氯化物专用立式无油真空泵结构由原来的轴向气阀排布改成径向气阀排布，杜绝了泄漏环节。公司对立式无油耐腐真空泵结构进行了重大改进，同时采用耐蚀的钛材，已形成系列产品。

2009年6月，杭州华达喷射真空设备有限公司和国家海洋局天津海水淡化与综合利用研究所合作，共同对科技部“十一五”科技支撑项目“5万t/d低温多效蒸馏海水淡化成套技术与装备开发”进行合作研究，共同探讨海水淡化蒸汽喷射泵的技术指标，建造试验平台，进行蒸汽喷射泵的试验工作，采用CFD软件对蒸汽喷射泵的设计方案进行设计模拟，并对其进行优化设计。该项目于2010年5月完成。

台州力鑫真空设备有限公司完成2H—30G型双级滑阀真空泵、ZJP—2500B型罗茨真空泵、ZJ—200B型罗茨真空泵的开发；解决了滑阀真空泵喷油及消除油雾，已成功研发滑阀真空泵在压力情况下彻底消除油雾，属国内首创。2009年，公司已生产XC—PSC860型油雾消除器120套。

山东伯仲真空设备有限公司开发的无油干式螺杆真空泵获国家实用新型专利；全面优化了ZJ系列罗茨真空泵型线，使罗茨真空泵的性能有所提升；对罗茨真空泵的密封结构进行了改进，更适用于抽除大量水蒸气及有机溶剂；对液环真空泵闭环系统进行了系统设计，在使用多种溶剂作为工作液方面积累了经验。

博山精工泵业有限公司针对化工行业生产中各种腐蚀性介质的不同工艺需求，研发成功喷涂特种防腐涂层和注塑成型件的复合型水环式真空泵系列产品，已成功在化工行业多家用户应用。该系列产品采用了高分子新材料涂层和整体注塑成型件的复合结构，使泵的过流部位表面粗糙度有了较大的改变，有效地降低了流体阻力，提高了泵效率。该泵具有较强的耐蚀性，应用范围广，硬度高，耐磨损，使用寿命长，价格仅为同规格不锈钢泵的50%，具有比传统的防腐泵更高的性价比。2009年12月，申报国家专利。公司根据用户需求，开发研制采用填料密封的2BV水环泵系列产品，使2BV型水环泵成为具有机械密封与填料密封两种密封结构的系列化产品。2009年3月，申报国家专利，2010年1月被授予专利权。公司利用水在负压状态下快速蒸发降温的原理，研制成功一种水环真空泵机组自冷凝气水分离装置。该产品具有工作液自冷凝和气水分离两种功能，取代了传统的板式换热器和气水分离器，提高了对水环真空泵工作液的降温效果，节约了大量的自来水，确保了水环真空泵长时间稳定运行，是一种全新的真空泵辅助装置，具有很好的经济效益和社会效益。2009年9月，申报国家专利。公司根据冶金、造纸、纺织等行业的工艺需求，开发高效节能、抗腐耐磨性能好、适用于含固体颗粒和悬浮物杂质的介质，密封性能可靠的JS型和2JS型径向吸排气水环真空泵，2009年两种样机试制成功。针对我国农村果品生产走向产业化，品种、产量逐年增加，但深加工能力严重不足、加工工艺落后的现状，公司加大对大型加工设备、焊接设备、焊接技术的投入，研发高效节能、适合农村尤其是贫困山区的果品深加工设备，在现有产品的基础上增加2个新品种，产业化前景广阔。产品投放市场后，两年内预计可新增销售产值2 000万元。该产品已有国家专利1项。公司"防腐泵关键技术研究及产业化"项目被列入山东省重大科技项目，获省级技改项目补助资金50万元，项目于2009年11月竣工。

衡阳市真空机电设备有限公司自主研发的节能高效真空太阳能集热管镀膜机通过湖南省科技厅科技成果验收鉴定，其整体技术水平居于国内领先水平。产品采用高频逆变磁控溅射直流电源和反应溅射拐点恒电压控制仪两项新技术，比传统镀膜机节约电能35%，镀膜沉积速率提高4~8倍，节能效果显著。该项目获得国家科技部中小企业创新基金立项及资金扶持。2009年8月19日，该项目核心技术"节能高效真空太阳能集热管镀膜机反应溅射电压控制方法"获得国家发明专利证书，专利号为ZL200710035213.8。

四、基本建设及技术改造

2009年，真空设备分会会员企业在危机中寻找机遇，积极进行基本建设和技术改造，加快新厂房的建设，引进新的产品设备，加大产能，提高产品技术含量，从而提高了企业的创新能力和核心竞争力。

2009年，浙江真空设备集团有限公司继续深入推进清洁生产工作，适时调整了铸造、装配及真空试验室的生产布局，改造车间地面面积3 500m²。公司投资60余万元，单独设立售后维修车间；修复了涂装车间原有抽排风、除漆雾设施，并设计安装国内比较先进的水帘式涂装工作台，改善车间内的工作环境；投入50万元更新了铸造分厂脉冲袋式除尘器，改变了原有设备能耗大、效果差的局面；通过分散补偿与集中补偿相结合，对总的电柜、分厂配电柜加装无功补偿器；按照绿色照明的要求，各分厂照明系统采用节能型灯具，进行了系统节能改造。

2009年，淄博真空设备厂有限公司投资近300万元，购置TX611C/4数显铣镗床1台、数控车床2台、普通车床4台，并将龙门刨床的动力系统进行了改造，从而满足了新、大、特型新产品的开发和市场需求。

2009年，北京北仪创新真空技术有限责任公司对非晶硅太阳能示范线追加投资38万元，建成第一套太阳能电池电站演示系统并正式启用。公司与美国丹顿公司合作进行包括核心PECVD技术、太阳能电池试制以及自动化在内的生产线作业工艺探索、研究、攻关工作。截至7月20日，PECVD设备已试制出初始功率达46~50W的非晶硅薄膜太阳能电池，太阳能电池转换率已达到6.7%。

中国科学院沈阳科学仪器研制中心有限公司于2006年搬迁至浑南新区，占地面积7.3万m^2，建筑面积35 000m^2，建有7 000m^2的洁净装调间和特种工艺清洗线。"真空技术装备国家工程实验室"建设项目进展顺利，将搭建成更具行业特点、作用更广泛的平台，从而更好地为行业服务。

2009年，淄博水环真空泵厂有限公司新建10 000m^2大型真空泵安装生产车间，满足公司大型水环真空泵生产的需求；大型工程施工机械用精密减速机技术改造项目通过山东省经济和信息化委员会审核，样机试制成功，一期投资2亿元。

2009年，扬州长江水泵有限公司对MDS高扬程多级离心泵生产线进行技术投入1 200万元，其中自筹资金550万元，申请贷款650万元。公司建设标准厂房2幢，购置大型机械设备6台(套)，形成年产300台(套)的生产能力，预计项目实施后可新增产值4 500万元。

2009年，沈阳恒星实业有限公司完成新厂区建设，新增16台设备。搬迁后的新厂区总建筑面积15 000m^2，预算总投资3 500万元，投产后可新增产值3 000万元，利税600万元。预计全年工业总产值不低于1亿元，利润不低于1 000万元。

杭州华达喷射真空设备有限公司2009年自筹资金500多万元，建成的新厂房面积超过5 000m^2，新购置剪板机和卷板机等设备。

2009年8月，博山精工泵业有限公司新厂区生产建设及配套项目竣工投产。新厂区建筑总面积约23 400m^2，厂房建筑面积13 000m^2，其中厂房4座，包括铆焊车间、机加工车间、装配及泵产品试验中心、包装车间及成品库。新建科研办公楼、半地下式库房、综合服务楼及用于职工生活的配套设施建筑面积约9 000m^2。新建的泵产品试验中心面积1 800m^2，设有计算机辅助检测系统(CAT)，可同时进行真空泵、水泵的型式试验。该泵产品试验中心2009年8月投入使用。根据公司技术改造规划，2009年新进精密、大型设备和检测仪器10台(套)，包括4m立式车床、精密镗床、数控车床、线切割机床(主要用于水环泵分配圆盘进水口、出水口的精密加工及模具制造)、动平衡试验机、自动焊接中心以及自制大型加热电炉等，总投入计250万元。这些设备的购进和制造，极大地提高了公司的装备水平，提高了高新技术产品研制和批量生产能力。

博山精工泵业有限公司与淄博市质量技术监督局共同申办的"山东省泵阀产品技术监督检测中心"项目总投资5 400万元，其中设备投资约2 900万元。项目建成后，公司将全面提升产品质量和档次，优化产品结构，新增耐腐蚀真空泵（机组）等高新技术产品3 000台（套）的生产能力，能源消耗不超过250t标准煤。项目投产达标后可实现销售产值1.5亿元，上缴税金可达1 500万元，新增就业机会不低于300个。该项目被列入淄博市百项重点工业项目，获得山东省重点技改项目补助资金50万元。

2009年7月，衡阳市真空机电设备有限公司由高开区紫云北街成功搬迁至高开区蔡伦路，总占地面积28 084m^2，总建筑面积22 312m^2。公司联合清华大学电子工程系及国内知名真空行业专家共同研发了自动连续真空太阳能集热管镀膜机，改变了传统的单室镀膜技术，采用多室结构，通过可变轨迹装置，实现真空太阳能集热管连续自动镀膜，大大提高了产品产量和产品质量。

五、企业管理及改革

2009年，真空设备生产企业不断加强企业管理和提高现代化管理水平，针对现有组织框架进行优化重组，完善各项制度，产品结构也向着多样性、创新性方面发展。

淄博真空设备厂有限公司为进一步加强企业管理和提高现代化管理水平，2009年继续推动"5S"管理，以提高生产效率和降低生产成本为主线，严格进行管理和考核。通过全员培训方式，提高员工的技术水平；通过各种方式对专业技术人才和技术工人进行招聘，促进了企业管理、产品质量、现场管理和服务质量水平的不断提高。公司根据市场需求，坚持按照合同、订单组织生产，对常规产品保持少量库存；加大对新产品的研究与投入，提高大型真空机组及附加值高的真空产品的生产能力，全年有4种新产品通过省级技术鉴定，并全部投放市场。公司为中国航天推进技术研究院研制的DXKM—1大型真空试验系统顺利交付使用，成为公司产品进入航天领域的标志性工程，增强了公司的核心竞争能力。

北京中科科仪技术发展有限责任公司于2009年下半年进行了组织结构调整，确立了总分公司管理模式。公司总部从运营中心向决策中心和职能服务中心转变。经过半年多的调整，公司总部在整体规划、经营运作监控、投资管理、人力资源管理、资产管理、外部合作和面向市场的科研成果转化等方面积极探索，积累了一些经验，并取得了一定的成绩。公司根据组织机构调整适时完善公司内部授权制，完善了《中科科仪资金支付管理办法》和《固定资产管理程序》。为提高公司抗经营风险和财务风险的能力，公司颁布了《中科科仪应收账款管理办法》和《中科科仪在途产品管理办法》，进一步规范了应收账款的审批、控制和考核流程，公司应收账款控制成效显著。2009年，公司应收账款总额同比下降19.2%，应收账款周转天数同比缩短了1天。公司建立了定期预算执行情况反馈制度，编制了"预算目标执行情况统计表"，及时反映总公司和各分公司的经营活动进展状况，使各项考核指标的执行情况一目了然。

博山精工泵业有限公司为提高营销工作水平，对销售系统进行了结构调整。①增设用户服务部，设经理1人，统筹指挥公司用户服务、市场调研、信息搜集管理等工作。②充实精干人员，重组项目部，设经理1人，成员为具有大专以上学历和销售工作经验的员工。③筹建国际贸易部，并通过海关申办自营出口权，2009年12月22日取得进出口营业执照。新厂区建成投产后，各类设备大量增加，对设备的选型、购置、管理、维修等相关工作提出了更高的要求。为此，公司重建设备部，并修订了设备管理制度。公司设置了企业管理部，为提高企业管理水平、强化管理职能、创建新形势下的企业文化打好基础，以适应现代化大生产的需求。为适应高新技术企业、山东名牌产品、山东省著名商标的创建和申办需求，制定了《博山精工泵业有限公司知识产权管理制度》、《博山精工泵业有限公司商标使用管理制度》、《博山精工泵业有限公司研发人员绩效考核办法》和《博山精工泵业有限公司质量监督考核领导小组工作制度》等管理文件，进一步充实、规范和完善了企业的管理职能。公司根据泵行业产品发展方向和地区泵业产品、产业现状，把产品研发重点定位于特殊材质、特种用途的真空泵及成套应用设备，现有产品逐步实现更新换代，拉长产业链。

〔撰稿人：中国通用机械工业协会真空设备分会姜明凯
审稿人：中国通用机械工业协会真空设备分会李春影〕

2009年干燥设备行业概况

一、生产发展情况

2009年，中国通用机械工业协会干燥设备分会统计的14家会员企业共完成工业总产值126 505万元，比上年增长49.7%；实现主营业务收入83 059万元，比上年增长20.5%。从2009年统计的14家干燥设备企业情况来看，重点企业发展势头依然迅猛，山东天力干燥设备有限公司工业总产值达到26 436万元，石家庄工大化工设备有限公司工业总产值为35 127万元，哈尔滨东宇农业工程机械有限公司工业总产值为3 848万元。另外，常州地区也涌现出几个发展迅速的企业，例如，无锡市林洲干燥机厂工业总产值为5 450万元，常州市先锋干燥设备有限公司工业总产值为5 000万元。这些企业的蓬勃发展，带动了整个干燥设备行业继续保持良好的发展态势。2009年干燥设备行业14家企业工业总产值见表1。

表1　2009年干燥设备行业14家企业工业总产值

序号	企业名称	工业总产值（万元）
1	石家庄工大化工设备有限公司	35 127
2	山东天力干燥设备有限公司	26 436
3	江苏省范群干燥设备厂	11 900
4	东台市食品机械厂有限公司	11 550
5	常州一步干燥设备有限公司	9 087
6	无锡市林洲干燥机厂	5 450
7	常州先锋干燥设备有限公司	5 000
8	无锡市昂益达机械有限公司	5 000
9	哈尔滨东宇农业工程机械有限公司	3 848
10	浙江尔乐干燥设备有限公司	3 595
11	成都望江干燥器厂	3 200
12	常州市统一干燥设备有限公司	2 500
13	青海三四一九干燥设备有限公司	2 312
14	成都倍力干燥设备有限公司	1 500

2009年干燥设备行业生产发展主要特点如下：

（1）江浙地区产业集中度高。2009年，大部分干燥设备企业依然集中在江苏、浙江地区，从企业数量分布来看，江苏常州地区仍然是企业最为集中的地区。

据不完全统计，常州地区干燥设备企业400余家，有经济实体的200多家，数量之多，体现了很强的集中度。常州地区的领军企业有江苏省范群干燥设备厂、常州先锋干燥设备有限公司、常州一步干燥设备有限公司。另外，也不乏刚刚崛起的干燥设备企业，如常州市金陵干燥设备有限公司、常州市宇通干燥设备有限公司、常州市范群干燥设备有限公司等。常州地区集中了大量的干燥设备生产企业，一方面，生产可以实现规模化、集中化；另一方面，企业间竞争也日趋激烈，在激烈的市场竞争中，有的老牌企业由于适应不了竞争而退出了行业，一些积极、敢于创新、战略思路正确的新兴企业又充实进了干燥设备的队伍中来。今后，要靠地方政府的帮扶、企业自身的努力和协会的引导共同规范市场、杜绝恶性竞争，从而使行业正常、平稳地发展下去。

（2）民营经济依然活跃。2009年，受国际金融危机的影响，行业中出现的生产用原材料涨价、成品滞销、货款无法及时收回等不利因素对企业冲击较大，各企业凭借自身的力量，在政府的正确指引下，平稳地度过了此次危机，实现了一定的增长。在国内石油化工、医药等行业的积极推动下，民营企业生产蓬勃发展，常州先锋干燥设备有限公司、常州一步干燥设备有限公司、东台市食品机械厂有限公司等一批民营企业依然是干燥设备行业的骨干力量。

二、市场及销售

2009年，干燥设备分会统计的企业共完成工业销售产值116 912万元，比上年有较大的提高。2009年干燥设备行业14家企业主营业务收入见表2。2009年干燥设备行业部分企业出口交货值见表3。

表2　2009年干燥设备行业14家企业主营业务收入

序号	企业名称	主营业务收入（万元）
1	山东天力干燥设备有限公司	19 085
2	石家庄工大化工设备有限公司	12 843
3	常州一步干燥设备有限公司	8 903
4	东台市食品机械厂有限公司	8 387
5	江苏省范群干燥设备厂	6 833
6	无锡市林洲干燥机厂	5 300
7	常州先锋干燥设备有限公司	4 304
8	无锡市昂益达机械有限公司	3 218
9	哈尔滨东宇农业工程机械有限公司	3 145
10	浙江尔乐干燥设备有限公司	3 044
11	成都望江干燥器厂	2 521
12	青海三四一九干燥设备有限公司	2 246
13	常州市统一干燥设备有限公司	1 800
14	成都倍力干燥设备有限公司	1 430

表3　2009年干燥设备行业部分企业出口交货值

序号	企业名称	出口交货值（万元）
1	常州一步干燥设备有限公司	3 258
2	江苏省范群干燥设备厂	2 538
3	常州先锋干燥设备有限公司	918
4	无锡市林洲干燥机厂	500
5	东台市食品机械厂有限公司	128
6	常州市统一干燥设备有限公司	120
7	山东天力干燥设备有限公司	105

2009年，干燥设备生产企业不断提升自主创新能力，适时微调了企业的发展战略，不断开发出新产品，品牌意识进一步加强，国内市场得到了稳步发展。

（1）国内市场依然为企业的主要销售区域。2009年统计的干燥设备生产企业完成出口交货值7 567万元，比上年增长66.8%。

（2）企业的国际市场竞争力有待进一步提高。从2009年的出口情况分析，有出口能力的企业仍然不是很多，占全行业比例依然太小。虽然涌现出了一批优秀的新兴企业，可是在产品出口方面仍然不太理想，国际市场的开拓工作依然任重而道远。

（3）产品结构调整效果显著，产品结构日趋合理。2009年，干燥设备生产企业的产品从单机、小型、专业性的干燥设备向成套、大型方向转变，增强了企业的竞争力，增加了企业的销售额，加快了企业发展速度。

三、科技成果及新产品

2009年，干燥设备行业新产品研发速度加快，企业科研经费投入增加。不少企业已经认识到了自主品牌的重要性，新产品的生产已经由以前的"拿来主义"发展到了自主创新，由以前研发单机转变成研发大型成套设备，高附加值的成套设备和各种辅助设备与附件已经成为企业当下竞相研发的目标。新产品的开发更加注重绿色、节能、环保，不少企业积极响应国家大力提倡的绿色产业精神，如山东天力干燥设备有限公司2009年加大绿色环保节能产品的研发投入力度，科研经费达2 000万元。

2009年6月，山东天力干燥设备有限公司承担的"间接换热干燥装备在高耗能行业的应用"项目通过山东省自主创新成果转化重大专项审批，并获得经费300万元。

2009年7月31日，在山东省科技工作座谈会上举行了"山东省院士工作站"企业授牌仪式，山东天力干燥设备有限公司成为首批60家被批准建设院士工作站的企业之一。公司将通过院士工作站这个平台，在化工行业重大节能技术与大型装备、先进控制技术研究及应用等方面加强与院士的合作，以进一步提升企业的自主创新能力和产业推广示范能力。

2009年，山东天力干燥设备有限公司申报的"化工行业干燥单元热交换及废热回收节能装置"顺利通过核心技术项目审批，并获得奖励资金。该装置集间接换热和流态化干燥于一体，具有较高的干燥热效率和干燥强度，适用于热敏性物料，拓宽了流态化干燥装置的应用范围；配套辅机规格小，土建投资少，运行成本低，尾气排放量低，具有广阔的推广前景。

2009年10月，中国石油和化学工业协会召开表彰大会，表彰推动石油和化学工业科技进步、促进行业发展的单位。其中，山东天力干燥设备有限公司的"间接换热器干燥装置及系统在石油和化工行业的研发及应用"项目获得科技进步奖一等奖。另外，"大型内置换热器流态化干燥装置"、"重质纯碱流化煅烧/冷却工艺与装置"和"石油化工干燥单元设备"3个项目被列为石油和化工产业振兴支撑技术，前两项被列为重点推广类技术，第三项被列为重点开发类技术。"大型内置换热器流态化干燥装置"高达18m，换热面积为2 000m^2，干燥强度为500kg/m^2，能源利用效率为75%。该装置所用技术达到国际先进水平，每年节约标准煤10万t，可实现产值100多亿元，经济效益显著。"重质纯碱流化煅烧/冷却工艺与装置"采用多层埋管结构、流化床外设预混器、返料流化煅烧和干法除尘等技术，用于纯碱煅烧，平均热效率为83.03%。该装置与回转煅烧炉相比，具有流程短、生产强度高、运行可靠、节能降耗、益于环保和减少投资等优点。"石油化工干燥单元设备"的节能试验包括干燥系统优化、余热利用、过程系统自动控制单元、污染物减排和能源系统优化等；其研制开发设备包括稳定运行的脉动燃烧炉、工业化自激振荡流热管和超导热管等，具有自主知识产权的高效节能环保干燥装置为大型动态间接换热干燥装备。

2009年，山东省科学院工业节能研究中心和山东天力干燥设备有限公司通过对内加热流化床在纯碱、碳酸氢钠、精制盐、PVC和褐煤干燥应用的对比分析，优化确定了褐煤工艺和设备参数，已经研制出两台国内单体最大的内加热流化床，可以满足单台年产500万t提质褐煤的要求，得到业内专家的认可。

山东省科学院工业节能研究中心和山东天力干燥设备有限公司首创具有国际先进水平的高床层过热蒸汽褐煤预干燥洁净煤成套工艺技术和装置，是我国洁净煤技术的新突破。该项目通过对褐煤预处理工艺进行技术改造升级，提高褐煤能量密度，降低水分含量，可明显减少CO_2排放和燃料消耗，可降低电厂配套系统的损耗，提高电厂的发电效率，有着巨大的社会效益和经济效益。

石家庄工大化工设备有限公司研发的真空盘式连续干燥器是集结晶、过滤、洗涤、干燥于一体的四合一化工设备，尤其适用于对干燥温度要求很低的热敏性物料，如药品、维生素和酶等。该产品具有操控简便、能耗低、干燥效果好等优点，应用于化工、制药等领域，可简化流程，减少生产过程中使用设备的数量，最大限度地避免产品受到污染。2009年5月26日，该产品通过市级鉴定。鉴定专家认为，该设备的综合技术水平达到国内领先，部分技术达到国际先进水平，具有广阔的市场前景。

〔撰稿人：中国通用机械工业协会干燥设备分会李佳一〕

2009年减变速机行业概况

2009年，受国际金融危机的影响，减变速机生产企业订单下滑，成本加大，库存增多，企业的经营和发展受到很大的影响。随着国家出台的一系列政策和措施的落实，减变速机行业企业积极调整产品结构，改变经营理念，提高自主创新能力，有效地应对了经济运行中出现的诸多困难，全年行业经济运行仍保持较好的增长势头，为我国经济建设作出了积极的贡献。

一、生产发展情况

截至2009年年底，中国通用机械工业协会减变速机分会有会员单位101家，其中企业96家、科研院所3家、减速机专业信息网1家、大专院校1家。在96家企业中，有减变速机主机生产企业89家、配套产品生产企业7家。在101家会员单位中，有国有及国有控股的单位6家、外资企业1家，其他均为民营企业。根据2009年上报的43家企业资料和2008年上报的49家企业资料统计，43家企业现有职工16 272人，比上年统计的49家企业职工人数减少747人。其中，工程技术人员2 446人，比上年减少1 147人；工人与学徒10 762人，比上年增加230人。43家企业拥有固定资产（原价）275 924万元，比上年增长11.2%；拥有金属切削机床4 301台，比上年减少1 615台。2009年减变速机分会43家会员企业基本情况见表1。

表1　2009年减变速机分会43家会员企业基本情况

全部职工年末人数（人）					全部职工全年平均人数（人）	工资总额（万元）
总计	其中					
	工人与学徒	工程技术人员	管理人员	其他		
16 272	10 762	2 446	1 864	1 200	16 206	33 568

2009年，减变速机分会43家会员企业完成工业总产值（当年价）624 210万元，比上年增长0.9%；工业增加值139 656万元，比上年下降1.2%；实现利润33 581万元，比上年增长7.6%。产值超亿元的企业有10家，比上年减少3家，其中有两家企业产值超过10亿元，与上年持平。2009年减变速机分会43家会员企业经济指标见表2。2009年减变速机行业工业总产值前10名企业见表3。

表2　2009年减变速机分会43家会员企业经济指标

工业总产值		工业增加值（万元）	主营业务收入（万元）	主营业务税金及附加（万元）	利润总额（万元）	年末固定资产		流动资产		流动负债合计（万元）	年末所有者权益（万元）	全员劳动生产率（元/人）
2009年（万元）	比上年增长（%）					原价（万元）	净值年平均余额（万元）	合计（万元）	年平均余额（万元）			
624 210	0.9	139 656	593 363	3 787	33 581	275 924	170 207	290 740	280 332	269 628	221 740	82 300

表3　2009年减变速机行业工业总产值前10名企业

序号	企业名称	工业总产值（万元）
1	国茂减速机集团有限公司	150 180
2	江苏泰隆减速机股份有限公司	133 492
3	泰星减速机股份有限公司	88 313
4	泰州市琼花传动机械总厂	34 187
5	浙江通力重型齿轮股份有限公司	27 095
6	常州减速机总厂有限公司	24 050
7	荆州市巨鲸传动机械有限公司	22 331
8	天津减速机股份有限公司	15 750
9	温州三联集团有限公司	13 880
10	宁波人和机械轴承有限公司	10 289

对2009年减变速机行业企业统计资料分析表明，2009年，全行业工业总产值已连续8年呈增长态势。在国际金融危机的影响下，减变速机行业经济运行仍处于稳步上升的势头，但不应忽视的是在43家企业中有4家企业亏损，占统计企业数的9.3%；亏损额为944万元，比2008年减亏704万元。4家亏损企业中有3家企业是连年亏损，但亏损额已呈下降趋势，这说明企业在经营管理、市场运作、产品质量等方面有所改善和调整。

2009年，减变速机分会43家会员企业共生产减变速机1 118 043台，比上年增长3.1%。2008～2009年减变速机产品产量见表4。

表4　2008～2009年减变速机产品产量

产品名称	2008年（台）	2009年（台）	比上年增长（%）
合　计	1 084 046	1 118 043	3.1
摆线减速机	500 495	546 521	9.2
无级变速器	97 177	74 032	-23.8
齿轮减速机	333 314	360 935	8.3
蜗轮蜗杆减速机	133 916	11 6291	-13.2
电动滚筒	19 144	20 264	5.9

从表4可以看出，2009年减变速机行业五大类产品中，无级变速器和蜗轮蜗杆减速机呈两位数下降；摆线减速机、齿轮减速机和电动滚筒均有小幅增长。

受国际金融危机的影响，2009年1～8月，企业的订单减少或交货期延缓；9～12月，企业订货量增加，生产形势较好。从全年整体水平来看，减变速机行业基本上保持了平稳发展。预计2010年随着我国国民经济的复苏，减变速机行业经济运行还将稳步上升。

二、市场及销售

2009年，减变速机分会43家会员企业完成工业销售产值613 019万元，比上年增长1.2%；实现主营业务收入593 363万元，比上年增长0.2%。2009年减变速机行业主营业务收入前10名企业见表5。

表5　2009年减变速机行业主营业务收入前10名企业

序号	企业名称	主营业务收入（万元）
1	国茂减速机集团有限公司	150 180
2	江苏泰隆减速机股份有限公司	117 251
3	泰星减速机股份有限公司	88 195
4	泰州市琼花传动机械总厂	34 098
5	浙江通力重型齿轮股份有限公司	26 739
6	常州减速机总厂有限公司	21 978
7	荆州市巨鲸传动机械有限公司	18 743
8	天津减速机股份有限公司	14 824
9	温州三联集团有限公司	13 884
10	山西省平遥减速器厂	8 881

根据减变速机分会对行业企业的调查及统计资料分析，2009年，减变速机市场销售形势良好，供需较均衡，形成产、销较平稳的好势头。虽然原材料涨价，人工费用增加，市场竞争激烈，但经济效益还是较好的。2009年，减变速机行业经济效益综合指数为253.5%，总资产贡献率为11.6%，资本保值增值率为109.4%，资产负债率为58%，流动资产周转率为2.1次，成本费用利润率为5.7%，全员劳动生产率为82 300元/人，产品销售率为98.3%。

2009年，在统计的43家企业中有21家企业的工业销售产值和主营业务收入上升，17家企业下降。其中增幅较大的企业有国茂减速机集团有限公司、温州三联集团有限公司、浙江双联机械有限公司、荆州市巨鲸传动机械有限公司、山东柳杭减速机有限公司、宁波人和机械轴承有限公司和苏州优耐特机械制造有限公司。

2009年，国茂减速机集团有限公司以"引领行业、主导未来"为目标，加快实施国茂品牌战略，增强服务营销意识，巩固并扩大客户资源，推进关键技术研发，形成支撑产业持续发展的技术创新能力。公司2009年实现主营业务收入15亿元，比上年增长5亿元。

江苏泰隆减速机股份有限公司在国际金融危机爆发以来，充分抓住国家政策的机遇，加强珠江三角洲和渤海湾发达地区的市场开发；针对国内工程建设、交通运输等行业对减速机品种的需求广泛，而电力、化工、医药等领域对精密度要求苛刻的现状，因地制宜，调整结构，进一步拓展了市场。2009年，公司在起重、运输行业的销售量约占产品销售总量的20%；在冶金、重工以及核电、风电等高科技领域的销售量约占产品销售总量的50%；在化工、医药等行业的销售量约占产品销售总量的10%，在其他综合行业的销售量占产品销售总量的20%。公司在逆势中实现了跨越式发展，2009年1～9月实现综合营业收入10.2亿元，创利税1.63亿元，比年初制定的指标分别增长36.6%和40.2%。公司成功地为广东省招商局重工（深圳）有限公司研制出异型起重机械专用硬齿面减速机，为上海振华港口机械集团研发出用于海港起重、吊装、运输设备配套的港口机械减速机，为我国水泥行业开发研制出大功率、耐磨损立式磨机齿轮箱与中心传动磨机齿轮箱等高难度异型减速机新产品。另外，公司还接到全球核电项目采购商——美国福斯公司的核电循环水自动调节装置用减速机与风电偏航变桨减速机订单；全球发电与轨道交通基础设施领域最大的采购供应商——法国阿尔斯通公司正式批准江苏泰隆减速机股份有限公司为其全球风电、核电齿轮箱网上供应商，并附带首批订单的文书条款。这表明江苏泰隆减速机股份有限公司自主研发的减速机产品得到了国际的认可，拿到了处于国际前沿高科技领域的核电与风电装备减速机出口通行证。

2009年，山西省平遥减速器厂继续完善营销体系建设，寻找新的经济增长点，将营销政策向新型硬齿面、大规格和大功率产品倾斜，制定强有力的营销人员考核和奖惩措施，加强货款回收力度，提高资金的使用效率；对科技人员制定了相应的激励政策。根据市场调研并结合实际，确定了企业产品三大战略重点：一是对现有产品提高质量水平，搞好产品的优化设计，大幅度降低制造成本，提高产品竞争力；二是完善新型、中小型替代进口硬齿面减速器的加工手段和工艺，积极拓展市场，加大市场占有率；三是将大规格、大功率硬齿面减速器作为企业今后的发展方向，重点做好产品的设计开发、性能试验和市场开发。

2009年，浙江通力重型齿轮股份有限公司对产品结构进行了优化。由于MB系列、W系列产品属于低端产品，占用资源较多，库存量大，从2009年下半年，公司淘汰了MB系列和W系列产品。TS、TR、TF、TK四大系列产品在市场上仍有较大的竞争力，但设计上存在缺陷，公司组织科技人员以新的模块化设计理念更新产品，使产品在原来的基础上全面升级，产品性能更加稳定，外形设计既有传统元素，又具现代感，受到了客户欢迎。TH、TB、TP系列减速机主要用作港口起重、高速铁路、冶金矿山、发电设备等工程机械配套产品，制造难度大，附加值高，市场潜力大。公司投入1 500万元，组织技术人员对TH、TB、TP系列减速机的行星架承载能力和降低噪声进行技术改进，提高了减速机的技术性能，达到国外同类产品的质量水平。

我国减变速机行业企业的产品销售主要依靠内需，出口的产品产值很小。2009年主要出口产品为蜗轮蜗杆减速机，共完成出口交货值12 579万元，比上年减少1 328万元。产品出口的主要国家和地区是东南亚、中东以及欧美等国家和中国台湾、香港地区。

三、科研成果及新产品

2009年，减变速机行业企业加快产品调整的步伐，根据市场需求，自主研发、开发新产品和对产品进行创新设计的企业不断增加。在统计的43家企业中有13家企业开发了新产品，新产品产值144 326万元，比上年增长22 844万元；有18家企业对科技开发进行投入，经费总额为13 147万元。这说明企业越来越重视新产品的开发，投资力度在加大。新产品为企业带来了良好的经济效益，增强了企业在市场竞争中的实力。

2009年，江苏金象减速机有限公司研发出新型三级中心传动减速机、薄煤层采煤钻机专用减速箱和新型摆动丝杠升降机等产品。这些新产品获得了国家知识产权局颁发的国家专利证书。产品投入市场后，深得用户青睐。

国茂减速机集团有限公司2009年完成新产品产值64 723万元，占全年工业总产值的43.1%。在开发的新产品中，技术含量较高的G系列减速电机产销量呈现出明显的上升势头。2009年，公司共获得国家实用新型专利5项，表明公司研发的新产品得到了国家的认可。

2009年，天津减速机股份有限公司先后自行研发出具有国内领先水平的SL300—63三级立式减速机、LSJ350—45/—2.5螺旋输送减速机、CXF107—22/4—2.5斜齿轮减速机、BA87—JV2.2/6斜齿轮(锥齿轮)减速机等20项新产品。其中，C107—JDY18.5/6斜齿轮减速机、3THB8垂直轴硬齿面减速机两项新产品为国内首创。另外，公司还与其他单位共同设计完成6项新产品，如与海城市建筑机械厂合作研发出BFL310搅拌专用减速机，与天津市赛洋工业炉有限公司合作研发出B127配8155摆线减速机等。

近年来，浙江通力重型齿轮股份有限公司不断加大科研投入，优化科研条件和手段，使公司技术中心通过浙江省级企业技术中心认定。公司先后承担国家级火炬计划项目2项、国家级星火计划项目3项、省级科技项目6项和市级科技项目10多项。公司从2007年起与中国重型机械研究院共同合作开发生产风力发电增速齿轮箱、大型重载齿轮箱(为冶金、矿山、建材等行业配套)，并于2009年研制成功风力发电增速齿轮箱样机。2009年，公司完成新产品产值22 530万元，占全年工业总产值的83.2%。

温州三联集团有限公司从2004年以来着手锻压摆线轮技术革新。摆线轮作为摆线针轮减速机的核心部件，其制造工艺复杂与成本高一直是困扰行业的难题。公司采用国外先进的锻压技术和设备，自主研发摆线减速机中的关键件摆线轮的锻压技术，使摆线轮一次锻压成型，革新了传统的锻、车、钻、镗、铣等复杂工艺。采用锻压成型的摆线轮的优点，一是能改善坯料组织，细化晶粒，提高接触强度；二是大幅度降低成本，可节约原材料45%；三是直接成型，降低了加工成本，缩短了加工周期，提高了劳动生产率。这项摆线减速机的创新填补了国内摆线轮锻压技术的空白。

2009年完成新产品产值较多的企业还有：泰星减速机股份有限公司新产品产值23 160万元，占全年工业总产值的26.2%；山东柳杭减速机有限公司新产品产值5 364万元，占全年工业总产值的64.6%；荆州市巨鲸传动机械有限公司新产品产值4 232万元，占全年工业总产值的19%；台州市通宇变速机械有限公司新产品产值2 842万元，占全年工业总产值的35%；山西省平遥减速器厂新产品产值1 798万元，占全年工业总产值的20.4%。

四、基本建设及技术改造

2009年，减变速机分会统计的企业中有19家企业进行了厂房、设备等固定资产投资，固定资产投资共计70 756万元，比上年24家企业的固定资产投资增长111.7%。

2009年，江苏泰隆减速机股份有限公司新建高端产品开发园区，首期2万m^2的高科技产品配套厂房于2009年年底投入使用。同时，投入1亿元用于购置高精密生产设备与检测设备。公司计划用一年的时间形成具有一定规模的核电和风电偏航变桨减速机生产能力，确保高端产品销售收入每年新增2亿~3亿元。

2009年，泰星减速机股份有限公司固定资产投资额为52 717万元，用于购置大型、高精密的先进设备，以进军需要大型、重载减速机的采煤、矿山、水泥等市场。

2009年，荆州市巨鲸传动机械有限公司固定资产投入4 318万元，购置6.7万m^2土地和设备建设铸造厂。同时，还增添了高精度齿轮减速机加工设备。

2009年，常州减速机总厂有限公司固定资产投资额为3 210万元。连续5年的投入，使公司的生产设备和规模不断扩大，产品质量得到保证，在煤炭行业享有良好的市场信誉度。

2007年年初，浙江通力重型齿轮股份有限公司与中国重型机械研究院合作开发兆瓦级风力发电增速齿轮箱。该项目是当前齿轮领域最高端的产品，具有高精度、高投入、高风险的特点。为满足齿轮箱高精度技术和工艺要求，公司投资2亿多元进行技术改造。2009年，公司在瑞安经济开发区飞云新区占地3.3万m^2的兆瓦级风力发电齿轮箱生产厂房已建成，并陆续安装先进的设备。2010年年底，加工设备和检测设备将全部安装完毕。

2009年，天津减速机股份有限公司在天津空港经济区征地6.7万m^2进行新厂区建设，2010年将建成投产。此项目总投资为2亿元，总建筑面积23 304m^2。项目建成后，当期形成43 000台减速机的生产能力。新增设备50台，包括卧式加工中心、数控成型磨齿机、齿轮检测仪及各种机加工设备、热处理设备、自动涂装线等，使产品的加工精度和加工效率大大提高，保证了产品质量的稳定性。

2009年，温州三联集团有限公司固定资产投资395万元，主要用于设备工具购置，以提高摆线轮热处理质量。

2009年，山西省平遥减速器厂订购德国的两台加工齿轮直径分别为800mm、2 500mm的数控磨齿机进行了安装调试，并已投入生产。这两台设备不仅提高了齿轮的加工精度和质量，还节省了劳动力，提高了生产效率，为企业带来了良好的经济效益。

2009年7月9日，在常州武进行政中心隆重举行的“区镇共建特色产业园及重点项目入住签约”仪式上，国茂减速机集团有限公司正式与常州武进高新区签订了项目共建协议书。国茂减速机集团有限公司所建项目是湖塘镇积极响应区政府“园区突破、区镇共建、产业跃升”的要求，第一个进驻高新园区的区镇共建项目，该项目坐落于常州武进高新区，项目总投资18亿元，占地面积50万m^2。建成后的厂区包括机加工、热处理、装配、产品检测中心等，可年产各类减速机120万台、Y系列鼠笼式三相异步电机220万台。该项目于2009年9月26日正式奠基，将成为国茂减速机集团有限公司减速机、电机研发制造基地。

另外，山东柳杭减速机有限公司、浙江午马减速机有限公司、浙江东霸传动有限公司、浙江飞龙传动有限公司等企业2009年进行了固定资产投入，在开发区购买土地，建设新厂区，改善了生产条件；增添新的加工设备和产品检测设备，提高了生产效率，增强了市场竞争能力。

五、企业管理及改革

2009年年初，国茂减速机集团有限公司确立了“推进绩效管理，促进能力提升，提高工作效率，完成集团目标”的指导思想，集团各部门积极推行绩效管理，并形成了具体的长效管理机制。推行绩效管理体系是公司顺应企业发展的需要，用以提升集团管理人员以及企业的整体管理水平，提高集团生产、办公工作效率，向管理要效益，规范企业内部管理，提高企业的核心竞争力。

国茂减速机集团有限公司为早日实现销售收入50亿元的目标，加快建立现代企业的步伐，于2009年6月8日正式成立常州市国茂电机有限公司。该公司的成立，标志着国茂减速机集团有限公司多元化产业发展经营将实现历史性的新跨越。

2009年，山西省平遥减速器厂在继续加大市场开发力度、实施技术改造的同时，把强化内部管理和提升员工素质作为重点工作来抓，具体措施有：①实施员工培训，提升团队素质。坚持每星期举行两次中层以上干部互训学习，并针对个别工种任务不足的情况，专门设立了技工轮训班，组织职工轮训。②推行TPM精细化管理，提高管理效率。TPM旨在通过组建学习型团队，提升全员综合操作技能，达到自主管理的理想境界。2009年7月，TPM在厂内开始推行。该厂计划用一年的时间在全厂范围内贯彻TPM管理，使管理效率有质的提升。

六、信息化服务和产品标准化推广

2009年，减变速机行业企业越来越重视网络信息宣传，企业网站建设率超过98%，行业信息化服务有了较大的飞跃。

减速机信息网作为减变速机分会的宣传窗口，在企业信息化服务和产品标准化推广方面取得了长足发展。2009年，减速机信息网共有注册会员103 000家。其中，减速机用户86 000家，减速机生产经销会员17 000家。减速机信息网为300多家企业提供了制作电子样本和企业宣传片的服务，为160多家企业的上千种产品提供了产品促销服务。减速机信息网已成为减变速机行业最大的行业门户网站。

减速机信息网在产品标准化推广方面也作出了突出贡献。网站工作人员搜集整理了行业内绝大部分减速机产品的标准和样本，通过比对、筛选，编辑整理出版了《减速机标准样本大全》一书，整套书共有10册。该书成为减变速机行业产品规格齐全的工具书，成为减变速机行业统计工作的里程碑。同时，整理减速机及配套产品1 653种，在减速机信息网上公布产品各项参数指标，方便减速机用户查询。减速机信息网还为每种产品邀请了在线报价单位，推荐了供应商，在减速机用户和供应商之间搭建了一个快速、高效沟通的桥梁。

〔撰稿人：中国通用机械工业协会减变速机分会李春丽 审稿人：中国通用机械工业协会减变速机分会王远征〕

2009年分离机械行业概况

2009年，面对低迷的市场，分离机械生产企业变困难为挑战，纷纷调整和制定新的营销战略，积极拓展海外市场，着力打造新的增长点，展现了较强的市场应变能力。2009年下半年，分离机械市场需求已出现缓慢增长，尤其是技术含量高、附加值高的重大技术装备需求量增长更为明显。随着现代高新技术创新成果的应用，分离机械高新技术产品成为市场竞争取胜的关键。

一、生产发展情况

2009年，中国通用机械工业协会分离机械分会统计的18家会员单位完成工业总产值497 973万元，完成工业增加值124 232万元。2009年分离机械分会会员单位工业总产值见表1。

表1　2009年分离机械分会会员单位工业总产值

序号	企业名称	工业总产值（万元）	序号	企业名称	工业总产值（万元）
1	景津压滤机集团有限公司	127 970	10	江苏华大离心机制造有限公司	16 033
2	广州广重企业集团有限公司	82 847	11	江苏牡丹离心机制造有限公司	7 516
3	衡水海江压滤机集团有限公司	74 030	12	浙江轻机实业有限公司	7 173
4	核工业烟台同兴实业有限公司	53 000	13	杭州贝特过滤机有限公司	6 744
5	江苏新宏大集团有限公司	31 144	14	上海航发机械有限公司	4 289
6	重庆江北机械有限责任公司	22 120	15	浙江建华集团过滤机有限公司	4 101
7	江苏赛德力制药机械制造有限公司	20 270	16	蚌埠轻化药机有限责任公司	3 169
8	上海远东制药机械总厂	18 394	17	苏州优耐特机械制造有限公司	1 520
9	杭州兴源过滤科技股份有限公司	16 277	18	杭州化工机械有限公司	1 376

注：表中杭州兴源过滤科技股份有限公司为原杭州兴源过滤机有限公司。

2009 年，景津压滤机集团有限公司从产品设计、技术创新、生产质量管理到质量检验和售后服务实行全过程的ISO9001 质量认证体系管理，组织协调集团公司各部门之间的工作，取得了实质性的效果。2009 年，公司共生产压滤机 8 426 台，出口 55 台整机和 12.4 万块滤板，出口创汇 20 242 万元；产品销售率达到 107%，比上年增长 18%。在销售额大幅增加的情况下，利润总额有所减少，主要是受金融危机和市场原材料价格不稳定的影响，使生产成本有所增加。

江苏新宏大集团有限公司坚持技术创新，走科技兴企、项目兴企之路。公司与贵阳铝镁设计院、南化设计院、中国有色设计总院、中国科学院金属研究所、合肥通用机械研究院过滤分离机械研究所、英国 BEGG COUSLAND 公司、瑞典 SANDVIK 公司和德国 Rauschert Verfahrenstechnik 公司等科研院所、国外企业建立了技术合作关系，并设立了江苏分离机械工程技术研究中心和全国最大的搅拌试验中心。通过近年来的努力，公司先后开发出抽屉式丝网除沫器、波形丝网除沫器、边开门式气体电加热炉、转盘真空过滤机、纤维除雾器、深锥浓密机和立式全自动压滤机等产品。公司每年投入的研发经费不低于主营业务收入的 5%，以确保公司产品在国内外同行中处于优势地位。公司注重产品技术保护工作，已申请专利 44 项，获授权 37 项（其中 7 项为发明专利），使公司产品保持较强的竞争力。2009 年，公司实现主营业务收入 29 947 万元，上缴各项税金 1 447 万元。公司的主流产品——转盘真空过滤机、纤维除雾器和浓密机在国内拥有较高的市场占有率。

衡水海江压滤机集团有限公司秉承“科技兴企、开发强企”的战略决策，走出了一条以申报国家专利和扩大生产基地、开发新产品来占领更广阔市场的路子。公司生产的压滤机有几十种型号、上百种规格，过滤面积 0.2 ~ 1 460m^2，过滤压力 0.4 ~ 1.6MPa。产品应用领域涉及煤炭、矿山、电力、石油开采和炼制、化工、环保、冶金、颜料、染料、医药和食品饮料等行业。2009 年，公司共申报 15 项国家发明和实用新型专利，开发新产品 13 项，使产品类别、规格、型号不断扩大，有效地推动了企业的技术进步和生产发展。

江苏赛德力制药机械制造有限公司始终把开发新产品作为推动企业不断进步的动力。公司以“科技兴企”为立厂之本，不断开发新产品，严抓产品质量，注重产品品牌的创建，各项主要经济指标持续快速发展。近年来，公司投入了上千万元用于改善科研、技术部门的装备、实验条件以及检测设备，引进了一批在行业中具有丰富经验的工程技术人才，使得新产品源源不断地推出并成功投入市场。2009 年，公司生产各类分离机械 1 672 台（套），实现主营业务收入 20 067万元，利税 1 860 万元。产品行销全国 30 多个省（市、自治区），并出口瑞士、德国、阿根廷、印度、马来西亚和印度尼西亚等国家，深受国内外用户欢迎。

2009 年，重庆江北机械有限责任公司主导产品离心机的产量为 696 台（套），订货总额 27 600 万元，同比下降 14%。公司完成工业总产值 22 120 万元，同比增长26.5%；工业增加值 6 980 万元，同比增长 60%；实现主营业务收入 22 000 万元，同比增长 14%。

2009 年，面对金融危机的影响，杭州兴源过滤科技股份有限公司积极应对，经济指标实现持续增长。公司全年完成工业总产值 16 277 万元，工业增加值 7 184 万元，利润总额3 405万元，上缴税金 1 153 万元，较上年均有显著提高。公司主营业务收入为 16 705 万元，同比增长 28.1%。其中，包括麦汁压滤机、悬梁式压滤机、油脂分提隔膜压滤机、城市污泥深度脱水干化一体机在内的高新技术产品收入达 14 200万元，占总收入的 85%。

2009 年，江苏牡丹离心机制造有限公司完成工业总产值 7 516 万元，工业增加值 1 825 万元，主营业务收入 7 032 万元，与上年相比，均有不同程度的增长。

2009 年，浙江轻机实业有限公司主导产品产量 229 台，同比下降 1.29%。公司完成工业总产值 7 173 万元，同比下降 5.16%；工业增加值 2 342 万元，同比增长 8.42%。实现主营业务收入 6 479 万元，同比下降 9.14%；利润总额 815 万元，同比增长 27.2%。

2009 年，上海航发机械有限公司完成工业总产值 4 289 万元，同比增长 23.6%；工业增加值 1 572 万元，同比增长 50.9%。公司生产碟式分离机 91 台，产值 1 600 万元，同比增长 7.53%；销售 73 台，收入 1 600 万元，同比增长8.47%。公司实现主营业务收入 4 008 万元，同比增长18.97%；利润总额 124 万元，同比下降 18.4%。

二、市场及销售

2009 年，分离机械行业 18 家上报统计资料的企业实现主营业务收入 479 712 万元，完成利润总额 46 553 万元。2009 年分离机械分会会员单位主营业务收入见表 2。2009 年分离机械分会利润总额前 5 名企业见表 3。

表 2　2009 年分离机械分会会员单位主营业务收入

序号	企 业 名 称	主营业务收入（万元）
1	景津压滤机集团有限公司	121 910
2	广州广重企业集团有限公司	78 167
3	衡水海江压滤机集团有限公司	70 234
4	核工业烟台同兴实业有限公司	50 000
5	江苏新宏大集团有限公司	29 947
6	上海远东制药机械总厂	22 563
7	重庆江北机械有限责任公司	22 000
8	江苏赛德力制药机械制造有限公司	20 067
9	杭州兴源过滤科技股份有限公司	16 705
10	江苏华大离心机制造有限公司	15 346
11	江苏牡丹离心机制造有限公司	7 032
12	杭州贝特过滤机有限公司	6 544
13	浙江轻机实业有限公司	6 479
14	上海航发机械有限公司	4 008
15	浙江建华集团过滤机有限公司	3 800

（续）

序号	企业名称	主营业务收入（万元）
16	蚌埠轻化药机有限责任公司	2 466
17	苏州优耐特机械制造有限公司	1 520
18	杭州化工机械有限公司	924

表3　2009年分离机械分会利润总额前5名企业

序号	企业名称	利润总额（万元）
1	衡水海江压滤机集团有限公司	11 564
2	景津压滤机集团有限公司	11 230
3	核工业烟台同兴实业有限公司	6 800
4	广州广重企业集团有限公司	3 895
5	杭州兴源过滤科技股份有限公司	3 405

2009年，重庆江北机械有限责任公司在销售开局低迷的严峻形势下，克服各种困难抢抓订单，公司全年实现新增订货23 422万元，同比增长19.7%。尤其是从3月份起，连续10个月月均订货超2 000万元。

2009年，景津压滤机集团有限公司在全国范围内设立19个办事服务处，销售区域配有专业的售后服务人员，对边远地区和交通不方便地区实行上门销售服务。办事服务处存放各种机型的易损零配件，服务人员跟班操作，免费指导安装调试，免费指导操作人员。公司以诚恳待人、勤劳敬业的精神赢得了客户的信赖。2009年，公司产品在国内市场占有率达46%以上，产品主要销往化工、环保、矿山、制药、食品及洗煤行业，占销售总量的87%。产品主要出口美国、德国、意大利、法国、俄罗斯、乌克兰、克罗地亚、日本、韩国、泰国、印度、巴基斯坦、沙特阿拉伯、刚果(金)、津巴布韦等国家和中国台湾地区。

杭州兴源过滤科技股份有限公司拥有一支由销售工程师组成的专家型营销团队，通过强化专家营销体系，向用户提供专业化的固液分离技术解决方案。2009年，公司积极参加国内、国际行业学术交流活动，组织人员参加10多次学术会议，在国际、国内学术会议和核心期刊上发表10篇学术论文，增强了公司的影响力。公司经过资本重组以后，借助并购重组推进体制创新和结构优化，进而进行技术创新、团队创新、管理创新和文化创新，实施知识产权战略、品牌战略和标准化战略，在产品、场地、设备、人员等基本资源要素没有显著增加的情况下，从2004年亏损20多万元到2009年实缴税金1 153万元，实现利润总额3 405万元。公司连续5年快速发展，成为中小企业转型升级、创业创新的典范。

2009年，江苏赛德力制药机械制造有限公司为进一步拓展发展空间，与多家国外知名离心机厂家进行了技术交流与合作洽谈。公司与瑞士福莱姆公司合作生产的离心设备已成功组装并通过各项性能测试，完全符合国际技术标准，获得了国外合作商的肯定，现已投入批量生产。

2009年，浙江轻机实业有限公司生产的LX—460胶乳分离机、LX—560胶乳分离机、P—85双级推料离心机、P—60双级推料离心机、P—500双级推料离心机和P—40双级推料离心机等主导产品共销售212台，销售收入4 045万元。公司在确保国内销售的基础上，将战略眼光投向国际分离机械市场。以高质量的产品、优良的售后服务和灵活的经营策略赢得了国外广大用户的信赖，出口销量逐年上升，取得了较好的经济效益。公司生产的“西湖”牌LX—460、LX—560乳胶分离机在东南亚及周边国家享有较高的声誉，产品已远销泰国、印度、新加坡、印度尼西亚、马来西亚、巴西、尼日利亚、约旦、埃及、俄罗斯、韩国、澳大利亚、南非和美国等国家。

上海航发机械有限公司的产品在国内主要销往华南、华北、华东和西南等地区，产品主要出口越南、泰国、哈萨克斯坦、印度和印度尼西亚等国家。2009年，受金融危机的影响，碟式分离机在上半年的销售量严重萎缩。公司及时调整销售策略，加大国外销售力度，对用户做到安装指导、安全培训、定期随访，发现问题及时处理，碟式分离机在国外销售取得明显增长，全年出口创汇187万美元。

三、科研成果及新产品

2009年，分离机械行业企业加大了科研投入力度，不断加快新产品开发步伐，研制出了一大批高科技含量、高附加值的新产品，增强了整个行业的发展信心和发展后劲。2009年，分离机械分会18家会员单位完成新产品产值132 696万元。2009年分离机械分会新产品产值前10名企业见表4。

表4　2009年分离机械分会新产品产值前10名企业

序号	企业名称	新产品产值（万元）
1	景津压滤机集团有限公司	55 260
2	重庆江北机械有限责任公司	16 150
3	杭州兴源过滤科技股份有限公司	14 649
4	江苏赛德力制药机械制造有限公司	13 784
5	江苏华大离心机制造有限公司	10 450
6	上海远东制药机械总厂	6 821
7	广州广重企业集团有限公司	6 161
8	浙江轻机实业有限公司	4 498
9	核工业烟台同兴实业有限公司	3 000
10	蚌埠轻化药机有限责任公司	1 268

2009年，重庆江北机械有限责任公司以市场为导向，以满足用户需求为目的，全年完成新产品设计12项，投入试制1项，老产品改进设计12项；完成新工艺、新技术、新材料推广应用8项；完成客户化产品技术准备180项，处理特殊订货500余项；完成双革四新、节能降耗38项。全年新产品产值率超过70%。

2009年，浙江轻机实业有限公司完成了P—100/2双级推料离心机的试制任务；完成了DBP—450可控活塞排渣型碟式分离机的研制，完成P系列NC型双级推料离心机的研制，带有4项专利技术(其中新申请专利3项)；完成2台

P—500 机型 904L 新材料的研制，解决了新材料焊接、加工等问题。上述新产品的关键技术均申请有实用新型专利，有的还应用了公司现有的自主知识产权。

江苏华大离心机制造有限公司按 GMP 规范设计生产的 GKF 系列卧式刮刀卸料自动离心机采用隔墙式安装结构，具有高度自动化控制、在位清洗、防爆、密闭、可靠性好等优点，主要应用于制药、医药中间体等行业。LW 系列卧式沉降自动离心机主要应用于石油化工、城市污水处理行业。

上海航发机械有限公司同部分重点大学、相关研究所建立了技术协作关系，共同研发具有自主知识产权的新材料、新工艺、新产品，使产品技术质量达到世界先进水平。公司已取得 9 项专利，其中发明专利 2 项、实用新型专利 7 项。

四、基本建设及技术改造

2009 年，重庆江北机械有限责任公司固定资产投资 679 万元，其中基本建设投资 449 万元，技术更新改造投资 230 万元。公司成立项目发展领导小组，并抽调专人成立项目建设指挥部，保证技改项目扎实推进。分离机械产业化基地项目已得到重庆机电集团和重庆机电股份公司的充分肯定，第一期 3 900 万元项目资金已经审批，已进入实施阶段。同时，公司争取到的国家拉动内需的“大化工用关键设备——分离机械产业化基地技改”项目已通过国家相关机构的评审待批。公司在 2009 年还顺利完成“三大化工装备用离心机技术改造”项目，并通过了上级验收。

2009 年，景津压滤机集团有限公司对隔膜片的生产线进行技术改造，提高了产品质量，降低了生产成本。该项目新建的轻钢结构生产车间建筑面积 4 800m^2，购进 HTK2800 型注塑成型机设备 4 台、生产隔膜片定型机 20 台，增加各种型号的隔膜片模具 8 套，增加技术工人 60 人。为确保项目顺利进行，公司设专人检查各个环节进度，随时检查产品质量，保证外协、外购供应到位。该改造项目的生产车间于 6 月份竣工验收，7 月份设备安装完毕，8 月份正式投产。经过改造后，隔膜片的生产效率提高了 12 倍，成品率超过 99%，完全达到了预期的要求。

2009 年，衡水海江压滤机集团有限公司为扩大企业规模和增加生产力，投资近 3 亿元在衡水高新技术开发区建设新厂区，使企业生产规模扩大一倍多。

2009 年，杭州兴源过滤科技股份有限公司“年产 100 台(套)全自动压滤机”项目通过浙江省高技术产业项目验收，标志着公司产能进一步提升。同时，完成“年产 100 台(套)污泥深度脱水干化一体机”技改项目备案，预计 2010 年底完成，可满足污泥深度脱水干化一体机的市场需求。

浙江轻机实业有限公司所属的浙江轻机分离机制造有限公司的分离机制造项目被杭州市经济委员会列入杭州市装备制造业调整和振兴三年行动计划重点项目。该项目的生产厂位于富阳市东洲工业功能区，总投资 2 亿元。该项目设计生产用房约 2 万 m^2(大部分厂房层高 8m 以上)，行政办公、生活配套及仓库超过 3 000m^2，预计土建工程投资 2 500万 ~ 3 000 万元。该项目以分离机械及相关产品的设计、生产为主，近期(达产后 1 ~ 2 年)目标年产值 5 000 万元，中远期(达产后 3 ~ 5 年)目标年产值 1.5 亿元以上。

2009 年，江苏牡丹离心机制造有限公司申报张家港市技术改造专项(贴息)资金，用于购置关键设备进行高新技术产品加工装配技术改造项目，现顺利完成投产运行。本项目属现址扩建技术改造，项目总投资 2 000 万元(其中固定资产投资 1 800 万元)，可年产离心机 4 000 台。建设内容及规模：购置万能铣床、万能外圆磨床、立式车床等国产设备 125 台(套)，新建 3 000m^2 装配车间，以满足产品向大型化发展的需要，同时提高产品的加工和装配精度，使研发的新产品能达到世界先进水平，可以替代进口产品。

五、企业管理及改革

2009 年 6 月，杭州兴源过滤机有限公司整体改制为杭州兴源过滤科技股份有限公司，增加公司审计部、人力资源部、监事会和董事会办公室；调整企业组织架构，成立环保事业部，加快推进污泥深度脱水干化一体机的研发、生产和销售。

2009 年，重庆江北机械有限责任公司加大了内控工作体系的建设力度，对财务管理、资金管理、项目管理及招投标管理等方面的内控工作机制进行了全面清理，对内控体系的风险进行了评估。企业内控体系基本形成，内控工作总体良好，各项机制运行有序。在精细管理的总体要求下，各类降本增效措施收到了良好的效果：生产环节严格以销定产、以产定购，加强物资采购计划管理，坚持比价采购等举措切实降低制造成本，效果显著；公司流动资金状况有了明显好转，被银行评级授信为 AA 级单位。根据公司人力资源状况和发展需求，加大了员工的引进、教育和培训力度，引进大中专学生和技能操作者 48 人，组织举办班组长培训班等内部培训 12 期，组织参加机电股份 TPS 特训营培训和特种作业人员上岗培训等外培活动，较好地满足了当期企业生产经营需要，并为企业下一步发展储备了人才。

2009 年，浙江建华集团过滤机有限公司通过切实转变观念、改变理念，以应对金融危机造成的市场萎缩。公司采取多种形式提高生产效率，加强内部生产现场管理，推行 5S 现场管理颇有成效；深入细致地开展安全生产宣传和检查工作，取得了重大责任事故为零、重大设备事故为零的成效。公司大力倡导节流降耗，开展清洁生产，通过优化产品结构降低材料成本及工时消耗；通过新设备新工艺的应用，优化生产工艺，提高劳动效率。同时，为顺应国家节能降耗的环保要求，公司引进先进的节能技术改造塑料挤出机，实现单机节电率 40% 左右，达到了节能降耗的目的。2009 年，公司高层领导班子按年轻化、知识化、专业化的要求进行了人员结构调整，提升了公司的整体管理水平。新一届管理层站在增强市场竞争力的高度，进一步规范管理，建立并完善相关管理制度，通过员工执行力的提升，提高了公司的整体运作效率。

〔撰稿人：中国通用机械工业协会分离机械分会张德友〕

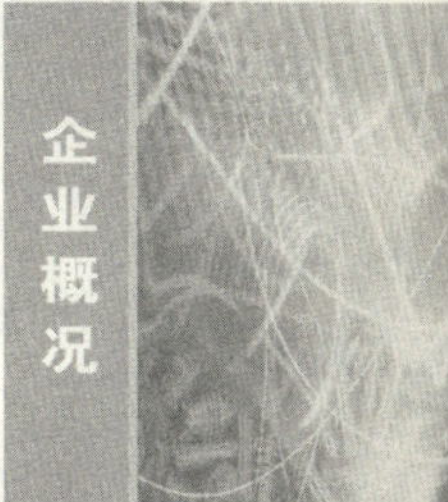

分析2009年通用机械产品进出口情况，公布2009年部分通用机械产品进出口数据

Analyzing the import and export of general machinery products in 2009, announcing the import and export data of a part of general machinery products in 2009

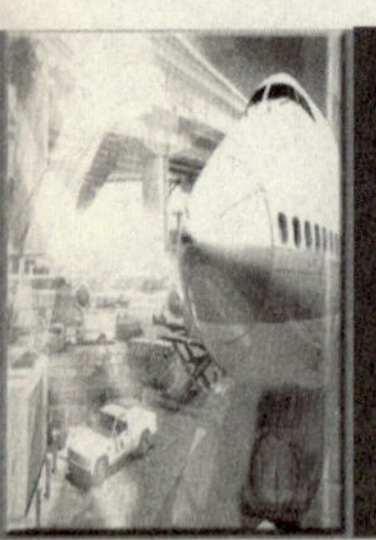

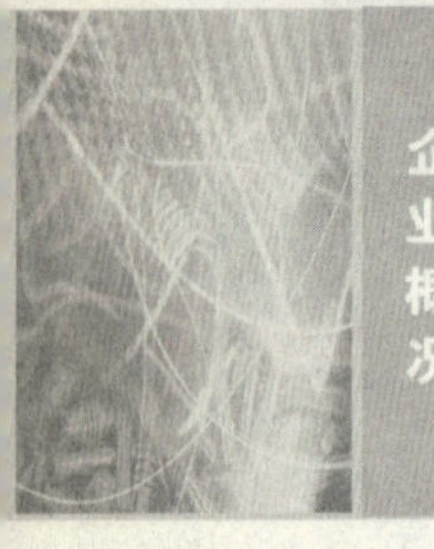

产品进出口

2009年通用机械产品进出口分析与需要采取的措施

一、2009年通用机械产品进出口分析

据海关统计，2009年通用机械产品（按中国机械工业联合会统计范围）进出口总额516.32亿美元，比上年下降13.86%。其中进口额219.39亿美元，比上年下降5.34%；出口额296.93亿美元，比上年下降19.22%。进出口顺差77.54亿美元，比上年顺差135.83亿美元减少58.29亿美元。受国际金融危机的影响，进出口额全面下降，尤其是出口额下降幅度更大。

12大类产品进出口额与上年相比，有9种产品下降，其中下降20%以上的有3种：塑料机械进出口总额为24.37亿美元，比上年下降32.57%；空气调节器进出口总额为66.03亿美元，比上年下降27.35%；制冷机械进出口总额为52.02亿美元，比上年下降20.68%。其他产品下降的有泵、制冷或空气调节用压缩机、风机和压缩机、过滤净化设备、印刷装订机械和各种阀门。进出口额增长的有3种：传动装置、干燥和蒸馏设备、空气分离设备。2009年通用机械按大类产品进出口统计见表1。

表1　2009年通用机械按大类产品进出口统计

产品类别	进出口		进口		出口	
	金额（亿美元）	比上年增长（%）	金额（亿美元）	比上年增长（%）	金额（亿美元）	比上年增长（%）
泵	61.31	-8.64	32.18	-5.38	29.13	-11.99
制冷或空气调节用压缩机	21.73	-11.29	8.65	-12.66	13.08	-10.36
风机、压缩机	49.94	-1.02	29.60	6.51	20.34	-10.26
空气调节器	66.03	-27.35	2.33	-9.21	63.70	-27.88
制冷机械	52.02	-20.68	6.56	-46.50	45.46	-14.75
干燥、蒸馏设备	20.38	4.10	14.65	15.42	5.73	-16.76
空气分离设备	15.29	1.14	9.41	-3.24	5.88	9.04
过滤净化设备	32.34	-5.31	19.66	-10.76	12.68	4.60
印刷装订机械	17.11	-14.86	12.74	-11.50	4.37	-23.34
塑料机械	24.37	-32.57	14.90	-33.82	9.47	-30.52
阀	126.28	-15.11	50.76	-0.70	75.52	-22.65
传动装置	29.52	9.42	17.95	40.76	11.57	-18.66

12大类产品进出口情况如下：

1. 各种泵

（1）2009年进口额为32.18亿美元，比上年下降5.38%。

14种产品进口增长，增速快的首先是液压回转式叶片泵，进口额为932.59万美元，比上年增长204.92%；其次是回转式轴向柱塞泵，进口额为4 165.37万美元，比上年增长181.32%；再次是回转式螺杆泵，进口额为3 178.26万美元，比上年增长83.31%；最后是液压往复式柱塞泵，进口额为6 226.36万美元，比上年增长46.5%。进口增长的还有混凝土泵、电动或气动往复式排液泵、齿轮泵及空气泵等。15种产品进口下降，液体提升机及其零件下降幅度最大，达50%以上，进口下降的其他产品还有内燃发动机用燃油泵、手泵、电动叶片泵和真空泵等。

（2）2009年出口额为29.13亿美元，比上年下降11.99%。

11种产品出口增长，增速快的首先是液压回转式叶片泵，出口额为240.08万美元，比上年增长132.1%；其次是回转式螺杆泵，出口额为1 414.35万美元，比上年增长130.86%。出口增长的还有手泵、齿轮泵、电动回转式叶片泵和回转式径向柱塞泵等。18种产品出口下降，下降幅度大的有混凝土泵、往复式排液泵、离心泵、真空泵和液体提升机及其零件等。

2. 制冷或空气调节用压缩机

（1）2009年进口额为8.65亿美元，比上年下降12.66%。

除1种产品（非电动机驱动的制冷设备用压缩机）进口增长外，其他7种产品都下降。进口下降最多的是电动机驱动的其他制冷设备用压缩机（商品税号84143019），进口额为0.91亿美元，比上年下降34.25%；其次是空调用压缩机（0.4kW < P ≤5kW，P为电动机功率），进口额为2.26亿美元，比上年下降22.78%；再次是P≤0.4kW的冷藏、冷冻箱压缩机，进口额为1.59亿美元，比上年下降18.96%。此外，装在拖车底盘上的空气压缩机，进口金额不多，但也

下降27.7%。

(2)2009年出口额为13.08亿美元,比上年下降10.36%。

2种小功率($P \leqslant 5kW$)制冷用压缩机出口有所增长,其他6种产品都下降。出口下降最多的是电动机驱动的其他制冷设备用压缩机(商品税号84143019),出口额为0.62亿美元,比上年下降33.1%;其次是非电动机驱动的制冷设备用压缩机,出口额为1.27亿美元,比上年下降32.64%;再次是空调用压缩机,出口额为6.57亿美元,比上年下降7.39%。

3.风机、压缩机

(1)2009年进口额为29.60亿美元,比上年增长6.51%。

4种产品进口增长,增速较快的是二氧化碳压缩机,进口85台,进口额为3 633.54万美元,比上年增长198.26%。离心通风机进口额为1.2亿美元,比上年增长0.77%,增速较缓慢。5种产品进口下降,主要是除离心通风机以外的各种零件。

(2)2009年出口额为20.34亿美元,比上年下降10.26%。

3种产品出口增长,出口增速快的是二氧化碳压缩机和燃气轮机用发生器。6种产品出口下降,主要是除离心通风机以外的风机以及风机、压缩机的零件。

4.空气调节器

(1)2009年进口额为2.33亿美元,比上年下降9.21%。

5种产品进口增长,增速快的是车辆用空调器,进口额为2 755.64万美元,比上年增长177.1%;其次是制冷量为4 000kcal/h(1kcal=4 186.8J)及以下分体窗式或壁式空调器,进口额为157.97万美元,比上年增长51.3%。5种产品进口下降,主要是装有冷热换向阀的空调器及各种设备的零件。

(2)2009年出口额为63.70亿美元,比上年下降27.88%。

除车辆用空调器出口增长外,其他空调器出口全面下降,尤其是空调器零件和分体式空调器出口额减少较多。制冷量为4 000kcal/h及以下的分体式空调出口额为18.57亿美元,比上年出口额26.25亿美元减少7.68亿美元;空调器零件出口额为12.34亿美元,比上年出口额17.16亿美元减少4.82亿美元;制冷量为4 000kcal/h以上分体式空调器出口额为9.18亿美元,比上年出口额11.95亿美元减少2.77亿美元。

5.制冷机械

(1)2009年进口额为6.56亿美元,比上年下降46.5%。

9种产品进口增长,增速快的主要是容积为50L及以下的家用型冷藏箱和其他家用型冷藏箱。16种产品进口下降,除容积为900L及以下的立式冷冻箱($t \leqslant -40℃$)外,其他冷冻箱全面下降。压缩式热泵进口10 421台,进口额为8 006.95万美元,比上年下降75.99%;其他制冷机组进口额为2.79亿美元,比上年下降48.9%。

(2)2009年出口额为45.46亿美元,比上年下降14.75%。

11种产品出口增长,各种容积的冷藏—冷冻组合机全面增长,其中容积大于200L且不超过500L的冷藏—冷冻组合机出口最多,出口额达7.73亿美元,比上年增长2.06%;其次是容积为500L及以下的柜式冷冻箱($t > -40℃$)出口额为3.78亿美元,比上年增长19.75%。14种产品出口下降,热泵和其他制冷机组出口全面下降,其他制冷机组出口额为4.08亿美元,比上年下降11.86%;制冷机械零件出口额为4.04亿美元,比上年下降21.28%。

6.干燥、蒸馏设备

(1)2009年进口额为14.65亿美元,比上年增长15.42%。

4种产品进口增长,主要是提净塔和其他干燥器。4种产品进口下降,农产品干燥器以及木材、纸浆或纸板干燥器进口大幅度下降,分别比上年下降47.28%和39.16%。

(2)2009年出口额为5.73亿美元,比上年下降16.76%。

2种产品出口增长,主要是精馏塔和其他蒸馏设备。6种产品出口下降,各种干燥器全面下降,木材、纸浆或纸板干燥器以及陶瓷坯件干燥器出口下降幅度都在50%以上。

7.空气分离设备

(1)2009年进口额为9.41亿美元,比上年下降3.24%。

大型制氧机进口大幅下降,小型制氧机进口大幅增长。制氧量为1.5万m^3/h以下的制氧机进口612台,进口额为578.2万美元,金额比上年增长67.07%。热交换装置进口额为8.39亿美元,比上年下降10.75%。

(2)2009年出口额为5.88亿美元,比上年增长9.04%。

制氧量为1.5万m^3/h及以上的制氧机出口76台,出口额为1.12亿美元,金额比上年增长314.81%。制氧量为1.5万m^3/h以下的制氧机出口5 125台,出口额为1.42亿美元,金额比上年增长94.37%。热交换装置出口额为2.7亿美元,比上年下降20.86%。

8.过滤净化设备

(1)2009年进口额为19.66亿美元,比上年下降10.76%。

5种产品进口增长,增速较快的主要有两类产品,一是内燃发动机的排气过滤及净化装置,进口额为7 785.85万美元,比上年增长71.29%;二是工业用静电除尘器,进口额为4 523.33万美元,比上年增长55.43%。11种产品进口下降,下降较多的主要有两类产品,一是固液分离机,进口额为1.25亿美元,比上年下降26%;二是非家用型水的过滤、净化机器及装置,进口额为1.68亿美元,比上年下降28.39%。

(2)2009年出口额为12.68亿美元,比上年增长4.6%。

压滤机等过滤设备出口普遍增长,其中液体过滤净化设备出口额为2.05亿美元,比上年增长35.87%;内燃发动机的进气过滤器出口额为5 422.26万美元,比上年增长33.73%;工业用静电除尘器出口额为5 276.22万美元,比上年增长15.7%。出口下降的主要是脱水机、离心机和其他工业用除尘器等。

9. 印刷装订机械

(1) 2009 年进口额为 12.74 亿美元，比上年下降11.5%。

进口量多、又比上年增长的有两类印制机，一是平张纸进料式四色胶印机，进口574台，进口额为3.29亿美元，金额比上年增长11.45%；二是数字式喷墨印刷机（可连接网络），进口119 501台，进口额为1.34亿美元，金额比上年增长13.87%。

(2) 2009 年出口额为 4.37 亿美元，比上年下降23.34%。

出口高速增长的有两类印制机，一是办公室用小胶印机，出口131台，出口额为71.55万美元，金额比上年增长241.69%；二是激光印刷机（可连接网络），出口607台，出口额为243.44万美元，金额比上年增长192.63%。

10. 塑料机械

(1) 2009 年进口额为 14.90 亿美元，比上年下降33.82%。

除个别产品（其他注塑机）外，塑料机械进口全面下降。进口量最多的注塑机达5 274台，进口额为5.2亿美元，金额比上年下降41.37%；吹塑机进口234台，进口额为1.79亿美元，金额比上年下降29.79%；塑料造粒机进口128台，进口额为1.24亿美元，金额比上年下降14.52%；塑料中空成型机进口71台，进口额为1 795.35万美元，金额比上年下降35.39%；塑料机械零件进口额为2.28亿美元，比上年下降22.89%。

(2) 2009 年出口额为 9.47 亿美元，比上年下降30.52%。

除其他注塑机和吹塑机出口略有增长外，其他产品出口出现不同程度的下降。出口最多的注塑机为10 989台，出口额为3.59亿美元，金额比上年下降34.29%；其他挤出机出口3 716台，出口额为1.43亿美元，金额比上年下降31.48%；塑料机械零件出口额为1.87亿美元，比上年下降41.62%。

11. 各种阀门

(1) 2009 年进口额为 50.76 亿美元，比上年下降0.70%。

减压阀、止回阀及龙头、旋塞进口增长。减压阀进口额为1.9亿美元，比上年增长0.26%；止回阀进口额为3.41亿美元，比上年增长18.63%；龙头、旋塞进口额为1.33亿美元，比上年增长25.31%。两种传动阀进口下降，其中，油压传动阀进口额为5.65亿美元，比上年下降12.54%；气压传动阀进口额为3.58亿美元，比上年下降10.2%。阀门零件进口额为4.59亿美元，比上年下降14.3%。

(2) 2009 年出口额为 75.52 亿美元，比上年下降22.65%。

所有产品出口全面下降。下降金额最多的是其他阀门（除传动阀、减压阀、止回阀和安全阀），出口额为30.4亿美元，比上年减少10亿美元，下降24.8%；其次是阀门零件，出口额为11.44亿美元，比上年减少5.24亿美元，下降31.4%；再次是龙头旋塞，出口额为22.51亿美元，比上年减少3.43亿美元，下降13.2%。

12. 传动装置

(1) 2009 年进口额为 17.95 亿美元，比上年增长40.76%。

进口额最多的是齿轮、变速传动装置和滚珠螺杆传动轴，进口额达11.39亿美元，比上年增长85.14%；其次是行星齿轮减速器，进口额为2.71亿美元，比上年下降3.16%。

(2) 2009 年出口额为 11.57 亿美元，比上年下降18.66%。

出口额最多的是齿轮、变速传动装置和滚珠螺杆传动轴，出口额达6.05亿美元，比上年增长9.17%；其次是飞轮及滑轮，出口额为2.47亿美元，比上年下降36.41%。

二、需要采取的措施

由于受国际金融危机的影响，通用机械行业利润率较低，微利企业占很大比例。据对一些出口企业的了解，当前国际市场需求仍处疲软状态，钢材、铜等原材料价格上涨，企业职工劳动收入不断提高，企业应缴的各种社会费用增加（如养老保险金等），一些国家贸易保护主义抬头，出口形势十分严峻。

当前，通用机械产品出口也有许多有利条件。世界经济总体上将呈不断起伏、逐步回升的趋势，欧、美、日等发达经济体经济情况开始缓慢好转，我国企业在开拓其他潜在市场方面也取得了成效（如印度、东盟等），通用机械产品的市场需求会有所增加。另外，我国政府将继续采取多项政策措施，加大宏观调控力度，稳定出口退税政策；完善出口信用保险政策，提高出口信用保险覆盖率，降低保险费率；通过国际经济合作和我国政府对外优惠贷款（买方信贷或卖方信贷），积极创造条件发展大型成套项目出口；大力解决并扩大中小企业外贸融资担保；抓紧实施货物贸易人民币结算试点；支持各类所有制企业“走出去”，以带动出口等。为此，建议采取以下措施：

1. 巩固劳动密集型产品出口优势

不断提高国际市场需求较多、我国具有优势的劳动密集型产品（如部分液体泵、气体压缩机、一般风机、空气调节器、过滤净化设备、各种阀门及零件等）的质量，努力创造品牌，巩固和扩大国际市场份额。

2. 继续优化出口产品结构，逐步改变当前劳动密集型、低附加值产品占主要地位的局面

一方面要提升现有产品的技术档次，由低档向中高档产品发展。如普通离心泵向专用型齿轮泵、柱塞泵、潜油泵发展，普通胶印机向高档胶印机提升等。另一方面要加大对高技术含量、高附加值产品的开发研制力度，发展具有自主知识产权的产品（尤其是重大技术装备、节能产品等），重视产品技术标准的不断完善和提高，努力向国际标准或国际先进技术标准靠拢和转化，提高国际竞争力。努力扩大具有竞争力的节能产品出口，减少高耗能、高污染产品的出

口，高耗能的铸件、锻件出口要向深加工发展，提高技术含量。

3. 加工贸易要转型升级并向中西部地区转移

2009年，通用机械加工贸易出口额为130.96亿美元，占通用机械产品出口总额的38.85%，比重很大。从通用机械加工贸易的产品结构看，有一些技术含量较高的产品，但多数仍属于低附加值产品，如普通液体泵、风机、阀门及零件等。为此，需要努力推进加工贸易的转型升级，逐步增加技术含量和国内增值比重；将其中的部分贴牌产品逐步转入自主品牌出口；要创造条件，将部分加工贸易逐步转型为一般贸易出口并向中西部地区转移，充分发挥中西部地区劳动力成本较低的优势。

4. 提高部分通用机械产品的出口退税率

通用机械产品的出口退税率在2008年两次提高的基础上，2009年又有了提高。经过多次提高后，当前通用机械产品出口退税率情况如下：

(1)各种液体泵和多数液体提升机出口退税率已提高到15%。

(2)鼓风机和离心通风机出口退税率已提高到15%～17%。

(3)制冷机械、空气调节器以及这些机械的压缩机出口退税率已提高到17%，其零件出口退税率已提高到15%。

(4)过滤净化设备出口退税率已提高到15%。

(5)空气分离设备出口退税率已提高到15%～17%。

(6)多数印刷装订机械出口退税率已提高到15%。

(7)阀门和传动装置出口退税率已提高到15%。

(8)塑料机械出口退税率没有提高，仍为13%。

当前，还有少数技术含量较高的通用机械产品出口退税率偏低，建议适时予以提高。如二氧化碳压缩机、加氢反应器、卷取进料式胶印机、平张纸进料式胶印机、吹塑机和塑料中空成型机等。这些产品技术含量高，制造难度大，建议将二氧化碳压缩机、塑料中空成型机、吹塑机的出口退税率由现行的13%提高到17%，将其余产品的出口退税率由现行的15%提高到17%，以鼓励出口，促进产业优化升级。

5. 积极应对人民币升值对出口的影响

我国从2005年实行汇率改革以来，人民币一直在升值，截至2010年3月已升值21%。

从人民币汇率的长期趋势来看，升值有助于我国在国际交换中获取更多利益，对国家经济发展是有利的。但是，人民币的升值应当是一个长期、缓慢且逐步升值的过程。尽管升值对进口有利，但对出口来说负面影响较大。在当前形势下，汇率应当有升有降，要根据我国经济发展形势来灵活调整，不能因为国外的压力大就升值，要从我国自身的经济发展情况出发，慎重应对。

我国的进出口贸易一直习惯以美元计价签约并结算。2005年7月起实行的新的汇率机制，为非美元的其他货币计价签约并结算提供了新的途径。进出口企业要增强风险意识，提高适应能力，培养专业人才，关注外汇市场上各主要币种汇率的变化，学会在汇率变化的市场中，选择计价签约并结算的外币币种，特别要注意把握结汇时机。近来一个重要信息是，不少外商愿意用人民币结算。我国企业与澳大利亚客户已实现首笔跨境贸易人民币结算业务。东盟、俄罗斯、巴西等众多企业也希望用人民币结算。

根据新的汇率，有关企业要考虑是否应提高出口报价，或增加易损备件和易耗材料供应，以弥补人民币升值出现的差额。同时，要善于综合运筹外汇现汇账户，衔接好出口收汇和进口用汇，减少汇差损失和手续费开支。

〔撰稿人：郑国伟〕

2009年通用机械产品进口情况

商品税号	商品名称	单位	数量	金额（万美元）	金额比上年增长（%）
84131100	分装燃料或润滑油的计量泵，加油站或车库用	台	9 170	541.98	-7.44
84131900	其他装有或可装计量装置的液体泵	台	346 280	14 983.64	28.36
84132000	手泵，但装有或可装计量装置者除外	台	13 645 148	1 276.71	-19.91
84133029	其他活塞式内燃发动机用燃油泵	台	3 474 485	20 204.92	-20.80
84134000	混凝土泵	台	290	975.56	22.66
84135010	气动往复式排液泵	台	30 185	2 600.32	6.47
84135020	电动往复式排液泵	台	4 080 930	15 400.45	19.99
84135031	液压往复式柱塞泵	台	30 179	6 226.36	46.50
84135039	其他液压往复式排液泵	台	1 957 362	35 025.89	-13.65
84135090	未列名往复式排液泵	台	452 819	3 511.55	-32.73

（续）

商品税号	商品名称	单位	数量	金额（万美元）	金额比上年增长（%）
84136021	电动回转式齿轮泵	台	64 580	2 251.29	4.36
84136022	液压回转式齿轮泵	台	45 598	2 449.64	26.05
84136029	其他回转式齿轮泵	台	207 030	4 999.50	25.55
84136031	电动回转式叶片泵	台	489 227	1 932.05	-29.65
84136032	液压回转式叶片泵	台	13 330	932.59	204.92
84136039	其他回转式叶片泵	台	270 315	2 647.09	117.72
84136040	回转式螺杆泵	台	13 849	3 178.26	83.31
84136050	回转式径向柱塞泵	台	686	520.13	-16.36
84136060	回转式轴向柱塞泵	台	17 711	4 165.37	181.32
84136090	其他回转式排液泵	台	1 844 201	20 744.56	-15.04
84137010	转速在10 000r/min及以上的离心泵	台	84 878	8 747.85	-4.86
84137091	转速在10 000r/min以下离心电动潜油泵及潜水电泵	台	40 703	4 929.71	19.08
84137099	转速在10 000r/min以下的其他离心泵	台	1 537 825	63 024.07	-0.81
84138100	未列名液体泵	台	12 025 546	34 476.42	-14.13
84138200	液体提升机	台	2 429	459.27	-54.70
84139100	液体泵零件	kg	17 498 653	45 768.68	-7.65
84139200	液体提升机零件	kg	71 070	263.21	-53.09
84141000	真空泵	台	599 934	18 672.13	-25.66
84142000	手动或脚踏式空气泵	台	1 862 513	876.83	21.36
84143011	冷藏、冷冻箱压缩机，电动机功率 $P \leqslant 0.4$kW	台	4 504 694	15 920.59	-18.96
84143012	0.4kW < $P \leqslant$ 5kW的冷藏或冷冻箱用压缩机	台	444 880	3 445.68	-5.67
84143013	0.4kW < $P \leqslant$ 5kW的空气调节器用压缩机	台	3 992 299	22 594.25	-22.78
84143014	P > 5kW的空气调节器用压缩机	台	202 091	10 089.54	-3.67
84143015	P > 5kW的冷藏或冷冻箱用压缩机	台	20 123	3 179.35	-8.94
84143019	电动机驱动的其他制冷设备用压缩机	台	1 178 628	9 143.03	-34.25
84143090	非电动机驱动的制冷设备用压缩机	台	1 550 883	19 783.53	28.77
84144000	装在拖车底盘上的空气压缩机	台	1 697	2 360.62	-27.70
84145930	离心通风机	台	1 350 008	11 970.24	0.77
84145990	其他风机、风扇	台	180 350 006	66 366.10	-10.14
84148010	燃气轮机用的自由活塞式发生器	台	46	38.32	422.78
84148020	二氧化碳压缩机	台	85	3 633.54	198.26
84148030	发动机用增压器	台	160 693	13 967.35	-7.73
84148090	其他空气泵，气体压缩机，通风罩、循环气罩	台	7 898 439	173 305.66	21.46
84149011	84143011～84143014、84143090压缩机进、排气阀片	kg	450 700	602.20	-28.65
84149019	84143011～84143014、84143090其他零件	kg	21 504 283	22 279.75	-15.70
84149020	84145110～84145199及84146000机器零件	kg	3 114 159	3 801.50	-34.64
84151010	独立窗式或壁式空气调节器	台	14 991	597.19	20.11
84151021	制冷量≤4 000kcal/h分体窗式或壁式空调	台	3 305	157.97	51.30
84151022	制冷量>4 000kcal/h分体窗式或壁式空调	台	2 546	1 221.99	-11.29
84152000	机动车辆上供人使用的空气调节器	台	75 071	2 755.64	177.10
84158110	装冷热换向阀空调器，制冷量≤4 000kcal/h	台	347	196.57	-40.21
84158120	装冷热换向阀空调器，制冷量>4 000kcal/h	台	3 411	5 156.50	-26.44
84158210	其他空气调节器，制冷量≤4 000kcal/h	台	473	160.44	16.30
84158220	其他空气调节器，制冷量>4 000kcal/h	台	9 151	5 585.72	6.58
84158300	未装有制冷装置的空气调节器	台	5 522	982.25	-54.56
84159010	84151000、84158110及84158210设备的零件	kg	2 663 117	6 508.73	-16.93
84181010	各自装门的冷藏—冷冻组合机，容积>500L	台	63 218	5 279.99	-18.02

（续）

商品税号	商品名称	单位	数量	金额（万美元）	金额比上年增长（%）
84181020	200L＜容积≤500L 的冷藏—冷冻组合机	台	26 549	1 806.91	-13.27
84181030	容积≤200L 的冷藏—冷冻组合机	台	4 145	284.13	2.65
84182110	容积超过 150L 的压缩式家用型冷藏箱	台	1 800	120.05	14.88
84182120	50L＜容积≤150L 的压缩式家用型冷藏箱	台	3 538	135.28	3.35
84182130	容积不超过 50L 的压缩式家用型冷藏箱	台	2 885	134.14	168.98
84182910	半导体制冷式家用型冷藏箱	台	1 084	36.23	72.11
84182920	电气吸收式家用型冷藏箱	台	1 204	15.98	-66.24
84182990	其他家用型冷藏箱	台	480	34.20	256.62
84183010	$t \leq -40$℃的柜式冷冻箱，容积≤800L	台	310	151.82	-9.86
84183021	$t > -40$℃的柜式冷冻箱，500L＜容积≤800L	台	189	57.82	-9.02
84183029	$t > -40$℃的柜式冷冻箱，容积≤500L	台	345	36.74	-65.68
84184010	$t \leq -40$℃的立式冷冻箱，容积≤900L	台	3 391	1 645.97	29.71
84184021	$t > -40$℃的立式冷冻箱，500L＜容积≤900L	台	102	48.27	-40.98
84184029	$t > -40$℃的立式冷冻箱，容积≤500L	台	226	46.97	-50.40
84185000	其他冷藏或冷冻设备	台	4 467	1 431.06	3.11
84186120	压缩式热泵	台	10 421	8 006.95	-75.99
84186190	其他热泵	台	423	403.39	-24.95
84186920	其他制冷机组	kg	14 665 882	27 974.06	-48.90
84186990	未列名制冷设备	kg	2 398 179	9 490.82	-10.25
84189100	冷藏或冷冻设备专用的特制家具	kg	19 473	25.50	2.49
84189910	制冷机组及热泵的零件	kg	634 858	1 485.65	-22.18
84189991	$t \leq -40$℃的冷冻设备的零件	kg	28 772	83.53	-34.80
84189992	$t > -40$℃，容积＞500L 的冷藏冷冻设备零件	kg	157 221	295.10	-26.45
84189999	8418 设备的未列名零件	kg	3 872 055	6 589.94	-23.79
84193100	农产品干燥器	台	477	1 142.80	-47.28
84193200	木材、纸浆、纸或纸板干燥器	台	93	6 390.26	-39.16
84193910	微空气流动陶瓷坯件干燥器	台	3	3.32	-99.44
84193990	其他干燥器	台	31 289	27 771.08	9.16
84194010	提净塔	台	23	1 215.04	807.42
84194020	精馏塔	台	48	1 083.37	-11.98
84194090	其他蒸馏或精馏设备	台	1 631	7 872.01	5.57
84198990	未列名利用温度变化处理材料的机器、装置等	台	64 711	101 031.50	27.23
84195000	热交换装置	台	510 628	83 885.38	-10.75
84196011	制氧量≥15 000m^3/h 及以上的制氧机	台	4	0.47	-99.94
84196019	其他制氧机	台	612	578.20	67.07
84196090	未列名液化空气或其他气体的机器	台	265	9 646.05	340.77
84211910	脱水机	台	4 921	3 901.70	4.22
84211920	固液分离机	台	1 274	9 285.73	-26.00
84211990	其他未列名离心机，包括离心干燥机	台	34 592	25 608.97	-2.23
84212110	家用型水的过滤、净化机器及装置	台	562 059	1 207.59	11.54
84212190	非家用型水的过滤、净化机器及装置	台	301 514	16 798.02	-28.39
84212200	过滤或净化饮料的机器及装置	台	5 965	236.47	-79.75
84212300	内燃发动机的燃油过滤器	个	35 178 470	16 529.80	10.23
84212910	压滤机	个	247	4 113.41	-7.33
84212990	未列名液体过滤、净化机器及装置	个	23 557 259	43 754.82	-23.11
84213100	内燃发动机的进气过滤器	个	1 914 180	3 800.15	-7.68
84213921	工业用静电除尘器	个	2 724	4 523.33	55.43

（续）

商品税号	商 品 名 称	单位	数量	金额（万美元）	金额比上年增长（%）
84213922	工业用袋式除尘器	个	1 381	2 461.84	-12.23
84213923	工业用旋风式除尘器	个	2 091	808.57	-31.27
84213929	其他工业用除尘器	个	27 901	2 284.14	-23.71
84213930	内燃发动机的排气过滤及净化装置	个	795 290	7 785.85	71.29
84213990	其他非家用型气体的过滤、净化机器及装置	个	5 685 759	53 488.31	-6.52
84401010	锁线装订机	台	48	558.42	-44.01
84401020	胶订机	台	129	2 123.57	21.73
84401090	其他书本装订机器	台	656	2 035.42	-37.60
84409000	书本装订机器的零件	kg	76 976	355.11	16.69
84411000	切纸机	台	1 088	9 076.79	9.25
84419010	切纸机零件	kg	625 742	1 182.84	-25.95
84423010	铸字机	台	5	6.53	-84.47
84423090	8442 其他的机器、器具及设备	台	385	145.09	-17.28
84424000	制版用机器、器具及设备的零件	kg	348 794	1 500.55	31.87
84425000	印版、滚筒等；制成供印刷用的板、筒等	kg	805 562	1 828.06	3.00
84431100	卷取进料式胶印机	台	33	6 843.85	-38.73
84431200	办公室用片取式胶印机（片尺寸≤22cm×36cm）	台	16	11.02	-36.92
84431311	平张纸进料式单色胶印机	台	17	48.17	-95.73
84431312	平张纸进料式双色胶印机	台	8	400.18	-55.01
84431313	平张纸进料式四色胶印机	台	574	32 901.49	11.45
84431319	其他平张纸进料式胶印机	台	223	26 467.09	-13.65
84431390	未列名胶印机	台	61	2 354.12	-8.67
84431400	卷取进料式凸版印刷机，不包括苯胺印刷机	台	51	547.45	-61.22
84431500	非卷取进料式凸版印刷机，不包括苯胺印刷机	台	78	953.98	-22.06
84431600	苯胺印刷机	台	38	2 314.95	-38.33
84431700	凹版印刷机	台	66	2 350.03	-40.63
84431921	圆网印刷机	台	43	2 250.38	0.03
84431922	平网印刷机	台	928	6 946.59	-29.86
84431929	其他网式印刷机	台	371	1 807.18	-50.90
84431980	未列名印刷机	台	12 401	3 240.53	-31.89
84433221	数字式喷墨印刷机，可连接网络	台	119 501	13 350.91	13.87
84433222	激光印刷机，可连接网络	台	1 996	3 411.26	16.84
84433229	其他数字式印刷设备，可连接网络	台	2 803	1 721.42	-30.61
90065910	激光照相排版设备	台	112	710.42	10.03
84771010	注塑机	台	5 274	52 035.32	-41.37
84771090	其他注射机	台	368	5 521.30	6.30
84772010	塑料造粒机	台	128	12 434.08	-14.52
84772090	其他挤出机	台	742	18 894.61	-9.60
84773000	吹塑机	台	234	17 931.05	-29.79
84774010	塑料中空成型机	台	71	1 795.35	-35.39
84774020	塑料压延成型机	台	125	2 898.39	-42.85
84774090	其他真空模塑机及其他热成型机器	台	715	6 172.54	-59.12
84775900	其他模塑或成型机器	台	658	8 484.05	-51.93
84779000	8477 所列机器的零件	kg	14 278 973	22 829.94	-22.89
84811000	减压阀	套	22 976 133	19 058.46	0.26
84812010	油压传动阀	套	9 824 481	56 450.55	-12.54
84812020	气压传动阀	套	5 651 844	35 772.75	-10.20

（续）

商品税号	商品名称	单位	数量	金额（万美元）	金额比上年增长（%）
84813000	止回阀	套	69 279 644	34 105.68	18.63
84814000	安全阀或溢流阀	套	10 085 931	28 316.94	-3.89
84818010	其他阀门	套	114 678 640	265 514.77	4.26
84818090	龙头、旋塞及类似装置	套	14 691 259	13 309.01	25.31
84819010	阀门零件	kg	13 634 228	45 944.91	-14.30
84819090	龙头、旋塞及类似装置的零件	kg	3 967 762	9 114.54	-14.81
84833000	未装有滚珠或滚子轴承的轴承座；滑动轴承	个	1 655 158 735	25 549.84	-2.23
84834020	行星齿轮减速器	个	415 720	27 075.10	-3.16
84834090	齿轮及其他变速传动装置；滚珠螺杆传动轴	个	431 252 986	113 949.54	85.14
84835000	飞轮及滑轮，包括滑轮组	个	42 156 967	12 893.91	8.68

2009 年通用机械产品出口情况

商品税号	商品名称	单位	数量	金额（万美元）	金额比上年增长（%）
84131100	分装燃料或润滑油的计量泵，加油站或车库用	台	53 034	4 030.47	-23.44
84131900	其他装有或可装计量装置的液体泵	台	1 101 224	2 939.95	1.83
84132000	手泵，但装有或可装计量装置者除外	台	269 604 910	5 597.06	91.01
84133029	其他活塞式内燃发动机用燃油泵	台	14 437 745	16 214.68	-3.63
84134000	混凝土泵	台	2 677	4 169.66	-59.48
84135010	气动往复式排液泵	台	418 957	1 993.73	-36.75
84135020	电动往复式排液泵	台	4 757 839	7 603.48	-21.04
84135031	液压往复式柱塞泵	台	132 552	1 056.43	-12.85
84135039	其他液压往复式排液泵	台	505 215	2 054.60	-50.00
84135090	未列名往复式排液泵	台	1 873 139	6 058.22	-47.59
84136021	电动回转式齿轮泵	台	77 469	286.63	-28.81
84136022	液压回转式齿轮泵	台	72 105	991.01	71.55
84136029	其他回转式齿轮泵	台	113 601	678.89	72.03
84136031	电动回转式叶片泵	台	3 360 379	3 734.69	19.95
84136032	液压回转式叶片泵	台	54 327	240.08	132.10
84136039	其他回转式叶片泵	台	732 474	1 240.48	-1.83
84136040	回转式螺杆泵	台	17 409	1 414.35	130.86
84136050	回转式径向柱塞泵	台	324	14.78	119.29
84136060	回转式轴向柱塞泵	台	4 883	216.37	-45.28
84136090	其他回转式排液泵	台	19 309 678	32 570.16	-16.24
84137010	转速在 10 000r/min 及以上的离心泵	台	367 055	3 508.55	-47.71
84137091	转速在 10 000r/min 以下离心电动潜油泵及潜水电泵	台	19 507 953	35 010.70	2.89
84137099	转速在 10 000r/min 以下的其他离心泵	台	15 138 925	47 139.00	29.14
84138100	未列名液体泵	台	23 559 621	30 846.27	-16.47
84138200	液体提升机	台	857 634	783.38	-14.91
84139100	液体泵零件	kg	139 005 650	58 880.44	-24.48

（续）

商品税号	商 品 名 称	单位	数量	金额（万美元）	金额比上年增长（%）
84139200	液体提升机零件	kg	1 757 006	755.72	-50.31
84141000	真空泵	台	2 741 630	8 343.86	-16.65
84142000	手动或脚踏式空气泵	台	109 667 551	12 910.97	1.23
84143011	冷藏、冷冻箱压缩机，电动机功率 $P \leq 0.4kW$	台	11 589 613	35 110.34	1.22
84143012	$0.4kW < P \leq 5kW$ 的冷藏或冷冻箱用压缩机	台	75 280	716.48	75.57
84143013	$0.4kW < P \leq 5kW$ 的空气调节器用压缩机	台	13 936 895	65 727.21	-7.39
84143014	$P > 5kW$ 的空气调节器用压缩机	台	105 006	6 302.10	-4.60
84143015	$P > 5kW$ 的冷藏或冷冻箱用压缩机	台	8 953	1 021.91	-7.38
84143019	电动机驱动的其他制冷设备用压缩机	台	63 446	6 223.64	-33.10
84143090	非电动机驱动的制冷设备用压缩机	台	1 485 274	12 686.52	-32.64
84144000	装在拖车底盘上的空气压缩机	台	32 901	3 054.48	-24.65
84145930	离心通风机	台	6 279 305	15 352.26	1.13
84145990	其他风机、风扇	台	258 903 788	70 479.83	-13.72
84148010	燃气轮机用的自由活塞式发生器	台	31	52.73	346.11
84148020	二氧化碳压缩机	台	1 465	967.71	219.23
84148030	发动机用增压器	台	364 335	7 001.27	-37.89
84148090	其他空气泵，气体压缩机，通风罩、循环气罩	台	50 747 898	93 303.78	-4.50
84149011	84143011～84143014、84143090 压缩机进、排气阀片	kg	452 381	375.04	-23.04
84149019	84143011～84143014、84143090 其他零件	kg	14 858 840	5 825.18	-32.42
84149020	84145110～84145199 及 84146000 机器零件	kg	46 270 069	10 018.23	-11.92
84151010	独立窗式或壁式空气调节器	台	8 889 424	121 394.05	-26.74
84151021	制冷量≤4 000kcal/h 分体窗式或壁式空调	台	9 376 329	185 749.63	-29.25
84151022	制冷量>4 000kcal/h 分体窗式或壁式空调	台	3 203 229	91 862.47	-23.14
84152000	机动车辆上供人使用的空气调节器	台	199 824	6 930.68	42.29
84158110	装冷热换向阀空调器，制冷量≤4 000kcal/h	台	723 847	13 626.47	-12.06
84158120	装冷热换向阀空调器，制冷量>4 000kcal/h	台	218 572	16 953.48	-16.18
84158210	其他空气调节器，制冷量≤4 000kcal/h	台	1 196 448	20 702.67	-41.17
84158220	其他空气调节器，制冷量>4 000kcal/h	台	141 153	14 739.61	-2.39
84158300	未装有制冷装置的空气调节器	台	4 122 698	41 629.16	-43.00
84159010	84151000、84158110 及 84158210 设备的零件	kg	173 039 988	123 445.68	-28.08
84181010	各自装门的冷藏—冷冻组合机，容积>500L	台	338 684	19 218.03	31.33
84181020	200L<容积≤500L 的冷藏—冷冻组合机	台	3 607 083	77 345.02	2.06
84181030	容积≤200L 的冷藏—冷冻组合机	台	2 623 125	32 867.48	13.25
84182110	容积超过 150L 的压缩式家用型冷藏箱	台	1 089 136	16 983.97	-47.53
84182120	50L<容积≤150L 的压缩式家用型冷藏箱	台	6 501 010	55 602.23	-15.95
84182130	容积不超过 50L 的压缩式家用型冷藏箱	台	1 222 151	8 972.85	-19.54
84182910	半导体制冷式家用型冷藏箱	台	2 974 292	10 432.00	-14.53
84182920	电气吸收式家用型冷藏箱	台	333 765	2 470.24	26.80
84182990	其他家用型冷藏箱	台	36 929	337.65	-39.70
84183010	$t \leq -40$℃的柜式冷冻箱，容积≤800L	台	20 127	298.87	172.24
84183021	$t > -40$℃的柜式冷冻箱，500L<容积≤800L	台	59 430	1 557.18	35.64
84183029	$t > -40$℃的柜式冷冻箱，容积≤500L	台	3 013 158	37 802.83	19.75
84184010	$t \leq -40$℃的立式冷冻箱，容积≤900L	台	4 950	160.02	28.75
84184021	$t > -40$℃的立式冷冻箱，500L<容积≤900L	台	27 822	1 529.30	36.53
84184029	$t > -40$℃的立式冷冻箱，容积≤500L	台	657 091	7 719.31	30.31
84185000	其他冷藏或冷冻设备	台	1 137 117	27 041.49	-2.56
84186120	压缩式热泵	台	283 944	13 734.92	-6.51
84186190	其他热泵	台	25 390	3 446.50	-61.09
84186920	其他制冷机组	kg	50 897 007	40 835.61	-11.86
84186990	未列名制冷设备	kg	38 770 592	27 937.03	-56.89

（续）

商品税号	商品名称	单位	数量	金额（万美元）	金额比上年增长（%）
84189100	冷藏或冷冻设备专用的特制家具	kg	5 870 818	2 106.29	-35.94
84189910	制冷机组及热泵的零件	kg	44 405 184	21 978.67	-23.62
84189991	$t\leq-40$℃的冷冻设备的零件	kg	5 327 716	2 441.91	56.03
84189992	$t>-40$℃，容积>500L的冷藏冷冻设备零件	kg	2 564 303	1 409.24	-32.25
84189999	8418设备的未列名零件	kg	90 285 064	40 408.77	-21.28
84193100	农产品干燥器	台	545	959.87	-15.95
84193200	木材、纸浆、纸或纸板干燥器	台	1 572	1 443.51	-54.57
84193910	微空气流动陶瓷坯件干燥器	台	57	52.94	-53.30
84193990	其他干燥器	台	672 789	11 063.39	-29.24
84194010	提净塔	台	27	819.65	-46.81
84194020	精馏塔	台	614	3 210.51	170.58
84194090	其他蒸馏或精馏设备	台	20 233	9 172.37	7.11
84198990	未列名利用温度变化处理材料的机器、装置等	台	1 510 931	30 581.52	-18.42
84195000	热交换装置	台	402 784	26 966.68	-20.86
84196011	制氧量≥15 000m^3/h及以上的制氧机	台	76	11 158.70	314.81
84196019	其他制氧机	台	5 125	14 169.74	94.37
84196090	未列名液化空气或其他气体的机器	台	2 564	6 496.46	-34.14
84211910	脱水机	台	185 556	1 049.30	-27.68
84211920	固液分离机	台	5 394	2 903.60	-23.57
84211990	其他未列名离心机，包括离心干燥机	台	85 996	7 503.98	-16.13
84212110	家用型水的过滤、净化机器及装置	台	14 582 832	9 688.38	-5.76
84212190	非家用型水的过滤、净化机器及装置	台	221 665	14 183.96	-4.32
84212200	过滤或净化饮料的机器及装置	台	1 907	21.74	184.18
84212300	内燃发动机的燃油过滤器	个	224 026 104	30 159.80	6.91
84212910	压滤机	个	765	1 544.85	32.40
84212990	未列名液体过滤、净化机器及装置	个	19 337 081	20 466.63	35.87
84213100	内燃发动机的进气过滤器	个	31 918 803	5 422.26	33.73
84213921	工业用静电除尘器	个	440	5 276.22	15.70
84213922	工业用袋式除尘器	个	10 211	11 750.31	22.58
84213923	工业用旋风式除尘器	个	6 607	461.65	-27.90
84213929	其他工业用除尘器	个	11 753	1 019.76	-32.43
84213930	内燃发动机的排气过滤及净化装置	个	97 254	445.57	817.75
84213990	其他非家用型气体的过滤、净化机器及装置	个	5 134 350	14 864.30	-12.77
84401010	锁线装订机	台	14 350	119.33	-34.77
84401020	胶订机	台	2 968	356.57	-80.37
84401090	其他书本装订机器	台	152 605	1 265.34	-38.10
84409000	书本装订机器的零件	kg	157 644	83.53	-35.67
84411000	切纸机	台	3 042 323	8 681.57	-8.41
84419010	切纸机零件	kg	1 805 009	1 288.09	37.38
84423010	铸字机	台	956	491.53	1 322.66
84423090	8442其他的机器、器具及设备	台	3 946	79.72	-72.97
84424000	制版用机器、器具及设备的零件	kg	102 795	298.47	33.97
84425000	印版、滚筒等；制成供印刷用的板、筒等	kg	3 183 605	2 396.56	-20.86
84431100	卷取进料式胶印机	台	250	2 678.12	-34.29
84431200	办公室用片取式胶印机（片尺寸≤22cm×36cm）	台	131	71.55	241.69
84431311	平张纸进料式单色胶印机	台	404	301.90	-36.68
84431312	平张纸进料式双色胶印机	台	84	155.80	-18.87
84431313	平张纸进料式四色胶印机	台	23	489.59	-36.75
84431319	其他平张纸进料式胶印机	台	69	1 296.12	-4.55
84431390	未列名胶印机	台	397	416.37	-25.67

（续）

商品税号	商品名称	单位	数量	金额（万美元）	金额比上年增长（%）
84431400	卷取进料式凸版印刷机，不包括苯胺印刷机	台	474	1 192.88	-4.19
84431500	非卷取进料式凸版印刷机，不包括苯胺印刷机	台	395	955.30	-46.91
84431600	苯胺印刷机	台	265	874.22	-41.75
84431700	凹版印刷机	台	1 149	1 913.43	-42.85
84431921	圆网印刷机	台	170	292.35	-29.97
84431922	平网印刷机	台	2 995	2 444.90	-44.83
84431929	其他网式印刷机	台	1 786	449.78	-32.10
84431980	未列名印刷机	台	51 252	6 542.04	-33.08
84433221	数字式喷墨印刷机，可连接网络	台	17 482	7 952.55	7.24
84433222	激光印刷机，可连接网络	台	607	243.44	192.63
84433229	其他数字式印刷设备，可连接网络	台	1 024	276.78	-56.58
90065910	激光照相排版设备	台	6	50.28	814.18
84771010	注塑机	台	10 989	35 880.53	-34.29
84771090	其他注射机	台	480	1 115.45	14.94
84772010	塑料造粒机	台	2 377	2 722.37	-32.03
84772090	其他挤出机	台	3 716	14 331.01	-31.48
84773000	吹塑机	台	6 767	10 970.55	2.27
84774010	塑料中空成型机	台	2 553	1 990.43	-12.50
84774020	塑料压延成型机	台	955	983.38	-2.49
84774090	其他真空模塑机及其他热成型机器	台	1 642	3 509.09	-25.34
84775900	其他模塑或成型机器	台	2 375	4 492.21	-11.19
84779000	8477 所列机器的零件	kg	51 318 888	18 677.67	-41.62
84811000	减压阀	套	29 855 517	9 548.86	-22.51
84812010	油压传动阀	套	873 701	2 487.32	-19.92
84812020	气压传动阀	套	5 438 474	2 139.14	-17.97
84813000	止回阀	套	851 762 075	14 634.11	-19.54
84814000	安全阀或溢流阀	套	11 094 484	4 292.50	-18.38
84818010	其他阀门	套	977 649 226	303 966.41	-24.83
84818090	龙头、旋塞及类似装置	套	564 056 201	225 146.93	-13.21
84819010	阀门零件	kg	259 104 212	114 380.33	-31.43
84819090	龙头、旋塞及类似装置的零件	kg	88 869 259	78 635.92	-24.62
84833000	未装有滚珠或滚子轴承的轴承座；滑动轴承	个	1 604 828 398	23 138.89	-42.88
84834020	行星齿轮减速器	个	1 064 597	7 364.68	-1.44
84834090	齿轮及其他变速传动装置；滚珠螺杆传动轴	个	226 329 747	60 485.21	9.17
84835000	飞轮及滑轮，包括滑轮组	个	312 453 336	24 717.64	-36.41

2009 年真空设备出口情况

序号	企业名称	产品名称	单位	数量	金额（万美元）	出口国别或地区
1	淄博真空设备厂有限公司	水环式真空泵	台	23	18.7	印度尼西亚、美国
		旋片式真空泵	台	21	0.8	美国、马来西亚
		罗茨真空泵	台	5	2.5	印度

（续）

序号	企业名称	产品名称	单位	数量	金额（万美元）	出口国别或地区
2	中国科学院沈阳科学仪器研制中心有限公司	LMBE 激光分子束外延系统	台	1	8.6	新加坡
		PLD—450B 型激光镀膜系统	台	1	8.8	澳大利亚
		JGP450a 型双室磁控溅射系统	台	1	10.0	新加坡
3	上海曙光机械制造厂有限公司	ZZB—1000D 型高真空镀膜设备	台	1	6.1	泰国
4	广东中环真空设备有限公司	真空镀膜设备	套	5	53.0	巴西、墨西哥及东南亚地区
		真空泵	台	343	22.0	南亚、东南亚、拉美地区
5	温岭市真空泵厂	3CFM 直联旋片真空泵	台	1 500	11.4	美国
		5CFM 直联旋片真空泵	台	2 000	20.8	美国
6	浙江新环真空泵有限公司	水环真空泵	台	236	9.4	俄罗斯、美国、加拿大
7	台州力鑫真空设备有限公司	H—150G 型滑阀真空泵	台	15	9.4	美国
		H—70G 型滑阀真空泵	台	8	3.6	美国
		ZJP—300B 型罗茨真空泵	台	6	1.5	美国、中国台湾
8	淄博水环真空泵厂有限公司	2BEC 系列水环真空泵	台	150	450.0	俄罗斯、东南亚
9	宁波爱发科真空技术有限公司	旋片真空泵	台	4 700	150.0	日本、韩国及中国台湾
		罗茨真空泵	台	18	7.0	日本、韩国及中国台湾
		各种真空计	台	507	14.0	日本、韩国及中国台湾
10	山东伯仲真空设备有限公司	水环真空泵	台	90	40.3	以色列、泰国、印度、英国、澳大利亚、匈牙利
		罗茨真空泵	台	6	4.0	澳大利亚
11	博山精工泵业有限公司	2BE—50 型水环真空泵机组	套	2	5.1	越南
		2BE—203 型水环真空泵机组	套	6	4.7	印度尼西亚

2009 年分离机械产品出口情况

序号	企业名称	产品名称	数量（台）	单位	金额	出口国别或地区
1	重庆江北机械有限责任公司	离心机	31	万美元	260	伊朗、泰国、越南、孟加拉国
2	江苏华大离心机制造有限公司	PAUT1600N 型上悬式刮刀下卸料自动离心机	12	万元	2 410	韩国
		GK1250N 型卧式刮刀卸料自动离心机	6			印度尼西亚、老挝、越南
		LGZ1250N 型平板式刮刀下卸料自动离心机	25			印度尼西亚
		GKF1250N/GMP 型卧式刮刀卸料自动离心机	6			日本
3	浙江轻机实业有限公司	分离机械	85	万美元	346	印度、马来西亚、泰国、美国、澳大利亚、南非、斯里兰卡、孟加拉国、新加坡
4	上海航发机械有限公司	碟式分离机	64	万美元	187	越南、泰国、印度尼西亚
5	上海远东制药机械总厂	三足式离心机	8	万元	1 756	俄罗斯、越南
		平板式离心机	7			俄罗斯、越南
		刮刀卸料离心机	4			俄罗斯、越南

特别关注

自 2002 年永嘉县被授予“中国泵阀之乡”以来，永嘉的泵阀企业发展一直备受通用机械行业协会领导的重视，受到业内外人士的广泛关注。

经过“十五”和“十一五”近乎 10 年的历练，永嘉涌现出一批行业重点骨干企业，为了全面反映“泵阀之乡”的企业现状及今后的发展思路，《中国通用机械工业年鉴》2010 年刊特设“特别关注”栏目，为众多永嘉泵阀企业今后如何更好地发展指明方向。

依靠科技创新
“中国泵阀之乡”迈向产业转型升级新时代

“中国泵阀之乡”——永嘉，这个以工业泵和阀门而闻名、独占中国泵阀产业鳌头的地区，集中了1 000多家泵阀及相关配套制造企业，产品品种规格齐全，应用范围广阔，涵盖了电力、石油、化工、冶金、城市给排水等各个领域，年产量约占全国泵阀总产量的1/3。

近年来，特别是2002年6月永嘉县被中国通用机械工业协会命名为“中国泵阀之乡”以来，这个区域的泵阀总产值都保持了年均30%的高速增长，外贸出口保持在年均递增40%左右，直到国际金融危机爆发的2008年，永嘉泵阀产业依然保持了28%的增长速度。随着国际金融危机影响持续深入和国际市场的严重萎缩，2009年，永嘉泵阀产业迎来了最为艰难的一年，出现了有史以来的首次负增长，年产值同比下降0.72%，外贸出口同比下降22%。

这场突如其来的金融危机给予长期以来处在顺势发展中的永嘉泵阀企业特别是中小企业严重打击，部分中小企业业务量直线下降，资金运转困难，少数加工型中小企业甚至处于停产半停产状态；同时也给全行业带来了深刻的反思：在土地、劳动力等各种资源优势逐渐失去，原有依靠低价格竞争优势和纯粹量的扩展，在新的历史时期、新的竞争条件下是否能够长久维持？永嘉泵阀产业的路在何方，未来依靠什么继续保持快速健康成长？“中国泵阀之乡”的地位是否可以稳固？企业如何实现做强做大？一系列严峻的问题摆在企业、行业和当地政府面前。经过一年多的调研和实践，得出的结论就是：依靠科技创新，全面推进泵阀产业转型升级。

永嘉泵阀产业在经历了国际金融危机的洗礼后，迎来了新一轮的历史发展机遇，在科技创新、联合重组、结构调整、产品转型和区域品牌建设等各方面齐头并进，大步迈向转型升级的新时代。

科技创新　永嘉泵阀产业转型升级的灵魂

永嘉泵阀产业从无到有，从低端走向高端，从简单的模仿到完全的自主知识产权，最根本、最核心的动力就是科技创新。通过企业家不断地开拓创新，源源不断地开发出具有高科技含量、高附加值的泵阀新产品，满足了市场发展的需求。如今，永嘉依靠40年在研发设计、加工装备、人才集聚和资金积累等各方面的发展优势，在科技创新方面取得累累硕果，为永嘉泵阀产业转型升级奠定了坚实的基础。

早在2005年，永嘉特种泵阀产业基地就争取成为了国家火炬计划特种泵阀产业基地。当前，该地区有高新技术企业18家、省级技术研究开发中心6个，累计实施省重大科技攻关项目8项，项目内容涉及工艺研究、技术开发、试验装置和信息化等。这些重大科技项目的实施和推广应用，对基地企业技术进步和产品提升有着重大的推进作用。特别是开诚机械有限公司承担的“改性水玻璃砂工艺技术应用研究”项目的实施，解决了永嘉泵阀行业一直存在的阀（泵）体质量差的难题，突破了泵阀行业产品质量的瓶颈问题。项目实施后，产品供不应求。2009年，该项目实现销售收入1.5亿多元。2009年，永嘉特种泵阀产业基地企业开发新产品90多项，专利产品80件，被列入国家级火炬计划项目1项，国家级重点新产品1项，实现销售收入91亿元，同比增长2.9%。值得一提的是，产品出口额达1.4亿美元，实现了逆势增长6.7%。

2009年，浙东高中压阀门有限公司凭着其具有自主知识产权的嵌套式锻钢球阀等新产品，实现阀门销售总额约21 000万元，同比增长43.3%；出口创汇1 000多万美元。嵌套式锻钢球阀是石油天然气、石化行业管道中的关键阀门，由于苛刻的技术要求，此前一直都为国外企业所垄断。浙东高中压阀门有限公司总经理朱福敏不无自豪地说，浙东的产品打破了国内高温高压球阀长期依赖进口的局面，并已经开始出口意大利等欧美国家。而在不久前，浙江省经济和信息化委员会也将这一产品确认为2009年度浙江省装备制造业重点领域首台（套）产品。

与此同时，伯利特阀门集团自主研发直径为1.2m的全焊接球阀，成为全球第三家成功开发该项技术的企业。2009年8月23日，温家宝总理来到温州考察，首站就选在伯利特阀门集团。在考察结束后，温家宝总理说：“以前俄罗斯人很信任德国的阀门，而现在伯特利的产品成功打入俄罗斯市场，说明我们的产品有过硬的质量。接下来要坚定信心，走产学研结合的路子，努力在国内国际两个市场都站稳脚跟”。当前，伯特利阀门集团已拥有专利30余项。

此外，2005年，环球阀门集团有限公司就在温州地区率先取得了核电站阀门生产许可证，南方阀门制造有限公司于2007年底完成全国首台完全自主研发的“超超临界”阀门，浙江超达阀门股份有限公司自主研发“煤制油”阀门，浙江方正阀门制造有限公司研制海底石油球阀技术，一系列的高科技泵阀产品的创新成就构筑起了永嘉泵阀产业今后发展的主旋律，成为“中国泵阀之乡”发展的灵魂，推动着全行业大步迈向转型升级的新时代。

联合重组　永嘉泵阀产业转型升级的必然途径

永嘉县泵阀产业经过几十年的发展，特别是近十年来取得了飞速发展，积累了大量的资金、先进技术、管理经验和人才团队，品牌经济效益日趋明显。当前，永嘉已经成为我国规模最大、品种规格最齐全、企业最集中和区域品牌最响亮的泵阀生产基地。从当前形势来看，整个产业的发展不仅面临着包括江苏地区在内的其他地区泵阀产业的崛起和国外泵阀企业的外部竞争压力，而且深受行业自身的重复建设、低价竞争等各方面内在矛盾的困扰。特别是此次国际金融危机以来，全行业面临着前所未有的挑战，如果再不寻求新发展的出路，就有可能被淘汰。企业的联合重组不仅是永嘉泵阀产业发展到一定程度的必然趋势，而且也是整个产业今后做大做强最为直接有效的途径。

归纳起来，永嘉泵阀产业今后的联合重组主要有三种发展方式：第一，强强联合，就是行业中的大企业之间的相互联合。这种方式就是大企业利用各自的资金优势，出资成立一个独立法人的全新股份公司，建立现代企业制度，集中力量搞高端产品（如核电泵阀产品）的开发与生产，占领泵阀高端市场，从而实现企业经济效益的最大化，推动整个产业不断向前发展。第二，强弱联合，就是大企业跟中小企业之间的联合。大企业利用自身的资金、品牌、销售网络、新产品开发实力和各项专业认证资质等优势，中小企业利用自身的人才团队、产品的专业化生产的优势，二者之间实现优势互补。这种方式的最大特点就是大企业占有绝对的优势，拥有更多的话语权，容易操作。第三，弱弱联合，就是中小企业与中小企业之间的联合。这种方式就是中小企业相互之间将自己的资产和产品合并，成立一个新的大公司，推出一个新的品牌，去占领市场。但是，在市场上推出一个新的品牌非常艰难，因而这种方式很难操作。

作为中国通用机械工业协会阀门分会的常务副理

事长和永嘉县泵阀行业协会的第一届、第二届会长，叶际宣肩负着推动永嘉泵阀产业转型升级的重任，对行业未来的发展特别是产业转型升级作出了极其重要的贡献。他认为，以上三种产业联合重组的方式，最容易操作、可以马上见效的就是第二种方式，即强弱联合的方式，该方式具有以下优势：第一，可以提高企业的抗风险能力。从此次金融危机对永嘉泵阀企业的影响情况来看，大企业受到的冲击要比中小企业小得多。由于大企业拥有自己的销售网络、产品质量和科技优势以及较为雄厚的资金优势，根扎得比较深，因此在此次金融危机的严重打击下，生产经营状况还普遍较为良好；而中小企业由于依靠贴牌加工，随着市场的严重萎缩，加上资金实力跟不上，生产经营很困难。第二，可以迅速实现规模经济效益。企业如果仅仅依靠自身的逐步成长，发展缓慢，不利于市场竞争，通过有效的联合重组，可以实现“1+1＞2”的效果，迅速实现企业做大的目标。第三，可以实现有效的分工与协作。通过联合重组，大企业可以集中力量搞研发、做品牌、拓市场；中小企业集中精力将产品做精、做专、做特、做强，具体来说就是，生产蝶阀的企业专门生产蝶阀，生产球阀的企业专门生产球阀，这样不仅有利于加强产品在各个生产环节中的质量控制，而且可以让员工的专业化技能得到不断地提高，大大节约了企业的生产成本，实现高效运行。第四，可以实现设备、厂房、认证、市场、人才等各种资源的有效整合。通过联合重组，企业可以统筹兼顾，合理地调配各种资源，避免重复投资、重复建设带来的浪费现象，可以大大节约产品成本，有利于参与市场竞争。第五，企业联合重组的过程，也是大小企业实现双赢的过程。大企业可以通过联合重组迅速实现做强做大目标，小企业也可以通过重组实现企业产值的成倍增长，从中实现自身经济利益的最大化。第六，联合重组的最终结果就是可以提高企业的核心竞争力，实现永嘉泵阀产业结构的优化升级，从而推动整个产业不断向前发展。

在金融危机来临之前，叶际宣就带领永嘉泵阀协会研究探讨永嘉泵阀产业转型升级的有关课题，连续组织多场联合重组专题讲座，理清企业联合重组和产业转型的思路，并向温州市和永嘉县党委、政府主要领导多次提议，同时在地方两会期间以提案的形式向人大、政协提出建议，引起当地政府对泵阀产业转型升级的高度重视。2008年年底，叶际宣将其管理的宣达实业集团有限公司进行重组，先后兼并了浙江耐森蝶阀有限公司和浙江质一球阀有限公司，组建了美标阀、特种泵、衬里阀门和特种设备等分公司，打破了行业中“宁做鸡头，不做凤尾”的观念，开启了永嘉泵阀产业联合重组的历史。此后，大众阀门集团有限公司、浙江立信阀门集团有限公司等企业纷纷着手联合重组，兼并其他中小企业，在全行业中兴起了一股联合重组的热潮。当前，永嘉已经拥有无区域集团35家，为整个产业的全面转型升级、迈向更新的阶段铺平了道路。

结构调整　永嘉泵阀产业转型升级的驱动力

近年来，永嘉泵阀产业在各方面已经取得了突出的成就，但还面临着许多困难和问题，其中“低、小、散”是全行业当前面临的最大问题之一。据统计，截至2009年年底，全县在国税局登记纳税的企业就有1 168家，其中产值亿元以上的企业只有25家，最大企业年产值只有5亿元，绝大多数企业规模较小。在永嘉瓯北如此狭小的地方高度集中了如此庞大的生产企业群，不仅导致行业自身的重复建设、资源浪费，产品的质量也难以得到保证，形成产品在价格上的恶性竞争；而且将有限的土地等各种资源分散，非常不利于整个产业的良性健康发展。在土地瓶颈要素制约无法破解、竞争压力无法回避的前提下，如何调整产业结构、理清产业发展布局，是摆在永嘉泵阀企业、行业协会和政府部门面前亟待解决的问题，在此次国际金融危机影响下，这些问题与矛盾就显得愈加明显。

经过长期的摸底调研，永嘉泵阀产业的发展思路之一是：采取切实有效的措施对现有的产业结构进行调整，彻底改善产业发展模式，优化产业格局，使结构调整成为产业转型升级的推动力。具体主要措施有：营造良好环境，培养、吸引和留住人才；扶优扶强，突出龙头带动作用；分工协作，做精、做专、做特中小泵阀企业；提升铸锻造及相关配套企业，进一步强化、完善产业链；紧抓产品研发和销售，发展总部经济。

人才是支撑泵阀产业发展的基础，产品质量、科技和企业综合实力的竞争，最终依靠的是人才的竞争。从20世纪80年代开始，永嘉的泵阀企业就高薪聘请了国内最知名的专家研发和设计泵阀新产品。近几年来，国内各方面的泵阀专业人才云集永嘉，为永嘉的泵阀企业源源不断地开发出新产品，成为推动和支撑永嘉泵阀产业快速发展的力量源泉。与此同时，永嘉县委、县政府也连续出台了工程师和技术人才政府津贴奖励制度，泵阀专业工程师培训、评审、办证制度，发巨资建设人才科技公寓，高端外来人才当选人大代表、政协委员，参政议政制度等一系列人才政策，其中工程师培训工作尤为突出。从2002年至今，为当地泵阀企业培养了1 000多名泵阀专业工程师、助理工程师和技术人员。当地政府如此高瞻远瞩、大手笔地投入，为吸引和留住人才营造了良好的环境，奠定了永嘉泵阀产业快速发展的人才基础。

如今，永嘉县政府部门正在编制永嘉县泵阀产业"十二五"发展规划，将建设泵阀产业人才公寓，进一步完善人才政策，为人才营造更加良好的居住、学习和发展空间。未来5年内，这里的人才环境将得到很大的改善，形成真正意义上的全国泵阀人才集聚中心。

大企业是整个泵阀行业的精英，代表着全行业的发展方向，是行业的脊梁。近年来，永嘉县委、县政府连续出台了一系列扶优扶强政策，鼓励泵阀企业做大做强，发挥产业龙头带动作用，为引导和推动泵阀产业健康快速发展创造了条件。纵观世界产业的发展史，每一产业发展到成熟期，都会由几个大集团在引领着整个行业的发展，如汽车行业就有"大众"、"通用"、"丰田"等品牌。因此，永嘉泵阀产业要形成5～10家龙头企业引领着全行业的发展，要做到"一枝独大"而不是"百花齐放"；要推进资源优化配置，将现有的30多家无区域集团实施进一步的整合，做大做强企业，发挥品牌和销售优势。为此，政府部门还出台优惠政策，鼓励有条件的企业上市。

在大企业做大做强的同时，中小企业侧重于做精、做专、做特，将自己的产品在质量、工艺等各方面做到极致，为大企业做好配套服务，在行业中实现分工协作，做好配角，而不是盲目跟风、一味地创品牌、拓市场。

铸锻造件是泵阀产业的基础，在产品质量控制中起着决定性的作用。因此，永嘉的铸锻造件产业的发展程度对永嘉泵阀产业会产生重大影响。铸锻造件发展得好，将会大大提升泵阀产业的科技含量，加速转型升级的步伐；发展得不好，将会严重阻碍整个泵阀产业的发展。泵阀企业家和当地政府部门早已充分认识到这一点，提出要建立国内一流的铸锻造件生产基地，为泵阀产业向更高层次发展夯实根基。同时要加快标准件、阀杆和执行器等相关配套件的发展，提高其科技含量，进一步强化、完善泵阀产业链上的各个元素，重点扶持一批发展较好的标准件、阀杆、法兰和执行器等配套企业，优化产业结构。

对泵阀产业进行全面系统地梳理，调整行业发展中不合理因素和产业链上的不和谐因素，成为永嘉泵阀今后一段时间的工作重心，为全行业朝着更高方向、更高层次发展铺平道路。

产品转型　永嘉泵阀产业转型升级的新天地

转型升级，其含义中就包括产品的转型，泵阀企业发展到一定的阶段，在积累起一定的资金、技术后，就会朝着其相关领域的更高方向发展。在泵阀行业市场供过于求、需求饱和，产品日趋同质化和低价竞争严重的条件下，企业的利润空间就会越来越小，迫使部分有条件的企业在做好泵阀主业的同时，改变发展思路，拓展新天地，寻求新的增长点。

其实，早在几年前，永嘉的泵阀企业家就未雨绸缪，积极投入资金研发高科技新产品，在金融危机爆发的时刻，国际泵阀市场严重萎缩，永嘉泵阀企业的新产品效益开始显现，成为行业中的亮点。

宣达实业集团有限公司通过近十年的研究，自主发明了XDS特种不锈钢材料。2006年，该特种不锈钢材料研究项目被列入科技部中小型企业科技创新资金项目，其技术和产品为国内首创，技术性能指标达到国际先进水平。此项技术填补了我国在耐高温浓（稀）硫酸腐蚀不锈钢方面的空白。结合泵阀、管道生产技术，宣达实业集团有限公司在上海成立了一家专业为化工、环保提供工程设计、技术咨询、设备安装的上海奥格利环保工程有限公司，实现了成功转型。2009年，宣达实业集团有限公司仅在环保设备领域就拿到了5亿多元的订单。良精集团阀门有限公司通过产品转型，成功进军风电等高科技产业，以整合重组内蒙古工大博远风电装备制造股份有限公司为基础，出资约2亿元在呼和浩特和乌兰察布建立占地面积18.7万m²的两个生产基地，主要生产用于风力发电的叶片和整机。该项目分两期完成，一期工程产能300套，计划2010年年底竣工投产；二期产能600套，项目完成后投产，年销售产值可达20亿元以上。

此外，南方阀门制造有限公司和大众阀门集团有限公司分别在环保脱硫和天然气成套设备领域取得了重大突破，成功向高附加值、成套化领域转型，并在不久的将来实现上市。

总部经济　永嘉泵阀产业发展的最终归宿

由于受到土地、人才等各方面资源的严重制约，永嘉泵阀企业发展空间受到前所未有的约束，部分企业不得不纷纷外迁，在周边地区和全国各地征地办厂，可“中国泵阀之乡”的区域品牌效益已经开始显现，永嘉作为中国泵阀制造中心的地位已经基本确立，这里是企业的根基所在。

在土地瓶颈等制约要素无法破解、竞争压力无法回避的前提下，当前永嘉企业能够并且可以做的也只有从“改善人才环境、留住高端人才；依托科技创新，占领泵阀产品高端市场；搭建各项平台，紧抓产业发展的研发和销售两端；推动龙头企业上市，建立总部经济”等方面着手，抓住泵阀产业发展困局中的主要矛盾，促使和引导泵阀产业向着高精尖方向发展，彻底解决产业的转型升级问题。也只有这样，才能将产业升级、将品牌做大，从根本上解决永嘉泵阀产业的可持续发展问题。

如今，永嘉泵阀产业正在积极申报“浙江省区域名牌”、“浙江省第二批块状产业转型升级示范区”和科技部“国家级泵阀产业转型升级示范区”，积极筹建和申报“国家级泵阀产品检测中心”。2010年8月13日，在永嘉挂牌成立了浙江省泵阀行业协会，为直接联系和沟通浙江省有关部门搭建起了良好的平台。

相信在不久的将来，永嘉必定会建立起全国最大最先进的泵阀产品研究中心，集中研究开发新型材料、核电泵阀产品、火电超临界及超超临界阀门、航天航空等高端领域的泵阀产品；建立起全国最先进的泵阀产品检测中心，为高端产品检验检测保驾护航；建立起集展示、销售、物流和培训等在内的现代泵阀市场，成为全国最大、最集中的泵阀产品集散中心；建立起全国最大、最先进的泵阀产品制造中心，实现全国50%以上的泵阀年产值，成为国际先进的泵阀制造基地。

［撰稿人：浙江永嘉县泵阀行业协会陈文荣］

锐意创新二十载　追求卓越无止境

——记宣达实业集团有限公司

温州市委书记邵占维考察宣达实业集团有限公司

1990年，宣达实业集团有限公司的创始人叶际宣用5万元创办了永嘉县防腐设备厂。1995年，永嘉县防腐设备厂晋升为省级企业，1998年升格为国家无区域集团，即现在的宣达实业集团有限公司（以下简称宣达集团）。如今，宣达集团固定资产近3亿元，员工总数450人，拥有占地面积42 000m²、建筑面积28 000m²的工业园区。主要产品包括油田专用阀、电站配套阀、冶炼专用阀、衬里防腐阀等系列阀门，耐腐蚀泵、流程泵，钢塑复合衬里管及配件、玻璃钢衬聚四氟乙烯复合管及配件，衬里塔、釜、罐、槽等各类容器及化工成套设备。宣达集团已取得自营进出口权，通过ISO 9001质量管理体系认证、ISO14001环境保护管理体系认证和OHSAS18001职业健康安全管理体系认证，成为全国泵阀行业的骨干企业和温州区域经济的龙头企业。

广纳人才　为企业发展注入动力

人才是企业发展的动力之一。从招聘应届高校毕业生，高薪聘请行业专家，到与科研院所合作，宣达集团以开放的形式广纳社会人才，积聚研发力量。宣达集团先后5次引进大学毕业生，为企业的发展储备了丰富的智力资源；高薪聘请高校及科研院所的知名材料专家担当企业新材料、新产品研制和设备成套化的带头人；为做大衬里防腐等新兴产业，不遗余力地寻找具有一定经验的技术工人。2004年，宣达集团成功与外国专家签约，将人才战略推向了一个新的层面。现在，宣达集团拥有博士生导师2人、教授级专家3人、高级工程师9人、工程师及助理工程师30人，大专以上学历的人员占员工总数的35%以上。以事业留人，以环境留人，以感情留人，宣达集团建立了合理的人才考评机制，为企业发展储备了丰富的智力资源。

随着社会的发展，企业间的人才竞争也愈加激烈。为了能够使有限的人才资源发挥最大的效应，宣达集团结合企业实际，将人力资源管理有效地融入企业管理中，完善企业管理规章制度，基本上形成了以“人才聘用激励机制”、“工作流程评价机制”、“质量信用保障机制”和“企业核心竞争力培育机制”为主线的整套现代企业管理制度。与此同时，公司先后导入ISO9001质量管理体系、ISO14001环境保护管理体系和OHSAS18001职业健康安全管理体系认证，促进企业提高管理水平。

扩大规模　形成多元化发展格局

在以泵阀产业发展为主导的同时，宣达集团坚持多元化发展之路。2003年，温州宣达房地产开发有限公司成立；2004年，上海奥格利环保工程有限公司成立，宣达集团正式进军环保工程设计和化工工程设计领域。2005年4月，温州宣达进出口贸易有限公司成立。宣达—奥格利节能环保技术有限公司是宣达集团下属分公司，是从事节能环保技术开发与应用的专业工程公司，于2007年8月进驻杭州国家高新技术产业开发区。同年，该公司全资收购了上海奥格利环保工程有限公司。至此，宣达集团形成以泵、阀、管件和容器等成套设备制造为主导，以环保工程设计、房地产、国际贸易等为重要组成部分的产业发展格局。

重视研发　不断探索尖端技术

2004年，宣达集团开始瞄准低温回收装置在硫酸行业的广阔前景和巨大市场空间，致力于大流量超高温浓硫酸液下泵的全面国产化。2005年，集团研发制造了3种规格的液下泵，而且达到年产20台的生产规模，同时具备了研发同类产品不同规格泵的技术研发条件。2007年，宣达集团“大流量超高温浓硫酸液下泵”项目被列入国家火炬计划项目。到2009年底，宣达集团

宣达集团全景图

形成年产150台高温浓硫酸液下泵的生产能力，各项技术指标全面达标。

着眼硫酸行业，高温浓硫酸设备用核心合金材料是我国硫酸设备制造行业的一个难题。宣达集团聘请外籍专家以及国内知名金属材料专家，积宣达集团十余年硫酸设备制造经验，成功开发出具有自主知识产权并达到世界先进水平的XDS高温浓硫酸设备用特种不锈钢，填补了国内空白，为我国硫酸制造设备的更新换代提供了契机。

多年来，宣达集团自主研制的改性聚丙烯衬里阀门、塑料衬里对夹式蝶阀（硫酸专用蝶阀）、610℃三偏心金属硬密封蝶阀、1200℃高温调控蝶阀和高温浓硫酸液下泵5项产品先后被认定为国家级新产品。其中，1 200℃高温调控蝶阀还被列入2000年科技部中小企业科技创新资金项目、国家级重点火炬计划项目；12项产品被认定为省级新产品；拥有7项国家专利产品，多项产品荣获省级科技进步奖。2004年7月，宣达集团技术中心晋升为省级技术中心，宣达集团成为永嘉县首家国家重点高新技术企业和省级企业技术中心。

改革创新　实现“十一五”末的飞跃

2009年，受国际金融危机的影响，我国制造业受到了重创。但是，宣达集团通过加强低温余热回收项目的运作，打开了企业发展的新局面。集团加强内部管理，拓展市场，通过与浙江耐森阀业制造有限公司、浙江质一机械制造有限公司联合重组，为企业做强做专打下了坚实的基础；通过改制内部各车间，形成股份合作制，增加了员工的积极性。

在2010年初的经济工作会议上，宣达集团叶际宣董事长提出“坚持六个不变”的工作思路：一是坚持“打造宣达品牌，共赢发展”的目标不变。品牌是企业的生命线，是企业的纲，共赢发展是企业发展的目标和归宿，宣达这个品牌，最终就是让员工、客户、社会和企业达到共赢。二是坚持“一切为了解决客户的问题”的服务理念不变。好的产品、好的技术、好的服务就是宣达集团的品牌优势。一切为了客户着想、为客户解决问题不是一个浅层次问题，而是关系到整个产业链的问题。顾客就是上帝，顾客就是企业的衣食父母，这是企业生产和发展的关键所在，不能掉以轻心。三是坚

气粉泄压阀

持“以市场为导向，以高新技术为核心，带动传统产业升级换代”的企业发展理念不变。宣达集团在技术创新上可以说领先同行，技术带动行业的产品换代加速，也拓展了自身的发展空间，进而促进企业的技术进步。四是坚持企业股份制改革的方向不变。2009年，宣达集团进行了重组，对子公司进行了股份制改革，运行情况良好。五是坚持抓生产抓管理，创建一流企业、一流技术、一流产品、一流服务、一流装备、一流员工和一流形象的决心不变。六是坚持技术经济和关系经济并举的营销策略不变；大力拓展对高端技术营销、高端关系营销渠道的思路不变。

2010年是“十一五”的最后一年，也是宣达集团成立20周年。宣达集团将继续本着“宣品质之本，达双赢之举”的理念，力争在管理、经营和生产上精益求精，在新一轮国家经济发展的大潮中实现新的飞跃。今后，宣达集团仍将以致力于振兴中国耐腐蚀泵、阀、化工设备民族工业，并成为提供世界高端技术的领跑者为己任，向着“世界一流技术水平的化工环保工程设计和泵阀制造企业”的发展目标奋进！

中国通用机械工业年鉴2010

企业概况

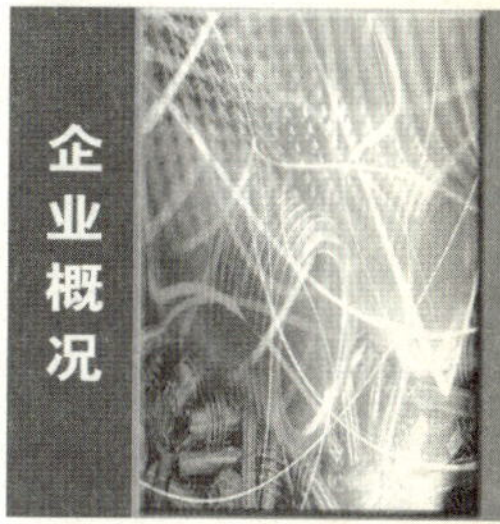

介绍部分企业的经营理念和成功经验，为管理者成功决策助力

Introducing the management idea and successful experience of a part of enterprises, facilitating managers' successful decision making

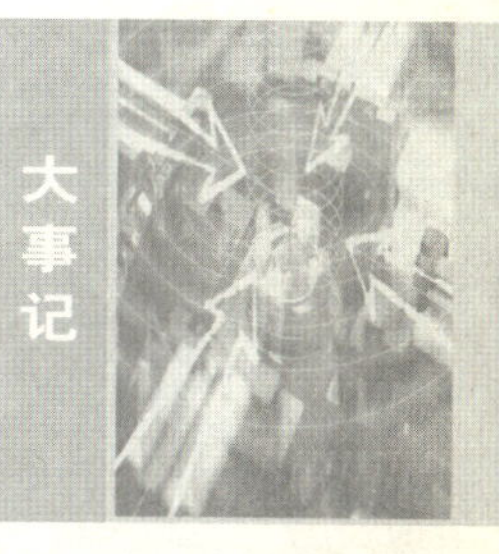

企业概况

秉承技术优势　促进企业发展

——上海凯士比泵有限公司

上海凯士比泵有限公司（以下简称上海凯士比）是由上海电气（集团）总公司和德国 KSB 公司于 1994 年 12 月合资成立的，注册资本为 2 700 万美元，总投资 3 980 万美元。其中德国 KSB 公司出资 80%，上海电气（集团）总公司出资 20%。公司位于上海市闵行经济技术开发区，占地面积13.7 万 m^2，现有职工 850 多人。上海凯士比专业从事能源（包括火电和核电）、水、污水、工业、楼宇等领域用泵的设计、制造、服务，并享有很高的声誉。公司的市场定位——为国家重大工程、重点项目和高端市场提供高质量、高水准的产品和服务。

上海凯士比的中国投资方——上海电气（集团）总公司是中国最大的发电设备和大型机械设备设计、制造企业集团。隶属于上海电气（集团）总公司、创建于 1930 年的上海水泵厂，以其全部水泵生产设施和工程技术投入到合资公司。

上海凯士比的德国投资方——德国 KSB 公司为世界著名的现代化泵阀制造企业，是世界上三大泵制造企业之一，产品技术一流，产品种类广泛。在全球有 38 家独资（合资）的工厂、100 多家销售公司，共有雇员 12 200 多人。卓越的质量管理确保其在全球具有强有力的竞争地位。

上海凯士比综合了合资双方的技术优势，在 KSB 总部和上海电气（集团）总公司的持续不断支持下，积极参与 KSB 公司的国际销售网络，始终处于泵行业领先地位，在产业技术创新中起到了示范和带头作用。上海凯士比已成为国内产品范围广、技术水平高的泵制造企业，并能够为国内外客户提供高质量的产品和优质的服务。主要产品及应用情况如下：

（1）用于 600MW、1 000MW 火电机组的凝结水泵、锅炉给水泵、循环水泵和前置增压泵。其中，凝结水泵国内市场占有率达 70%。公司先后为石洞口电厂、外高桥电厂、吴泾电厂等国内知名电厂提供各类产品。

（2）大型混流泵、轴流泵。其中，口径达 3m 的 ZL 型可调轴流泵用于南水北调工程，口径达 2m 的 SEZ 抽芯式混流泵用于黄浦江上游引水工程。

（3）公司是国内较早研究开发核电用泵的企业之一，掌握核电泵的设计制造核心技术，先后为秦山核电站、巴基斯坦恰希玛核电厂一期、二期工程提供核二级泵。

（4）公司引进开发符合国家节能、环保产业政策的产品，如 CPKN 化工泵、轴向切分双吸式离心泵、热水热油泵、卧式多级高压离心泵和潜水污水泵等，产品主要用于国内大型工业基地。

国际金融危机导致的石油、煤炭等能源业的衰退，对能源领域的生产企业冲击较严重，国内暂停、取消了许多电厂的项目，上海凯士比作为国内电厂的主要供应商，产品销售受到了一定的影响。为此，公司采取了一系列应对金融危机的措施：①收集和调研国内外市场信息，组织对潜在市场的预测和研究。②制定企业技术进步发展规划和计划。③开发和应用新产品、新技术、新工艺、新材料。④开展重大技术合作研究，包括经过批准与海外企业进行跨国合作研究，开展成果转化为商品的中间试验。⑤开展引进技术消化、吸收和创新。⑥参加国内外技术交流与合作。

上海凯士比通过产品结构的调整和技术改造，克服了金融危机给公司带来的困难，在全公司的努力下，使公司迅速走出了金融危机的阴影。

在主管部门支持和公司全体员工的努力下，上海凯士比在技术和管理上取得了较好的成绩。公司通过了 ISO9001、ISO14000、OHSAS18000 等管理体系认证，2005 ~ 2007 年连续 3 年被评为外商投资先进技术企业，2008 年获得高新技术企业认证，2009 年获得"上海市企业技术中心"证书。公司生产的泵产品获得国家重点新产品、上海市重点新产品和上海市专利新产品等荣誉。2009 年，公司完成工业总产值 7.83 亿元，实现主营业务收入 8.45 亿元。2010 年，公司计划实现主营业务收入 9 亿元，实现利润 6 000万元。

面对日益发展壮大的国内外同行以及当前的国内外经济形势，公司制定了如下中长期发展规划：

（1）紧扣能源发展战略的主题，抓住国内经济社会发展需大力建设 600MW 及 600MW 以上大型、高效、设备先进的火电机组的电力工业主导趋势，大力投入研发适用于百万千瓦机组的凝结水泵、锅炉给水泵和循环水泵等；充分发挥公司产品丰富、种类齐全、安全可靠的优势，促进各个泵种配套发展，齐头并进，使企业的市场竞争力得到极大提高。

（2）立足公司在核电泵方面研究开发上的优势，把握国家大力发展核电事业的机遇，不断壮大公司的核电泵产业。主要是深化核二级泵的应用与研究，研究凝结水泵、锅炉给水泵、循环水泵在核三级泵上的应用，从而形成公司独有的核电泵研发、制造和生产能力。

（3）全面发展适用于市政及环保行业的 KRT、AMACAN 型潜水泵和潜水搅拌器及干式 SPF、SPN 型污水泵等，用于城市给排水领域的 OMEGA、RDL、RDLO 节能型双吸离心泵，用于石化行业的 CPKN、HPKL、ETRNORM—SYA 节能型大型循环水泵等应用技术。

（4）为促进公司新产品和新技术的研发工作顺利开展，逐步进行公司新材料、新工艺的研发和改进，新设备的设计和添置，提高性能测试水平和质量控制水平。

（5）继续应用先进的设计、分析和管理软件，推广应用

UG、CAM、CFD软件，在管理上实施SAP企业管理系统，实现产品设计、制造和企业管理的信息化，生产过程智能化，制造装备的数控化，全面提升公司竞争力。

上海凯士比在开展技术创新积累技术、知识资本的同时，着力完善研发体系，并始终坚持自主创新，开发拥有自主知识产权的新产品，用超前意识分析、研究市场需求，占领市场先机。今后，公司将继续实现科研—开发—产品—市场的良性循环，以满足中国经济快速发展的需求。

全力打造中国西南地区耐酸泵基地

——昆明嘉和科技股份有限公司

昆明嘉和科技股份有限公司（原昆明嘉和科技开发有限公司）成立于1998年，位于昆明经济技术开发区信息产业基地，占地面积40 000m^2，现有员工239人。公司拥有树脂砂生产线、动平衡试验机、大型精密机加工设备、国家标准一级精度的试验台等生产、测试装备，是西南地区最大的集专业研发、生产和销售耐腐蚀、耐磨蚀、耐高温、化工、有色冶金用泵、渣浆泵、阀门及各式管式分酸器等配套产品为一体的高新技术企业，年生产能力达20 000台（套）。

公司秉承“踏踏实实做人、勤勤恳恳经营”的经营理念，依靠高素质的科技人才、先进的管理手段，先后获得云南省民营百强企业、云南省高新技术企业、云南省创新型企业、云南省省级技术中心和全国机械工业质量效益型先进企业等荣誉称号。“嘉和”商标被评为云南省著名商标。

公司本着“以人为本、以和为贵、服务客户、回报社会”的企业宗旨，始终以打造中国最优秀的耐酸泵生产企业为使命，坚持走科技创新的道路，用高新技术改造泵制造业，已研发、生产20多个系列、600多个规格的产品，成为我国规模较大的高温浓硫酸液下泵生产企业和磷酸泵、渣浆泵骨干生产企业。

公司产品广泛应用于云天化国际化工股份有限公司（三环分公司、红磷分公司、富瑞分公司、云峰分公司），云南冶炼厂，云南铜业股份有限公司，云南驰宏锌锗股份有限公司，云南永昌铅锌股份有限公司，贵州宏福实业开发有限公司，金川集团有限公司，甘肃白银有色金属公司，江西铜业股份有限公司，中化重庆涪陵化工有限公司，内蒙古巴彦淖尔紫金有色金属公司，山东阳谷祥光铜业有限公司，青海西部矿业有限公司，安徽铜都铜业股份有限公司，中国石油化工股份有限公司巴陵分公司，湖北宜化化工股份有限公司，湖北京襄化工有限公司，广东湛化股份有限公司，赤峰金峰铜业有限公司，株洲冶炼集团股份有限公司，深圳市中金岭南有色金属股份有限公司丹霞冶炼厂，山西鲁能晋北铝业有限公司和中国铝业股份有限公司广西分公司等国内磷化工、有色冶金、石油化工、煤化工等行业的500多家企业，并出口赞比亚、韩国、越南、埃及、伊朗、刚果（金）、土耳其、刚果、印度和巴布亚新几内亚等国家，深得广大用户好评。

公司技术中心被认定为云南省省级技术中心，组织机构健全、构架合理，管理制度健全、规范，现有特聘专家教授8人、高级工程师10人、工程师27人，并聘请国内知名教授和专家进行指导、担当顾问。围绕企业的发展战略，与国内多家科研院所合作，建立了产、学、研技术合作平台，成功研发具有自主知识产权的高新技术产品，已荣获国家发明专利20余项。

公司在软硬件齐备的基础上，不断强化研发能力：一是瞄准国际市场前沿技术和成果，结合市场需求，确定技术研发目标；二是通过不断引进和消化、吸收，推动技术进步和产品升级；三是围绕新技术、新工艺、新设备的应用，组织专家攻关，不断提升企业自主研发创新能力。公司先后完成JHB高效节能大型高温浓硫酸液下泵系列产品产业化、新一代磷化工用泵的研发与小批量生产、耐腐蚀磨蚀磷酸泵产业化、年产1 600台渣浆泵生产线技术改造以及节能型渣浆泵产业化等重大科研项目38项。企业主导产品JHB大型高温浓硫酸液下泵、JFZ节能型耐腐蚀耐磨蚀泵被评为国家重点新产品。

公司按照“优质的品质、优质的服务、创优质品牌、满足客户需求”的质量方针，坚持走质量效益型发展之路，率先通过ISO 9001:2008质量管理体系认证和ISO 14001:2004环境管理体系认证，全面深入推行全方位的内控质量体系标准，实现全员、全过程的质量监管和控制。公司始终把质量管理当作工作的重中之重，遵循“以顾客为关注焦点”的质量管理基本原则，最大限度地满足客户对产品的质量需求。

为进一步提升企业管理水平，公司于2005年与云南省机械设计院合作开发了产品数据库管理PDM系统，用于企业产品研发设计，实现产品管理全过程的无纸化，并能实现网上协同设计，大大提高了设计效率。2008年年初，公司引入企业资源计划管理系统（ERP），逐步实现物流、资金流、信息流的通畅与协同，提升公司的信息处理能力和流程运作效率，降低管理成本，杜绝各种人为错误的发生，为企业领导科学决策提供及时、翔实、准确的管理数据。2009年年初，公司引入客户关系管理系统（CRM），整合客户、企业、员工资源，优化业务流程，实现更及时、更周到的优质服务，改善商机捕捉的有效性和可追溯性，提高客户满意度，改善客户关系管理。通过管理系统的引入，公司的管理水平得到进一步提升，保证了企业处于标准化、规范化运转状态。

公司一直遵循“一切为客户多着想、一切让客户最放心、一切使客户更满意”的服务理念，把客户满意和不满意始终作为检验企业各项工作的一项重要尺度；建立健全产品服务体系，依托 ERP、CRM 做好售前、售中、售后服务，实行"一对一营销"模式；建立完善的客户档案、产品供应档案及售后服务档案。专业的售后服务团队确保客户不时之需，开通 24h 售后服务热线：13888248777，接到服务信息后，2h 内做出响应，48h 之内派出专业服务人员赴现场为客户（国内）解决问题，做到"用户如对质量不满意，服务不停止"。

在今后的发展过程中，公司将始终以"打造中国最优秀的耐酸泵供应商"为己任，与客户紧密联系，共同研究高新技术，提升装备水平，为国内外用户提供高品质的产品和服务。

推行精细延伸战略　实现企业自主创新

——江苏赛德力制药机械制造有限公司

江苏赛德力制药机械制造有限公司成立于 1953 年，是集科研、生产于一体的离心、干燥设备专业制造商。公司占地面积 72 000m²。江苏赛德力制药机械制造有限公司是中国分离机械标准化技术委员单位、中国通用机械工业协会分离机械分会副理事长单位、江苏省高新技术企业，控股靖江市赛德力精滤设备有限公司和靖江市赛德力农业生态有限公司 2 家子公司。

公司不断研制开发高技术含量，符合国内药品生产 CGMP、美国 FDA、欧盟 TGA 规范，替代进口的优质产品，在国内率先开发了拉袋刮刀离心机、吊袋离心机、全自动螺旋卸料离心机、GKC 无菌级卧式刮刀离心机、虹吸刮刀离心机、电脑程序控制超大型超大口径立式刮刀离心机等。产品已形成六大系列、100 多个品种。销售网络遍及国内各大省市，产品远销瑞士、德国、西班牙、巴西、阿根廷、俄罗斯、印度尼西亚、越南、泰国、马来西亚、韩国和印度等国家，深受国内外用户欢迎。

公司设立专门的技术开发机构，具备国家压力容器特种设备制造许可证。公司始终贯彻"科技兴企"的战略方针，设有科研所、分离干燥技术实验室，拥有各类科研设备 42 台（套），拥有数控剪板机、德国进口数控精细等离子切割、激光切割机、数控折角机、数控线切割机床、日本进口数控镗铣加工中心、数控切削加工中心、全自动焊接机等先进的高、精、大各类通用（专用）设备 248 台（套）。

公司实行"产品质量为第一生命线"的方针，拥有各种检测手段——多台高精度动平衡机，磁粉探伤，射线、超声波探伤，美国 API 激光跟踪仪，拉伸、弯曲试验机，光谱分析仪和三坐标测量仪等。各种检测手段和专业人员确保产品的优质品质。

多年来，公司积累了丰富的离心机生产经验和为制药化工行业服务的经验。公司拥有一支高水平的技术队伍，可满足用户单位的特殊设计要求。公司可为客户选择合适的过滤材料，提供完备的离心机安全防爆策划，以及对腐蚀特别严重的物料采取特殊表面防腐处理的技术。在产品技术创新方面，实现了离心机的全封闭运行、离心机的在位清洗、离心机的控制与自动化。

截至 2009 年，公司已推广了多种产品，包括离心机，制粒、混合、粉碎设备以及过滤、洗涤、干燥设备等。

GK（F）/GKH/GKC 系列全自动卧式刮刀离心机除用于中、细颗粒的固液分离外，也可用于有毒、易燃、易爆介质的固液分离，可实现制药、食品、化工、国防工业领域的原料中间体及成品的固液分离。GKH 系列全自动虹吸刮刀离心机除具有以上用途外，特别适用于粒度小、过滤速率较慢、大负荷生产的需要洗涤及固液含量低的场合。

SG/SGZ、L（P）GZ 系列离心机可实现远距离控制，自动化程度高，处理量大，适用于含细粒度和中等粒度固相的悬浮液的固液分离，也可用于纤维状物料的固液分离，广泛应用于石膏、硫胺、硫酸铜、氯化钾、硼砂、燃料、树脂和农药药剂等化工行业，食盐、味精、食品添加剂、淀粉、制糖和调味品等食品行业，抗生素、维生素等制药行业，以及矿物、环保等其他行业。

高速混合制粒机主要适用于制药、食品、化工行业的批量生产。其优点是高效、快速、优质混合和制粒一步完成；工作速度极快，制成的颗粒质量好。与原有的卧式搅拌加摇摆制粒机相比，可提高工作效率 4 倍以上。

纽克多功能过滤、洗涤、干燥设备（三合一）是在一密闭容器内先后完成搅拌、反应、过滤、清洗、脱液、干燥等一系列工艺过程。具有结构简单、工艺流程简化、生产效率高、无交叉污染、物料更换便捷和自动化程度高等特点。同时可大大缩小所需洁净厂房的空间，基础投资费用低。该产品广泛应用于制药、化工、食品、染料等行业，尤为适合洁净度要求高、小批量多品种及特大批量的生产场合。

公司奉行"客户第一、质量至上"的宗旨。在行业中率先通过 ISO9000 质量管理体系，企业连续十多年被工商部门评定为"重合同、守信用"企业。2005 年，公司"永旋"商标被认定为江苏省著名商标。公司生产的吊袋离心机、GKF 程序控制刮刀卸料离心机、高速混合制粒机、无尘粉碎机、振动流化床干燥机先后获得国家级新产品，中国首届制药机械新产品博览会金奖，中国第五届新技术新产品博览会金奖，江苏省第七届、第八届优秀新产品金奖，江苏省新产品金牛奖及江苏省高新技术产品等荣誉。

企业文化是企业的核心竞争力和持续发展的命脉。公司实行亲和化管理，尊重人、理解人、关心人、造就人，使全体员工置身于“同心同德、和谐奋进”的浓厚氛围中。公司牢固树立“民族志气，面向未来，勇创大业”的理念，进一步实施“精细延伸，大口径引领，外向突破，自立创新”战略。公司制定了“领导班子精英化、科技人才乐趣化、员工队伍亲和化”的核心管理战略，坚持培训，定期分批派遣中层以上管理人员出国考察，每年邀请国内外专家进厂授课培训。培训内容涉及决策、经营、管理以及专业知识等各个方面。公司要求每一位员工具有“真诚服务、奉献社会”的企业核心价值观，具有“以德为本、敢为人先、务实高效、敬业精进”的企业精神，以此营造良好的企业氛围和工作氛围，塑造一支具有高度凝聚力和忠诚度的员工团队。正是每一位员工的工作热情和创造力，为公司提供着源源不断的发展动力。

2010年是“十一五”的最后一年，公司将实施精细延伸战略，把产品做专、做精，按照客户要求，在产品设计、制造、技术和服务方面进一步创新提高；实行大口径离心设备引领战略，不断扩大自身优势，积极适应市场要求；实行外向突破战略，积极开拓外贸渠道，向世界市场挺进。

追求卓越绩效　促进企业健康发展

——上海鼓风机厂有限公司

上海鼓风机厂有限公司（以下简称上鼓）是中国机械500强和上海市高新技术企业，是上海市质量管理奖、上海市著名商标、上海市名牌产品获得者。

上鼓作为一家国有企业，随着我国经济体制由计划经济向市场经济的转变，也经历了逐步转变的过程，企业在激烈的市场竞争中形成了“顾客第一，满足顾客的需求是上鼓人的职责”的核心价值观。在经营上实施“市场多元化、做大不放小、拓展海外市场、改变赢利模式”的营销策略。在“十一五”期间，上鼓以全方位提升企业技术创新能力、市场开发能力和核心竞争力为主旨，不断追求卓越绩效，走出了一条“市场化、高端化、大型化”之路。

面对危机　沉着应对

面对金融危机产生的不利影响，上鼓全体员工以积极的态度迎接挑战。公司把2009年定义为“危机之年”，通过危机管理，落实“一抓三保”的工作要求；通过危机教育，提升干部员工的“心、劲、情”；通过危机应对，积聚企业发展的智慧和力量。

公司每月召开经营活动分析会，由财务部对各项经营指标完成情况进行分析，市场技术部分析承接任务情况及对市场信息的分析报告，质保部报告产品质量情况。通过经营活动分析会来评价企业实现短期和长期目标的状况，提出问题，分析原因，并及时采取相应的措施。

2009年，公司的工业总产值和产品销售收入比2008年有小幅下滑，但比2007年均有所增长。全年完成资金回笼8.6亿元，创历史纪录；出口额超过1.4亿元，比2008年增长9 200万元，占工业总产值的19.4%。

重视人才　谋长远发展

人力资源是企业长盛不衰的根本。上鼓积极从量和质两个方面壮大技术人才队伍、经营人才队伍、技术工人队伍以及管理人才队伍，同时建立健全考核激励机制。公司广泛吸纳人才，同上海大学、上海理工大学、华东理工大学、西安交通大学等院校建立对口联系、对口培养、对口培训，使大学毕业生尽早熟悉风机专业有关知识和技能，较快适应工作需求。另外，扩大企业中研究生、博士生的比例，充实高端人才。

为鼓励员工积极创新，真正体现技术的价值，上鼓树立了“创新为荣、创新高尚、创新致富”的观念，鼓励员工在技术工作中争创不平凡的业绩；在待遇上按“技术含量”高低进行分配，加大人才的投入力度，重奖对企业技术发展作出突出贡献的人才。

开展产学研合作　确定发展目标

上鼓加强与专业对口高校、研究单位的合作，发挥高校、科研单位基础研究实力雄厚、人才济济、专业对口的优势，共同开展风机产品的研究开发工作。一方面，针对各高校、研究所的特点，组建不同的风机产品开发团队；另一方面，选择大学的研究成果进行产业化开发，与上海交通大学组建联合试验研究基地，共建研究中心，以解决企业急需解决的问题。

上鼓在巩固优势产品的基础上，拓展新型产品，培育未来产品，保留常规产品。公司实施资产重组战略、市场发展战略和技术领先战略。①实施资产重组战略。上鼓同西安陕鼓动力股份有限公司进行市场化异地战略重组，实现国有资产跨地区的重组和企业的强强联合。②实施市场发展战略。巩固电站、拓展环保、开发离心压缩机等，提高市场占有率。③实施技术领先战略。拳头产品主要以动叶可调轴流风机为主，分别应用于电站的30万kW、60万kW、100万kW等大型火电发电机组以及矿井和地铁隧道；优势产品主要是应用于冶金行业的工业用离心风机，有较高的市场占有率；发展型产品以大型脱硫增压风机为主，用于火电环保脱硫和冶金钢厂环保除尘等新兴环保行业；研发型产品是应用于核电站的高科技核电高温气冷堆氦气风机、民用和军用的风洞风机。

加强质量管理　以优质产品服务社会

上鼓在“质量是企业的生命，顾客第一，满足顾客的需求是上鼓人应尽的职责”的方针指导下，在为顾客提供产品和服务时，针对4个价值创造过程（市场营销过程、设计开发过程、生产制造过程、采购过程)和4个支持过程(质量管理和改进过程、基础设施和安全管理过程、人力资源管理过程、财务管理过程)编制了相应的管理程序文件。公司建立了一支内部审核员队伍,负责质量管理体系的运行状况的监督检查,每年都组织内部评审活动来评价质量管理体系的有效性、充分性和适宜性,提出改进方向,达到持续改进的目的。

上鼓的风机产品主要用于电厂、煤矿、隧道。公司对电业系统做出了"提供优质产品,提供优良服务"的质量承诺。为减少风机噪声对环境的污染,上鼓大力开发消声技术,研制消声产品,为风机配上高技术的环保消音装置。公司的消声器开发已形成系列并获得国家专利技术。

"十一五"末及未来产业发展目标

上鼓在"十一五"末期及未来10年的产业发展目标是:

(1)"十一五"末期,上鼓的产业重心是保持工业风机的发展态势,发展离心压缩机业务,培育和形成高温气冷堆设计制造能力。

(2)2011~2015年,上鼓的产业重心是逐步实现工业风机业务转型(从设计转向工程配套),整合工艺流程,重点发展高附加值的离心压缩机业务和第四代核电业务,建立透平机械研发中心。

(3)2016~2020年,上鼓的产业重心是增强风机、压缩机等高端产品中关键零部件、核心业务的制造试验基地和能力,工程成套中心形成规模,增强透平机械研发中心实力,服务中心形成规模。

2009年,上鼓实现销售收入7亿多元,在"十二五"期间,力争实现年销售收入10亿元。今后,上鼓力争成为国内工业风机品种齐全、技术含量高和品质最优的一流企业!成为一个技术进步、市场向上、管理有序、效益明显、环境稳定、员工乐业、和谐发展的企业!

上海阿波罗:志在创造中国核级泵品牌

——上海阿波罗机械股份有限公司

上海阿波罗机械股份有限公司是上海市高新技术企业、上海市培育型科技小巨人企业、上海市品牌企业、奉贤区企业技术中心和AAA级资信企业。公司是中国通用机械工业协会泵业分会会员单位、中国核能行业协会会员单位、中国中小企业协会理事单位。公司地理位置优越,东临黄浦江第五座大桥——奉浦大桥,西临上海市化学工业区,北临上海重工业基地——闵行区。公司距浦东国际机场、虹桥机场、上海铁路南站、徐家汇商业中心仅30min车程,交通非常便利。

公司于2005年5月建成并投产,总投资25 000万元,占地面积超过4万m^2,建筑面积3万m^2。拥有各类数控机加工设备100余台(套),主要设备有TAK6920数控镗铣床、数控5m立式车床、数控3.5m立式车床、6113数控镗床、数控龙门铣床等重型设备,完全能够满足公司研制核二级、核三级泵产品加工制造的需要。当前,公司已有重型数控加工设备的装备能力和核级泵的生产制造能力,已取得核承压设备制造资格许可证,在国内核泵生产中名列前茅。

公司现有专业的水泵开发、设计、制造团队320余人,MBA学历人员9名,大中专以上学历的人员总数占职工总数65%以上,其中研究员级高级工程师4人、享受国务院特殊津贴4人、高级工程师9人、工程师36人、高级技师6人、技师4人。在核电设备国产化目标的指引下,公司得到了国内一大批有志于改变中国核泵现状的专家、核泵生产制造行业精英们的积极响应和大力支持,加盟公司的核泵产品开发团队。他们具有开发设计、组织核泵生产、计划调度、外协管理、工艺指导、核泵发运、到现场提供安装和调试服务的丰富经验。产品开发设计、生产管理、生产调度、工艺技术和核主泵现场服务等人员的加盟,增强了公司核电用泵的生产制造能力和现场管理能力。

公司具有丰富的外部资源,与多家有志于核级泵类设备国产化的大学和科研院校(中国核电工程有限公司、中广核工程有限公司、国核工程有限公司、中国机械科学研究院、上海交通大学、上海同济大学、江苏大学、上海理工大学、天津电气传动设计研究所、中水北方勘探设计研究有限责任公司工程技术研究院、合肥通用机械研究院、郑州机械研究所、西安交大轴承研究所、上海电气集团等)成立产学研合作模式,建立了长期的技术合作关系,研发了多项具有高科技含量的科技成果。

公司采用用友软件CRM和ERP系统对销售过程和生产物流过程进行管理和控制,从销售项目信息立项开始一直到销售订单形成都是按标准流程进行设计的,使整个项目处于可控状态。从销售订单自动转入生产计划,形成采购订单,直到产品入库和销售出库,都是通过操作软件来实现的。

公司建立有计量室、理化室、光谱分析室、机械性能检测室、水泵全性能试验中心、混凝土蜗壳海水循环泵盘车试验台架等,使得从原材料进厂到成品泵出厂全过程都得到严格的质量控制。水泵性能试验台是当前国内先进的泵类测试平台之一,与江苏大学流体机械中心共同开发的电脑全性能测试系统,对泵类产品性能实行全方位监控,能自动判别产品优劣。2008年,公司新增投资2 000万元,与沈阳水泵研究所对试验台架和试验回路共同进行技术改造,改造后的试验回路和试验台架涵盖了所有核二级、核三级泵的性能试验需要。

通过多年持续不断的努力，企业已拥有百万千瓦级核电站混凝土蜗壳海水循环泵、辅助给水电动泵、辅助给水汽动泵、安全厂用水泵、设备冷却水泵等世界级高端产品的设计开发能力和核心制造管理能力，同时也成为世界上少数有能力生产这几类产品的企业之一。2009 年 1 月，上海阿波罗机械股份有限公司获得国家核安全局颁发的民用核安全机械设备设计/制造资格许可证。

在核电泵市场开拓方面，上海阿波罗机械股份有限公司以优质的产品赢得了国内众多核电工程企业的信赖，已成为中国核电工程公司、中国广东核电集团、国核技工程有限公司、江苏核电有限公司、中核集团核电秦山联营有限公司、中国中原对外工程公司、秦山核电公司等诸多核电公司的合格供应商。

今后，公司继续以"实现客户价值、提升员工价值、按国际一流标准振兴中国装备制造业"为使命，以"创建卓越精英团队，打造百年盛世品牌"为愿景，以"成为全球核电用泵及全球高端泵市场的方案提供者"为战略目标，建设拥有一流加工设备和先进工艺技术体系的核电泵制造企业。

沈鼓：以振兴民族装备制造业为己任

——沈阳鼓风机集团有限公司

沈阳鼓风机集团有限公司（以下简称沈鼓）始建于 1934 年，2004 年，由原沈阳鼓风机（集团）有限公司、原沈阳气体压缩机股份有限公司和原沈阳水泵股份有限公司重组而成。当前，沈鼓拥有员工 6 182 人，资产总额达 76.4 亿元。集团主要从事风机、水泵和压缩机的研发、设计和制造，是国内风机、水泵、气体压缩机行业的龙头企业，在国际同行业中居领先地位。

沈鼓因优良的业绩、完善的公司治理和良好的市场表现，赢得社会各界的赞誉。近年来，沈鼓荣获了"全国用户满意企业"、"全国精神文明建设先进单位"、"重大装备国产化突出贡献企业"、"全国先进基层党组织"、"全国企业文化建设先进单位"、"全国文明单位"、"中国工业经济先锋全国示范单位"等荣誉和称号。

沈鼓在通用机械行业中率先获得"国家级技术中心"、"全国五一劳动奖状"、"中国名牌产品"等荣誉，还先后获得"国家技术中心全国 50 强"、"中国机械 500 强"、"中国大企业竞争力 500 强"、"高新技术企业"，2008 ~ 2009 年"中国制造业企业 500 强"、"中国机械工业 100 强"及 2009 年"全国企业文化建设先进单位"、"国家信息化应用示范企业"、"全国专业技术人才先进集体"、"全国机械工业质量效益型先进企业"、"中国产学研合作创新示范基地"和"全国机械工业先进单位"等众多殊荣。

沈鼓作为我国最大的通用机械生产基地，担负着为大型乙烯、大型炼油等关系国计民生的重大工程项目提供国产装备的战略任务。正是这种历史使命和责任，使得沈鼓形成"敢为天下先"的企业精神，不断进取，积累了比肩国际一流企业的核心技术和制造能力。

创新走出辉煌路

沈鼓的前身为 1934 年成立的满洲钢铁株式会社，1948 年 11 月 2 日，沈鼓步入发展的轨道。

1949 年，更名为沈阳第四机器厂。

1950 年，更名为机械工业管理局沈阳第四机器厂。

1952 年，国家投资 170 万元对工厂进行扩建改造，生产出 3 种、13 个型号中低压扇风机。

1954 年，试制成功苏式 500 型掘进扇风机，全年共试制成功 7 种、12 个型号新式扇风机。

1955 年，成功制造可供 35 万 t/a 煤矿使用的大型国内轴流矿井扇风机。

1957 年，试制成功 S—1100—13 烧结用鼓风机和煤气空气联合鼓风机；中低压扇风机变形设计试验成功。

1958 年，试制成功 13 种、54 个型号的新型扇风机和鼓风机，使产品由测绘仿制阶段步入独立设计制造阶段。

1959 年，试制成功大型 06—2 型 24#矿井轴流通风机。

1960 年，试制成功我国自行设计的 DA3250—41 透平压缩机。

1966 年，试制成功我国自行设计的 4—73 型高效率中低压离心通风机。

1970 年，自行设计制造出具有世界先进水平的 20m 塔用轴流风机，试制成功 S12000 巨型烧结鼓风机转子。

1975 年，被确定为国家重点建设项目之一，国家拨款 1.4亿元，对沈鼓规模扩建。

1980 年，具备为 30t/a 合成氨、52 万 t/a 尿素、30 万 t/a 乙烯、500 万 t/a 炼油、3 000m^3 高炉、20 000m^3/h 制氧等大型装置提供最佳透平压缩机和鼓风机的能力，成为国内风机行业现代化企业之一。

1982 年，试制成功为 52 万 t/a 素装置配套的 CO_2 透平压缩机、催化裂化 MCL1004 透平压缩机和 2MCL457 透平压缩机。

1983 年，成功设计制造出公司的第一台 DH63 压缩机。

1984 年，试制成功 CO_2 大型离心压缩机组。

1987 年，2MCL607 + BCL306/A 尿素装置用 CO_2 离心压缩机获得机械科技进步奖一等奖，52 万 t/a 尿素装置用 CO_2 压缩机获国家重大技术装备奖。

1989 年，工业总产值首次突破亿元大关；CO_2 离心压缩机荣获国家优质产品金牌奖。

1990 年，自行设计制造出 SIC705 型单轴等温离心压缩机，将压缩机与冷却器合为一体。

1991年，成功研制80万t/a加氢装置配套用BCL407离心压缩机，为20万t/a合成氨装置配套的关键设备2MCL457+BCL407天然气离心压缩机等获国家重大技术装备领导小组颁发的国家一等奖。

1992年，DH80压缩机出口印度，沈鼓透平压缩机首次进入国际市场。

1993年，全年工业总产值首次突破2亿元大关。

1994年，计算机集成制造系统（SB—CIMS）通过国家鉴定。

1995年，研制出国产化80万t/a加氢裂化装置用BCL407/A加氢离心压缩机。

1996年，计算机集成制造系统先后荣获机械科技进步奖特等奖、国家科学技术进步奖二等奖。

1997年，80万t/a加氢裂化装置用BCL406/A离心压缩机全速全压氦气机械运转和气体性能试验取得一次试车成功，标志着在国内结束了压缩机全速全压试验空白的历史。

1998年，研制出为48万t/a乙烯装置配套的国产化裂解气压缩机和丙烯压缩机，实现了乙烯重大装置离心压缩机国产化零的突破。

2001年，为大庆石化总厂研制的大型乙烯裂解气压缩机、丙烯压缩机获"九五"国家重点科技攻关计划重大科技成果奖。

2003年，沈鼓厂整体转制为沈阳鼓风机（集团）有限公司。

2004年，以沈阳鼓风机（集团）有限公司为主，重组沈阳水泵股份有限公司、沈阳气体压缩机股份有限公司，全年实现工业总产值13.5亿元，首次突破10亿元。

2005年，64万t/a乙烯装置用裂解气压缩机通过验收。

2006年，开始研制百万吨级乙烯国产化压缩机。

2007年，实现企业技术改造、整体搬迁，与沈阳水泵股份有限公司、沈阳气体压缩机股份重组整合。

2008年，更名为沈阳鼓风机集团有限公司，全年实现工业总产值80亿元。百万吨乙烯裂解气压缩机试运转成功，沈阳鼓风机集团有限公司成为世界上少数几个能够制造百万吨乙烯机组的企业。

2009年，百万吨乙烯装置用丙烯压缩机组达到国际先进水平，实现了我国大型离心压缩机设计制造技术的重大突破；率先设计制造国产化60万t/a PTA多轴压缩机。

勇担国产化重任

乙烯工业是提高人民生活水平和拉动中国经济增长的重要引擎。乙烯和炼油装备是沈鼓主导产品。几十年来，沈鼓在石化工业领域诞生了几十项"首台套"。与此同时，中国乙烯工业则发生了2 000倍产能的飞跃，如今，百万吨乙烯装置国产化率已达80%以上，中国石化工业已经具备了采用自主技术建设百万吨级乙烯装置的能力。该套装置的核心设备——裂解气压缩机正是由沈鼓自行设计和制造的。

早在10年前，我国第一台24万t/a大型乙烯装置在大庆石化顺利投产时，原中石化副董事长、总裁王基铭院士说：有了沈鼓，我们就有了顶门杠，我们就敢和老外说不。

仅2009年，沈鼓就成功为中石化天津石化公司研制了国内首台百万吨级乙烯装置用裂解气压缩机，为镇海炼化公司百万吨乙烯装置研制了丙烯制冷压缩机，成为世界第四家具备研制百万吨丙烯压缩机能力的企业，使我国大型石化设备制造能力提高到世界先进水平，挺进了世界先进压缩机制造企业的行列。

多年来，沈鼓在"以赶超世界前沿技术为着力点，加快提高企业的自主创新能力，为企业实现跨越式发展提供强大动力"的技术创新工作方针的指引下，开发了多个系列新产品，对促进我国重大技术装备国产化和保障国民经济的安全稳定发展，起到了举足轻重的作用。"九五"以来，沈鼓共完成重大技术攻关项目854项，共开发新产品2 873种、5 846台，其中，风机类产品1 813种、2 604台，往复机类产品770种、1 443台，泵类产品290种、1 799台。

沈鼓生产的重大技术装备，对打破国外发达国家对我国石油、化工、电力等重点经济领域的技术垄断，促进我国重大技术装备国产化和国民经济的安全、稳定发展起到了举足轻重的作用。沈鼓的产品不但填补了国内空白，直接替代进口，而且对平抑国内采购价格起到了重要作用，多年来为国家节约了上百亿美元。

实现一次次超越

沈鼓的主导产品包括离心压缩机、核泵等，就对其技术性能先进性和稳定性的需求，以及这些产品在相应重大工程中的核心作用而言，均需要较高的保证。这也是在这些装备的市场中，形成了全球性的赢家通吃局面的原因。因此，一直以来，乙烯装置用的离心压缩机组都被国际上少数几个跨国公司（如GE、西门子等）垄断。

在近20年时间里，沈鼓每年都为大型炼油、大型化肥等领域提升一个档次，新产品产值率一直保持在60%～70%，累计为石油、化工、冶金、空分等行业提供各类透平压缩机2 200余台（套），先后在石化行业竖起了24万t/a、36万t/a、64万t/a、100万t/a裂解气压缩机和丙烯压缩机的四座里程碑。实现我国重大技术装备国产化研制"零"的突破，彻底打破了外商对我国重大装备领域长期的技术和价格垄断。

在不到两年的时间里，沈鼓为核电领域百万千瓦级核电项目成功研制出余热排出泵、上充泵、安全壳喷淋泵、低压安柱泵、电动辅助给水泵等5种核电用泵，推进了我国核电核心装备自主化进程，达到世界级先进水平。

这一台台重大技术装备的诞生，标志着沈鼓在大型风机、泵类产品、往复压缩机研制领域又取得了历史性的跨越，主导产品向着超大型、尖端化、世界级迈进，满足了技术和市场发展的需求，缩小了与世界先进水平的差距，有力地促进了企业的技术进步。大型离心压缩机总体设计制造技术达到国际先进水平，部分单元技术达到国际领先水平，充分展示了企业雄厚的设计制造能力。

积累雄厚的技术实力

在我国的装备制造企业领域，沈鼓与众不同的地方在于，它是没有“备份”的企业。在相关领域，沈鼓不能生产的核心装备，就只能依赖进口。因此，沈鼓在我国石化等装备制造业的国际竞争中，一直被看作一张王牌，被称为“国家砝码”，屡屡起到了打破跨国公司技术垄断的特殊作用。

《国务院关于加快振兴装备制造业的若干意见》中提出要大力发展的百万千瓦级核电机组等16项重大技术专项中，沈鼓承担其中4项、32种关键产品。在中国工业史上，沈鼓曾有100多项关键技术填补了国内空白，累计替代进口数百亿元。创造了“中国装备，装备中国”的辉煌历史，挺起了民族工业的脊梁。

沈鼓建立了企业自己的技术研发中心，并被认定为国家级技术中心。同时，沈鼓充分利用大专院校、科研院所的实力，建立了企业技术分中心，联合开发新技术、新材料、新产品，开发满足未来市场需求的新技术，确保企业每年都能够依据市场需求及时推出新产品。

近3年来，沈鼓研发经费投入分别占主导产品销售收入的5.58%、5.77%、5.94%。年均完成科研项目达90项，取得500多项重大科研成果，拥有一套自主知识产权核心技术。运用自主知识产权累计为石油化工等国家重大技术装备领域提供核心设备离心压缩机2 200台（套），替代进口20亿美元。

人才透视深厚的文化底蕴

多年坚持不懈加强人才队伍建设，展示了沈鼓企业文化的深厚底蕴，支撑企业为国家重大技术装备国产化作出了重大贡献。当前，沈鼓的员工中，享受政府特贴41人、教授级高工51人、高级工程师318人、工程师507名，占专业技术人员总数的66.7%；高级管理人员227人、管理专家15人、高级工人技师143人，拥有工人专家9人。

2005年2月24日，“五朵金花”设计攻关组被中华全国总工会授予“全国五一巾帼奖”和“全国五一劳动奖状”。2005年“五一”前夕，“五朵金花”先进集体被中共中央宣传部确定为全国重大典型，包括人民日报、新华社、中央电视台、中央人民广播电台等在内的国内媒体，对她们的事迹做了大规模集中宣传。“五朵金花”的先进事迹迅速传遍神州大地，在社会各界引起强烈反响，赢得广泛的赞誉。

沈鼓的青年工人徐强把个人的奋斗与民族工业的振兴紧密连接在一起，在实践中勤奋学习、苦心钻研、反复摸索、创新进取，成为一名集学习型、知识型、创新型、复合型于一身的高技能人才，成为传统产业工人向知识经济时代高技能人才成功转型的标兵，成为推动科技成果转化和先进生产力发展的典范。

沈鼓结构车间高级技工杨建华，研究成功并投入生产应用的“离心压缩机、鼓风机机壳拼装制造技术”，成为“中国焊接机壳拼装第一人”。杨建华于2008年初荣获国家科技进步奖二等奖，成为新中国成立以来全国第四位、辽宁省第一位获此殊荣的一线工人。

沈鼓厚重的企业文化，培养锻造了一支以“五朵金花”、徐强、杨建华为典型代表的员工队伍，在他们身上体现和弘扬了沈鼓独特的精神气质和文化传承，那是永不服输、拒绝平庸、敢为天下先的精神。

在未来的发展过程中，沈鼓将继续在国家大力振兴装备制造业的历史背景下，用业绩证实其实力，继续书写新的历史诗篇。

努力超越　追求卓越

——上海电力修造总厂有限公司

上海电力修造总厂有限公司成立于1956年，是国家电网公司旗下集产品研发、设备制造、工程成套和技术服务四大功能的电力装备制造企业。

公司致力于研发和制造具有当代国际先进科技水平的节能型大容量、高参数锅炉调速给水泵组，大功率、高转速液力偶合器，高温高压电站阀门和新型焊接材料产品。拥有大中型精密数控加工机床、先进检测设备及各类通用、专用设备500多台，建有国内先进的锅炉调速给水泵、液力偶合器产品和立式凝结水泵试验台。通过ISO 9001：2000质量体系认证，获得数十项国家实用新型专利和发明专利。

公司秉承“卓群设计、杰出制造，助力于清洁能源”的理念，紧跟国家节能降耗、发展清洁能源的方针，大力实施以百万千瓦超超临界火电机组和百万千瓦等级核电站配套产品为研发重点的“双百战略”，力求在原始创新上跨越新高度，在集成创新中建立新业绩，在消化吸收再创新上实现新突破。

领先的技术，诚信的理念，全方位的顾客服务方案，全球性的战略发展视野，昭示着上海电力修造总厂有限公司所肩负的使命：以向顾客提供最好的产品为己任，致力于创新求进，在推动电站装备发展的道路上，勇往直前。

一、锅炉给水泵研发成果显著

上海电力修造总厂有限公司自20世纪70年代开始研制生产调速型锅炉给水泵。1987年，公司与国外企业合作制造锅炉给水泵，引进了具有世界先进水平的泵型和设计、制造、检验标准，结束了我国调速给水泵组长期依赖进口的历史。2003～2006年，公司完成了与600MW亚临界、超临界火电机组配套的锅炉调速给水泵的研制，其设计、制造已经全面实现国产化。2008年，公司研制生产的国内首台集成创新的国产成套1 000MW火电机组锅炉给水泵经过测试，各项技术性能指标全部符合合同要求。公司在全面进入1 000MW机组市场方面迈出关键一步，同时也标志着国内企业已具备大型设备国产化自主创新和生产能力，为公司实现百万千瓦等级核电站配套给水泵全国产化打下了基础。

1. HPT300—340型锅炉给水泵

为600MW超临界火电机组配套的HPT300—340型锅炉给水泵为双壳体泵，其外筒体及大端盖均为最高承压部件，材质及加工要求都很高。公司采用20MnMo材料替代相应的国外牌号，并严格按照高压容器大锻件检验标准进行锻造和检验，调质处理后取样作机械性能试验、超声波探伤、进(出)口管焊接后降应力热处理，焊接区域进行射线拍片检查。同时，在大筒体内表面过流冲刷面堆焊奥氏体不锈钢，堆焊前进行着色探伤及格后堆焊，精车后再着色探伤，以保证长期正确的配合尺寸及较高的耐冲蚀强度。筒体精加工后进行1.5倍工作压力水压试验，持续30min无泄漏、冒汗等缺陷。

给水泵内壳体与导叶之间的配合为过盈配合，同时保留防转销，此设计不仅运行安全性大大提高，而且可采用垂直安装，方便了装配，同时也提高了安装精度。给水泵主轴为阶梯轴，使给水泵转子装配更为便捷。对叶轮、导叶、进水端盖等零件采用精密浇铸，选用树脂砂新材料等工艺，大大提高了铸件的精密度。给水泵的轴封装置通常采用迷宫密封或机械密封。针对不同用户和不同使用环境的要求，公司同时研制了两种密封，以供用户选择。

HPT300—340型锅炉给水泵的研制成功，使公司给水泵的设计制造技术有了新的提升，不仅结束了我国超临界调速给水泵组长期依赖进口的历史，还大大提高了电厂配套设备的经济性、安全性和可靠性，为公司创造积极效益的同时还为国家节约了大量的外汇。

公司研制的第一台HPT300—340型给水泵已在国华太仓电厂600MW超临界机组7号机B号位投运，自投入运行以来，运行良好，安全可靠。该给水泵与A号位进口芯包给水泵并联运行，取得了令人满意的效果，并得到了用户的好评。公司邀请了华东电力试验研究所到国华太仓电厂做了7号机A号位泵、B号位泵的比较性性能试验，试验结果完全符合用户要求。

当前，已有大唐发电有限公司订购了600MW机组国产化芯包，运用在大唐乌沙山电厂3号、4号机组。在满足新机组替代进口产品的同时，公司还可为已进口的200多台芯包提供备品备件，既节约了外汇，又可大大缩短电厂检修工期，其社会经济效益非常可观。

2. FK4E39型锅炉给水泵

FK4E39型锅炉给水泵配套于火电厂600MW亚临界级汽轮发电机组。600MW亚临界级机组的给水泵组一般配置为二汽一电，即由两套50%容量汽动主给水泵组和一套30%容量电动给水泵组组成。50%容量汽动主给水泵组包括FK4E39型给水泵及其驱动汽轮机，FA1D67型前置泵及其驱动电动机。

600MW亚临界火电机组配套的FK4E39型锅炉给水泵为双壳体泵，其大筒体和大端盖材料为20MnMo低合金钢锻件，与超临界机组一样，其加工要求相当高。给水泵主轴选用英国钢号BS970 420 S29(相当于2Cr13)材料，为了确保主轴各种性能，选用2Cr13电渣重熔钢。主轴的全部机械性能控制在良好的区域。

给水泵在叶轮内孔与轴的控制尺寸上，采用滚压工艺，既达到设计、装配工艺要求，又大大降低了加工成本；在筒体的进口、出口管焊接上，采用机械手焊接工艺，避免了因人工操作的技术水平不同而使焊接质量的参差不齐，确保了产品的质量稳定；在出口管与大筒体的异种钢焊接工艺方面，经反复研究、试验，通过了抗裂试验、射线探伤、金相分析、硬度试验、弯曲试验、抗拉试验、冲击试验等多项工艺技术评定，达到了预期效果，成为公司焊接工艺创新专利。

在给水泵转子部件组装及动平衡方面，给水泵零件加工完成后，对各个叶轮进行静平衡试验，精度控制在G6.3级内，对零件配合尺寸进行复测，根据装配记录要求进行最佳选配，然后逐级装配。每套装一级叶轮，检测叶轮的跳动，直到符合要求，再套第二级叶轮，再检测数据，以此类推。全部转动零件装上轴以后，校验各处径向、轴向跳动，均符合设计数值后，再按照ISO1940/1标准、精度G2.5级进行动平衡。动平衡组装合格后作好零件组装位置标记，然后解体，零件按先后装配顺序放置在适当位置，防止混组。正式组装时严格按动平衡状态组装，测量好每级叶轮的轴向窜动，整个芯包组装后装入大筒体进行抬轴，抬轴在0°、90°、180°、270°4个位置仔细地校正测量中心。抬轴完成后，在轴承座上加工定位销钉，防止抬轴数值走动，全部组装结束用手盘动转子应轻重自如。给水泵轴端密封选用机械密封或螺旋密封。

公司研制的第一台FK4E39型锅炉给水泵安装于山东聊城电厂600MW亚临界机组1号机B号位，自投入运行以来安全可靠，与A号位进口芯包给水泵并联运行，取得了令人满意的效果，得到了用户好评。另外，已有大唐王滩发电厂、聊城发电厂、阜新电厂购置了公司研制的600MW国产化芯包，并已成功运行。华电灵武发电厂、大唐运城发电厂、宁夏大坝发电厂等也订购了600MW国产化芯包。

3. HPT400—390型锅炉给水泵

HPT400—390型锅炉给水泵配套于火电厂1 000MW级汽轮发电机组。1 000MW机组锅炉给水泵大多采用两台50%容量汽动给水泵的配置方案。给水泵在总体结构上采用双壳体筒体抽芯式泵的结构，该种结构的给水泵可靠性高，泄漏点少，安装维修拆装方便、简捷。国外其他水泵制造厂的1 000MW锅炉给水泵也均是采用此结构，该型式结构也代表了当前锅炉给水泵的先进水平。

公司已承接了国内大唐潮州三百门电厂2×1 000MW、上海漕泾电厂一期工程2×1 000MW、华润徐州彭城发电厂三期2×1 000MW、平顶山第二发电厂2×1 000MW、江苏华电句容电厂2×1 000MW泵等多个项目，取得满意效果，并得到了用户的好评。

二、国内外锅炉给水泵技术对比情况

1. 国产化给水泵芯包与进口给水泵芯包试验比较

以河北王滩电厂使用的 FK4E39 锅炉给水泵为例，将该国产芯包与进口芯包进行对比。国产芯包、进口芯包主要技术性能试验测试指标对比见表 1。

表 1　国产芯包、进口芯包主要技术性能试验测试指标对比

技术指标		单位	进口芯包	国产芯包
流量		m^3/h	1 042	1 042
扬程		m	2 035	2 027
转速		r/min	5 225	5 225
输入功率		kW	6 136	6 113
效率		%	84.5	84.5
推力轴承温度(内侧)		℃	61.0	32.1
推力轴承温度(外侧)		℃	49.0	42.4
输入轴振动	垂直	mm	0.016	0.010
	水平	mm	0.018	0.017
	轴向	mm	0.011	0.010
输出轴振动	垂直	mm	0.028	0.019
	水平	mm	0.020	0.016
	轴向	mm	0.011	0.013
噪声		dB	85	85

从上述技术性能指标比较可以看出，国产芯包各项指标均达到或接近进口芯包水平。

2. 600MW 超临界火电机组锅炉给水泵与国内外同类产品技术对比

选用某水泵厂某项目技术投标文件数据作为国内代表性的生产厂家，英国 WEIR 公司作为国际代表性的生产厂家，将这两家公司的产品同上海电力修造总厂有限公司的 HPT300—340 产品进行技术参数对比。国内外超临界火电机组锅炉给水泵性能对比见表 2。

表 2　国内外超临界火电机组锅炉给水泵性能对比

技术指标	单位	上海电力修造总厂有限公司	某水泵厂	英国 WEIR FK4E39SC
扬程	m	3 142	3 221	3 189
流量	m^3/h	1 007.2	925	1 167
效率	%	84.2	84.0	85.0
转速	r/min	5 643	5 410	5 885
型式		多级双筒体式	多级双筒体式	多级双筒体式

3. 600MW 亚临界火电机组锅炉给水泵与国内外同类产品技术对比

选用某水泵厂某项目技术投标文件的技术参数作为国内厂家产品代表，以英国 SULZER 公司产品的技术参数作为国外厂家产品代表，将这两家公司产品与上海电力修造总厂有限公司 FK4E39 产品进行技术参数对比。国内外亚临界火电机组锅炉给水泵性能对比见表 3。

表 3　国内外亚临界火电机组锅炉给水泵性能对比

技术指标	单位	上海电力修造总厂有限公司	某水泵厂	英国 SULZER 公司 HPT300—330
扬程	m	1 834	2 251	2 288
流量	m^3/h	1 064.5	1 276.8	1 272.9
效率	%	86.1	82.2	83.4
转速	r/min	4 979	5 008	5 737
型式		多级双筒体式	多级双筒体式	多级双筒体式

公司研制的600MW超临界机组国产化给水泵芯包符合标准化、通用化的要求，在结构、尺寸等方面与进口芯包一致，互换性好。而且在价格方面有比较大的优势，每台芯包可节约大量投资，经济效益良好。

在今后几年里，国家电力工业的重心将向总量控制和结构优化转移。为了充分利用资源，提高机组的效率，优化火电设备，大容量、高参数的亚临界机组、超临界机组已成为主力机组。当前，全国新建火电项目大多是600MW火电机组，公司近两年已接到600MW亚临界、超临界给水泵订单达120多台(套)，调速型液力偶合器76台，产品覆盖全国13个省、市、自治区。

600MW亚临界、超临界给水泵的研制成功，提升了给水泵的设计制造技术水平，大大提高了电厂配套设备的经济性、安全性和可靠性，也为公司跻身国际制造业前列迈出了坚实的一步，具有广泛的市场前景。今后，公司将继续本着为电力建设服务的宗旨，研制更多、更好的电力辅机装备，为我国的电力发展作出更大的贡献。

中国通用机械工业年鉴2010

统计资料

以数据说话，通过数据了解行业和企业，使您能更好地把握今天，规划明天

Speaking by data, understanding trades and enterprises through data, enabling you to better master today and plan for tomorrow

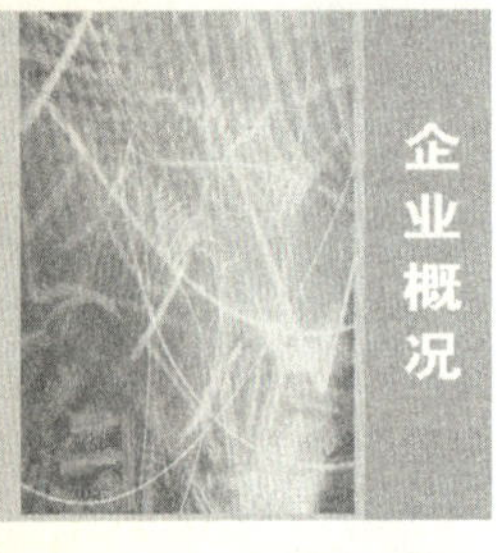

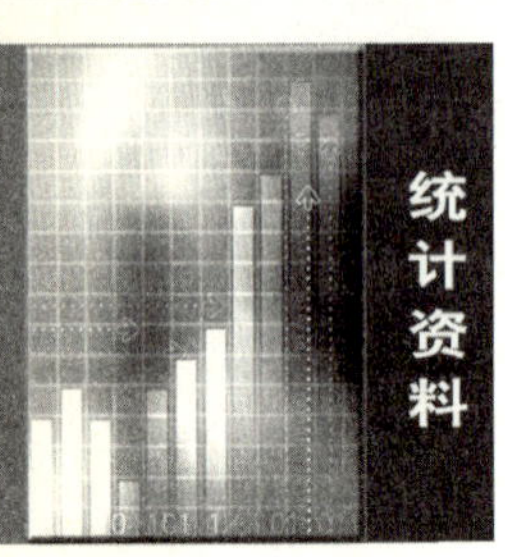

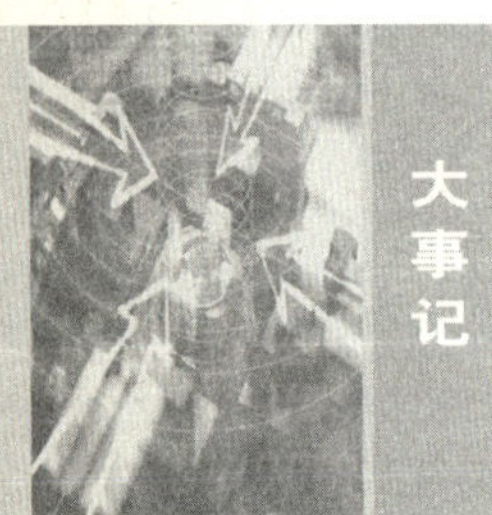

2009年中国通用机械工业协会泵业分会会员单位经济指标

序号	企业名称	工业总产值（万元）	工业增加值（万元）	从业人员平均人数（人）	年末资产总额（万元）	主营业务收入（万元）	主营业务成本（万元）
1	靖江市亚太泵业有限公司	1 722	591	149	1 629	1 627	1 188
2	四川自贡工业泵有限责任公司	7 313	2 512	464	13 273	8 914	6 802
3	自贡凉高山水泵厂	521	359	68	1 550	493	391
4	贵州省都匀水泵厂	1 149	231	171	1 740	774	607
5	昆明水泵厂	3 804	1 364	327	6 998	3 455	2 731
6	昆明嘉和科技开发有限公司	9 081	3 900	156	8 261	9 252	5 394
7	宝鸡航天动力泵有限公司	5 981	2 890	386	9 974	6 098	4 531
8	西安泵阀总厂	20 300	3 838	560	28 392	20 353	13 568
9	陕西扶龙机电制造有限公司	2 667	1 006	214	3 681	2 013	1 504
10	兰州水泵总厂	2 768	830	303	11 389	2 286	2 037
11	新疆新标紧固件泵业有限责任公司	3 690	855	208	5 505	5 873	4 876
12	新疆潜水泵厂	804	236	153	3 833	660	473
13	沈阳沈泵泵业制造有限公司	1 197	715	82	2 454	1 153	622
14	大连佳特联轴器有限公司	2 876	1 135	103	5 906	2 876	2 243
15	丹东克隆集团有限责任公司	22 213	10 756	893	46 886	25 766	15 270
16	上海乐合流体机械有限公司	3 500	1 800	50	5 500	3 200	2 713
17	山东华力电机集团股份有限公司	172 958	36 192	2 061	80 118	173 048	158 672
18	广州市番禺区宏拓机械铸造有限公司	1 216	344	83	1 010	1 145	894
19	成都流体机械密封制造有限公司	2 410	916	110	1 743	1 962	1 458
20	北京第二水泵厂有限公司	1 083	690	116	1 872	1 200	892
21	北京金龙泉泵业有限公司	558	114	51	2 306	765	630
22	北京中水科工程总公司科禹泵制造厂	2 632	649	180	2 778	1 906	1 227
23	天津泵业机械集团有限公司	20 719	11 139	633	27 085	19 925	12 198
24	石家庄强大泵业集团有限责任公司	28 695	6 936	1 597	85 175	33 951	22 858
25	武安市宏泰机械泵业有限公司	3 360	1 242	185	4 247	2 130	1 522
26	唐山市水泵厂	7 652	2 806	451	6 239	7 828	6 175
27	河北宏业机械股份有限公司	18 873	4 353	1 372	27 556	22 559	18 019
28	河北恒盛泵业股份有限公司	8 630	4 182	457	7 936	8 588	6 901
29	保定水泵厂	232	60	95	1 475	212	121
30	山西省黎城波涛泵业有限公司	259	59	125	2 471	287	136
31	阳泉水泵厂有限责任公司	4 358	1 794	821	17 714	4 136	2 839
32	沈鼓集团沈阳水泵股份有限公司	75 133	13 524	1 969	133 681	52 534	47 777
33	沈阳工业泵制造厂有限公司	998	200	68	816	853	715
34	沈阳第三水泵厂	664	130	60	2 694	504	428
35	沈阳启源工业泵制造有限公司	8 860	2 407	158	2 995	7 680	6 279
36	沈阳潜水电泵股份有限公司	2 605	1 123	252	9 917	1 671	1 272
37	埃梯梯水与污水处理系统(沈阳)有限公司	22 144	3 387	155	27 835	29 739	20 265
38	海城三鱼泵业有限公司	18 017	6 154	1 127	17 260	17 782	13 108
39	盖州水泵厂	1 061	309	41	1 790	803	589

（续）

序号	企业名称	工业总产值（万元）	工业增加值（万元）	从业人员平均人数（人）	年末资产总额（万元）	主营业务收入（万元）	主营业务成本（万元）
40	大连深蓝泵业有限公司	34 390	12 302	777	64 566	32 793	19 325
41	大连四方电泵有限公司	8 864	4 080	261	10 447	8 713	6 554
42	大耐泵业有限公司	37 271	14 910	820	48 211	37 663	24 841
43	本溪水泵有限责任公司	6 898	2 759	600	6 503	6 568	3 504
44	辽宁恒星泵业有限公司	8 362	3 345	300	9 552	8 222	6 262
45	锦州市劲弓泵业有限责任公司	1 000	286	100	593	610	550
46	兴城市水泵制造有限公司	1 886	560	89	2 115	2 966	2 344
47	东港市水泵厂	390	120	41	408	389	338
48	肇东市华宇泵业有限公司	1 100	155	148	815	1 012	914
49	上海第一水泵厂有限公司	7 532	1 879	230	6 207	9 084	6 832
50	上海凯士比泵有限公司	78 324	19 549	853	104 284	84 487	59 892
51	上海水泵制造有限公司	17 516	1 884	288	35 840	15 434	12 010
52	上海凯泉泵业(集团)有限公司	200 000	49 118	5 372	199 806	180 180	120 121
53	上海电力修造总厂有限公司	110 914	18 340	579	95 156	119 129	103 305
54	上海上泵(集团)有限公司	35 000	5 129	550	27 385	32 274	27 861
55	上海阿波罗机械制造有限公司	10 000	4 651	190	21 594	7 892	5 280
56	上海华联泵业有限公司	10 145	4 238	195	7 650	9 208	7 446
57	上海工业泵制造有限公司	2 206	1 056	92	3 359	1 706	1 127
58	上海深井泵厂有限公司	3 686	1 099	83	2 485	3 508	2 894
59	上海山川泵业制造有限公司	3 410	2 828	66	4 667	3 260	2 445
60	上海申工泵业制造有限公司	825	118	65	1 057	823	720
61	上海熊猫机械(集团)有限公司	94 922	35 115	1 543	51 583	115 702	94 677
62	上海莲盛泵业制造有限公司	18 300	4 022	320	18 186	16 606	11 104
63	上海连成(集团)有限公司	159 237	41 397	3 051	89 852	150 183	118 596
64	上海东方泵业(集团)有限公司	164 063	40 283	2 419	57 579	146 485	100 782
65	上海电气压缩机泵业有限公司	51 011	12 158	731	46 309	40 549	34 392
66	南京蓝深制泵集团股份有限公司	43 279	16 933	567	32 716	37 894	27 650
67	常州东申泵业有限公司	7 798	2 428	120	6 502	7 509	6 017
68	无锡市锡泵制造有限公司	10 116	1 841	138	24 571	11 051	9 340
69	江苏海狮泵业制造有限公司	16 760	5 120	768	10 958	14 461	11 752
70	江苏中天水力设备有限公司	16 121	3 990	330	14 890	13 551	10 980
71	江苏振华泵业制造有限公司	16 047	7 849	377	18 387	14 658	6 204
72	江苏亚太泵阀有限公司	39 797	6 247	803	23 665	38 272	21 708
73	扬州长江水泵有限公司	8 321	775	148	5 458	8 275	6 449
74	宜兴市宙斯泵业有限公司	17 000	2 698	330	9 400	16 223	12 630
75	泰州泰东泵业有限公司	1 142	355	97	1 020	1 306	852
76	杭州碱泵有限公司	8 943	1 125	224	8 311	8 844	5 022
77	杭州南方特种泵业有限公司	42 095	7 285	505	23 842	39 515	28 685
78	杭州大路实业有限公司	9 448	3 760	375	24 587	10 690	6 566
79	杭州振兴工业泵制造有限公司	5 263	2 312	98	1 990	3 618	2 724
80	杭州斯莱特泵业有限公司	6 190	1 567	158	11 935	6 081	4 832
81	建德市新安江矿山机械有限公司	135	48	38	568	119	102
82	丰球集团有限公司	133 303	24 623	588	138 796	129 038	105 008
83	浙江真空设备厂有限公司	9 340	3 807	525	16 352	8 174	5 395
84	浙江水泵总厂有限公司	8 315	2 411	255	14 970	8 405	5 609

（续）

序号	企业名称	工业总产值（万元）	工业增加值（万元）	从业人员平均人数（人）	年末资产总额（万元）	主营业务收入（万元）	主营业务成本（万元）
85	浙江新界泵业有限公司	38 053	9 766	1 137	26 166	38 563	28 554
86	浙江山河实业有限公司	23 899	5 259	825	34 738	22 930	19 933
87	台州黄岩八一通用机械有限公司	1 171	340	58	4 484	1 209	938
88	台州新宏基泵业有限公司	2 662	356	104	1 957	2 662	2 330
89	浙江省江山市伟懋制泵有限公司	1 203	854	72	1 515	1 173	1 042
90	浙江太平洋泵业制造有限公司	2 765	654	112	3 940	2 762	2 248
91	嘉利特荏原泵业有限公司	25 821	8 805	322	29 488	24 488	15 830
92	中泉集团有限公司	12 950	1 500	229	29 515	12 950	11 122
93	安徽三联泵业股份有限公司	54 088	18 373	876	30 017	53 006	32 876
94	安徽莱恩电泵有限公司	18 755	7 660	591	13 350	9 063	5 891
95	合肥华升泵阀有限责任公司	5 010	2 010	80	2 212	2 134	1 206
96	龙岩市九龙水泵制造有限公司	7 333	1 610	100	2 751	7 333	6 600
97	赣州水泵制造的限公司	2 608	611	165	4 720	2 402	1 847
98	江西新瑞洪泵业有限公司	4 956	1 190	238	3 290	4 841	4 056
99	威乐（中国）水泵系统有限公司	35 854	8 533	332	25 783	41 610	28 793
100	山东博泵科技股份有限公司	107 587	33 662	1 328	69 201	106 497	79 764
101	山东华成集团有限公司	48 424	17 098	1 062	67 509	40 289	34 565
102	山东同汇泵业有限公司	2 480	221	128	1 836	2 139	1 983
103	山东长志泵业有限公司	50 897	21 050	920	44 365	45 791	37 320
104	山东双轮集团股份有限公司	93 953	20 075	910	81 887	82 081	75 067
105	山东同泰集团股份有限公司	17 068	3 925	758	16 531	16 080	12 560
106	山东章丘鼓风机厂有限公司	48 869	14 182	1 076	49 363	53 128	39 305
107	山东潍坊生建机械厂	56 709	15 102	1 243	68 820	59 200	47 977
108	淄博真空泵厂有限公司	9 563	1 839	413	12 388	9 022	6 821
109	烟台盛泉泵业有限公司	8 126	2 042	206	6 360	8 239	6 041
110	烟台恒邦泵业有限公司	9 214	2 248	256	13 706	10 082	7 976
111	烟台阳光泵业有限公司	4 217	213	130	6 196	3 968	2 961
112	郑州电力机械厂	13 008	3 715	451	28 943	14 695	10 218
113	河南郑泵科技有限公司	4 300	860	520	4 151	4 138	3 192
114	新乡泵厂有限责任公司	2 783	557	168	2 650	2 783	2 169
115	漯河腾龙泵业有限公司	1 702	199	211	4 680	1 309	1 201
116	武汉水泵厂有限公司	1 763	707	165	1 817	1 786	1 295
117	武汉特种工业泵厂有限公司	17 884	9 427	603	23 551	17 033	14 705
118	湖北省天门泵业有限公司	6 771	1 468	365	7 400	5 550	4 082
119	湖北金源特种泵制造有限公司	459	311	120	1 000	459	315
120	湖北扬子江泵业有限责任公司	10 584	2 116	381	6 876	10 655	7 149
121	湖北省神龙泵业有限公司	18 951	9 144	485	21 691	18 601	15 352
122	湖北三峡泵业有限公司	12 170	4 228	520	11 945	8 987	7 614
123	襄樊五二五泵业有限公司	37 262	10 497	728	34 014	37 179	23 838
124	芜湖水泵厂	1 031	245	29	941	993	894
125	长沙水泵厂有限公司	69 135	15 874	1 748	117 805	70 388	57 141
126	长沙天鹅工业泵股份有限公司	18 976	5 646	288	25 348	18 526	12 488
127	长沙佳能通用泵业有限公司	12 350	3 404	325	5 419	7 402	5 999
128	湖南远通泵业有限公司	5 100	2 520	192	13 890	4 300	3 010
129	湘潭泵业集团有限公司花石水泵厂	5 120	1 638	175	3 657	5 120	3 740

（续）

序号	企业名称	工业总产值（万元）	工业增加值（万元）	从业人员平均人数（人）	年末资产总额（万元）	主营业务收入（万元）	主营业务成本（万元）
130	广州广一泵业有限公司	21 596	3 420	435	19 964	21 161	16 104
131	广州水泵厂	2 729	916	166	2 490	2 418	1 855
132	广州白云泵业集团有限公司	46 824	15 866	990	26 343	42 793	32 570
133	广东佛山水泵厂有限公司	68 176	25 064	940	67 990	68 495	53 966
134	广东凌霄泵业股份有限公司	38 890	8 700	873	23 553	31 747	28 134
135	开平市开泵泵业制造有限公司	1 088	349	75	402	980	922
136	阳江市新力工业有限公司	56 758	16 241	2 098	34 573	54 105	45 133
137	桂林市广汇泵业有限责任公司	1 898	432	208	14 737	1 383	1 133
138	重庆明珠机电有限公司	7 500	2 500	145	8 800	7 300	4 100
139	重庆水泵厂有限责任公司	47 282	14 537	1 143	81 898	48 063	31 576
140	重庆工业泵厂	600	150	71	470	570	500
141	重庆第四水泵厂	5 285	845	200	2 877	5 105	4 039
142	成都西南水泵厂	12 908	3 698	425	12 612	12 876	9 695
143	四川三台剑门泵业有限公司	2 994	811	217	7 890	2 372	1 736
144	四川新达泵业有限公司	11 015	3 244	417	8 822	9 612	7 743
145	四川省南部嘉陵泵业制造有限公司	13 500	1 546	320	8 886	12 150	8 607

2009年中国通用机械工业协会泵业分会会员单位经济效益指标

序号	企业名称	经济效益综合指数（%）	总资产贡献率（%）	资本保值增值率（%）	资产负债率（%）	流动资产周转率（次）	成本费用利润率（%）	全员劳动生产率（元/人）	产品销售率（%）
1	大耐泵业有限公司	222.1	13.1	122.4	68.4	1.2	9.6	181 829	100.5
2	辽宁恒星泵业有限公司	190.4	14.9	100.5	51.5	1.8	10.7	111 500	87.2
3	丹东克隆集团有限责任公司	290.2	20.2	128.0	32.0	1.1	33.2	120 448	106.3
4	沈阳沈泵泵业制造有限公司	103.6	1.1	100.1	26.9	0.9	0.4	87 195	96.3
5	盖州水泵厂	79.2	5.3	57.4	68.4	0.6	-3.4	75 366	100.0
6	大连深蓝泵业有限公司	263.3	14.6	119.1	53.4	0.9	24.1	158 327	95.4
7	大连四方电泵有限公司	237.7	17.5	104.3	29.1	2.0	13.5	156 322	98.3
8	本溪水泵有限责任公司	125.7	14.8	109.1	44.4	1.2	4.9	45 983	96.2
9	埃梯梯水与污水处理系统(沈阳)有限公司	235.9	10.9	138.2	62.0	1.7	6.1	218 516	100.0
10	沈鼓集团沈阳水泵股份有限公司	90.3	5.9	131.8	78.6	0.4		68 685	69.9
11	沈阳潜水电泵股份有限公司	54.6	0.8	97.7	77.3	0.2	-3.0	44 563	114.1
12	兴城市水泵制造有限公司	147.9	15.2	105.6	49.4	2.5	2.4	62 921	157.3
13	沈阳第三水泵厂	36.0	0.2	119.3	74.8	0.3	-3.8	21 667	75.9
14	沈阳工业泵制造厂有限公司	74.0	1.4	100.3	63.1	1.0	1.4	29 412	100.0
15	沈阳启源工业泵制造有限公司	223.7	14.5	102.5	42.8	5.5	3.3	152 342	86.7
16	大连佳特联轴器有限公司	134.5	4.7	57.7	55.8	1.1	4.1	110 194	100.0
17	海城三鱼泵业有限公司	180.2	18.0	103.6	30.9	1.7	15.3	54 605	99.3

（续）

序号	企业名称	经济效益综合指数（%）	总资产贡献率（%）	资本保值增值率（%）	资产负债率（%）	流动资产周转率（次）	成本费用利润率（%）	全员劳动生产率（元/人）	产品销售率（%）
18	东港市水泵厂	47.4	2.0		115.7	1.7	-1.0	29 268	99.7
19	肇东市华宇泵业有限公司	67.8	11.3	100.0	93.1	1.4	-0.3	10 473	92.0
20	锦州市劲弓泵业有限责任公司	34.7	1.0	35.7	27.8	1.5	-6.4	28 600	61.0
21	北京第二水泵厂有限公司	112.7	5.4	103.9	56.9	1.0	4.1	59 483	110.8
22	北京金龙泉泵业有限公司	101.8	5.4	151.6	58.3	0.5	7.0	22 353	104.5
23	北京中水科工程总公司科禹泵制造厂	113.8	7.8	126.7	80.4	0.7	9.5	36 056	87.5
24	威乐（中国）水泵系统有限公司	338.6	38.0	140.2	43.8	1.8	12.6	257 018	116.1
25	天津泵业机械集团有限公司	278.1	19.7	256.0	58.5	1.3	16.6	175 972	95.9
26	河北宏业机械股份有限公司	156.4	14.7	169.4	37.2	2.3	10.4	31 727	99.0
27	保定水泵厂	-156.6	1.9		344.8	0.3	-47.5	6 316	91.4
28	唐山市水泵厂	117.0	11.0	97.7	60.0	1.5	1.2	62 217	103.7
29	河北恒盛泵业股份有限公司	187.8	20.2	164.2	22.5	2.2	6.8	91 510	98.5
30	武安市宏泰机械泵业有限公司	130.9	8.4	95.9	54.8	1.0	7.4	67 135	90.0
31	石家庄强大泵业集团有限责任公司	93.9	6.0	99.6	75.1	1.0	3.7	43 431	86.0
32	阳泉水泵厂有限责任公司	53.4	2.3	98.9	66.1	0.7	-1.8	21 851	95.1
33	山西省黎城波涛泵业有限公司	-71.1	-3.2		100.3	0.1	-22.5	4 720	113.5
34	兰州水泵总厂	75.6	0.1	481.5	79.2	0.6	-7.5	27 393	82.6
35	宝鸡航天动力泵有限公司	151.8	9.7	121.8	68.7	0.8	10.8	74 870	105.6
36	陕西扶龙机电制造有限公司	103.1	6.0	104.5	63.7	0.8	5.0	47 009	86.1
37	西安泵阀总厂	131.2	9.8	147.7	69.2	1.0	5.1	68 536	99.0
38	新疆新标紧固件泵业有限责任公司	115.9	10.0	105.5	29.4	1.3	5.3	41 106	101.7
39	新疆潜水泵厂	7.2	-1.0	93.7	74.0	0.2	-9.1	15 425	88.4
40	上海华联泵业有限公司	265.3	18.8	101.9	35.2	1.3	12.6	217 333	90.8
41	上海深井泵厂有限公司	163.3	5.9	259.6	76.7	1.5	0.8	132 410	97.3
42	上海电力修造总厂有限公司	268.6	7.2	99.7	60.0	1.6	2.1	316 753	103.3
43	上海第一水泵厂有限公司	119.0	7.2	106.4	66.6	1.5	0.3	81 696	119.8
44	上海凯泉泵业（集团）有限公司	188.6	15.8	129.8	57.0	1.2	13.2	91 433	96.3
45	上海水泵制造有限公司	105.7	4.5	104.8	76.2	0.5	5.0	65 417	91.4
46	上海莲盛泵业制造有限公司	172.9	10.5	106.8	30.0	1.3	7.0	125 688	90.7
47	上海凯士比泵有限公司	234.7	8.3	108.0	60.6	1.1	7.7	229 179	107.9
48	上海连成（集团）有限公司	233.8	24.5	123.9	29.8	2.7	10.0	135 683	94.3
49	上海上泵（集团）有限公司	177.3	13.5	112.6	32.2	2.1	9.3	93 255	92.2
50	上海电气压缩机泵业有限公司	159.3	2.7	163.5	74.6	1.0	1.0	166 320	78.4
51	上海乐合流体机械有限公司	325.8	12.1	136.7	27.3	1.0	8.6	360 000	91.4
52	上海山川泵业制造有限公司	349.9	8.8	105.6	57.7	1.2	6.2	428 485	95.6
53	上海阿波罗机械制造有限公司	296.3	16.6	188.9	46.6	0.7	16.5	244 789	78.9
54	上海东方泵业（集团）有限公司	255.0	28.0	110.8	43.1	3.8	6.5	166 527	99.1
55	上海申工泵业制造有限公司	68.6	2.2	100.8	18.2	1.1	1.0	18 154	99.8
56	上海熊猫机械（集团）有限公司	289.1	23.5	127.1	48.1	3.5	8.3	227 576	93.5
57	上海工业泵制造有限公司	142.7	7.8	103.0	47.6	0.6	4.2	114 783	77.3
58	嘉利特荏原泵业有限公司	319.6	19.8	103.6	60.4	1.4	17.2	273 447	94.8
59	浙江真空设备厂有限公司	118.8	7.3	97.8	47.1	1.3	2.9	72 514	88.5
60	台州黄岩八一通用机械有限公司	66.8	1.1	97.0	82.5	0.5	-1.9	58 621	100.0

（续）

序号	企业名称	经济效益综合指数（%）	总资产贡献率（%）	资本保值增值率（%）	资产负债率（%）	流动资产周转率（次）	成本费用利润率（%）	全员劳动生产率（元/人）	产品销售率（%）
61	杭州大路实业有限公司	156.0	9.7	111.9	71.5	0.7	9.0	100 267	96.3
62	丰球集团有限公司	390.3	16.4	137.7	51.8	1.5	12.8	418 759	96.8
63	建德市新安江矿山机械有限公司	178.8	16.3	114.4	32.9	0.3	26.2	12 632	88.2
64	浙江水泵总厂有限公司	132.3	8.5	109.9	74.2	0.7	4.4	94 549	95.1
65	浙江太平洋泵业制造有限公司	101.0	7.0	97.0	54.5	0.7	1.8	58 393	100.0
66	杭州南方特种泵业有限公司	254.2	24.9	108.7	39.7	3.2	13.2	144 257	94.5
67	浙江山河实业有限公司	102.0	5.9	90.7	80.2	0.8	3.4	63 745	101.7
68	浙江新界泵业有限公司	221.1	27.4	138.9	47.3	1.5	15.7	85 893	101.3
69	台州新宏基泵业有限公司	128.9	15.5	137.7	79.7	1.8	6.3	34 231	100.0
70	杭州碱泵有限公司	142.2	16.4	116.3	47.8	1.6	6.4	50 246	98.7
71	杭州振兴工业泵制造有限公司	300.9	23.8	206.7	19.1	3.9	6.7	235 918	75.2
72	浙江省江山市伟懋制泵有限公司	123.2	5.1	97.1	62.7	0.9	-1.4	118 611	101.7
73	杭州斯莱特泵业有限公司	109.0	0.5	101.3	45.0	0.8	0.4	99 177	98.1
74	中泉集团有限公司	106.4	5.0	74.7	61.5	0.8	3.9	65 502	100.0
75	山东博泵科技股份有限公司	276.2	22.1	116.5	49.3	1.8	5.9	253 479	99.0
76	山东双轮集团股份有限公司	241.4	13.4	111.9	62.4	1.8	7.0	220 604	94.9
77	南京蓝深制泵集团股份有限公司	310.5	17.0	128.9	50.7	1.8	10.1	298 642	93.7
78	江苏振华泵业制造有限公司	371.1	33.4	143.3	30.4	1.2	33.6	208 196	96.8
79	常州东申泵业有限公司	208.9	9.2	104.6	23.4	1.5	4.8	202 333	77.2
80	江苏中天水力设备有限公司	198.3	10.8	325.5	51.0	1.4	6.4	120 909	85.9
81	山东潍坊生建机械厂	153.3	9.7	132.5	78.9	1.1	3.4	121 496	105.3
82	山东华成集团有限公司	170.3	6.9	237.8	76.6	0.8	0.5	160 998	86.0
83	靖江市亚太泵业有限公司	89.1	8.3	111.3	34.2	1.2	-0.7	39 664	102.0
84	无锡市锡泵制造有限公司	179.9	8.0	116.1	53.9	0.6	9.4	133 406	109.2
85	江西新瑞洪泵业有限公司	194.2	26.4	108.5	32.2	2.9	12.4	50 000	92.3
86	赣州水泵制造的限公司	80.9	5.7	97.0	81.3	0.9	2.1	37 030	92.1
87	淄博真空泵厂有限公司	115.5	9.3	107.8	54.8	1.1	6.1	44 528	84.7
88	山东同泰集团股份有限公司	134.8	13.0	148.6	52.1	1.5	5.3	51 781	91.0
89	安徽莱恩电泵有限公司	212.7	16.6	103.8	61.2	1.6	12.7	129 611	100.0
90	山东同汇泵业有限公司	75.2	4.6	97.8	55.6	1.2	1.9	17 266	90.1
91	山东章丘鼓风机厂有限公司	212.5	17.8	99.3	56.7	2.1	10.7	131 803	99.5
92	扬州长江水泵有限公司	161.2	20.3	201.5	53.6	2.4	4.2	52 365	99.4
93	烟台盛泉泵业有限公司	163.2	20.2	28.9	78.1	3.2	2.7	99 126	96.3
94	烟台恒邦泵业有限公司	173.4	15.1	124.3	65.0	1.6	9.5	87 813	98.5
95	山东长志泵业有限公司	282.6	20.8	93.2	44.7	2.2	12.4	228 804	94.6
96	江苏海狮泵业制造有限公司	187.0	26.6	117.9	37.8	1.7	10.4	66 667	95.7
97	泰州泰东泵业有限公司	106.1	11.1	130.0	49.8	1.7	0.4	36 598	114.1
98	江苏亚太泵阀有限公司	165.7	18.1	85.0	48.6	2.7	5.9	77 796	97.2
99	安徽三联泵业股份有限公司	316.9	32.3	129.8	48.1	3.6	13.5	209 737	98.8
100	芜湖水泵厂	113.1	1.9	99.5	56.0	1.8	0.6	84 483	96.3
101	合肥华升泵阀有限责任公司	327.9	22.0	327.2	28.3	1.4	15.9	251 250	42.6
102	龙岩市九龙水泵制造有限公司	266.3	23.9	100.0	28.6	6.1	6.7	161 000	100.0
103	山东华力电机集团股份有限公司	225.0	15.2	100.0	54.8	4.0	3.1	175 604	99.6

（续）

序号	企业名称	经济效益综合指数（%）	总资产贡献率（%）	资本保值增值率（%）	资产负债率（%）	流动资产周转率（次）	成本费用利润率（%）	全员劳动生产率（元/人）	产品销售率（%）
104	烟台阳光泵业有限公司	113.6	10.8	100.0	68.9	1.0	10.1	16 385	94.1
105	宜兴市宙斯泵业有限公司	215.2	29.5	160.7	38.5	3.8	7.6	81 758	82.4
106	长沙水泵厂有限公司	122.0	4.9	83.7	80.3	1.1	4.4	90 812	96.8
107	广东佛山水泵厂有限公司	274.4	15.3	125.9	40.8	1.4	7.5	266 638	100.5
108	广州广一集团有限公司第一水泵厂	125.2	8.7	106.5	67.5	1.5	2.4	78 621	99.5
109	武汉水泵厂有限公司	177.1	10.9	384.8	31.6	3.3	5.8	42 848	101.3
110	湖北三峡泵业有限公司	133.0	5.2	111.7	24.3	2.9	2.5	81 308	68.1
111	郑州电力机械厂	99.5	4.4	100.2	83.3	0.7	0.9	82 373	97.8
112	漯河腾龙泵业有限公司	-0.1	-1.4	51.6	97.6	0.4	-7.5	9 431	101.4
113	广州水泵厂	130.0	9.8	101.1	14.5	2.9	3.1	55 181	95.6
114	桂林市广汇泵业有限责任公司	4.6	-1.6	272.7	72.2	0.1	-16.2	20 769	72.9
115	襄樊五二五泵业有限公司	273.6	28.1	137.2	52.2	1.5	20.0	144 190	99.8
116	湖北省天门泵业有限公司	95.9	8.3	113.3	51.8	1.5	1.6	40 219	60.3
117	湖北金源特种泵制造有限公司	205.2	14.9	112.4	31.1	1.3	28.7	25 917	100.0
118	长沙天鹅工业泵股份有限公司	270.0	17.7	120.9	45.2	1.0	17.7	196 042	95.9
119	新乡泵厂有限责任公司	148.1	11.9	206.5	25.9	1.8	9.4	33 155	100.0
120	广州市番禺区宏拓机械铸造有限公司	99.8	7.6	98.6	86.1	2.6	1.3	41 446	94.2
121	湖南远通泵业有限公司	146.7	4.4	69.1	63.4	0.7	5.4	131 250	88.2
122	开平市开泵泵业制造有限公司	119.3	11.4	108.3	70.7	3.1	1.0	46 533	90.1
123	阳江市新力工业有限公司	131.4	9.4	120.5	83.3	3.1	0.4	77 412	103.9
124	武汉特种工业泵厂有限公司	181.7	8.9	103.3	28.7	1.5	4.4	156 335	95.2
125	湘潭泵业集团有限公司花石水泵厂	196.5	14.3	256.6	63.8	4.2	3.6	93 600	100.0
126	湖北扬子江泵业有限责任公司	172.0	26.3	65.4	64.8	2.6	8.1	55 538	100.7
127	湖北省神龙泵业有限公司	276.0	14.2	103.4	16.5	4.2	14.6	188 536	98.2
128	河南郑泵科技有限公司	120.0	12.2	100.0	37.5	1.7	8.6	16 538	95.4
129	长沙佳能通用泵业有限公司	202.1	20.1	100.0	66.0	2.9	9.5	104 738	100.0
130	广州白云泵业集团有限公司	214.2	16.4	103.4	37.6	2.6	6.0	160 267	91.4
131	广东凌霄泵业股份有限公司	171.9	17.8	113.0	51.6	1.9	5.3	99 656	93.7
132	重庆水泵厂有限责任公司	200.8	11.8	138.6	56.1	0.8	13.1	127 183	99.4
133	四川自贡工业泵有限责任公司	131.5	9.9	200.1	69.6	0.9	5.9	54 138	100.0
134	重庆第四水泵厂	144.1	14.0	273.3	66.6	2.6	1.6	42 250	101.6
135	成都西南水泵厂	181.0	15.9	128.6	15.2	1.7	10.5	87 012	99.8
136	自贡凉高山水泵厂	82.3	9.4	100.0	91.9	0.4	0.1	52 794	93.9
137	成都流体机械密封制造有限公司	174.3	19.4	123.6	60.0	1.8	7.5	83 273	95.2
138	贵州省都匀水泵厂	-5.6	-2.4	90.0	46.0	0.6	-13.4	13 509	85.9
139	昆明嘉和科技开发有限公司	359.7	23.4	77.0	44.3	2.5	27.4	250 000	101.9
140	四川新达泵业有限公司	177.9	7.8	365.5	37.9	3.4	2.7	77 794	87.9
141	重庆工业泵厂	43.0	3.1		165.7	2.4	-3.2	21 127	96.7
142	昆明水泵厂	57.4	-1.6	96.3	59.0	1.2	-3.3	41 713	79.2
143	四川三台剑门泵业有限公司	78.4	1.9	101.7	42.8	0.4	3.1	37 373	79.2
144	四川省南部嘉陵泵业制造有限公司	160.9	21.8	103.8	40.2	2.7	7.0	48 313	90.0
145	重庆明珠机电有限公司	269.2	22.3	113.2	31.8	1.6	17.7	172 414	98.3

2009 年中国通用机械工业协会泵业分会

序号	产品名称	合计			各地区合计					
					东 北			华 北		
		产量	销量	出口量	产量	销量	出口量	产量	销量	出口量
	合 计	7 303 581	7 198 019	2 041 539	572 705	548 135	5 872	109 427	103 351	1 083
1	单级单吸清水离心泵	1 209 662	1 134 675	153 888	187 427	174 926	176	2 463	2 614	
2	单级双吸清水离心泵	111 181	106 057	11 818	1 626	1 395	26	755	732	7
	其中:800mm(32in)以上	689	606		15	13				
3	多级离心泵	629 533	607 023	87 645	6 797	9 084	29	66 341	61 229	
4	锅炉给水泵	19 414	19 146	124	381	369		646	633	
5	轴流泵	40 808	40 474	9 765	33	33		228	228	
6	混流泵	23 241	24 495	4 900	54	44				
7	斜流泵	300	274	54	42	38		4	4	
8	旋涡泵	936 362	959 768	820 159				302	311	
9	冷凝泵	2 573	2 697	69	239	226	3			
10	热水泵	40 651	40 456	746	123	120		373	408	15
11	船用泵	9 873	10 562	114	83	85		1 377	1 370	114
12	深井泵	215 569	208 443	19 371	150 424	143 408	800	39	36	
13	潜水电泵	1 275 622	1 263 602	351 267	65 908	54 272	800	63	50	
14	喷灌泵	62 066	60 889	28 233	1 140	909				
15	微型泵	477 659	469 010	149 817	106 991	113 204		18	18	
16	屏蔽泵	35 801	34 368	294	3 926	3 926	86	62	50	
17	离心油泵	37 716	37 866	29	500	537		4 956	4 392	
18	耐腐蚀泵	650 647	649 535	50 933	8 038	7 992	253	2 039	1 881	
	其中:化工泵	614 590	613 753	50 068	1 500	1 515		7	6	
19	液下泵	25 592	25 016	437	1 211	1 218	10	410	376	19
20	齿轮泵	21 728	21 735	733	62	70		18 050	18 057	613
21	螺杆泵	151 250	149 329	34 611	1			7 861	7 580	217
22	污水泵	877 590	870 616	202 474	14 609	14 403	3 687	377	374	
23	泥浆泵	35 877	35 291	19 756	48	48		176	191	1
	其中:挖泥泵	79	74	1				19	17	1
24	渣浆泵	14 653	14 481	170	104	109		1 329	1 357	94
25	脱硫泵	4 212	3 641	503	55	55		162	175	3
26	水环真空泵及压缩机	10 210	9 804	243				61	61	
27	机械真空泵	2 401	2 234	21	73	71				
28	往复真空泵	2 125	2 212	19	366	403		15	8	
	其中:隔膜泵	164	159							
29	计量泵	1 152	1 386		274	300				
30	除磷泵	138	135	20						
31	管道泵	211 872	207 537	10 633	19 287	18 336	2	1 004	861	
32	其他泵	166 103	185 262	82 693	2 883	2 554		316	355	

会员单位主要产品产、销、出口情况

（单位：台）

各地区合计											
西　北			华　东			中　南			西　南		
产量	销量	出口量	产量	销量	出口量	产量	销量	出口量	产量	销量	出口量
7 673	6 292		4 766 789	4 769 938	1 843 659	1 783 318	1 707 857	190 795	63 669	62 446	130
450	417		331 598	327 981	48 543	669 038	610 209	105 162	18 686	18 528	7
224	211		75 195	77 070	3 085	26 434	19 961	8 700	6 947	6 688	
			63	53		487	419		124	121	
80	90		390 008	380 039	68 540	161 572	151 897	19 068	4 735	4 684	8
6	7		13 973	13 769	113	2 411	2 377	3	1 997	1 991	8
			38 737	38 394	9 761	1 719	1 728	4	91	91	
			22 029	23 218	4 900	1 157	1 232		1	1	
			50	49		204	183	54			
			790 900	814 370	816 999	143 732	143 668	3 160	1 428	1 419	
			1 242	1 393	52	1 003	985	14	89	93	
	11		37 664	37 445	731	1 279	1 280		1 212	1 192	
			5 992	6 743		27	22		2 394	2 342	
1 039	960		62 939	62 913	18 553	616	612		512	514	18
4 270	2 989		1 131 076	1 132 042	349 207	74 305	74 249	1 260			
			60 499	59 553	28 233				427	427	
			333 050	318 188	148 967	37 600	37 600	850			
			31 049	29 628	208	764	764				
64	89		30 441	31 124	29	647	610		1 108	1 114	
1 007	954		45 835	45 280	8 305	590 810	590 457	42 339	2 918	2 971	36
31	33		29 145	28 894	7 720	583 776	583 167	42 335	131	138	13
18	29		21 017	20 613	408	2 462	2 302		474	478	
			599	599	120				3 017	3 009	
			142 543	140 924	34 394				845	825	
			841 662	834 272	198 667	19 542	20 182	120	1 400	1 385	
36	36		29 908	29 454	19 753	3 264	3 148	2	2 445	2 414	
			49	49		11	8				
			8 445	8 481	62	3 779	3 612		996	922	14
			3 139	2 635	500	856	776				
38	44		5 751	5 614	23	4 222	3 985	220	138	100	
			1 836	1 677	21	492	486				
340	359		1 141	1 175		27	27	9	236	240	10
			164	159							
			252	240					626	846	
									138	135	20
			156 010	152 560	1 100	31 244	31 491	9 531	4 327	4 289	
101	96		152 209	172 495	82 385	4 112	4 014	299	6 482	5 748	9

序号	产品名称	东北地区								
		大耐泵业有限公司			辽宁恒星泵业有限公司			丹东克隆集团有限责任公司		
		产量	销量	出口量	产量	销量	出口量	产量	销量	出口量
	合 计	6 196	6 139	253	1 608	1 444		1 079	1 079	
1	单级单吸清水离心泵									
2	单级双吸清水离心泵									
	其中:800mm(32in)以上									
3	多级离心泵									
4	锅炉给水泵									
5	轴流泵									
6	混流泵									
7	斜流泵									
8	旋涡泵									
9	冷凝泵									
10	热水泵				15	15				
11	船用泵									
12	深井泵									
13	潜水电泵									
14	喷灌泵									
15	微型泵									
16	屏蔽泵									
17	离心油泵				217	267				
18	耐腐蚀泵	6 196	6 139	253	185	200				
	其中:化工泵				185	200				
19	液下泵				16	23				
20	齿轮泵				62	70				
21	螺杆泵				1					
22	污水泵									
23	泥浆泵									
	其中:挖泥泵									
24	渣浆泵									
25	脱硫泵									
26	水环真空泵及压缩机									
27	机械真空泵									
28	往复真空泵									
	其中:隔膜泵									
29	计量泵									
30	除磷泵									
31	管道泵				62	54				
32	其他泵				1 050	815		1 079	1 079	

（续）

东北地区											
盖州水泵厂			大连深蓝泵业有限公司			大连四方电泵有限公司			本溪水泵有限公司		
产量	销量	出口量	产量	销量	出口量	产量	销量	出口量	产量	销量	出口量
193	193		3 923	3 923	246	5 631	5 631	86	759	830	
			475	475	176	1 242	1 242				
			15	15	26	126	126				
			251	251	29	42	42				
			47	47							
			15	15		18	18				
			4	4							
			79	79	3	2	2				
			60	60							
									83	85	
130	130										
63	63										
						3 926	3 926	86			
			131	131							
			1 439	1 439		124	124				
			1 242	1 242							
			1 090	1 090	10						
			53	53		86	86				
						19	19				
									16	21	
			55	55							
									366	403	
									274	300	
			17	17	2	46	46				
			192	192					20	21	

序号	产品名称	东北地区					
		埃梯梯水与污水处理系统(沈阳)有限公司			沈鼓集团水泵股份有限公司		
		产量	销量	出口量	产量	销量	出口量
	合　计	12 776	12 776	3 687	653	536	
1	单级单吸清水离心泵						
2	单级双吸清水离心泵						
	其中:800mm(32in)以上						
3	多级离心泵						
4	锅炉给水泵				89	80	
5	轴流泵						
6	混流泵						
7	斜流泵						
8	旋涡泵						
9	冷凝泵				82	69	
10	热水泵						
11	船用泵						
12	深井泵						
13	潜水电泵						
14	喷灌泵						
15	微型泵						
16	屏蔽泵						
17	离心油泵						
18	耐腐蚀泵						
	其中:化工泵						
19	液下泵						
20	齿轮泵						
21	螺杆泵						
22	污水泵	12 776	12 776	3 687			
23	泥浆泵						
	其中:挖泥泵						
24	渣浆泵						
25	脱硫泵						
26	水环真空泵及压缩机						
27	机械真空泵						
28	往复真空泵						
	其中:隔膜泵						
29	计量泵						
30	除磷泵						
31	管道泵						
32	其他泵				482	387	

（续）

东北地区								
沈阳潜水电泵股份有限公司			兴城水泵厂			沈阳市第三水泵厂		
产量	销量	出口量	产量	销量	出口量	产量	销量	出口量
2 011	2 335	100	948	998		1 620	1 249	
			400	454		749	604	
						871	645	
			525	518				
2 011	2 335	100						
			23	26				

序号	产品名称	东北地区								
		沈阳工业泵制造厂有限公司			沈阳启源工业泵制造有限公司			海城三鱼泵业有限公司		
		产量	销量	出口量	产量	销量	出口量	产量	销量	出口量
	合计	149	149		750	715		532 067	507 844	1 500
1	单级单吸清水离心泵	10	10		106	100		183 635	171 241	
2	单级双吸清水离心泵	4	4		110	105				
	其中:800mm(32in)以上									
3	多级离心泵				162	162		5 317	7 631	
4	锅炉给水泵	52	52		43	43				
5	轴流泵									
6	混流泵									
7	斜流泵				42	38				
8	旋涡泵									
9	冷凝泵	32	32		44	44				
10	热水泵	10	10		38	35				
11	船用泵									
12	深井泵							150 294	143 278	800
13	潜水电泵							63 834	51 874	700
14	喷灌泵							1 140	909	
15	微型泵							106 991	113 204	
16	屏蔽泵									
17	离心油泵	21	21		131	118				
18	耐腐蚀泵	20	20		74	70				
	其中:化工泵	20	20		53	53				
19	液下泵									
20	齿轮泵									
21	螺杆泵									
22	污水泵							1 694	1 488	
23	泥浆泵									
	其中:挖泥泵									
24	渣浆泵									
25	脱硫泵									
26	水环真空泵及压缩机									
27	机械真空泵									
28	往复真空泵									
	其中:隔膜泵									
29	计量泵									
30	除磷泵									
31	管道泵							19 162	18 219	
32	其他泵									

（续）

东北地区								
东港市水泵厂			肇东华宇泵业有限公司			锦州劲弓泵业有限公司		
产量	销量	出口量	产量	销量	出口量	产量	销量	出口量
110	85		282	282		1 950	1 927	
10						800	800	
						500	500	
						15	13	
						500	480	
						150	147	
50	40							
			105	105				
			29	29				
			88	88				
50	45							
			60	60				

序号	产品名称	华北地区								
		北京第二水泵厂有限公司			北京金龙泉泵业有限公司			北京中水科工程总公司		
		产量	销量	出口量	产量	销量	出口量	产量	销量	出口量
	合　计	1 711	1 679		887	904		840	840	15
1	单级单吸清水离心泵	419	575		489	501		290	290	
2	单级双吸清水离心泵									
	其中:800mm(32in)以上									
3	多级离心泵	317	279		77	76				
4	锅炉给水泵				2	1		200	200	
5	轴流泵							150	150	
6	混流泵									
7	斜流泵									
8	旋涡泵				39	44				
9	冷凝泵									
10	热水泵							150	150	15
11	船用泵									
12	深井泵									
13	潜水电泵									
14	喷灌泵									
15	微型泵									
16	屏蔽泵	62	50							
17	离心油泵							50	50	
18	耐腐蚀泵									
	其中:化工泵									
19	液下泵				13	13				
20	齿轮泵									
21	螺杆泵									
22	污水泵									
23	泥浆泵									
	其中:挖泥泵									
24	渣浆泵									
25	脱硫泵									
26	水环真空泵及压缩机									
27	机械真空泵									
28	往复真空泵									
	其中:隔膜泵									
29	计量泵									
30	除磷泵									
31	管道泵	913	775		91	86				
32	其他泵				176	183				

（续）

华北地区											
威乐（中国）水泵系统有限公司			天津泵业机械集团有限公司			河北宏业机械股份有限公司			保定水泵厂		
产量	销量	出口量	产量	销量	出口量	产量	销量	出口量	产量	销量	出口量
65 000	60 000		7 245	7 059	354	1 548	1 529		702	708	
									336	336	
									18	16	
65 000	60 000								28	30	
									258	260	
									19	21	
			1 377	1 370	114						
									21	20	
									5	6	
						1 548	1 529		6	8	
			431	521	23						
			5 437	5 168	217						
									7	7	
									4	4	

序号	产品名称	华北地区								
		唐山市水泵厂			河北恒盛泵业股份有限公司			武安市宏泰机械泵业有限公司		
		产量	销量	出口量	产量	销量	出口量	产量	销量	出口量
	合计	3 063	3 063		20 495	30 397	590	4 452	3 890	
1	单级单吸清水离心泵	680	680							
2	单级双吸清水离心泵	628	628							
	其中:800mm(32in)以上									
3	多级离心泵	310	310							
4	锅炉给水泵	356	356							
5	轴流泵	78	78							
6	混流泵									
7	斜流泵									
8	旋涡泵									
9	冷凝泵									
10	热水泵	160	160							
11	船用泵									
12	深井泵									
13	潜水电泵									
14	喷灌泵									
15	微型泵	18	18							
16	屏蔽泵									
17	离心油泵				452	449		4 452	3 890	
18	耐腐蚀泵	130	130							
	其中:化工泵									
19	液下泵									
20	齿轮泵				17 619	17 536	590			
21	螺杆泵				2 424	2 412				
22	污水泵	155	155							
23	泥浆泵	124	124							
	其中:挖泥泵									
24	渣浆泵	297	297							
25	脱硫泵									
26	水环真空泵及压缩机	61	61							
27	机械真空泵									
28	往复真空泵									
	其中:隔膜泵									
29	计量泵									
30	除磷泵									
31	管道泵									
32	其他泵	66	66							

（续）

华北地区								
石家庄强大泵业集团有限责任公司			阳泉水泵厂有限责任公司			山西省黎城波涛泵业有限公司		
产量	销量	出口量	产量	销量	出口量	产量	销量	出口量
2 027	2 014	124	1 322	1 133		135	135	
			241	224		8	8	
65	65	7	44	23				
			482	407		127	127	
			88	76				
4	4							
			5	7				
			44	77				
18	16							
58	44							
2	3							
9	6		346	208				
7	6							
381	334	19	16	29				
215	212							
48	63	1						
19	17	1						
1 013	1 034	94	19	26				
162	175	3						
			15	8				
52	58		22	48				

序号	产品名称	西北地区								
		西安泵阀总厂有限公司			兰州水泵总厂			宝鸡航天动力泵业有限公司		
		产量	销量	出口量	产量	销量	出口量	产量	销量	出口量
	合　计	1 240	1 219		646	579		376	395	
1	单级单吸清水离心泵				358	289				
2	单级双吸清水离心泵				224	211				
	其中:800mm(32in)以上									
3	多级离心泵	22	24		54	62				
4	锅炉给水泵									
5	轴流泵									
6	混流泵									
7	斜流泵									
8	旋涡泵									
9	冷凝泵									
10	热水泵									
11	船用泵									
12	深井泵									
13	潜水电泵									
14	喷灌泵									
15	微型泵									
16	屏蔽泵									
17	离心油泵	64	89							
18	耐腐蚀泵	997	937		10	17				
	其中:化工泵	24	23		7	10				
19	液下泵	18	29							
20	齿轮泵									
21	螺杆泵									
22	污水泵									
23	泥浆泵							36	36	
	其中:挖泥泵									
24	渣浆泵									
25	脱硫泵									
26	水环真空泵及压缩机	38	44							
27	机械真空泵									
28	往复真空泵							340	359	
	其中:隔膜泵									
29	计量泵									
30	除磷泵									
31	管道泵									
32	其他泵	101	96							

（续）

西北地区								
陕西扶龙机电制造有限公司			新疆新标紧固件泵业有限责任公司			新疆潜水泵厂		
产量	销量	出口量	产量	销量	出口量	产量	销量	出口量
4 270	2 989		102	150		1 039	960	
			92	128				
			4	4				
			6	7				
				11				
						1 039	960	
4 270	2 989							

序号	产品名称	华东地区								
		上海华联泵业有限公司			上海深井泵厂有限公司			上海电力修造总厂有限公司		
		产量	销量	出口量	产量	销量	出口量	产量	销量	出口量
	合　计	1 731	1 633	4	521	512	60	267	267	
1	单级单吸清水离心泵	138	116							
2	单级双吸清水离心泵	25	25							
	其中:800mm(32in)以上									
3	多级离心泵									
4	锅炉给水泵	205	192					267	267	
5	轴流泵	140	138							
6	混流泵									
7	斜流泵									
8	旋涡泵									
9	冷凝泵	180	162	4						
10	热水泵	60	52							
11	船用泵	605	588							
12	深井泵				392	373	40			
13	潜水电泵				129	139	20			
14	喷灌泵									
15	微型泵									
16	屏蔽泵									
17	离心油泵	280	262							
18	耐腐蚀泵	98	98							
	其中:化工泵									
19	液下泵									
20	齿轮泵									
21	螺杆泵									
22	污水泵									
23	泥浆泵									
	其中:挖泥泵									
24	渣浆泵									
25	脱硫泵									
26	水环真空泵及压缩机									
27	机械真空泵									
28	往复真空泵									
	其中:隔膜泵									
29	计量泵									
30	除磷泵									
31	管道泵									
32	其他泵									

（续）

华东地区											
上海第一水泵厂有限公司			上海凯泉泵业（集团）有限公司			上海水泵制造有限公司			上海莲盛泵业制造有限公司		
产量	销量	出口量	产量	销量	出口量	产量	销量	出口量	产量	销量	出口量
1 794	1 912	302	136 558	137 235	392	3 950	14 714		32 934	33 314	
900	980	302	54 065	54 083	149	82	290		2 215	2 451	
39	39		4 792	4 837	151	1 705	4 811		305	318	
628	666		13 306	13 282	28	876	2 013		3 204	3 208	
160	160		759	783	12				1 218	1 221	
			812	778	4				295	293	
						20	1 368				
									711	768	
			208	187	48	32	258				
20	20					195	824		2 183	2 162	
						10	332		115	115	
			207	236					381	381	
									218	218	
						478	1 583				
			5 394	5 394		96	523		985	927	
			5 394	5 394		88	409				
			559	578					361	361	
									343	341	
47	47		54 533	55 102		144	1 402		9 852	9 910	
									412	406	
			678	678							
			413	419							
									10 136	10 234	
			832	878		312	1 310				

序号	产品名称	华东地区								
		上海凯士比泵有限公司			上海连成(集团)有限公司			上海上泵(集团)有限公司		
		产量	销量	出口量	产量	销量	出口量	产量	销量	出口量
	合　计	2 915	4 312	500	197 198	194 468	2 645	6 635	6 682	
1	单级单吸清水离心泵	32			77 105	75 201	1 569	672	693	
2	单级双吸清水离心泵	950	959	422	4 607	4 588	93	627	593	
	其中:800mm(32in)以上									
3	多级离心泵		112	3	6 532	6 513	121	978	992	
4	锅炉给水泵	240	178		709	685		56	48	
5	轴流泵	10	16		1 409	1 392		335	318	
6	混流泵	14	12		692	587		102	96	
7	斜流泵									
8	旋涡泵									
9	冷凝泵	190	182					412	385	
10	热水泵		126		10 753	10 715	211	96	95	
11	船用泵	99	104		398	302		524	526	
12	深井泵				3 706	3 528	68			
13	潜水电泵	1 229	1 225							
14	喷灌泵									
15	微型泵									
16	屏蔽泵									
17	离心油泵				5 723	5 611	29	312	354	
18	耐腐蚀泵		173	49				916	997	
	其中:化工泵									
19	液下泵				3 951	3 891	72	124	124	
20	齿轮泵									
21	螺杆泵									
22	污水泵	101	99	12	45 731	45 681	131	1 020	1 000	
23	泥浆泵									
	其中:挖泥泵									
24	渣浆泵									
25	脱硫泵									
26	水环真空泵及压缩机							48	48	
27	机械真空泵									
28	往复真空泵									
	其中:隔膜泵									
29	计量泵									
30	除磷泵									
31	管道泵		1 027	6	6 710	6 701	155	413	413	
32	其他泵	50	99	8	29 172	29 073	196			

（续）

华东地区											
上海电气压缩机泵业有限公司			上海山川泵业制造有限公司			上海阿波罗机械制造有限公司			上海东方泵业（集团）有限公司		
产量	销量	出口量	产量	销量	出口量	产量	销量	出口量	产量	销量	出口量
71	61		10 944	10 537		272	260		163 928	164 435	2 070
			3 996	3 899					67 409	67 962	835
			2 544	2 417		52	50		7 368	7 354	866
			2 268	2 108		14	14		23 062	23 508	369
						11	11				
									1 115	1 095	
						1	1		1 007	1 019	
									1 562	1 499	
						13	13				
									23 181	23 119	
									2 176	1 993	
									2 118	2 012	
						120	115		805	761	
									805	761	
						29	25				
						21	20		34 125	34 113	
71	61										
11	9										
			1 824	1 801		11	11				
			312	312							

序号	产品名称	华东地区								
		上海申工泵业制造有限公司			上海工业泵制造有限公司			嘉利特荏原泵业有限公司		
		产量	销量	出口量	产量	销量	出口量	产量	销量	出口量
	合　计	708	703		227	215		1 080	1 065	12
1	单级单吸清水离心泵	160	160		12	12				
2	单级双吸清水离心泵				14	14				
	其中:800mm(32in)以上									
3	多级离心泵				1	1		1 080	1 065	12
4	锅炉给水泵									
5	轴流泵									
6	混流泵									
7	斜流泵									
8	旋涡泵				1	1				
9	冷凝泵									
10	热水泵				98	92				
11	船用泵									
12	深井泵									
13	潜水电泵									
14	喷灌泵									
15	微型泵									
16	屏蔽泵									
17	离心油泵									
18	耐腐蚀泵	420	415		41	35				
	其中:化工泵	220	217		41	35				
19	液下泵	28	28		20	20				
20	齿轮泵									
21	螺杆泵									
22	污水泵	20	20		40	40				
23	泥浆泵									
	其中:挖泥泵									
24	渣浆泵									
25	脱硫泵									
26	水环真空泵及压缩机									
27	机械真空泵									
28	往复真空泵									
	其中:隔膜泵									
29	计量泵									
30	除磷泵									
31	管道泵	80	80							
32	其他泵									

（续）

华东地区											
浙江真空设备集团有限公司			台州市黄岩巴益通用机械有限公司			上海熊猫机械（集团）有限公司			杭州大路实业有限公司		
产量	销量	出口量	产量	销量	出口量	产量	销量	出口量	产量	销量	出口量
171	175		1 385	1 385		151 541	146 989		1 765	1 827	19
			56	56		29 243	28 658		780	779	9
			203	203		4 120	4 030		6	6	
			32	32		36 362	35 550		1	1	
						341	328				
						246	236				
			53	53							
			8	8		18 946	18 201				
			1 028	1 028							
									3	3	
									466	520	
									417	467	
						62 283	59 986		1	1	
131	125										
40	50										
			5	5					6	6	
									502	511	10

序号	产品名称	华东地区								
		丰球集团有限公司			建德市新安江矿山机械有限公司			浙江水泵总厂有限公司		
		产量	销量	出口量	产量	销量	出口量	产量	销量	出口量
	合　计	1 354 413	1 343 793	471 331	906			2 433	2 309	
1	单级单吸清水离心泵				906					
2	单级双吸清水离心泵									
	其中:800mm(32in)以上									
3	多级离心泵	41 806	41 167	34 629				795	755	
4	锅炉给水泵							1 260	1 184	
5	轴流泵	27 870	27 444	9 753						
6	混流泵	13 935	13 722	4 876						
7	斜流泵									
8	旋涡泵	27 870	27 445	34 136						
9	冷凝泵									
10	热水泵							378	370	
11	船用泵									
12	深井泵									
13	潜水电泵	523 080	521 452	170 682						
14	喷灌泵	41 805	41 167	12 191						
15	微型泵									
16	屏蔽泵	27 870	26 444							
17	离心油泵									
18	耐腐蚀泵									
	其中:化工泵									
19	液下泵									
20	齿轮泵									
21	螺杆泵	55 741	54 889	19 506						
22	污水泵	496 884	494 007	165 805						
23	泥浆泵	27 875	27 444	19 753						
	其中:挖泥泵									
24	渣浆泵									
25	脱硫泵									
26	水环真空泵及压缩机									
27	机械真空泵									
28	往复真空泵									
	其中:隔膜泵									
29	计量泵									
30	除磷泵									
31	管道泵	69 677	68 612							
32	其他泵									

（续）

华东地区											
浙江太平洋泵业制造有限公司			杭州南方特种泵业股份有限公司			浙江山河实业有限公司			浙江新界泵业有限公司		
产量	销量	出口量	产量	销量	出口量	产量	销量	出口量	产量	销量	出口量
10 788	10 762	117	225 397	217 463	30 520	696 344	727 757	731 158	1 334 025	1 327 609	585 379
998	998					40 515	40 712	40 712	1 773	1 772	131
1 080	1 080										
1 980	1 980	10	205 500	198 783	28 900				15 089	14 983	4 066
60	60										
18	18					577 644	595 076	595 076	182 813	189 047	187 787
25	25										
20	20										
560	560	32	7 200	6 606	1 182	3 432		3 401	34 224	38 377	12 030
939	925	30	1 552	1 552					540 441	542 987	178 475
26	28					16 342	16 042	16 042	2 326	2 316	
									332 805	317 752	148 967
12	12		45	37	10				－160	55	198
340	340										
50	50		160	156	9				－129	－70	
35	35										
315	318		2 980	2 841	116						
60	60										
70	70								75 911	75 097	14 888
1 615	1 605	30	1 760	1 664	71				90 030	87 562	32 597
15	15										
15	15										
145	145										
145	145										
2 314	2 306	15	6 200	5 824	232				23 995	22 073	
131	132					58 411	75 927	75 927	34 907	35 658	6 240

序号	产品名称	华东地区								
		台州新宏基泵业有限公司			杭州碱泵有限公司			杭州振兴工业泵制造有限公司		
		产量	销量	出口量	产量	销量	出口量	产量	销量	出口量
	合计	40 461	40 264		3 669	3 446	3	1 958	1 950	
1	单级单吸清水离心泵									
2	单级双吸清水离心泵									
	其中:800mm(32in)以上									
3	多级离心泵									
4	锅炉给水泵									
5	轴流泵				23	21				
6	混流泵									
7	斜流泵									
8	旋涡泵									
9	冷凝泵									
10	热水泵									
11	船用泵									
12	深井泵	8 920	8 903							
13	潜水电泵	5 631	5 622							
14	喷灌泵									
15	微型泵									
16	屏蔽泵									
17	离心油泵									
18	耐腐蚀泵				3 646	3 425	3			
	其中:化工泵									
19	液下泵									
20	齿轮泵									
21	螺杆泵	9 243	9 240							
22	污水泵	2 920	2 920							
23	泥浆泵									
	其中:挖泥泵									
24	渣浆泵							1 958	1 950	
25	脱硫泵									
26	水环真空泵及压缩机									
27	机械真空泵									
28	往复真空泵									
	其中:隔膜泵									
29	计量泵									
30	除磷泵									
31	管道泵	2 345	2 345							
32	其他泵	11 402	11 234							

（续）

华东地区											
浙江省江山市伟懋制泵有限公司			杭州斯莱特泵业有限公司			山东博泵科技股份有限公司			山东双轮集团股份有限公司		
产量	销量	出口量	产量	销量	出口量	产量	销量	出口量	产量	销量	出口量
5 124	5 157		35 888	36 119		32 706	32 546	1 062	49 724	50 208	376
2 226	2 353					4 637	4 554	274	4 305	4 335	5
31	31					11 485	11 449	547	20 121	20 130	
290	275					4 496	4 455	190	9 430	9 461	212
						2 095	2 081	31	61	63	
									42	48	
149	108										
406	401		34 163	34 282							
210	403										
7	8					63	57		116	123	
66	69					597	574		1 009	1 308	
66	69										
						87	88		1 312	1 346	
			866	924							
29	32					1 647	1 635		9 125	9 130	21
88	92										
									160	171	
									102	113	
1 533	1 337		859	913		3 728	3 652	20	3 941	3 980	138
89	48					3 871	4 001				

序号	产品名称	华东地区								
		南京蓝深制泵集团股份有限公司			江苏振华泵业制造有限公司			江苏中天水力设备有限公司		
		产量	销量	出口量	产量	销量	出口量	产量	销量	出口量
	合计	19 626	18 594		8 329	9 959		1 210	1 085	
1	单级单吸清水离心泵				404	404				
2	单级双吸清水离心泵									
	其中:800mm(32in)以上									
3	多级离心泵				19	19		150	130	
4	锅炉给水泵				87	87				
5	轴流泵	430	434					960	870	
6	混流泵	33	34					100	85	
7	斜流泵									
8	旋涡泵				1 548	1 721				
9	冷凝泵				26	26				
10	热水泵									
11	船用泵				3 213	3 748				
12	深井泵	15	21							
13	潜水电泵				101	101				
14	喷灌泵									
15	微型泵									
16	屏蔽泵									
17	离心油泵				20	20				
18	耐腐蚀泵									
	其中:化工泵									
19	液下泵									
20	齿轮泵									
21	螺杆泵									
22	污水泵	13 701	12 651							
23	泥浆泵									
	其中:挖泥泵									
24	渣浆泵									
25	脱硫泵									
26	水环真空泵及压缩机									
27	机械真空泵									
28	往复真空泵									
	其中:隔膜泵									
29	计量泵									
30	除磷泵									
31	管道泵									
32	其他泵	5 447	5 454		2 911	3 833				

（续）

华东地区											
山东省潍坊生建集团			山东华成集团有限公司			靖江市亚太泵业有限公司			常州东申泵业有限公司		
产量	销量	出口量	产量	销量	出口量	产量	销量	出口量	产量	销量	出口量
266	266		2 574	2 566		3 641	3 762		941	889	38
			26	26							
									682	648	38
						1 986	2 050				
									165	147	
									40	40	
						80	79				
						11	9		31	31	
									6	6	
206	206										
			12	12					17	17	
			951	1 011							
			81	77							
			1 494	1 433							
						425	503				
			10	7							
60	60					1 139	1 121				

序号	产品名称	华东地区								
		无锡市锡泵制造有限公司			江西新瑞洪泵业有限公司			赣州水泵制造有限公司		
		产量	销量	出口量	产量	销量	出口量	产量	销量	出口量
	合　计	907	1 542	32	40 000	38 500		1 323	1 556	
1	单级单吸清水离心泵				10 000	9 500		549	694	
2	单级双吸清水离心泵							63	62	
	其中:800mm(32in)以上									
3	多级离心泵		35					484	460	
4	锅炉给水泵							24	27	
5	轴流泵	463	855	4				90	103	
6	混流泵	414	617	24	5 000	5 000				
7	斜流泵									
8	旋涡泵									
9	冷凝泵									
10	热水泵									
11	船用泵									
12	深井泵									
13	潜水电泵		13							
14	喷灌泵									
15	微型泵									
16	屏蔽泵									
17	离心油泵									
18	耐腐蚀泵							65	65	
	其中:化工泵									
19	液下泵									
20	齿轮泵									
21	螺杆泵									
22	污水泵		12		5 000	5 000		12	68	
23	泥浆泵									
	其中:挖泥泵									
24	渣浆泵									
25	脱硫泵									
26	水环真空泵及压缩机									
27	机械真空泵									
28	往复真空泵									
	其中:隔膜泵									
29	计量泵									
30	除磷泵									
31	管道泵				20 000	19 000		6	30	
32	其他泵	30	10	4				30	47	

（续）

华东地区											
淄博真空设备厂有限公司			山东同泰集团股份有限公司			安徽莱恩电泵有限公司			山东同汇泵业有限公司		
产量	销量	出口量	产量	销量	出口量	产量	销量	出口量	产量	销量	出口量
2 427	2 244	44	5 504	5 388	590	21 427	21 427	12 180	5 639	5 376	
			950	920	420	1 205	1 205	1 120	2 200	1 956	
			1 289	1 280	100	937	937	866	1 570	1 598	
									581	602	
			1 860	1 834	70						
			90	85							
			620	600		629	629	520			
						3 241	3 241	1 800			
			130	129							
			170	170		13 620	13 620	7 220			
			50	50		13 620	13 620	7 220			
			70	60							
						538	538	120			
			100	100							
			40	30					46	52	
749	737	23							654	608	
1 233	1 102	21							588	560	
445	405										
			185	180		1 257	1 257	534			

序号	产品名称	华东地区								
		扬州长江水泵有限公司			烟台盛泉泵业有限公司			烟台恒邦泵业有限公司		
		产量	销量	出口量	产量	销量	出口量	产量	销量	出口量
	合计	5 155	580		5 316	5 139		2 995	2 930	
1	单级单吸清水离心泵	825	150							
2	单级双吸清水离心泵	1 080	180		42	42				
	其中:800mm(32in)以上									
3	多级离心泵	3 250	250					183	176	
4	锅炉给水泵									
5	轴流泵							23	23	
6	混流泵									
7	斜流泵				50	49				
8	旋涡泵									
9	冷凝泵							22	22	
10	热水泵									
11	船用泵									
12	深井泵									
13	潜水电泵									
14	喷灌泵									
15	微型泵									
16	屏蔽泵				1 100	1 081				
17	离心油泵				502	498		743	743	
18	耐腐蚀泵				3 121	2 968		1 692	1 634	
	其中:化工泵							1 487	1 418	
19	液下泵				295	295		182	182	
20	齿轮泵									
21	螺杆泵									
22	污水泵							13	13	
23	泥浆泵									
	其中:挖泥泵									
24	渣浆泵							19	19	
25	脱硫泵									
26	水环真空泵及压缩机									
27	机械真空泵									
28	往复真空泵									
	其中:隔膜泵									
29	计量泵									
30	除磷泵									
31	管道泵				206	206		118	118	
32	其他泵									

（续）

华东地区											
山东长志泵业有限公司			泰州泰东泵业有限公司			合肥华升泵阀有限公司			龙岩市九龙水泵制造有限公司		
产量	销量	出口量	产量	销量	出口量	产量	销量	出口量	产量	销量	出口量
31 517	31 183		2 629	2 879		468	408		19 833	19 833	
457	461					2	2		13 883	13 883	
			1 109	1 126		83	66		2 380	2 380	
						63	53				
8 651	8 557		612	615		15	13		3 570	3 570	
1 064	1 036		56	69		3	3				
						4	4				
162	162										
						15	13				
123	123		78	77		3	3				
						35	33				
						1	1				
19 189	18 973					30	27				
			61	61		60	54				
						50	47				
257	257		38	38		14	12				
						1	1				
			27	32		25	18				
						3	3				
						3	3				
						30	26				
						28	25				
						15	11				
						8	5				
						60	57				
154	154					1	1				
1 460	1 460		648	861		40	35				

序号	产品名称	华东地区								
		江苏亚太泵阀有限公司			安徽三联泵业股份有限公司			烟台阳光泵业有限公司		
		产量	销量	出口量	产量	销量	出口量	产量	销量	出口量
	合　计	8 800	8 300		30 290	29 927	3 125	4 016	4 016	
1	单级单吸清水离心泵				6 505	6 427	3 017	76	76	
2	单级双吸清水离心泵				5 804	5 734	2	42	42	
	其中:800mm(32in)以上									
3	多级离心泵				3 048	3 012		36	36	
4	锅炉给水泵									
5	轴流泵	714	653							
6	混流泵	421	397							
7	斜流泵									
8	旋涡泵									
9	冷凝泵									
10	热水泵				1 675	1 655		26	26	
11	船用泵									
12	深井泵	313	313							
13	潜水电泵									
14	喷灌泵									
15	微型泵									
16	屏蔽泵							5	5	
17	离心油泵							169	169	
18	耐腐蚀泵				179	177	24	2 768	2 768	
	其中:化工泵							1 872	1 872	
19	液下泵				3 069	3 032	20	322	322	
20	齿轮泵									
21	螺杆泵									
22	污水泵	7 352	6 937		2 680	2 648		534	534	
23	泥浆泵				1 429	1 412				
	其中:挖泥泵				46	46				
24	渣浆泵				3 645	3 602	62	14	14	
25	脱硫泵				58	58				
26	水环真空泵及压缩机				2 132	2 106				
27	机械真空泵									
28	往复真空泵									
	其中:隔膜泵									
29	计量泵							24	24	
30	除磷泵									
31	管道泵									
32	其他泵				66	64				

（续）

华东地区											
芜湖水泵制造有限公司			宜兴宙斯泵业有限公司			江苏海狮泵业制造有限公司			山东省章丘鼓风机股份有限公司		
产量	销量	出口量	产量	销量	出口量	产量	销量	出口量	产量	销量	出口量
5 630	5 463		14 000	12 300	1 700	10 735	10 558		1 160	1 184	
1 898	1 839					393	374				
									40	41	
1 679	1 640										
1 792	1 730										
						3 542	3 486				
						335	361				
						218	212				
			8 000	7 000	1 000	1 359	1 293				
			5 000	4 500	500						
			3 000	2 800	200	3 874	3 862		130	133	
						163	157				
261	254										
									990	1 010	
			3 000	2 500	500						
						168	159				
						296	287				
						387	367				

序号	产品名称	中南地区								
		长沙水泵厂有限公司			广东省佛山水泵厂有限公司			广州广一集团有限公司		
		产量	销量	出口量	产量	销量	出口量	产量	销量	出口量
	合　计	1 790	1 512	68	47 926	49 919	30 450	39 067	40 293	633
1	单级单吸清水离心泵	126	116		21 126	23 153	15 364	2 632	2 590	633
2	单级双吸清水离心泵	940	866		4 049	4 198	2 519	801	784	
	其中:800mm(32in)以上	282	227		103	90				
3	多级离心泵	39	39		3 529	3 584	2 688	3 159	3 140	
4	锅炉给水泵	80	68					11	13	
5	轴流泵				226	226	4			
6	混流泵	2	2		16	16				
7	斜流泵	143	137	54						
8	旋涡泵				87	89		7 653	7 674	
9	冷凝泵	117	111	14						
10	热水泵	33	23					97	97	
11	船用泵	23	16					4	6	
12	深井泵							51	60	
13	潜水电泵									
14	喷灌泵									
15	微型泵									
16	屏蔽泵									
17	离心油泵	3	3							
18	耐腐蚀泵	40	40		889	929	35	1 185	1 164	
	其中:化工泵				539	570	35			
19	液下泵				297	297		74	80	
20	齿轮泵									
21	螺杆泵									
22	污水泵				3 054	3 070	120	11 804	12 620	
23	泥浆泵	11	11						2	
	其中:挖泥泵	11	8							
24	渣浆泵									
25	脱硫泵									
26	水环真空泵及压缩机				3 391	3 138	220	108	142	
27	机械真空泵									
28	往复真空泵									
	其中:隔膜泵									
29	计量泵									
30	除磷泵									
31	管道泵				11 262	11 219	9 500	11 188	11 537	
32	其他泵	233	80					300	384	

（续）

中南地区											
湖北三峡泵业有限公司			郑州电力机械厂			漯河腾龙泵业有限责任公司			广州水泵厂		
产量	销量	出口量	产量	销量	出口量	产量	销量	出口量	产量	销量	出口量
2 295	1 847		139	178	3	1 526	1 731		3 761	3 810	804
827	727					145	106		256	256	3
						204	288		25	27	1
1 388	1 048								1 198	1 198	468
			139	178	3						
						610	692				
									312	314	
									5	5	
									8	8	
						564	640		411	412	
80	72										
									14	14	4
						3	5		33	33	
									27	27	2
									27	27	9
									745	745	31
									700	744	286

序号	产 品 名 称	中 南 地 区								
		桂林市广汇泵业有限责任公司			襄樊五二五泵业有限公司			湖北省天门泵业有限公司		
		产量	销量	出口量	产量	销量	出口量	产量	销量	出口量
	合 计	546	660		3 292	3 508		10 335	9 808	
1	单级单吸清水离心泵	99	132							
2	单级双吸清水离心泵	30	38							
	其中:800mm(32in)以上									
3	多级离心泵	43	35							
4	锅炉给水泵	31	28					425	425	
5	轴流泵									
6	混流泵									
7	斜流泵									
8	旋涡泵							18	18	
9	冷凝泵									
10	热水泵	95	111					38	38	
11	船用泵									
12	深井泵									
13	潜水电泵									
14	喷灌泵									
15	微型泵									
16	屏蔽泵									
17	离心油泵									
18	耐腐蚀泵	181	228		3 292	3 508				
	其中:化工泵	161	162							
19	液下泵	52	51					1 824	1 684	
20	齿轮泵									
21	螺杆泵									
22	污水泵							1 549	1 396	
23	泥浆泵							3 226	3 108	
	其中:挖泥泵									
24	渣浆泵							2 629	2 543	
25	脱硫泵							626	596	
26	水环真空泵及压缩机									
27	机械真空泵									
28	往复真空泵									
	其中:隔膜泵									
29	计量泵									
30	除磷泵									
31	管道泵	5	3							
32	其他泵	10	34							

（续）

中南地区											
湖北金源特种泵制造有限公司			长沙天鹅工业泵有限公司			新乡泵厂有限责任公司			开平市开泵泵业制造有限公司		
产量	销量	出口量	产量	销量	出口量	产量	销量	出口量	产量	销量	出口量
332	332		2 614	2 386	13	1 958	1 830		2 635	2 611	1 375
						765	713		1 699	1 695	1 375
			234	177					402	382	
			8	8							
			163	142		898	870		34	34	
						180	136		35	35	
									10	10	
									36	36	
			61	46							
						80	81		12	12	
43	43		31	26							
						35	30				
			24	18							
289	289								32	32	
289	289								32	32	
									90	90	
			689	632					35	35	
			1 412	1 345	13				250	250	

序号	产品名称	中南地区								
		湖南远通泵业有限公司			武汉水泵厂有限公司			阳江市新力工业有限公司		
		产量	销量	出口量	产量	销量	出口量	产量	销量	出口量
	合　计	1 300	1 150		313	315		97 087	24 188	72 879
1	单级单吸清水离心泵				30	30		75 991	16 804	59 187
2	单级双吸清水离心泵				46	44		8 818	2 638	6 180
	其中:800mm(32in)以上				2	2				
3	多级离心泵							12 228	4 716	7 512
4	锅炉给水泵					2				
5	轴流泵				8	8				
6	混流泵									
7	斜流泵									
8	旋涡泵									
9	冷凝泵									
10	热水泵									
11	船用泵									
12	深井泵				13	13				
13	潜水电泵									
14	喷灌泵									
15	微型泵									
16	屏蔽泵									
17	离心油泵									
18	耐腐蚀泵									
	其中:化工泵									
19	液下泵				5	5		50	30	
20	齿轮泵									
21	螺杆泵									
22	污水泵									
23	泥浆泵									
	其中:挖泥泵									
24	渣浆泵	920	850							
25	脱硫泵	230	180							
26	水环真空泵及压缩机				211	213				
27	机械真空泵									
28	往复真空泵									
	其中:隔膜泵									
29	计量泵									
30	除磷泵									
31	管道泵									
32	其他泵	150	120							

（续）

中南地区											
武汉特种工业泵厂有限公司			湘潭泵业集团有限公司花石水泵厂			湖北扬子江泵业有限责任公司			湖北省神珑泵业有限责任公司		
产量	销量	出口量	产量	销量	出口量	产量	销量	出口量	产量	销量	出口量
1 193	1 175		5 602	5 572		525	485		2 085	2 056	
			2 544	2 512					476	468	
			816	827					218	218	
									92	92	
480	464		1 512	1 515		280	251				
			478	466							
500	515					15	15				
			252	252							
									520	513	
									170	165	
									170	165	
					230	219					
213	196								209	206	
									492	486	

序号	产品名称	中南地区								
		长沙佳能通用泵业有限公司			广州白云泵业集团有限公司			广东凌霄泵业股份有限公司		
		产量	销量	出口量	产量	销量	出口量	产量	销量	出口量
	合　计	9 884	9 884		89 779	88 643		1 457 334	1 453 964	84 570
1	单级单吸清水离心泵	617	617		37 945	37 890		523 760	522 400	28 600
2	单级双吸清水离心泵	416	416		9 435	9 058				
	其中:800mm(32in)以上									
3	多级离心泵	4 246	4 246		19 935	19 435		112 440	111 180	8 400
4	锅炉给水泵	531	531		501	495				
5	轴流泵				960	954				
6	混流泵				493	486				
7	斜流泵									
8	旋涡泵							135 570	135 480	3 160
9	冷凝泵	349	349		463	456				
10	热水泵	724	724							
11	船用泵									
12	深井泵									
13	潜水电泵				15 950	15 847		57 380	57 350	1 260
14	喷灌泵									
15	微型泵							37 600	37 600	850
16	屏蔽泵							764	764	
17	离心油泵				564	535				
18	耐腐蚀泵	1 575	1 575		643	643		582 500	581 870	42 300
	其中:化工泵				85	79		582 500	581 870	42 300
19	液下泵				160	155				
20	齿轮泵									
21	螺杆泵									
22	污水泵	369	369		2 730	2 689				
23	泥浆泵									
	其中:挖泥泵									
24	渣浆泵									
25	脱硫泵									
26	水环真空泵及压缩机									
27	机械真空泵									
28	往复真空泵									
	其中:隔膜泵									
29	计量泵									
30	除磷泵									
31	管道泵							7 320	7 320	
32	其他泵	1 057	1 057							

（续）

西南地区											
重庆水泵厂有限责任公司			四川省自贡工业泵有限责任公司			重庆第四水泵厂			成都西南水泵厂		
产量	销量	出口量	产量	销量	出口量	产量	销量	出口量	产量	销量	出口量
1 405	1 512	39	1 055	1 027		1 242	1 247		1 827	1 848	18
			101	98		253	263				
			107	101		10	19		342	344	
			56	53					68	68	
			33	33		622	640		324	326	
			11	11		39	47		18	18	
			67	67							
			1	1							
			31	29							
									89	93	
			8	8		107	72		50	52	
5	5		37	37					470	472	18
						3	7		36	38	
			123	118		8	20				
			108	103		8	20				
			35	34		29	32		260	262	
11	11										
			45	45							
			12	12		12	1				
			209	203							
			172	168					55	57	
187	190	10							49	50	
626	846										
138	135	20									
			14	14		87	82		134	136	
438	325	9	49	48		72	64				

序号	产品名称	西南地区								
		重庆明珠机电有限公司			自贡凉高山水泵厂			贵州省都匀水泵厂		
		产量	销量	出口量	产量	销量	出口量	产量	销量	出口量
	合　计	800	780		838	871		572	501	
1	单级单吸清水离心泵				237	263		275	236	
2	单级双吸清水离心泵				412	412		22	12	
	其中:800mm(32in)以上									
3	多级离心泵				66	72		271	246	
4	锅炉给水泵				88	88		4	7	
5	轴流泵									
6	混流泵									
7	斜流泵									
8	旋涡泵									
9	冷凝泵									
10	热水泵				32	32				
11	船用泵									
12	深井泵									
13	潜水电泵									
14	喷灌泵									
15	微型泵									
16	屏蔽泵									
17	离心油泵									
18	耐腐蚀泵				2	2				
	其中:化工泵				2	2				
19	液下泵									
20	齿轮泵									
21	螺杆泵	800	780							
22	污水泵				1	2				
23	泥浆泵									
	其中:挖泥泵									
24	渣浆泵									
25	脱硫泵									
26	水环真空泵及压缩机									
27	机械真空泵									
28	往复真空泵									
	其中:隔膜泵									
29	计量泵									
30	除磷泵									
31	管道泵									
32	其他泵									

（续）

西南地区											
昆明嘉和科技开发有限公司			四川新达泵业有限责任公司			重庆工业泵厂			昆明水泵厂		
产量	销量	出口量	产量	销量	出口量	产量	销量	出口量	产量	销量	出口量
855	901		3 789	3 476	13	538	538		3 726	3 866	60
			1 543	1 389		2	2		1 900	1 990	7
			899	802					511	541	
			427	415		287	287		1 009	987	8
						89	89		22	30	8
			24	24							
			29	29					80	98	
			427	427							
855	901		141	141	13	160	160		134	136	23
			13	13	13						
									16	20	
									38	43	14
			127	84					11	16	
			29	25							
			143	140					5	5	

（续）

序号	产品名称	西南地区					
		四川三台剑门泵业有限公司			四川省嘉陵泵业制造有限公司		
		产量	销量	出口量	产量	销量	出口量
	合计	11 286	10 722		35 736	35 157	
1	单级单吸清水离心泵	5 224	5 224		9 151	9 063	
2	单级双吸清水离心泵	651	651		3 993	3 806	
	其中:800mm(32in)以上						
3	多级离心泵	72	72		1 624	1 606	
4	锅炉给水泵				1 726	1 701	
5	轴流泵						
6	混流泵						
7	斜流泵						
8	旋涡泵				1 397	1 390	
9	冷凝泵						
10	热水泵	71	71		835	830	
11	船用泵	433	433		1 961	1 909	
12	深井泵						
13	潜水电泵						
14	喷灌泵						
15	微型泵						
16	屏蔽泵						
17	离心油泵				1 069	1 069	
18	耐腐蚀泵				1 495	1 493	
	其中:化工泵						
19	液下泵				134	130	
20	齿轮泵				3 006	2 998	
21	螺杆泵						
22	污水泵	60	60		1 315	1 310	
23	泥浆泵	346	346		1 890	1 865	
	其中:挖泥泵						
24	渣浆泵				731	654	
25	脱硫泵						
26	水环真空泵及压缩机						
27	机械真空泵						
28	往复真空泵						
	其中:隔膜泵						
29	计量泵						
30	除磷泵						
31	管道泵				4 063	4 032	
32	其他泵	4 429	3 865		1 346	1 301	

2009 年中国通用机械工业协会风机分会会员单位经济指标

序号	企业名称	工业总产值（万元）	工业增加值（万元）	从业人员平均人数（人）	年末资产总额（万元）	主营业务收入（万元）	主营业务成本（万元）
1	北京新安特风机有限公司	10 872	4 894	267	1 500	9 663	8 011
2	邯郸市东方风机制造有限公司	4 500	990	300	700	4 100	3 100
3	包头市爱科风机技术有限责任公司	2 556	562	130	183	2 168	2 037
4	南阳防爆集团股份有限公司	143 769	56 300	2 499	79 087	161 954	100 608
5	新乡市风机总厂有限公司	1 620	254	180	503	2 120	1 566
6	长沙罗茨鼓风机配件厂	920	196	97	590	800	680
7	长沙长风罗茨鼓风机厂有限责任公司	1 041	274	59	374	1 239	855
8	北京风机二厂	649	195	122	1 420	769	678
9	北京香山通风设备厂	1 528	163	167	1 226	1 528	1 262
10	北京华怡净化科技研究所有限公司	239	60	18	261	239	169
11	天津市鼓风机总厂	9 626	2 705	450	9 025	8 228	5 620
12	天津市鼓风机总厂五分厂	7 504	2 688	190	1 166	6 952	6 559
13	天津市通风机厂	2 002	380	133	2 182	1 710	1 053
14	天津市荣光特种风机有限公司	8 000	2 391	300	3 230	6 680	5 661
15	天津中隧通风机有限公司	4 800	1 056	120	3 388	4 800	3 840
16	石家庄市风机厂有限责任公司	3 220	1 555	205	638	3 339	2 639
17	河北同心风机配件有限公司	7 035	1 395	230	1 451	6 946	5 905
18	宣化通风设备有限公司	280	82	30	252	280	154
19	原平鼓风机有限责任公司	1 850	1 073	258	315	1 318	
20	沈阳鼓风机集团有限公司	880 661	203 095	6 117	583 721	643 548	557 847
21	沈阳风机厂有限公司	4 628	1 408	284	11 657	3 762	2 669
22	沈阳通风机有限公司	1 892	416	130	1 813	1 715	1 560
23	鞍山风机集团有限公司	10 705	2 250	166	12 622	11 495	8 844
24	营口市风机耐酸泵厂	612	138	93	277	335	271
25	吉林市亚星电站辅机有限公司	903	282	108	486	787	393
26	四平鼓风机股份有限公司	37 935	10 917	677	23 135	34 527	24 551
27	长春花园机械有限公司	1 500	166	70	1 282	1 216	1 053
28	哈尔滨哈暖环境工程设备有限公司	1 500	412	74	1 870	1 450	1 015
29	肇东市风机制造总厂	1 470	510	95	915	1 316	908
30	上海鼓风机厂有限公司	72 187	12 513	755	67 596	72 259	56 880
31	上海长征鼓风机有限公司	1 067	402	80	2 036	1 102	899
32	上海通用风机股份有限公司	15 063	3 744	366	9 563	14 942	10 117
33	上海德惠特种风机有限公司	5 224	2 283	185	2 484	5 236	3 936
34	上海应达风机有限公司	5 125	1 081	320	2 276	4 996	4 200
35	南通大通宝富风机有限公司	19 800	8 604	391	16 522	18 440	11 942
36	南通市恒荣机泵厂有限公司	7 816	2 250	182	420	7 610	5 599
37	江苏金通灵风机有限公司	52 366	16 560	919	43 437	59 167	45 083

（续）

序号	企业名称	工业总产值（万元）	工业增加值（万元）	从业人员平均人数（人）	年末资产总额（万元）	主营业务收入（万元）	主营业务成本（万元）
38	江苏苏凤通风机有限公司	2 753	430	95	790	2 353	1 832
39	江苏一鼓风机有限公司	6 766	1 627	126	4 008	5 675	4 156
40	无锡中策机电设备有限公司	2 449	599	108	1 304	2 316	1 293
41	无锡耀新通用机械有限公司	2 149	537	121	695	2 149	1 768
42	宜兴市侨联风机有限公司	3 000	660	90	1 936	2 793	2 234
43	百事德机械(江苏)有限公司	17 127	7 494	200	7 583	15 886	10 924
44	常熟市鼓风机有限公司	7 985	2 156	298	3 265	7 988	6 063
45	张家港市英德利空调风机有限公司	6 737	1 347	183	1 124	6 772	5 973
46	徐州风机有限公司	1 200	286	130	1 020	1 020	890
47	盐城市赛格机械有限公司	8 600	2 211	234	2 527	9 100	7 164
48	宁波方圆风机制造有限公司	6 512	1 341	234	11 956	7 110	5 280
49	杭州科星鼓风机有限公司	2 568	858	65	936	2 571	1 722
50	余姚风机总厂	3 727	1 082	138	798	3 725	2 949
51	浙江上风实业股份有限公司	125 140	48 760	701	28 347	104 018	79 753
52	浙江明新风机有限公司	12 634	3 775	280	9 143	12 604	8 220
53	上虞通风机有限公司	4 649	1 150	138	1 767	3 500	2 371
54	浙江风神风机制造有限公司	5 625	1 419	161	1 283	5 460	4 166
55	浙江双阳风机有限公司	11 210	7 848	296	1 954	11 050	7 942
56	浙江大丰风机电器有限公司	3 320	780	107	536	920	730
57	浙江兴益风机电器有限公司	18 915	3 762	425	5 987	18 438	15 860
58	浙江亿利达风机有限公司	38 918	12 236	645	11 778	36 835	28 169
59	安徽安风风机有限公司	10 982	2 726	252	3 886	9 117	6 379
60	济南风机厂有限责任公司	7 034	2 536	488	7 692	7 567	5 488
61	青岛风机厂有限公司	5 134	2 078	238	1 248	4 180	3 145
62	青岛纺机绿环工程有限公司	1 335	330	62	220	1 335	1 221
63	山东电力设备厂	9 599	3 927	263	5 793	11 284	8 244
64	山东省章丘鼓风机股份有限公司	48 869	14 182	1 076	27 965	53 128	39 305
65	山东章晃机械工业有限公司	7 000	2 627	98	585	6 962	5 628
66	山东海福德机械有限公司	1 322	354	140	1 184	2 374	1 425
67	山东双一集团有限公司	11 239	3 792	900	1 520	11 249	10 531
68	山东中昊民房设备有限公司	11 210	2 779	475	2 368	11 020	7 103
69	山东新风股份有限公司	5 801	1 562	484	9 123	5 281	4 055
70	山东美陵美力达风机有限公司	9 119	3 899	209	2 462	7 960	7 092
71	淄博风机厂有限公司	3 750	938	105	2 453	3 681	2 561
72	临沂市风机厂	4 270	1 500	310	5 450	3 875	3 395
73	威海市华阜环保(集团)有限公司	6 973	1 743	270	3 131	6 212	5 265
74	威海克莱特菲尔风机有限公司	13 458	5 625	392	1 784	11 777	10 718
75	西玛(新乡)鼓风机有限公司	5 280	1 477	269	3 814	5 262	4 177
76	武汉鼓风机有限公司	16 546	4 301	506	69 577	13 853	10 010
77	武汉和平风机有限责任公司	1 527	1 471	45	1 845	1 195	908
78	湖北省风机厂有限公司	51 360	20 155	506	5 416	50 085	35 226
79	湖北新流鼓风机有限公司	710	370	55	213	499	363
80	湖北双剑鼓风机制造有限公司	25 260	7 193	526	7 205	23 865	18 062

（续）

序号	企业名称	工业总产值（万元）	工业增加值（万元）	从业人员平均人数（人）	年末资产总额（万元）	主营业务收入（万元）	主营业务成本（万元）
81	中意机电（湖北）鼓风机制造有限公司	17 100	17 053	263	5 260	17 007	14 005
82	长沙鼓风机厂有限责任公司	27 334	7 283	971	26 872	27 094	19 302
83	长沙市湘华通风设备有限公司	400	81	35	56	350	320
84	长沙久旋风机制造有限公司	235	63	40	142	160	127
85	湘潭平安电气集团有限公司	43 795	9 635	475	13 849	42 913	30 153
86	佛山市三水迪尔迅风冷设备厂	1 850	770	199	315	1 318	
87	佛山市南海九洲普惠风机有限公司	20 127	11 176	774	5 483	16 129	12 896
88	云浮市云丰环保设备有限公司	1 150	309	70	1 280	1 250	878
89	北海鼓风机实业公司	1 600	624	134	3 024	1 574	1 338
90	重庆通用工业（集团）有限责任公司	112 881	31 533	3 745	130 811	119 126	87 738
91	重庆鼓风机厂	6 851	3 649	222	4 294	5 061	4 017
92	重庆两江鼓风机有限责任公司	1 101	249	63	667	926	899
93	成都电力机械厂	37 056	14 963	433	52 357	74 750	66 125
94	四川中大鼓风机有限公司	1 083	236	95	542	1 222	1 048
95	四川望江风机制造有限公司	2 239	492	93	1 412	2 239	1 927
96	四川鼓风机制造有限责任公司	13 238	3 706	433	6 629	14 506	9 503
97	大理通用机械厂	716	263	126	1 942	4 407	8 805
98	陕西鼓风机（集团）有限公司	378 633	135 508	4 806	619 965	366 778	262 699
99	陕西韩城矿山风机厂	500	125	20	182	500	418
100	西安交大流体压缩国家工程中心咸阳风机厂	1 152	350	58	1 509	1 503	1 390
101	甘肃白银风机厂	3 012	963	225	3 683	2 704	2 118
102	银川银风风机有限责任公司	2 587	1 134	150	2 057	2 426	1 761
103	新疆风机有限责任公司	1 973	315	103	960	1 952	1 409

2009年中国通用机械工业协会风机分会会员单位经济效益指标

序号	企业名称	经济效益综合指数（%）	总资产贡献率（%）	资本保值增值率（%）	资产负债率（%）	流动资产周转率（次）	成本费用利润率（%）	全员劳动生产率（元/人）	产品销售率（%）
1	北京新安特风机有限公司	231.8	14.2	100.0	19.5	2.3	9.2	183 296	88.9
2	邯郸市东方风机制造有限公司	235.6	21.1	100.0	11.7	1.6	32.4	33 000	91.1
3	包头市爱科风机技术有限责任公司	129.6	14.4	100.0	17.4	3.0	2.0	43 231	106.4
4	南阳防爆集团股份有限公司	372.3	32.6	165.7	50.2	1.6	29.4	225 290	100.1
5	新乡市风机总厂有限公司	180.5	20.6	129.5	24.2	2.0	18.2	14 111	114.3
6	长沙罗茨鼓风机配件厂	86.5	6.0	103.9	41.1	0.8	4.2	20 206	101.1
7	长沙长风罗茨鼓风机厂有限责任公司	99.0	8.9	96.0	43.7	2.4	-1.6	46 441	89.9
8	北京风机二厂	61.1	0.9	101.0	34.2	0.4	1.2	15 986	119.2
9	北京香山通风设备厂	142.5	11.6	100.0	71.0	1.1	12.9	9 760	93.5

（续）

序号	企业名称	经济效益综合指数（%）	总资产贡献率（%）	资本保值增值率（%）	资产负债率（%）	流动资产周转率（次）	成本费用利润率（%）	全员劳动生产率（元/人）	产品销售率（%）
10	北京华怡净化科技研究所有限公司	82.2	0.7	96.4	70.9	0.3	0.4	33 333	100.0
11	天津市鼓风机总厂	112.0	5.3	101.0	77.1	1.0	0.2	60 111	85.4
12	天津市鼓风机总厂五分厂	215.5	20.7	102.4	58.0	4.9	1.0	141 474	97.8
13	天津市通风机厂	82.9	2.1	100.2	62.4	0.6	0.3	28 571	82.7
14	天津市荣光特种风机有限公司	475.8	21.4	39.9	39.9	1.0	14.0	79 700	97.5
15	天津中隧通风机有限公司	137.4	1.9	49.1	77.3	2.7	1.1	88 000	100.0
16	石家庄市风机厂有限责任公司	146.9	13.7	102.9	28.2	2.5	3.1	75 854	96.1
17	河北同心风机配件有限公司	216.3	31.2	137.4	37.8	4.0	10.2	60 652	99.7
18	宣化通风设备有限公司		5.4	100.0	84.6			27 333	100.0
19	原平鼓风机有限责任公司		11.2	47.3	31.0	1.4		41 589	106.0
20	沈阳鼓风机集团有限公司	289.1	5.7	97.9	76.4	1.2	2.9	332 017	89.8
21	沈阳风机厂有限公司	118.0	1.3	111.1	84.8	0.5	6.1	49 577	94.8
22	沈阳通风机有限公司	94.9	2.9	105.7	73.5	0.9	1.2	32 000	90.6
23	鞍山风机集团有限公司	200.6	7.9	117.0	61.5	0.9	9.2	135 542	104.8
24	营口市风机耐酸泵厂		5.5	10.7	86.8		3.4	14 839	100.0
25	吉林市亚星电站辅机有限公司	178.4	25.2	100.5	54.1	3.2	12.3	26 111	91.8
26	四平鼓风机股份有限公司	213.3	12.5	105.1	62.7	1.3	6.1	161 256	94.5
27	长春花园机械有限公司	115.7	6.6	145.8	86.1	1.3	3.7	23 714	94.7
28	哈尔滨哈暖环境工程设备有限公司	112.3	3.4	161.0	58.7	0.7	5.0	55 676	96.7
29	肇东市风机制造总厂	131.3	11.7	102.9	50.8	1.4	6.5	53 684	98.0
30	上海鼓风机厂有限公司	192.5	7.0	111.3	79.4	1.1	2.6	165 735	100.2
31	上海长征鼓风机有限公司	70.9	1.3	81.2	72.8	0.9	-6.7	50 250	103.3
32	上海通用风机股份有限公司	253.3	27.3	145.9	57.3	1.5	21.4	102 295	99.2
33	上海德惠特种风机有限公司	224.2	19.5	133.0	53.8	2.1	13.0	123 405	100.3
34	上海应达风机有限公司	144.3	16.6	120.3	49.6	1.4	10.0	33 781	97.5
35	南通大通宝富风机有限公司	236.1	8.0	102.4	70.8	1.0	5.5	220 051	104.3
36	南通市恒荣机泵厂有限公司	265.0	36.4	105.5	12.0	3.2	13.6	123 626	97.5
37	江苏金通灵风机有限公司	283.8	21.7	144.5	71.1	1.5	14.4	180 196	114.4
38	江苏苏凤通风机有限公司	136.0	17.6	86.2	52.8	1.8	5.6	45 263	100.0
39	江苏一鼓风机有限公司	196.8	12.4	112.1	62.3	1.4	6.3	129 127	98.1
40	无锡中策机电设备有限公司		7.9	88.2	39.6		4.1	55 463	94.6
41	无锡耀新通用机械有限公司	157.8	14.6	155.6	45.5	2.2	9.6	44 380	100.0
42	宜兴市侨联风机有限公司	133.4	7.6	91.2	65.9	1.5	1.3	73 333	93.3
43	百事德机械（江苏）有限公司	376.6	17.5	114.8	36.1	0.9	17.9	374 700	95.2
44	常熟市鼓风机有限公司	142.7	13.9	100.9	47.6	1.6	5.0	72 349	97.7
45	张家港市英德利空调风机有限公司	188.1	21.2	112.4	42.4	3.6	7.3	73 607	100.5
46	徐州风机有限公司	94.0	4.2	111.6	68.0	1.3	0.7	22 000	93.3
47	盐城市赛格机械有限公司	150.7	8.4	101.5	29.0	2.0	4.7	94 487	105.8
48	宁波方圆风机制造有限公司	117.4	9.9	58.2	92.6	0.8	1.0	57 308	108.7
49	杭州科星鼓风机有限公司	183.1	19.2	102.4	54.6	2.2	1.7	132 000	100.1
50	余姚风机总厂	179.5	17.2	111.3	22.8	1.8	11.0	78 406	100.0
51	浙江上风实业股份有限公司	535.2	10.2	125.5	24.9	3.2	5.9	695 578	90.2
52	浙江明新风机有限公司	248.1	18.8	148.8	60.1	1.4	14.3	134 821	99.8

（续）

序号	企业名称	经济效益综合指数（%）	总资产贡献率（%）	资本保值增值率（%）	资产负债率（%）	流动资产周转率（次）	成本费用利润率（%）	全员劳动生产率（元/人）	产品销售率（%）
53	上虞通风机有限公司	257.1	23.6	100.0	46.1	1.9	27.8	83 333	100.0
54	浙江风神风机制造有限公司	195.3	20.9	121.5	35.6	2.6	9.5	88 137	97.1
55	浙江双阳风机有限公司	388.6	43.5	157.3	22.2	1.7	22.3	265 135	98.6
56	浙江大丰风机电器有限公司	120.5	7.9	87.9	46.4	1.2	3.4	72 897	100.0
57	浙江兴益风机电器有限公司	183.3	20.5	108.4	57.5	3.1	5.4	88 518	98.5
58	浙江亿利达风机有限公司	279.6	25.6	101.4	41.7	2.3	14.8	189 705	97.0
59	安徽安风风机有限公司	232.0	21.5	152.2	41.7	2.9	13.8	108 175	97.1
60	济南风机厂有限责任公司	140.0	9.8	55.7	73.8	1.4	6.6	51 967	102.1
61	青岛风机厂有限公司	149.0	15.4	100.2	56.4	2.3	1.6	87 311	100.0
62	青岛纺机绿环工程有限公司		7.1	98.6	19.4			53 226	100.0
63	山东电力设备厂	307.8	31.6	100.0	58.6	1.5	27.9	149 316	97.0
64	山东省章丘鼓风机股份有限公司	216.1	19.3	99.3	56.7	2.2	10.7	131 803	99.5
65	山东章晃机械工业有限公司	285.2	14.6	102.5	7.0	1.2	11.9	268 061	100.0
66	山东海福德机械有限公司	128.9	14.3	114.9	51.7	1.4	5.8	25 286	179.6
67	山东双一集团有限公司		20.9	100.0	10.0		21.9	42 133	130.4
68	山东中昊民房设备有限公司	199.7	18.8	90.1	22.9	2.1	18.8	58 505	98.3
69	山东新风股份有限公司	217.1	15.4	161.7	72.7	1.0	25.1	32 273	91.1
70	山东美陵美力达风机有限公司	225.8	14.2	116.2	51.8	2.5	5.6	186 555	98.3
71	淄博风机厂有限公司	169.9	8.8	71.0	63.5	2.5	6.0	89 333	98.2
72	临沂市风机厂	116.7	16.8	93.9	79.5	0.9	-2.4	48 387	104.5
73	威海市华阜环保(集团)有限公司	146.8	12.6	91.8	61.7	2.1	2.2	64 556	98.5
74	威海克莱特菲尔风机有限公司	217.3	25.1	111.2	22.5	2.0	6.1	143 495	102.1
75	西玛(新乡)鼓风机有限公司	117.7	6.9	11.4	94.3	1.3	3.7	54 907	99.7
76	武汉鼓风机有限公司	116.4	2.3	87.4	80.0	0.3	0.4	85 000	110.0
77	武汉和平风机有限责任公司	451.3	10.4	838.5	67.9	0.7	19.8	326 889	78.3
78	湖北省风机厂有限公司	465.4	37.6	84.1	46.6	9.3	6.6	398 320	105.9
79	湖北新流鼓风机有限公司	81.8	3.4	101.4	32.9	1.0	-3.5	67 273	95.1
80	湖北双剑鼓风机制造有限公司	233.1	29.4	80.8	57.1	3.0	7.5	136 749	104.9
81	中意机电(湖北)鼓风机制造有限公司	536.1	22.5	108.9	50.0	3.1	8.3	648 403	94.2
82	长沙鼓风机厂有限责任公司	136.2	9.9	100.7	47.1	1.9	3.9	75 005	95.8
83	长沙市湘华通风设备有限公司		11.6	100.0	30.9		-0.9	23 143	87.5
84	长沙久旋风机制造有限公司	-58.0	-23.7	12.0	96.0	1.4	-21.3	15 750	90.2
85	湘潭平安电气集团有限公司	251.7	12.8	100.0	70.6	3.6	3.3	202 842	99.6
86	佛山市三水迪尔迅风冷设备厂		17.9	100.0	31.0	1.4		38 693	106.0
87	佛山市南海九洲普惠风机有限公司	232.7	22.4	142.9	57.9	2.9	8.5	144 393	86.6
88	云浮市云丰环保设备有限公司	148.8	10.1	105.5	57.6	1.9	11.5	44 143	108.7
89	北海鼓风机实业公司	80.3	1.1	64.1	61.7	0.6	-1.8	46 567	95.0
90	重庆通用工业(集团)有限责任公司	150.4	8.3	131.7	59.9	0.8	8.8	84 200	97.9
91	重庆鼓风机厂	194.6	7.6	129.6	85.4	1.1	2.7	164 369	93.3
92	重庆两江鼓风机有限责任公司	98.6	4.8	99.7	63.5	1.0	0.3	39 524	84.1
93	成都电力机械厂	311.3	7.0	135.6	67.5	1.1	4.3	345 566	102.9
94	四川中大鼓风机有限公司	87.0	6.5	100.0	50.7	1.9	-0.2	24 842	120.9
95	四川望江风机制造有限公司	123.4	4.9	104.8	80.1	2.1	1.0	52 903	100.0

（续）

序号	企业名称	经济效益综合指数（%）	总资产贡献率（%）	资本保值增值率（%）	资产负债率（%）	流动资产周转率（次）	成本费用利润率（%）	全员劳动生产率（元/人）	产品销售率（%）
96	四川鼓风机制造有限责任公司	159.0	13.5	111.1	50.0	2.0	6.0	85 589	94.0
97	大理通用机械厂	108.6	8.6	37.4	96.9	3.3	-0.9	20 873	120.0
98	陕西鼓风机(集团)有限公司	300.4	6.3	105.0	64.0	0.5	14.6	281 956	105.2
99	陕西韩城矿山风机厂	114.2	10.8	100.0	22.4	1.7	0.2	62 500	100.0
100	西安交大流体压缩国家工程中心咸阳风机厂	98.2	0.5	46.3	82.2	1.0	0.2	60 345	103.5
101	甘肃白银风机厂	97.3	3.3	94.8	64.8	1.1	4.4	42 800	89.8
102	银川银风风机有限责任公司	151.0	11.4	115.8	50.7	1.0	9.6	75 600	74.1
103	新疆风机有限责任公司	116.5	11.0	93.6	51.2	1.2	7.3	30 583	101.1

2009 年中国通用机械工业协会阀门分会会员单位经济指标

序号	企业名称	工业总产值（万元）	工业增加值（万元）	从业人员平均人数（人）	年末资产总额（万元）	主营业务收入（万元）	主营业务成本（万元）
1	安徽省白湖阀门厂有限责任公司	8 276	3 001	920	11 092	9 965	7 715
2	安徽省屯溪高压阀门有限公司	9 390	2 931	276	9 588	9 403	7 541
3	安徽铜都阀门股份有限公司	25 100	10 712	392	28 779	22 503	17 161
4	鞍山亨通阀门有限公司	15 276	1 434	381	24 070	18 783	17 849
5	百强阀门集团有限公司	7 151	2 162	187	12 795	7 041	5 714
6	保一集团有限公司	20 834	5 089	573	17 439	20 721	17 069
7	北阀科技集团有限公司	31 220	8 921	380	17 013	29 126	24 844
8	北京市阀门总厂(集团)有限公司	62 400	8 892	520	36 237	59 086	51 391
9	伯特利阀门集团有限公司	53 642	516	832	26 590	39 980	31 984
10	泊头市阀门煤气化工设备制造有限公司	14 922	1 580	180	5 435	13 989	12 518
11	长春高中压阀门有限责任公司	2 845		103	2 466	2 428	1 978
12	常州贝斯特控制设备有限公司	3 817	1 162	376	3 292	3 800	3 244
13	常州电站辅机总厂有限公司	16 100	3 512	329		16 500	13 200
14	常州兰陵阀门控制有限公司	5 220	4 257	150	3 361	5 214	4 010
15	成都航利阀门成套设备有限公司	10 355		162	10 127	8 685	7 398
16	承德高中压阀门管件集团有限公司	41 879	12 459	642	22 548	40 933	34 786
17	兰州高压阀门有限公司	2 873	642	965	5 208	2 981	2 342
18	桂林市世通阀门制造有限责任公司	838	31	92	2 427	723	571
19	哈电集团哈尔滨电站阀门有限公司	27 704	10 568	381	37 505	27 024	19 147
20	杭州华惠阀门有限公司	12 139	2 145	255	9 856	12 367	9 354
21	河北远大阀门集团有限公司	51 781	26 926	3 085	39 077	50 494	39 099
22	河南黑马实业有限公司	13 830	3 545	361	7 182	12 217	8 427
23	河南开封高压阀门有限公司	96 406	61 218	2 214	102 760	93 507	63 169
24	河南泉舜流体控制科技有限公司	3 059		101	8 437	2 824	2 255
25	河南省高山阀门有限公司	33 167	11 417	1 021	7 678	32 188	24 649

（续）

序号	企业名称	工业总产值（万元）	工业增加值（万元）	从业人员平均人数（人）	年末资产总额（万元）	主营业务收入（万元）	主营业务成本（万元）
26	湖北高中压阀门有限责任公司	14 500	3 500	450	8 525	11 800	8 650
27	华东阀门有限公司	13 862	3 465	168	28 921	13 192	11 161
28	环球阀门集团有限公司	38 263	6 888	585	17 933	38 263	31 384
29	黄山良业阀门有限公司	3 000	503	93	2 127	2 910	2 317
30	江南阀门有限公司	81 205	20 301	425	26 876	79 632	67 250
31	江苏江恒阀业有限公司	5 371	1 530	143	3 793	5 264	3 307
32	江苏理想阀门有限公司	3 116	2 087	188	2 195	2 643	1 413
33	江苏明江阀业有限公司	11 068	3 272	263	27 209	10 915	7 621
34	江苏神通阀门股份有限公司	29 135	5 827	478	35 621	29 835	18 270
35	江苏竹箦阀业有限公司	30 874	3 148	2 020	18 480	24 409	7 420
36	开维喜阀门集团有限公司	32 186	6 276	485	30 031	29 899	21 721
37	凯斯特阀门集团有限公司	35 000	6 138	596	15 500	34 188	27 701
38	凯泰阀门(集团)有限公司	25 016	4 826	223	18 514	22 929	18 096
39	昆山维萨阀门有限公司	5 028	361	152	4 670	4 730	4 207
40	兰州高压阀门有限公司	32 039	7 358	756	34 605	36 355	32 773
41	乐山长仪阀门制造有限公司	5 240	3 015	131	8 704	5 216	2 410
42	立信阀门有限公司	6 680	1 557	175	9 098	6 649	5 501
43	良精集团有限公司	47 266	12 973	1 120	34 823	46 724	36 837
44	隆尧县诚信阀门有限公司	15 280	5 039	310	5 870	13 588	10 802
45	南通高中压阀门有限公司	7 808	1 639	239	6 028	7 442	6 284
46	南通捷瑞阀门有限公司	2 500	740	228	3 019	2 471	2 078
47	能发伟业铁岭阀门股份有限公司	9 765	1 480	435	32 978	14 964	10 577
48	青岛电站阀门有限公司	16 028	3 542	720	15 383	15 835	13 368
49	青岛高压阀门有限公司	11 375	3 662	369	9 766	11 375	9 107
50	山东天成阀门制造有限公司	16 661	703	283	17 226	14 155	10 196
51	山东益都阀门集团股份有限公司	62 211	22 014	848	28 326	62 109	55 047
52	陕西航天泵阀科技有限公司	17 414		213	11 548	16 320	14 786
53	上海电站阀门厂	1 687	456	61	1 609	1 632	1 374
54	上海阀门厂有限公司	14 689	3 021	206	19 444	15 507	13 909
55	上海阀门二厂有限公司	6 418		301	5 984	7 919	6 859
56	上海高中压阀门股份有限公司	10 870	1 630	185	8 488	10 660	9 025
57	上海冠龙阀门机械有限公司	36 222	27 012	710	27 402	33 806	24 494
58	上海沪工阀门厂	18 142	16 729	175	9 339	17 917	14 431
59	上海开维喜阀门集团有限公司	46 517		430	58 900	49 061	39 550
60	上海凯科阀门制造有限公司	51 675	15 641	642	34 085	50 454	39 150
61	上海科科阀门有限公司	12 898	174	173	9 376	12 597	10 938
62	上海明珠阀门制造有限公司	7 400		155	9 686	7 204	6 149
63	上海耐腐阀门集团有限公司	11 295	810	307	7 451	11 295	9 666
64	上海耐莱斯·詹姆斯伯雷阀门有限公司	32 400	9 370	297	26 898	32 547	24 494
65	上海浦东汉威阀门有限公司	17 061	6 040	180	18 913	15 571	11 728
66	上海日泰阀门制造有限公司	2 840	199	81	2 910	3 101	2 471
67	上海市通用机械技术研究所有限公司	1 000	420	36	1 620	1 080	780
68	上海双高阀门(集团)有限公司	37 119	12 965	852	24 694	36 229	29 121
69	上海远东高中压阀门有限公司	2 013		60	11 360	1 510	1 212
70	上海远高阀业有限公司	18 557	4 692	323	15 964	18 009	12 857

（续）

序号	企业名称	工业总产值（万元）	工业增加值（万元）	从业人员平均人数（人）	年末资产总额（万元）	主营业务收入（万元）	主营业务成本（万元）
71	上海自动化仪表股份有限公司自动化七厂	11 814		290	11 716	11 433	6 176
72	沈阳盛世高中压阀门有限公司	8 097	2 986	500	25 918	8 015	6 011
73	慎江阀门有限公司	37 500	11 446	393	39 499	36 285	30 665
74	石家庄阀门一厂股份有限公司	19 130	7 596	553	39 832	19 580	15 950
75	石家庄光晋阀门有限公司	32 251	12 655	2 321	40 903	33 587	25 964
76	石家庄三环阀门股份有限公司	25 800	11 249	1 260	33 674	15 018	9 290
77	双达阀门股份有限公司	7 280	1 838	194	9 487	7 013	5 749
78	四川广汉阀门厂	2 380	625	110	1 880	1 948	1 558
79	四川精控阀门制造有限公司	7 038	1 031	214	6 157	6 022	4 596
80	四川凯茨阀门制造有限公司	6 500	1 920	177	6 241	6 250	4 998
81	苏州奥村阀门有限公司	2 961		63	2 667	2 994	2 440
82	苏州高中压阀门厂	18 166	2 997	195	13 547	17 861	16 242
83	苏州工业园区思达德阀门有限公司	16 964		126	8 428	14 499	12 296
84	苏州纽威阀门股份有限公司	161 369	85 073		149 344	146 744	100 520
85	苏州市燃气设备阀门制造有限公司	5 489	1 183	125	4 708	5 113	3 993
86	特福隆集团有限公司	32 126	25 354	308	36 604	29 583	21 842
87	天津百利二通机械有限公司	8 519	3 469	293	10 396	9 226	7 559
88	天津津伯技术有限公司	6 509		125	8 354	7 118	4 010
89	天津精通控制仪表技术有限公司	10 141	3 003	253	11 502	10 065	6 937
90	天津市开源第三阀门有限公司	9 500	1 087	226	2 890	9 480	8 350
91	天津塘沽瓦特斯阀门有限公司	8 292	2 046	274	7 589	16 221	13 350
92	挺宇集团有限公司	53 127	10 780	188	39 048	53 127	42 349
93	铜陵市兴达阀门总厂	6 853	2 146	147	6 786	7 933	6 166
94	潍坊裕川内燃机配件有限公司	18 459	4 430	445	9 469	18 231	14 560
95	无锡市华英阀业有限公司	3 362		60	4 539	3 285	3 021
96	无锡锡山阀门厂有限公司	7 655	1 781	320	4 595	7 125	6 254
97	吴江市东吴机械有限责任公司	6 755	1 629	166	10 717	5 699	4 073
98	吴江市永胜密封制品有限公司	860		72	1 129	780	638
99	五洲阀门有限公司	40 185	10 045	456	27 000	37 275	24 710
100	武汉大禹阀门制造有限公司	13 000		401	12 000	12 000	5 756
101	武汉锅炉集团阀门有限责任公司	3 816	2 124	201	8 951	4 909	4 414
102	西安泵阀总厂有限公司	20 300	3 839	560	28 392	20 353	13 568
103	宣达实业集团有限公司	30 516	7 587	358	25 518	29 010	22 295
104	扬中市阀门厂有限公司	12 186	3 182	358	7 395	12 146	9 818
105	扬州电力设备修造厂	20 208				21 276	
106	扬州双良阀门有限公司	8 540	2 590	267	7 504	8 650	6 241
107	阳泉阀门股份有限公司	8 032	1 165	465	12 450	15 178	12 553
108	永康市良工阀门有限公司	1 795	282	106	3 547	1 786	1 515
109	永一阀门集团有限公司	20 682	4 847	428	31 254	20 550	16 541
110	浙江奥龙阀门制造有限公司	2 815	341	60	2 561	2 801	2 383
111	浙江宝龙阀门制造有限公司	5 490		153	7 219	5 063	4 374
112	浙江超达阀门股份有限公司	40 156	11 562	510	28 834	37 941	30 298
113	浙江盾安阀门有限公司	45 093	7 500	1 020	22 580	44 840	34 729
114	浙江高中压阀门有限公司	5 574	2 146	185			
115	浙江冠力阀门有限公司	2 350		80		2 250	1 820

（续）

序号	企业名称	工业总产值（万元）	工业增加值（万元）	从业人员平均人数（人）	年末资产总额（万元）	主营业务收入（万元）	主营业务成本（万元）
116	浙江华夏阀门有限公司	3 878	945	104	3 196	3 348	2 756
117	浙江凯东阀门制造有限公司	1 097		38	1 913	1 067	937
118	浙江凯斯通阀门有限公司	11 000	2 785	240	13 280	10 050	8 470
119	浙江良丰阀门有限公司	3 585	408	68	2 658	3 050	2 598
120	浙江省永康市永立阀门法兰有限公司	7 863	2 046	159	6 628	7 468	6 198
121	浙江石化阀门有限公司	47 082	13 559	262	36 519	40 390	32 207
122	浙江维都利阀门制造有限公司	6 115	1 842	162	3 234	5 845	4 559
123	浙江永园阀门有限公司	2 286	726	129	4 036	2 413	1 891
124	镇江市铸造阀门厂有限公司	18 020	5 166	388	8 707	17 159	15 291
125	郑州市郑蝶阀门有限公司	33 580		420	23 210	32 262	19 375
126	中核苏阀科技实业股份有限公司	57 018	14 162	868	94 637	56 314	41 489
127	株洲南方阀门股份有限公司	31 031	20 515	817	37 190	26 967	14 450
128	自贡高压阀门股份有限公司	15 024	3 388	540	46 118	23 904	18 754
129	自贡工业阀门制造有限公司	1 620	393	130	1 394	1 364	1 121

2009年中国通用机械工业协会阀门分会会员单位经济效益指标

序号	企业名称	经济效益综合指数（%）	总资产贡献率（%）	资本保值增值率（%）	资产负债率（%）	流动资产周转率（次）	成本费用利润率（%）	全员劳动生产率（元/人）	产品销售率（%）
1	安徽省白湖阀门厂有限责任公司	83.2	6.8	39.1	76.1	1.1	1.5	32 620	101.7
2	安徽省屯溪高压阀门有限公司	160.0	9.3	87.5	41.6	1.8	7.1	106 196	100.1
3	安徽铜都阀门股份有限公司	304.9	27.0		49.8	0.9	15.0	273 265	97.3
4	鞍山亨通阀门有限公司	117.7	9.0	112.1	49.7	1.3	6.7	37 638	110.7
5	百强阀门集团有限公司	144.2	6.0	113.0	30.7	1.2	4.3	115 615	98.5
6	保一集团有限公司	171.1	14.7	113.3	36.2	3.1	6.1	88 813	99.5
7	北阀科技集团有限公司	274.9	18.9	118.7	17.2	3.8	6.7	234 766	110.8
8	北京市阀门总厂（集团）有限公司	214.9	12.7	98.8	80.0	2.1	6.6	171 000	94.7
9	伯特利阀门集团有限公司	158.8	29.3	144.5	32.3	2.5	10.4	6 202	75.2
10	泊头市阀门煤气化工设备制造有限公司	206.7	30.3	128.4	66.0	3.9	4.0	87 778	98.0
11	长春高中压阀门有限责任公司	106.7	16.5	93.4	54.1	1.8	5.7		100.0
12	常州贝斯特控制设备有限公司	109.5	11.7	109.7	73.8	1.4	3.2	30 904	99.6
13	常州电站辅机总厂有限公司	88.9					6.4	106 748	
14	常州兰陵阀门控制有限公司	245.6			45.9	2.8	6.1	283 800	99.9
15	成都航利阀门成套设备有限公司	80.7	6.4	306.2	43.3	1.4	1.6		
16	承德高中压阀门管件集团有限公司	292.9	30.1	215.9	42.5	4.3	6.9	194 065	97.2
17	兰州高压阀门有限公司	74.2	4.9	118.8	65.6	1.0	2.4	6 654	99.3
18	桂林市世通阀门制造有限责任公司	5.3	-1.5	29.2	98.8	0.3	-8.6	3 370	85.3
19	哈电集团哈尔滨电站阀门有限公司	316.8	16.8	122.9	51.0	0.8	18.5	277 375	97.5
20	杭州华惠阀门有限公司	180.0	16.0	114.3	56.8	2.9	8.0	84 118	101.9

（续）

序号	企业名称	经济效益综合指数（%）	总资产贡献率（%）	资本保值增值率（%）	资产负债率（%）	流动资产周转率（次）	成本费用利润率（%）	全员劳动生产率（元/人）	产品销售率（%）
21	河北远大阀门集团有限公司	169.9	16.8	105.4	32.4	2.0	8.6	87 280	97.3
22	河南黑马实业有限公司	182.3	16.4	226.4	29.7	2.9	4.0	98 199	88.3
23	河南开封高压阀门有限公司	364.1	26.5	135.9	52.9	2.1	22.4	276 504	98.2
24	河南泉舜流体控制科技有限公司	56.0	1.5	159.6	34.6	0.5	1.9		95.2
25	河南省高山阀门有限公司	277.9	41.9	105.3	47.2	6.3	8.7	111 822	97.0
26	湖北高中压阀门有限责任公司	201.7	25.6	107.6	26.7	2.2	14.5	77 778	81.4
27	华东阀门有限公司	240.6	11.5	152.8	77.9	0.8	10.0	206 250	95.2
28	环球阀门集团有限公司	211.3	21.4	104.7	31.8	3.4	8.5	117 744	100.0
29	黄山良业阀门有限公司	139.1	16.6	112.6	31.3	2.8	3.5	54 086	93.8
30	江南阀门有限公司	444.4	28.8	99.0	31.8	4.0	7.6	477 675	98.1
31	江苏江恒阀业有限公司	198.5	24.3	105.1	50.3	2.1	8.0	106 993	98.0
32	江苏理想阀门有限公司	257.0	31.2	118.7	31.6	3.4	17.1	111 016	84.8
33	江苏明江阀业有限公司	219.5	14.1		55.5	0.5	23.4	124 411	99.0
34	江苏神通阀门股份有限公司	293.3	31.7	135.4	44.8	1.2	29.4	121 904	77.0
35	江苏竹箦阀业有限公司	160.4	20.9	126.9	63.3	1.7	14.3	15 584	80.8
36	开维喜阀门集团有限公司	265.4	27.1	131.5	30.3	1.5	22.5	129 402	92.9
37	凯斯特阀门集团有限公司	230.5	23.8	103.9	22.6	6.3	7.9	102 987	97.7
38	凯泰阀门(集团)有限公司	213.9	8.6	105.9	36.9	2.2	2.9	216 413	91.7
39	昆山维萨阀门有限公司	93.0	7.2	145.0	43.4	1.6	2.2	23 750	94.1
40	兰州高压阀门有限公司	141.8	5.9	103.2	57.2	1.7	4.3	97 328	102.7
41	乐山长仪阀门制造有限公司	420.8	27.8	118.6	29.4	0.9	49.2	230 183	99.6
42	立信阀门有限公司	176.2	11.6		30.8	5.5	7.0	88 971	99.5
43	良精集团有限公司	190.3	19.5	108.3	40.0	2.3	6.8	115 830	98.9
44	隆尧县诚信阀门有限公司	291.7	39.0	135.6	30.4	4.1	12.1	162 548	70.8
45	南通高中压阀门有限公司	118.8	1.4	238.1	59.7	1.7	0.1	68 577	98.2
46	南通捷瑞阀门有限公司	46.5	-2.5	96.9	18.5	1.3	-3.0	32 456	100.0
47	能发伟业铁岭阀门股份有限公司	165.1	11.6	112.4	52.2	1.1	17.5	34 014	153.4
48	青岛电站阀门有限公司	106.3	7.0	104.9	79.1	1.5	1.3	49 194	101.1
49	青岛高压阀门有限公司	190.7	14.0	162.3	19.5	3.5	8.0	99 241	99.3
50	山东天成阀门制造有限公司	124.4	10.5	120.0	27.7	1.7	10.2	24 841	96.6
51	山东益都阀门集团股份有限公司	355.0	30.3	195.5	32.7	6.8	7.3	259 599	99.7
52	陕西航天泵阀科技有限公司	166.1	16.9	516.4	44.1	2.1	6.2		96.2
53	上海电站阀门厂	131.5	8.0	105.0	23.7	2.1	5.0	74 754	96.7
54	上海阀门厂有限公司	152.9	2.8	103.0	64.1	1.1	1.6	146 650	113.1
55	上海阀门二厂有限公司	53.3	6.4	97.0	78.1		1.0		66.7
56	上海高中压阀门股份有限公司	214.4	23.2	170.4	14.5	2.9	13.4	88 108	98.1
57	上海冠龙阀门机械有限公司	307.1	8.2	105.9	59.7	1.4	2.3	380 451	93.3
58	上海沪工阀门厂	708.2	16.8	102.1	36.6	3.8	6.9	955 943	98.8
59	上海开维喜阀门集团有限公司	124.3	12.6	154.3	68.4	1.1	11.0		103.2
60	上海凯科阀门制造有限公司	314.8	28.4	127.3	34.8	2.3	14.4	243 629	97.6
61	上海科科阀门有限公司	142.3	11.8	113.0	55.0	2.2	5.2	67 861	90.3
62	上海明珠阀门制造有限公司	82.5	5.1	129.3	40.8	1.8	4.4		98.7
63	上海耐腐阀门集团有限公司	95.7	8.3	100.4	19.3	2.4	2.5	26 384	100.0
64	上海耐莱斯·詹姆斯伯雷阀门有限公司	317.1	17.2	111.5	49.4	1.9	9.8	315 488	99.7
65	上海浦东汉威阀门有限公司	377.1	20.1	138.8	58.5	1.0	22.3	335 556	91.3

（续）

序号	企业名称	经济效益综合指数（%）	总资产贡献率（%）	资本保值增值率（%）	资产负债率（%）	流动资产周转率（次）	成本费用利润率（%）	全员劳动生产率（元/人）	产品销售率（%）
66	上海日泰阀门制造有限公司	101.3	6.2	204.9	18.3	2.0	2.4	24 542	109.2
67	上海市通用机械技术研究所有限公司	176.2	12.6	104.6	67.7	1.0	9.0	116 667	80.0
68	上海双高阀门(集团)有限公司	281.1	32.4	322.6	9.5	3.5	9.4	152 171	97.6
69	上海远东高中压阀门有限公司	51.1	-0.9	416.6	7.9	0.2	-4.4		75.0
70	上海远高阀业有限公司	219.8	16.2	187.5	22.9	1.8	10.7	145 263	97.0
71	上海自动化仪表股份有限公司自动化七厂	202.0	29.9	117.3	40.6	1.2	26.0		95.3
72	沈阳盛世高中压阀门有限公司	103.9	1.9	102.4	63.2	0.6	4.8	59 720	98.8
73	慎江阀门有限公司	267.9	10.3	101.2	71.5	1.5	4.4	291 242	96.8
74	石家庄阀门一厂股份有限公司	172.7	6.8	97.3	63.8	0.8	8.0	137 360	99.3
75	石家庄光晋阀门有限公司	125.4	8.2	104.4	50.9	2.0	5.2	54 524	104.1
76	石家庄三环阀门股份有限公司	143.2	10.0	110.8	59.3	0.8	7.2	89 278	66.8
77	双达阀门股份有限公司	148.0	9.6	98.9	31.3	1.5	6.7	94 742	96.3
78	四川广汉阀门厂	149.1	14.8	90.1	40.5	2.5	8.3	56 818	81.7
79	四川精控阀门制造有限公司	157.5	20.5	121.7	58.6	1.1	10.4	48 182	85.6
80	四川凯茨阀门制造有限公司	177.0	15.1	146.8	50.5	1.3	7.4	108 475	93.8
81	苏州奥村阀门有限公司	75.9	4.7	104.9	26.4	1.6	4.8		101.1
82	苏州高中压阀门厂	166.6	5.0	105.0	70.5	1.7	1.5	153 703	100.8
83	苏州工业园区思达德阀门有限公司	121.7	13.2	109.4	67.8	2.8	7.8		85.5
84	苏州纽威阀门股份有限公司	187.3	22.1	113.9	45.9	1.4	25.2		90.9
85	苏州市燃气设备阀门制造有限公司	155.2	12.3	103.0	78.9	2.1	3.2	94 640	92.0
86	特福隆集团有限公司	654.2	19.7	100.0	20.5	1.4	19.9	823 182	92.1
87	天津百利二通机械有限公司	137.6	6.2	103.9	70.4	1.0	0.6	118 392	109.2
88	天津津伯技术有限公司	183.1	26.9	126.5	38.7	1.1	22.1		102.1
89	天津精通控制仪表技术有限公司	208.4	18.5	117.3	46.3	1.1	14.1	118 696	93.8
90	天津市开源第三阀门有限公司	231.5	40.3	128.9	25.3	6.6	6.8	48 097	99.5
91	天津塘沽瓦特斯阀门有限公司	147.1	14.0	103.6	45.1	2.2	4.7	74 672	102.3
92	挺宇集团有限公司	539.3	32.4	107.2	48.3	2.1	19.3	573 404	100.0
93	铜陵市兴达阀门总厂	217.5	16.3	116.4	29.0	2.0	11.6	145 986	99.0
94	潍坊裕川内燃机配件有限公司	276.0	43.1	131.6	31.0	4.0	15.6	99 551	98.2
95	无锡市华英阀业有限公司	53.4	1.3	99.1	53.8	1.2	0.3		106.7
96	无锡锡山阀门厂有限公司	134.8	15.5	129.6	46.1	2.0	3.2	55 656	99.0
97	吴江市东吴机械有限责任公司	148.0	11.3	152.2	10.8	0.7	7.0	98 133	84.4
98	吴江市永胜密封制品有限公司	96.6	12.6	102.2	37.7	1.4	6.9		90.7
99	五洲阀门有限公司	355.9	38.3	104.1	40.0	3.3	22.2	220 285	92.8
100	武汉大禹阀门制造有限公司	236.1	39.7	194.2	44.2	1.6	26.2		92.3
101	武汉锅炉集团阀门有限责任公司	101.0	0.8	55.5	74.4	0.6	-1.8	105 672	103.0
102	西安泵阀总厂有限公司	135.7	9.8	147.7	69.2	1.0	5.1	68 554	99.0
103	宣达实业集团有限公司	247.8	16.4	48.8	66.3	1.8	10.1	211 927	95.1
104	扬中市阀门厂有限公司	176.2	20.4	107.8	59.4	2.5	5.3	88 883	99.7
105	扬州电力设备修造厂	14.6							107.5
106	扬州双良阀门有限公司	151.0	9.0	107.5	37.1	2.0	5.2	97 004	101.3
107	阳泉阀门股份有限公司	110.4	9.5	136.8	93.6	1.9	2.2	25 047	102.8
108	永康市良工阀门有限公司	86.2	4.9	104.7	58.2	0.8	3.8	26 604	99.5
109	永一阀门集团有限公司	153.0	5.5	108.2	36.9	2.2	4.4	113 248	99.4
110	浙江奥龙阀门制造有限公司	134.9	12.2	131.4	33.3	2.1	5.0	56 833	99.2

（续）

序号	企业名称	经济效益综合指数（%）	总资产贡献率（%）	资本保值增值率（%）	资产负债率（%）	流动资产周转率（次）	成本费用利润率（%）	全员劳动生产率（元/人）	产品销售率（%）
111	浙江宝龙阀门制造有限公司	75.7	8.0	102.7	52.8	1.2	3.2		92.8
112	浙江超达阀门股份有限公司	280.5	21.2	120.5	50.1	2.6	10.3	226 706	94.5
113	浙江盾安阀门有限公司	233.5	32.4	143.4	32.0	5.3	9.9	73 529	101.2
114	浙江高中压阀门有限公司	83.7						116 000	98.7
115	浙江冠力阀门有限公司	29.4					4.4		95.7
116	浙江华夏阀门有限公司	146.0	6.5	144.8	55.1	2.5	3.2	90 865	86.1
117	浙江凯东阀门制造有限公司	67.7	5.3	100.7	49.8	0.9	3.4		97.3
118	浙江凯斯通阀门有限公司	163.8	10.2	132.8	42.0	1.4	5.9	116 042	91.4
119	浙江良丰阀门有限公司	148.5	13.5	211.6	30.0	1.4	7.4	60 000	83.3
120	浙江省永康市永立阀门法兰有限公司	218.6	19.7	121.7	37.0	1.9	12.8	128 673	95.0
121	浙江石化阀门有限公司	446.2	18.8	117.9	55.7	1.8	10.9	517 519	85.8
122	浙江维都利阀门制造有限公司	218.9	24.5	89.9	4.5	2.7	13.6	113 704	95.6
123	浙江永园阀门有限公司	115.3	8.7	105.6	65.7	0.8	4.4	56 279	99.6
124	镇江市铸造阀门厂有限公司	235.1	30.5	164.2	48.1	3.6	4.4	133 144	99.1
125	郑州市郑蝶阀门有限公司	214.7	39.3	99.8	20.2	2.0	24.1		100.0
126	中核苏阀科技实业股份有限公司	193.6	8.6	109.6	34.9	0.9	9.2	163 157	98.8
127	株洲南方阀门股份有限公司	272.9	13.3	118.5	43.6	1.2	13.1	251 102	77.6
128	自贡高压阀门股份有限公司	129.7	7.5	111.1	76.8	0.7	5.2	62 741	157.5
129	自贡工业阀门制造有限公司	78.9	7.9	100.4	52.3	1.1	0.1	30 231	76.5

2009年中国通用机械工业协会阀门分会会员单位阀门产量

序号	企业名称	产量（t）	比上年增长（%）
1	安徽省白湖阀门厂有限责任公司	6 269	-19.68
2	安徽省屯溪高压阀门有限公司	1 249	-16.01
3	安徽铜都阀门股份有限公司	16 250	30.00
4	鞍山亨通阀门有限公司	844	-36.54
5	百强阀门集团有限公司	1 503	10.60
6	保一集团有限公司	10 417	2.61
7	北阀科技集团有限公司	12 984	-0.77
8	北京市阀门总厂（集团）有限公司	8 295	20.01
9	伯特利阀门集团有限公司	38 101	16.85
10	长春高中压阀门有限责任公司	1 024	13.65
11	常州兰陵阀门控制有限公司	321	
12	成都航利阀门成套设备有限公司	1 000	-9.09
13	承德高中压阀门管件集团有限公司	4 898	253.65
14	兰州高压阀门有限公司	234	-12.69
15	桂林市世通阀门制造有限责任公司	497	-8.97
16	哈电集团哈尔滨电站阀门有限公司	2 216	-38.19

（续）

序号	企业名称	产量 (t)	比上年增长 (%)
17	杭州华惠阀门有限公司	2 178	−6.56
18	河北远大阀门集团有限公司	58 872	0.92
19	河南黑马实业有限公司	2 820	187.46
20	河南开封高压阀门有限公司	27 840	66.77
21	河南泉舜流体控制科技有限公司	3 000	−14.29
22	河南省高山阀门有限公司	17 837	−0.38
23	湖北高中压阀门有限责任公司	7 150	0.70
24	华东阀门有限公司	13 476	1.46
25	环球阀门集团有限公司	29 733	6.34
26	江南阀门有限公司	38 215	1.95
27	江苏江恒阀业有限公司	768	−1.41
28	江苏理想阀门有限公司	841	14.89
29	江苏明江阀业有限公司	4 428	4.87
30	江苏神通阀门股份有限公司	11 350	−10.13
31	江苏竹箦阀业有限公司	15 271	34.29
32	开维喜阀门集团有限公司	16 940	22.15
33	凯斯特阀门集团有限公司	6 500	16.07
34	凯泰阀门(集团)有限公司	1 258	7.06
35	昆山维萨阀门有限公司	3 150	−22.53
36	兰州高压阀门有限公司	7 160	7.99
37	乐山长仪阀门制造有限公司	1 322	11.28
38	良精集团有限公司	23 398	−4.44
39	隆尧县诚信阀门有限公司	11 087	46.23
40	南通高中压阀门有限公司	2 448	−9.23
41	南通捷瑞阀门有限公司	1 600	−11.11
42	能发伟业铁岭阀门股份有限公司	3 625	17.43
43	青岛电站阀门有限公司	2 234	15.45
44	青岛高压阀门有限公司	2 865	59.08
45	山东天成阀门制造有限公司	8 331	20.01
46	陕西航天泵阀科技有限公司	1 250	59.24
47	上海电站阀门厂	1 105	2.03
48	上海阀门厂有限公司	4 341	5.21
49	上海阀门二厂有限公司	4 280	−2.99
50	上海高中压阀门股份有限公司	1 100	−15.38
51	上海冠龙阀门机械有限公司	12 186	−2.00
52	上海沪工阀门厂	7 560	20.00
53	上海凯科阀门制造有限公司	37 071	114.68
54	上海科科阀门有限公司	85 980	45.33
55	上海明珠阀门制造有限公司	4 800	17.02
56	上海耐腐阀门集团有限公司	3 748	−10.01
57	上海耐莱斯·詹姆斯伯雷阀门有限公司	3 706	14.59
58	上海浦东汉威阀门有限公司	4 875	33.74
59	上海日泰阀门制造有限公司	2 101	330.53
60	上海市通用机械技术研究所有限公司	130	23.81
61	上海双高阀门(集团)有限公司	8 810	11.18
62	上海远东高中压阀门有限公司	600	7.14

（续）

序号	企业名称	产量（t）	比上年增长（%）
63	上海远高阀业有限公司	12 217	14.75
64	沈阳盛世高中压阀门有限公司	465	-48.79
65	石家庄阀门一厂股份有限公司	6 110	-4.08
66	石家庄光晋阀门有限公司	29 239	2.42
67	石家庄三环阀门股份有限公司	6 164	-45.13
68	双达阀门股份有限公司	4 959	-14.84
69	四川广汉阀门厂	1 020	-8.27
70	四川精控阀门制造有限公司	1 026	-15.21
71	四川凯茨阀门制造有限公司	2 650	14.22
72	苏州高中压阀门厂	4 527	1.55
73	苏州工业园区思达德阀门有限公司	3 600	-34.55
74	苏州纽威阀门股份有限公司	689 240	15.07
75	苏州市燃气设备阀门制造有限公司	3 615	20.58
76	天津百利二通机械有限公司	13 895	-41.53
77	天津精通控制仪表技术有限公司	18 517	-8.57
78	天津市开源第三阀门有限公司	15 833	15.85
79	天津塘沽瓦特斯阀门有限公司	4 569	15.09
80	挺宇集团有限公司	45 000	5.14
81	铜陵市兴达阀门总厂	4 637	24.99
82	潍坊裕川内燃机配件有限公司	4 562	-4.96
83	无锡市华英阀业有限公司	1 543	-8.81
84	无锡锡山阀门厂有限公司	2 441	-5.13
85	吴江市东吴机械有限责任公司	610	3.74
86	五洲阀门有限公司	30 448	12.85
87	武汉锅炉集团阀门有限责任公司	412	-13.63
88	西安泵阀总厂有限公司	876	-4.78
89	宣达实业集团有限公司	20 999	14.40
90	扬中市阀门厂有限公司	3 108	48.57
91	扬州双良阀门有限公司	2 436	3.22
92	阳泉阀门股份有限公司	6 400	-16.38
93	永康市良工阀门有限公司	1 135	-3.07
94	永一阀门集团有限公司	10 213	-12.61
95	浙江奥龙阀门制造有限公司	983	16.06
96	浙江超达阀门股份有限公司	9 341	20.44
97	浙江高中压阀门有限公司	1 940	19.38
98	浙江冠力阀门有限公司	1 800	40.28
99	浙江华夏阀门有限公司	1 480	40.28
100	浙江凯东阀门制造有限公司	732	44.38
101	浙江凯斯通阀门有限公司	7 820	103.01
102	浙江良丰阀门有限公司	639	5.62
103	浙江省永康市永立阀门法兰有限公司	1 573	8.04
104	浙江石化阀门有限公司	30 105	17.52
105	浙江维都利阀门制造有限公司	4 427	-47.07
106	浙江永园阀门有限公司	1 482	-20.66
107	镇江市铸造阀门厂有限公司	4 593	-1.75
108	中核苏阀科技实业股份有限公司	18 802	-10.40

（续）

序号	企业名称	产量（t）	比上年增长（%）
109	株洲南方阀门股份有限公司	27 431	9.42
110	自贡高压阀门股份有限公司	1 544	1.11
111	自贡工业阀门制造有限公司	687	-10.66

2009 年中国通用机械工业协会压缩机分会会员单位经济指标

序号	企业名称	工业总产值（万元）	工业增加值（万元）	从业人员平均人数（人）	年末资产总额（万元）	主营业务收入（万元）	主营业务成本（万元）
1	北京京城环保产业发展有限责任公司	43 386	8 504	464	52 124	45 190	32 432
2	北京金环压缩机有限责任公司	257	60	72	1 261	234	182
3	北京汇知机电设备有限责任公司	1 500	170	50	600	1 500	1 340
4	北京金凯威通用机械有限公司	6 730	1 089	104	4 060	6 730	6 013
5	天津市舒塔克压缩机有限公司	1 450	494	70	928	1 420	1 259
6	天津市空气压缩机有限公司	6 600	2 964	165	5 753	6 312	4 885
7	河北省吴桥空压机有限责任公司	1 790	363	142	2 832	2 670	2 060
8	山西太原气体压缩机厂	2 102	602	668	3 313	1 827	1 688
9	太原大汇实业有限公司	1 699	355	48	2 005	1 499	1 355
10	山西平陆利丰机械制造有限公司	1 056	306	90	1 032	846	592
11	山西省平陆县阀片厂	835	282	103	2 043	513	423
12	沈阳鼓风机集团有限公司往复机事业部	41 765	8 353	958	114 821	43 554	47 694
13	沈阳空气压缩机制造厂有限公司	8 611	822	490	32 889	3 620	3 511
14	沈阳申元气体压缩机厂	9 688	3 230	200	12 146	9 688	6 057
15	鞍山无油空压机有限公司	1 532	425	163	2 661	1 116	826
16	阜新金昊空压机有限公司	21 799	7 495	291	13 170	18 017	13 305
17	大连金山压缩机制造有限公司	740	50	83	2 201	751	597
18	长春天航特种材料有限责任公司	804	277	50	727	772	568
19	上海电气压缩机泵业有限公司	51 011	12 158	731	46 309	40 549	34 392
20	上海飞和实业集团有限公司	59 426	21 332	452	38 376	50 792	38 350
21	上海宝勒特压缩机有限公司	21 950	7 583	200	20 085	18 760	16 369
22	上海佳力士机械有限公司	18 889	5 506	255	18 226	16 866	13 516
23	上海优耐特斯压缩机有限公司	11 984	2 908	82	10 173	11 814	9 183
24	上海浪潮机器有限公司	13 822	7 130	180	11 449	12 586	8 208
25	上海斯可络压缩机有限公司	16 078	1 874	186	11 032	15 878	12 120
26	上海东方威尔压缩机有限公司	1 186	367	75	916	971	759
27	上海东方压缩机制造有限公司	7 059	989	80	8 019	4 990	3 842
28	上海盛怡压缩机有限公司	7 000	5 082	156	3 500	6 500	5 100
29	济南压缩机厂有限公司	5 829	1 362	415	7 283	5 342	4 179
30	济南格蓝压缩机有限公司	4 850	1 404	400	3 580	4 482	3 783
31	烟台蓝星压缩机有限公司	1 505	750	66	4 684	1 690	1 380
32	武汉气体压缩机有限责任公司	5 914	1 126	120	6 631	5 914	5 128

（续）

序号	企业名称	工业总产值（万元）	工业增加值（万元）	从业人员平均人数（人）	年末资产总额（万元）	主营业务收入（万元）	主营业务成本（万元）
33	湘潭压缩机有限公司	14 710	4 081	742	9 714	12 954	8 912
34	柳州压缩机总厂	6 835	2 021	719	43 235	8 755	7 363
35	柳州柳二空机械股份有限公司	2 889	664	414	41 282	3 586	2 756
36	柳州市金象机械制造有限公司	25	5	16	320	23	21
37	重庆气体压缩机厂有限责任公司	11 046	2 915	726	28 008	12 749	9 163
38	四川大川压缩机有限责任公司	36 032	10 089	795	35 823	27 906	22 732
39	自贡山川气体压缩机有限公司	3 203	1 005	250	4 611	3 315	2 810
40	自贡东方通用压缩机有限公司	7 300	2 310	282	7 500	6 500	4 500
41	四川南方气体压缩机公司	1 798	517	70	1 258	1 573	1 213
42	四川金星压缩机制造有限公司	44 993	15 140	427	48 021	42 018	29 986
43	自贡机一装备制造有限公司	8 356	2 909	233	13 270	6 868	4 889
44	自贡汇东空压机有限公司	262	56	15	198	259	231
45	自贡通达机器制造有限公司	16 586	4 832	323	21 599	12 496	8 609
46	无锡市华灵过滤设备有限公司	2 212	2 191	79	2 080	2 009	1 533
47	无锡市众博换热器有限公司	2 500	2 243	79	1 674	2 033	1 840
48	无锡锡山安达防暴电器设备有限公司	4 487	867	115	3 313	4 429	3 905
49	江苏锡安达防爆股份有限公司	20 787	6 132	509	18 231	20 013	9 774
50	宁波星箭航天机械厂	10 104	4 087	284	9 719	10 100	6 218
51	乐清市威雷特电气有限公司	607	176	42	2 860	584	501
52	广州机械科学研究院	30 046	11 202	1 145	37 929	36 526	23 692
53	上海施耐德日盛机械（集体）有限公司	8 374	2 184	130	12 750	7 390	6 254
54	南京压缩机股份有限公司	16 429	1 436	680	36 934	19 471	13 435
55	南京华冠压缩机有限公司	7 694	1 388	275	18 828	8 101	5 909
56	无锡压缩机股份有限公司	38 161	8 065	850	60 046	50 025	40 801
57	无锡力源压缩机有限公司	1 602	399	121	2 774	1 787	1 500
58	无锡五洋赛德压缩机有限公司	3 119	1 183	97	4 344	3 116	2 036
59	无锡杰尔压缩机有限公司	1 011	417	28	1 367	1 011	653
60	无锡市顺昌塑料厂	900	343	78	693	800	650
61	江苏超力机械有限公司	33 658	9 746	403	32 609	33 658	30 434
62	江苏劲风压缩机制造有限公司	2 200	811	108	1 695	1 857	1 362
63	江阴开益特种压缩机有限公司	5 354	1 498	211	3 743	5 402	4 486
64	苏州爱德空分设备有限公司	582	605	24	610	582	528
65	江苏恒久机械有限公司	711	215	65	3 404	635	498
66	扬州成功机械有限公司	1 461	533	200	2 227	1 530	1 130
67	扬州市云环压缩机部件有限公司	759	249	68	414	730	600
68	扬州宝华气阀有限公司	1 080	266	86	726	1 068	908
69	姜堰市华宇轴瓦有限公司	1 091	301	55	1 105	903	548
70	镇江春环密封件集团有限公司	4 856	1 380	187	4 686	4 874	4 208
71	杭州杭氧压缩机有限公司	7 515	1 657	188	15 538	7 981	7 034
72	杭州杭空压缩机有限公司	797	53	67	1 160		832
73	杭州嘉美净化设备有限公司	1 839	1 219	42	2 811	895	638
74	余姚捷华压缩机有限公司	1 779	997	132	3 591	1 908	1 413
75	宁波欣达螺杆压缩机有限公司	10 072	2 196	161	10 386	12 675	10 692
76	宁波德曼压缩机有限公司	5 476	1 339	128	1 979	5 438	4 462
77	宁波天元压缩机有限公司	264	44	59	1 618	470	261

（续）

序号	企业名称	工业总产值（万元）	工业增加值（万元）	从业人员平均人数（人）	年末资产总额（万元）	主营业务收入（万元）	主营业务成本（万元）
78	开山集团	229 660	46 809	3 667	197 296	227 983	195 861
79	浙江鸿友压缩机制造有限公司	24 996	5 328	500	12 173	23 626	21 457
80	浙江鑫磊机电股份有限公司	29 066	9 109	526	31 513	25 846	22 844
81	台州环天机械有限公司	10 235	4 908	326	10 308	9 721	8 647
82	余姚市大隆空压机配件有限公司	945	407	100	1 199	972	750
83	慈溪铭尔空压机配件有限公司	5 564	1 442	175	6 099	5 323	4 256
84	温州市建庆实业公司	3 099	782	70	1 559	2 070	1 760
85	温州固耐化机制造有限公司	29 138	5 559	350	12 924	26 513	21 194
86	安瑞科(蚌埠)压缩机有限公司	16 007	4 427	633	23 089	15 168	11 252
87	中国人民解放军第四八一二工厂	10 522	5 018	620	17 650	9 968	7 184
88	马鞍山正棱压缩机有限责任公司	407	84	70	2 197	357	200
89	江西气体压缩机有限公司	11 576	2 570	839	19 328	12 678	9 824
90	江西第二气体压缩机制造厂	5 621	1 732	134	3 010	5 046	4 284
91	九江恒升曲轴有限公司	1 401	467	78	4 541	1 088	733
92	山东省潍坊生建集团	56 709	15 102	1 243	68 820	59 200	47 977

2009 年中国通用机械工业协会压缩机分会会员单位经济效益指标

序号	企业名称	经济效益综合指数（%）	总资产贡献率（%）	资本保值增值率（%）	资产负债率（%）	流动资产周转率（次）	成本费用利润率（%）	全员劳动生产率（元/人）	产品销售率（%）
1	北京京城环保产业发展有限责任公司	246.4	17.1	108.8	46.6	1.2	13.6	183 276	102.1
2	北京金环压缩机有限责任公司	76.3	0.8	100.0	69.2	1.5		8 333	91.1
3	北京汇知机电设备有限责任公司	147.2	12.5	100.0	25.0	6.0	1.4	34 000	100.0
4	北京金凯威通用机械有限公司	155.6	5.4	110.3	73.9	1.6	2.2	104 712	100.0
5	天津市舒塔克压缩机有限公司	146.7	13.1	93.7	29.7	2.5	4.5	70 571	100.0
6	天津市空气压缩机有限公司	315.8	33.2	131.7	36.1	2.0	21.9	179 636	90.8
7	河北省吴桥空压机有限责任公司	120.0	2.8	100.0	85.7	4.6	0.2	25 563	76.1
8	山西太原气体压缩机厂	19.8	-2.3	103.5	170.7	0.7	-3.3	9 012	84.1
9	太原大汇实业有限公司	110.3	0.9	100.3	80.5	0.9	0.1	73 958	88.2
10	山西平陆利丰机械制造有限公司	254.6	20.0	108.7	50.5	8.6	19.9	34 000	80.1
11	山西省平陆县阀片厂	65.2	0.8	98.0	74.2	0.3	-1.9	27 379	61.6
12	沈阳鼓风机集团有限公司往复机事业部	107.3	1.3	33.1	99.6	0.4		87 192	104.3
13	沈阳空气压缩机制造厂有限公司	66.4	0.6	97.7	86.1	0.2	-0.9	16 776	102.7
14	沈阳申元气体压缩机厂	375.7	28.2	139.8	44.1	1.4	44.3	161 500	100.0
15	鞍山无油空压机有限公司	103.9	6.8	101.8	149.9	1.0	9.2	26 074	87.9
16	阜新金昊空压机有限公司	305.7	27.7	98.9	50.1	3.1	7.6	257 560	96.2
17	大连金山压缩机制造有限公司	38.1	3.0	97.9	74.7	0.4	-8.4	6 024	101.5
18	长春天航特种材料有限责任公司		17.2	127.6	82.8		10.8	55 400	100.0
19	上海电气压缩机泵业有限公司	171.7	2.6	92.6	74.6	1.0	1.0	166 320	78.4

（续）

序号	企业名称	经济效益综合指数（%）	总资产贡献率（%）	资本保值增值率（%）	资产负债率（%）	流动资产周转率（次）	成本费用利润率（%）	全员劳动生产率（元/人）	产品销售率
20	上海飞和实业集团有限公司	434.3	21.4	105.8	19.2	2.5	12.3	471 947	85.5
21	上海宝勒特压缩机有限公司	772.9	5.2	81.5	75.0	1.7	-0.6	379 150	94.8
22	上海佳力士机械有限公司	229.4	10.5	107.3	45.0	1.9	5.7	215 922	89.3
23	上海优耐特斯压缩机有限公司	352.2	19.0	125.9	53.6	1.5	11.9	354 634	99.9
24	上海浪潮机器有限公司	370.0	21.5	121.8	54.8	1.6	8.7	396 111	91.1
25	上海斯可络压缩机有限公司	188.1	17.5	115.2	41.9	2.4	7.9	100 753	98.8
26	上海东方威尔压缩机有限公司	53.1	-6.1	57.1	89.5	1.2	-6.8	48 933	81.9
27	上海东方压缩机制造有限公司	205.2	9.1	101.6	65.2	0.8	13.5	123 625	82.7
28	上海盛怡压缩机有限公司	432.7	40.6	123.1	77.1	2.5	20.0	325 769	97.1
29	济南压缩机厂有限公司	101.9	5.7	194.8	43.8	1.2	2.5	32 819	92.3
30	济南格蓝压缩机有限公司	121.7	12.5	101.3	41.5	2.6	3.4	35 100	92.4
31	烟台蓝星压缩机有限公司	150.6	4.0	109.6	87.1	0.4	3.3	113 636	103.6
32	武汉气体压缩机有限责任公司	101.5	2.7	12.5	101.0	1.3	-0.4	93 833	100.0
33	湘潭压缩机有限公司	191.0	20.0	148.1	75.7	4.1	4.9	55 000	89.0
34	柳州压缩机总厂	66.4	0.2	97.5	73.0	0.3	-2.2	28 108	88.9
35	柳州柳二空机械股份有限公司	28.6	0.2	95.5	72.0	0.1	-10.3	16 039	98.9
36	柳州市金象机械制造有限公司	8.2	0.3	84.3	126.9	0.1	-3.9	3 125	48.0
37	重庆气体压缩机厂有限责任公司	112.8	6.5	150.5	40.7	0.7	6.0	40 152	112.3
38	四川大川压缩机有限责任公司	168.6	4.8	163.0	82.3	1.0	2.2	126 906	97.9
39	自贡山川气体压缩机有限公司	100.9	4.6	101.3	46.2	1.4	3.8	40 200	103.5
40	自贡东方通用压缩机有限公司	165.3	15.0	112.4	71.3	1.3	4.7	81 915	89.0
41	四川南方气体压缩机公司	170.7	18.8	186.8	21.3	1.3	7.7	73 857	87.5
42	四川金星压缩机制造有限公司	343.3	13.6	114.9	66.6	1.1	9.4	354 566	86.1
43	自贡机一装备制造有限公司	230.7	16.0	114.5	47.6	0.9	20.5	124 860	87.6
44	自贡汇东空压机有限公司	85.1	4.3	96.2	52.9	1.3	1.0	37 333	98.9
45	自贡通达机器制造有限公司	214.6	11.2	115.3	73.4	0.7	10.7	149 598	80.0
46	无锡市华灵过滤设备有限公司	314.5	19.8	113.7	26.3	1.7	14.2	277 329	91.1
47	无锡市众博换热器有限公司	271.0	8.4	185.4	55.1	2.4	3.1	283 962	82.5
48	无锡锡山安达防暴电器设备有限公司	151.6	9.4	107.7	77.9	2.1	2.7	75 391	99.5
49	江苏锡安达防爆股份有限公司	259.9	32.9	100.0	56.9	2.0	17.8	120 472	96.7
50	宁波星箭航天机械厂	232.4	23.3	150.1	40.4	2.1	9.5	143 908	100.0
51	乐清市威雷特电气有限公司	98.1	2.3	199.9	44.0	0.3	3.8	41 905	96.2
52	广州机械科学研究院	169.8	12.2	103.3	69.2	1.4	4.5	97 834	103.8
53	上海施耐德日盛机械（集体）有限公司		3.0	101.9	57.2		1.4	168 000	89.3
54	南京压缩机股份有限公司	95.3	5.4	77.1	78.0	1.1	1.8	21 118	108.5
55	南京华冠压缩机有限公司	88.7	1.4	96.2	61.1	0.6	-1.7	50 473	100.8
56	无锡压缩机股份有限公司	136.4	6.9	104.8	59.6	1.1	3.1	94 882	131.1
57	无锡力源压缩机有限公司	92.5	5.0	106.9	40.3	1.3	2.5	32 975	109.6
58	无锡五洋赛德压缩机有限公司	173.2	11.4	106.1	39.6	0.8	8.2	121 918	100.0
59	无锡杰尔压缩机有限公司	295.1	19.6	100.0	65.8	1.2	26.5	148 929	100.0
60	无锡市顺昌塑料厂	107.0	11.3	87.1	54.1	1.4	2.5	43 974	95.0
61	江苏超力机械有限公司	233.9	8.6	103.0	46.9	1.6	4.2	241 836	100.0
62	江苏劲风压缩机制造有限公司	171.0	18.6	147.6	46.2	1.2	8.9	75 093	97.7
63	江阴开益特种压缩机有限公司	153.4	13.4	100.2	73.5	2.2	1.7	70 995	100.9
64	苏州爱德空分设备有限公司		11.1	242.0	69.2		2.0	252 083	

（续）

序号	企业名称	经济效益综合指数（%）	总资产贡献率（%）	资本保值增值率（%）	资产负债率（%）	流动资产周转率（次）	成本费用利润率（%）	全员劳动生产率（元/人）	产品销售率（%）
65	江苏恒久机械有限公司	109.8	1.9	100.0	97.9	1.9	3.4	33 077	90.4
66	扬州成功机械有限公司	81.7	6.6	89.2	83.7	0.8	-2.7	26 650	102.5
67	扬州市云环压缩机部件有限公司	138.3	15.5	103.9	67.9	2.3	2.1	36 618	96.2
68	扬州宝华气阀有限公司	121.9	9.7	100.0	60.6	2.3	1.6	30 874	98.9
69	姜堰市华宇轴瓦有限公司	163.9	16.3	137.8	60.7	1.5	6.6	54 727	94.7
70	镇江春环密封件集团有限公司	110.5	4.8	104.8	54.8	1.5	0.7	73 797	99.6
71	杭州杭氧压缩机有限公司	123.1	1.9	101.6	75.5	0.8	0.3	88 138	106.0
72	杭州杭空压缩机有限公司	72.7	3.1	101.4	80.8		0.8	7 910	117.1
73	杭州嘉美净化设备有限公司	232.7	1.4	207.5	42.8	0.7	0.1	290 238	55.5
74	余姚捷华压缩机有限公司	119.8	6.9	100.5	56.1	1.1	3.1	75 530	98.5
75	宁波欣达螺杆压缩机有限公司	183.5	14.1	60.8	45.4	1.6	5.7	136 398	125.8
76	宁波德曼压缩机有限公司	244.1	31.8	127.6	60.0	4.4	4.7	104 609	99.4
77	宁波天元压缩机有限公司	58.8	3.6	101.7	49.3	0.4	-0.6	7 458	152.7
78	开山集团	214.8	16.8	173.0	57.7	2.0	9.9	127 649	99.0
79	浙江鸿友压缩机制造有限公司	175.0	9.6	87.3	67.5	2.6	3.5	106 560	92.3
80	浙江鑫磊机电股份有限公司	257.4	16.4	106.2	47.6	1.2	18.6	173 175	98.9
81	台州环天机械有限公司	197.3	10.4	150.0	75.3	2.0	1.3	150 552	95.0
82	余姚市大隆空压机配件有限公司	141.8	15.4	107.3	71.9	1.1	5.3	40 700	100.4
83	慈溪铭尔空压机配件有限公司	143.8	10.6	117.2	53.2	1.3	5.4	82 380	95.7
84	温州市建庆实业公司	159.0	6.9	103.4	64.6	1.5	2.7	111 714	71.8
85	温州固耐化机制造有限公司	304.6	40.4	141.7	83.6	2.8	11.4	158 829	96.9
86	安瑞科（蚌埠）压缩机有限公司	124.9	7.9	105.6	54.8	0.8	5.3	69 937	100.6
87	中国人民解放军第四八一二工厂	110.1	3.4	101.5	50.6	1.2	1.3	80 935	95.8
88	马鞍山正棱压缩机有限责任公司	61.9	2.3	88.4	59.4	0.8	1.3	12 000	97.5
89	江西气体压缩机有限公司	100.8	5.9	102.9	93.3	1.0	1.3	30 632	99.4
90	江西第二气体压缩机制造厂	192.6	15.8	106.9	26.0	3.0	4.0	129 254	100.0
91	九江恒升曲轴有限公司	145.6	7.7	132.8	24.8	0.5	12.6	59 872	90.9
92	山东省潍坊生建集团	176.7	9.7	132.5	78.9	1.1	3.4	121 496	105.3

2009年中国通用机械工业协会真空设备分会会员单位经济指标

序号	企业名称	工业总产值（万元）	工业增加值（万元）	从业人员平均人数（人）	年末资产总额（万元）	主营业务收入（万元）	主营业务成本（万元）
1	浙江真空设备集团有限公司	9 340	3 807	525	16 352	8 174	5 395
2	兰州真空设备有限责任公司	9 685	3 390	563	19 448	9 713	6 641
3	广东中环真空设备有限公司	6 265	2 102	245	6 202	5 859	4 537
4	上海曙光机械制造厂有限公司	3 089	2 720	69	1 891	3 089	2 692
5	中国科学院沈阳科学仪器研制中心有限公司	11 974	5 843	303	24 276	8 522	6 364
6	沈阳百乐真空技术有限公司	9 218	747	280	3 888	9 161	7 587

（续）

序号	企业名称	工业总产值（万元）	工业增加值（万元）	从业人员平均人数（人）	年末资产总额（万元）	主营业务收入（万元）	主营业务成本（万元）
7	承德真空设备制造有限公司	6 500	5 114	316	12 733	2 187	1 422
8	辽宁真龙真空设备制造有限公司	5 280	512	230	6 135	4 850	3 788
9	淄博水环真空泵厂有限公司	48 424	17 098	1 062	67 509	40 289	25 254
10	台州市兴华真空设备制造有限公司	5 215	1 395	120	3 677	5 019	3 997
11	中山凯旋真空技术工程有限公司	10 530	9 059	209	11 689	10 208	8 168
12	北京汇博隆仪器有限公司	599	223	38	428	743	561
13	沈阳蓝菱真空设备制造公司	2 011	917	55	749	1 615	1 292
14	上海汇翌贸易有限公司	1 398	384	20	268	1 114	1 071
15	上海汉钟精机股份有限公司	43 700	32 197	341	71 912	41 291	27 720
16	南京新方达数控有限公司	1 860		50	1 882	1 829	1 327
17	无锡市四方真空设备有限公司	2 645	1 443	123	2 710	2 645	1 911
18	扬州长江水泵有限公司	8 321	775	148	5 458	8 275	6 449
19	南通龙鹰真空泵业有限公司	2 580	1 698	150	1 182	2 490	1 900
20	泰兴新型工业泵厂	2 200	926	80	922	2 096	1 459
21	杭州华达喷射真空设备有限公司	2 930	750	58	1 925	2 802	1 936
22	温岭市真空泵厂	627	238	45	1 150	608	535
23	浙江求是真空设备制造有限公司	2 385	1 917	116	1 382	2 342	1 666
24	台州市佳力真空设备有限公司	1 105	331	64	713	1 078	988
25	台州市星光真空设备制造有限公司	2 572	768	139	2 307	2 622	1 955
26	台州力鑫真空设备有限公司	1 550	598	55	564	1 100	905
27	山东伯仲真空设备有限公司	5 780	1 945	91	4 140	5 346	4 526
28	博山精工泵业有限公司	5 440	1 811	110	7 597	5 180	4 110
29	信缔纳士机械有限公司	35 808	21 945	286	42 174	38 496	19 622
30	长沙鼓风机厂有限责任公司	27 334	7 283	971	26 872	27 094	19 302
31	株洲维格磁流体有限公司	738	353	52	1 278	628	303
32	自贡市大通真空设备制造安装有限公司	245	144	50	630	169	192

2009年中国通用机械工业协会真空设备分会会员单位经济效益指标

序号	企业名称	经济效益综合指数（%）	总资产贡献率（%）	资本保值增值率（%）	资产负债率（%）	流动资产周转率（次）	成本费用利润率（%）	全员劳动生产率（元/人）	产品销售率（%）
1	浙江真空设备集团有限公司	118.8	7.3	97.8	47.1	1.3	2.9	72 514	88.5
2	兰州真空设备有限责任公司	149.8	9.5	163.1	67.4	0.8	5.9	60 213	100.2
3	广东中环真空设备有限公司	138.3	10.6	78.2	58.9	1.6	4.1	85 796	97.1
4	上海曙光机械制造厂有限公司	280.5	3.0	32.0	92.9	2.0	−8.2	394 203	100.0
5	中国科学院沈阳科学仪器研制中心有限公司	200.3	4.5	102.5	48.9	0.7	8.6	192 838	71.2
6	沈阳百乐真空技术有限公司	568.9	56.2	165.0	47.6	34.6	15.6	26 679	99.4
7	承德真空设备制造有限公司		9.1	77.8	67.1		66.9	161 835	100.0
8	辽宁真龙真空设备制造有限公司	101.9	7.8	109.6	42.6	1.4	5.6	22 261	93.0

（续）

序号	企业名称	经济效益综合指数（%）	总资产贡献率（%）	资本保值增值率（%）	资产负债率（%）	流动资产周转率（次）	成本费用利润率（%）	全员劳动生产率（元/人）	产品销售率（%）
9	淄博水环真空泵厂有限公司	193.2	6.6	237.3	76.6	0.8	0.7	160 998	88.0
10	台州市兴华真空设备制造有限公司	221.5	24.4	113.7	43.7	2.6	10.6	116 250	96.2
11	中山凯旋真空技术工程有限公司	395.2	15.3	113.6	77.5	1.0	9.3	433 445	100.0
12	北京汇博隆仪器有限公司	150.6	15.0	114.5	77.8	1.9	2.1	58 684	114.2
13	沈阳蓝菱真空设备制造公司	221.6	9.7	130.4	80.0	3.4	2.3	166 727	93.9
14	上海汇翌贸易有限公司	239.4	11.2	104.9	68.3	4.5	0.4	192 000	95.6
15	上海汉钟精机股份有限公司	728.5	14.4	106.6	21.1	0.8	21.8	944 194	94.5
16	南京新方达数控有限公司	127.2	10.8	119.8	51.5	1.0	7.6		98.3
17	无锡市四方真空设备有限公司		39.5		27.8	1.4	13.6	117 317	100.0
18	扬州长江水泵有限公司	161.2	20.3	201.5	53.6	2.4	4.2	52 365	99.5
19	南通龙鹰真空泵业有限公司		57.6	108.2	52.0		23.5	113 200	
20	泰兴新型工业泵厂	317.7	63.8	193.6	57.4	3.5	11.5	115 750	95.3
21	杭州华达喷射真空设备有限公司	217.4	28.8	130.5	40.4	0.3	10.6	129 310	95.6
22	温岭市真空泵厂	115.4	3.9	103.2	71.8	0.9	2.7	52 889	97.0
23	浙江求是真空设备制造有限公司	288.7	35.0	139.9	30.2	2.8	13.7	165 259	98.2
24	台州市佳力真空设备有限公司	136.4	12.1	130.9	16.8	3.0	2.7	51 719	100.0
25	台州市星光真空设备制造有限公司	151.8	15.8	119.6	55.5	2.0	7.2	55 252	101.9
26	台州力鑫真空设备有限公司	200.2	19.8	114.8	69.7	2.6	3.5	108 727	100.0
27	山东伯仲真空设备有限公司	225.9	13.5	102.5	59.9	2.6	1.8	213 736	99.0
28	博山精工泵业有限公司	257.3	16.8	323.2	58.1	1.6	11.1	164 636	95.2
29	佶缔纳士机械有限公司		29.6	100.6	33.7	1.2	32.1	767 308	107.5
30	长沙鼓风机厂有限责任公司	136.2	9.9	100.7	47.1	1.9	3.9	75 005	95.8
31	株洲维格磁流体有限公司		27.4		13.9	1.0	19.9	67 885	85.1
32	自贡市大通真空设备制造安装有限公司	-99.6	-12.8	73.7	58.3	0.6	-35.6	28 800	100.0

2009 年中国通用机械工业协会真空设备分会会员单位主要产品产量

序号	企业名称	产品名称	产量（台）	比上年增长（%）
1	广东中环真空设备有限公司	旋片真空泵	3 335	-5.0
		滑阀真空泵	347	-4.9
		罗茨真空泵	149	-4.5
		真空镀膜机	111	-12.6
2	北京北仪创新真空技术有限责任公司	旋片真空泵	663	-8.2
		罗茨真空泵	22	175.0
		其他真空泵	92	
		真空镀膜机	44	-26.7
		各种真空计	644	-45.6
3	台州环球真空设备厂	旋片真空泵	842	-2.1
		滑阀真空泵	337	16.2

（续）

序号	企业名称	产品名称	产量（台）	比上年增长（%）
		罗茨真空泵	109	12.4
		水环真空泵	70	-7.9
4	沈阳真空技术研究所	真空冶金设备	10	-28.6
		真空热处理设备	5	-16.7
		真空干燥设备	1	
		其他真空应用设备	3	
5	兰州真空设备有限责任公司	蒸汽流泵	155	
		真空镀膜机	10	-23.1
		真空冶金设备	6	
		真空热处理设备	6	200.0
		其他真空应用设备	19	
6	淄博真空设备厂有限公司	旋片真空泵	1 233	22.1
		往复真空泵	445	88.6
		罗茨真空泵	10	
		水环真空泵	749	11.8
		干式真空泵	18	
		真空干燥设备	120	
7	中国科学院沈阳科学仪器研制中心有限公司	干式真空泵	150	87.5
		真空镀膜机	137	-9.3
		真空冶金设备	36	56.5
8	上海曙光机械制造厂有限公司	真空镀膜机	18	-18.2
9	成都南光机器有限公司	旋片真空泵	5 084	-28.8
		罗茨真空泵	562	-32.4
		其他真空泵	1 637	
		真空镀膜机	7	-74.1
		其他真空应用设备	2	
10	淄博水环真空泵厂有限公司	水环真空泵	4 218	11.0
11	台州市兴华真空设备制造有限公司	滑阀真空泵	1 600	
		罗茨真空泵	3 000	
		水环真空泵	1 200	
12	浙江求是真空设备制造有限公司	滑阀真空泵	600	
		罗茨真空泵	500	
		水环真空泵	400	
13	台州市佳力真空设备有限公司	旋片真空泵	1 737	-23.3
		滑阀真空泵	121	-33.5
		罗茨真空泵	108	17.4
		水环真空泵	63	173.9
		其他真空设备	66	
14	台州市星光真空设备制造有限公司	旋片真空泵	10	
		滑阀真空泵	583	6.0
		罗茨真空泵	924	-16.0
		水环真空泵	4	-80.0
		干式真空泵	1	-80.0
		其他真空设备	20	

（续）

序号	企业名称	产品名称	产量（台）	比上年增长（%）
15	泰兴新型工业泵厂	往复真空泵	400	84.3
16	杭州华达喷射真空设备有限公司	水喷射真空泵	80	
		水蒸气喷射真空泵	360	
17	台州力鑫真空设备有限公司	滑阀真空泵	456	-30.4
		罗茨真空泵	352	-26.7
		其他真空设备	116	
18	淄博华中真空设备有限公司	旋片真空泵	10	
		滑阀真空泵	5	
		罗茨真空泵	98	
		水环真空泵	410	
		往复真空泵	15	
		其他真空应用设备	20	
19	温岭市真空泵厂	旋片真空泵	13 000	-67.6
20	山东伯仲真空设备有限公司	罗茨真空泵	570	
		水环真空泵	2 690	
		干式真空泵	14	
		真空干燥设备	51	
		其他真空应用设备	240	
21	博山精工泵业有限公司	罗茨真空泵	14	
		水环真空泵	1 026	-27.1
		往复真空泵	17	-73.0
		真空干燥设备	4	-84.0
		其他真空应用设备	14	
22	衡阳市真空机电设备有限公司	各种真空计	600	71.4
		其他真空泵	200	
		真空镀膜机	218	45.3
		其他真空设备	365	
23	宁波爱发科真空技术有限公司	旋片真空泵	10 500	
		罗茨真空泵	200	
		各种真空计	1 500	
24	中山凯旋真空技术工程有限公司	真空干燥设备	80	
		其他真空应用设备	69	
25	广东省佛山水泵厂有限公司	水环真空泵	3 391	
26	成都正华电子仪器有限公司	各种真空计	4 041	-6.6
27	扬州长江水泵有限公司	水环真空泵	250	
28	沈阳恒星实业有限公司	旋片真空泵	677	-30.7
		罗茨真空泵	32	-5.9
		真空热处理设备	12	-20.0
29	沈阳蓝菱真空设备制造公司	扩散泵	430	138.9
30	成都无极真空科技有限公司	分子泵	100	
		其他真空应用设备	10	
31	辽宁真龙真空设备制造有限公司	其他真空泵	170	
		蒸汽流泵	2 650	
		旋片真空泵	480	6.7

（续）

序号	企业名称	产品名称	产量（台）	比上年增长（%）
32	无锡市四方真空设备有限公司	其他真空应用设备	198	
		旋片真空泵	827	-15.5
		罗茨真空泵	158	-68.3
		水环真空泵	745	60.2
		往复真空泵	90	-38.4

2009年中国通用机械工业协会减变速机分会会员单位经济指标

序号	企业名称	工业总产值（万元）	工业增加值（万元）	从业人员平均人数（人）	年末资产总额（万元）	主营业务收入（万元）	主营业务成本（万元）
1	浙江顺天减速机制造有限公司	1 153	540	65	1 832	1 141	981
2	温州三联集团有限公司	13 880	3 610	325	23 003	13 884	12 099
3	宁波市浙东变速器有限公司	253	63	24	466	339	272
4	宁波市莱斯特传动设备制造有限公司	1 845	698	87	1 569	1 937	1 320
5	宁波市通用减速机有限公司	2 500	1 375	100	4 800	2 000	1 550
6	宁波市镇海减变速机制造有限公司	698	203	28	654	727	556
7	瑞安市华星减速机实业有限公司	841	179	33	660	843	718
8	台州市通宇变速机械有限公司	8 120	1 880	230	6 280	8 100	6 900
9	山东柳杭减速机有限公司	8 298	1 180	275	7 010	7 120	6 052
10	淄博市博山奥博机械有限公司	968	290	70	1 734	943	858
11	淄博银丰机械有限公司	450	113	28	491	442	398
12	荆州市巨鲸传动机械有限公司	22 331	5 422	702	28 430	18 743	13 126
13	佛山市星光传动机械有限公司	9 239	3 430	270	4 372	7 986	6 700
14	西安环力传动机械股份有限公司	248	43	83	2 533	255	209
15	兰州减速机厂	1 158	315	123	6 118	1 283	901
16	江苏迪邦三星轴承有限公司	8 547	1 733	590	20 034	7 752	6 379
17	宁波人和机械轴承有限公司	10 289	4 092	455	10 148	7 817	6 925
18	永嘉大力精密机械有限公司	674	106	35	530	674	549
19	广东江门电机股份有限公司	6 857	1 077	491	7 528	6 351	5 481
20	天津减速机股份有限公司	15 750	4 934	921	17 633	14 824	11 023
21	河北北方减速机有限公司	1 565	293	85	2 576	1 824	1 610
22	石家庄科一重工有限公司	6 366	2 461	442	10 110	7 143	5 377
23	山西省平遥减速器厂	8 797	1 555	676	10 150	8 881	7 433
24	上海减速机械厂有限公司	6 895	5 696	140	16 486	6 045	5 850
25	上海永宏减速机械制造有限公司	398	103	35	572	413	339
26	上海浩耐斯传动机械有限公司	3 144	786	139	3 514	2 687	1 928
27	苏州市优耐特机械制造有限公司	1 503	376	136	2 491	1 520	1 186
28	江苏泰隆减速机股份有限公司	133 492	32 270	3 162	102 303	117 251	86 776
29	泰州市琼花传动机械总厂	34 187	3 850	826	15 942	34 098	30 695
30	泰星减速机股份有限公司	88 313	22 437	2 082	72 259	88 195	67 783

（续）

序号	企业名称	工业总产值（万元）	工业增加值（万元）	从业人员平均人数（人）	年末资产总额（万元）	主营业务收入（万元）	主营业务成本（万元）
31	常州减速机总厂有限公司	24 050	5 049	446	32 242	21 978	17 494
32	常州市东吴减速机厂	4 937	1 234	293	4 972	4 937	4 109
33	无锡市明友机电工业有限公司	1 080	295	98	2 512	1 182	1 013
34	无锡金辉减速机制造有限公司	1 910	526	115	1 165	2 345	2 191
35	张家港市第二纺织机械有限公司	833	78	58	1 863	1 016	842
36	国茂减速机集团有限公司	150 180	17 910	1 655	49 300	150 180	138 230
37	浙江通力重型齿轮股份有限公司	27 095	8 594	382	31 025	26 739	21 636
38	浙江双联机械有限公司	3 947	1 580	91	1 914	2 592	2 262
39	浙江科瑞达传动有限公司	268	75	17	967	268	217
40	浙江午马减速机械有限公司	2 802	362	125	3 982	2 720	2 340
41	浙江东方传动机械有限公司	4 500	2 001	120	2 590	4 500	2 757
42	浙江江南减速机有限公司	2 360	470	72	9 922	2 199	1 848
43	浙江东霸传动有限公司	1 489	372	76	2 739	1 489	1 193

2009年中国通用机械工业协会减变速机分会会员单位经济效益指标

序号	企业名称	经济效益综合指数（%）	总资产贡献率（%）	资本保值增值率（%）	资产负债率（%）	流动资产周转率（次）	成本费用利润率（%）	全员劳动生产率（元/人）	产品销售率（%）
1	浙江顺天减速机制造有限公司	151.4	7.5	99.0	62.4	1.9	3.2	83 077	99.0
2	温州三联集团有限公司	166.3	8.5	107.1	73.6	1.1	3.9	111 077	100.0
3	宁波市浙东变速器有限公司	93.8	8.5	94.8	29.6	0.8	4.1	26 250	107.9
4	宁波市莱斯特传动设备制造有限公司	236.6	27.8	142.0	43.3	1.8	19.5	80 230	99.6
5	宁波市通用减速机有限公司	153.2	2.3	36.4	85.4	0.8	1.0	137 500	140.0
6	宁波市镇海减变速机制造有限公司	203.5	20.9	275.0	39.5	2.4	9.1	72 500	104.2
7	瑞安市华星减速机实业有限公司	161.5	16.7	106.5	67.9	2.0	5.4	54 242	100.2
8	台州市通宇变速机械有限公司	184.8	14.5	104.1	63.9	2.7	6.5	81 739	99.8
9	山东柳杭减速机有限公司	148.5	14.5	104.4	34.7	2.2	8.9	42 909	102.1
10	淄博市博山奥博机械有限公司	88.5	2.6	100.9	25.2	1.4	1.6	41 429	98.9
11	淄博银丰机械有限公司	101.3	5.8	100.5	58.7	2.2	1.6	40 357	98.2
12	荆州市巨鲸传动机械有限公司	207.4	16.0	110.9	65.6	1.4	16.0	77 236	90.5
13	佛山市星光传动机械有限公司	202.0	14.7	131.7	75.0	2.4	3.9	127 037	91.9
14	西安环力传动机械股份有限公司	-24.9	-2.3	85.9	82.7	0.3	-21.7	5 181	105.2
15	兰州减速机厂	121.3	2.1	105.9	69.6	1.0	8.9	25 610	110.4
16	江苏迪邦三星轴承有限公司	90.5	4.6	122.4	62.1	0.5	0.3	29 373	90.7
17	宁波人和机械轴承有限公司	159.9	8.4	111.4	71.4	1.4	5.3	89 934	83.8
18	永嘉大力精密机械有限公司	112.9	12.8	103.4	59.3	1.9	3.4	30 286	100.0
19	广东江门电机股份有限公司	61.8	2.4	76.9	54.3	1.2	-0.6	21 935	92.6

（续）

序号	企业名称	经济效益综合指数（%）	总资产贡献率（%）	资本保值增值率（%）	资产负债率（%）	流动资产周转率（次）	成本费用利润率（%）	全员劳动生产率（元/人）	产品销售率（%）
20	天津减速机股份有限公司	110.5	6.1	83.4	71.6	1.1	0.6	53 573	94.5
21	河北北方减速机有限公司	85.7	2.1	74.9	85.9	0.8	0.1	34 471	94.6
22	石家庄科一重工有限公司	145.7	10.7	108.4	61.9	1.2	5.8	55 679	104.2
23	山西省平遥减速器厂	43.6	-1.3	74.3	77.2	1.0	-8.3	23 003	99.2
24	上海减速机械厂有限公司	315.6	2.3	29.0	81.5	0.9	2.6	406 850	94.6
25	上海永宏减速机械制造有限公司	93.7	4.2	101.7	78.5	0.8	0.7	29 429	107.0
26	上海浩耐斯传动机械有限公司	200.3	15.7	112.0	58.6	4.3	14.9	56 547	85.5
27	苏州市优耐特机械制造有限公司	93.7	5.3	99.6	78.0	0.8	0.1	27 647	118.4
28	泰隆减速机股份有限公司	182.0	17.4	106.6	53.8	2.2	7.1	102 056	97.7
29	泰州市琼花传动机械总厂	151.1	15.9	103.1	44.2	3.8	4.4	46 610	99.7
30	泰星减速机股份有限公司	210.8	18.3	117.0	23.5	2.8	11.2	107 767	99.8
31	常州减速机总厂有限公司	183.7	8.1	199.6	67.7	1.4	4.5	113 206	91.4
32	常州市东吴减速机厂	120.6	9.0	100.0	48.6	1.2	7.3	42 116	100.0
33	无锡市明友机电工业有限公司	215.6	5.0	1 023.9	62.5	0.8	0.1	30 102	100.0
34	无锡金辉减速机制造有限公司	143.5	14.2	105.4	71.6	2.5	1.1	45 739	123.8
35	张家港市第二纺织机械有限公司	66.1	4.0	93.6	89.1	0.8	-3.8	13 448	109.4
36	国茂减速机集团有限公司	242.7	19.9	132.7	67.4	6.7	3.5	108 218	100.0
37	浙江通力重型齿轮股份有限公司	278.2	11.6	143.4	60.2	1.8	10.6	224 974	98.7
38	浙江双联机械有限公司	203.6	11.9	105.9	46.4	2.5	3.2	173 626	96.6
39	浙江科瑞达传动有限公司	94.6	3.8	101.8	30.2	0.6	4.3	44 118	100.0
40	浙江午马减速机械有限公司	105.1	5.1	98.1	76.3	1.2	2.6	28 960	99.4
41	浙江东方传动机械有限公司	293.7	32.8	97.3	42.9	2.1	19.1	166 750	100.0
42	浙江江南减速机有限公司	116.0	3.2	95.7	89.9	0.5	2.6	65 278	98.7
43	浙江东霸传动有限公司	117.8	7.0	97.5	79.0	1.0	2.5	48 947	100.0

2009 年中国通用机械工业协会分离机械分会会员单位经济指标

序号	企业名称	工业总产值（万元）	工业增加值（万元）	从业人员平均人数（人）	年末资产总额（万元）	主营业务收入（万元）	主营业务成本（万元）
1	蚌埠轻化药机有限责任公司	3 169	1 045	170	2 572	2 466	1 783
2	杭州贝特过滤机有限公司	6 744	1 389	80	6 350	6 544	5 040
3	杭州化工机械有限公司	1 376	436	93	3 174	924	753
4	杭州兴源过滤科技股份有限公司	16 277	7 184	336	14 745	16 705	11 179
5	核工业烟台同兴实业有限公司	53 000	13 635	1 129	42 000	50 000	36 630
6	衡水海江压滤机集团有限公司	74 030	16 952	1 800	75 025	70 234	50 855
7	江苏华大离心机制造有限公司	16 033	6 070	196	12 922	15 346	9 176
8	江苏牡丹离心机制造有限公司	7 516	1 825	226	5 383	7 032	3 886

（续）

序号	企业名称	工业总产值（万元）	工业增加值（万元）	从业人员平均人数（人）	年末资产总额（万元）	主营业务收入（万元）	主营业务成本（万元）
9	江苏赛德力制药机械制造有限公司	20 270	5 244	330	14 513	20 067	14 040
10	江苏新宏大集团有限公司	31 144	5 742	793	42 952	29 947	26 049
11	景津压滤机集团有限公司	127 970	31 002	3 658	66 100	121 910	105 499
12	上海远东制药机械总厂	18 394	5 796	287	35 099	22 563	19 551
13	上海航发机械有限公司	4 289	1 572	152	7 200	4 008	3 922
14	苏州优耐特机械制造有限公司	1 520	376	116	2 491	1 520	1 186
15	浙江建华集团过滤机有限公司	4 101	694	156	6 917	3 800	2 984
16	浙江轻机实业有限公司	7 173	2 342	209	12 343	6 479	3 974
17	重庆江北机械有限责任公司	22 120	6 980	713	23 523	22 000	16 940
18	广州广重企业集团有限公司	82 847	15 949	829	157 862	78 167	67 685

2009 年中国通用机械工业协会分离机械分会会员单位经济效益指标

序号	企业名称	经济效益综合指数（%）	总资产贡献率（%）	资产负债率（%）	流动资产周转率（次）	成本费用利润率（%）	全员劳动生产率（元/人）	产品销售率（%）
1	蚌埠轻化药机有限责任公司	113.7	12.6	53.9	1.2	10.4	61 471	83.4
2	杭州贝特过滤机有限公司	190.6	18.9	65.2	7.4	135.2	173 625	97.0
3	杭州化工机械有限公司	33.8	0.1	81.6	0.4	−21.7	46 882	67.2
4	杭州兴源过滤科技股份有限公司	317.6	29.8	59.5	1.4	139.3	213 810	95.2
5	核工业烟台同兴实业有限公司	217.5	22.8	59.1	1.7	107.1	120 771	96.2
6	衡水海江压滤机集团有限公司	206.3	17.4	40.5	2.0	151.6	94 178	108.2
7	江苏华大离心机制造有限公司	356.5	27.4	66.3	1.8	68.5	309 694	99.4
8	江苏牡丹离心机制造有限公司	188.5	21.8	58.0	2.6	9.1	80 752	93.6
9	江苏赛德力制药机械制造有限公司	189.7	16.6	49.3	2.4	16.2	158 909	99.9
10	江苏新宏大集团有限公司	116.6	5.8	70.7	1.2	53.4	72 409	96.2
11	景津压滤机集团有限公司	185.7	22.2	40.1	3.3	234.5	84 751	100.0
12	上海远东制药机械总厂	186.8	8.3	45.1	1.0	27.1	201 951	122.3
13	上海航发机械有限公司	77.8	6.8	63.2	1.5	3.2	103 421	93.5
14	苏州优耐特机械制造有限公司	68.9	5.3	78.0	0.8	0.3	32 414	117.0
15	浙江建华集团过滤机有限公司	90.2	3.2	79.4	0.6	0.3	44 487	96.5
16	浙江轻机实业有限公司	40.6	10.2	39.2	0.8	41.7	112 057	89.3
17	重庆江北机械有限责任公司	166.7	12.9	68.3	1.2	36.6	97 896	99.5
18	广州广重企业集团有限公司	146.5	6.6	57.9	0.9	49.5	192 388	93.7

2009 年中国通用机械工业协会气体分离设备分会会员单位经济指标

序号	企业名称	工业总产值（万元）	工业增加值（万元）	从业人员平均人数（人）	年末资产总额（万元）	主营业务收入（万元）	主营业务成本（万元）
1	邯郸制氧机厂	5 312	2 176	751	20 136	6 098	5 555
2	哈尔滨制氧机有限责任公司	7 150	1 390	380	3 877	5 945	4 821
3	苏州制氧机有限责任公司	19 667	4 539	365	27 512	19 647	15 051
4	杭州制氧机集团有限公司	321 248	97 514	4 034	667 783	340 448	268 173
5	开封东京空分集团有限公司	46 006	11 574	553	19 905	48 848	44 208
6	河南开元空分集团有限公司	57 845	12 452	612	54 684	57 522	53 067
7	开封空分集团有限公司	101 055	7 749	2 513	182 309	93 121	82 431
8	四川空分设备(集团)有限责任公司	211 521	87 264	3 127	320 838	203 042	167 562
9	上海启元空分技术发展有限公司	8 259	4 536	146	11 716	8 260	5 599

2009 年中国通用机械工业协会气体分离设备分会会员单位经济效益指标

序号	企业名称	经济效益综合指数（%）	总资产贡献率（%）	资本保值增值率（%）	资产负债率（%）	流动资产周转率（次）	成本费用利润率（%）	全员劳动生产率（元/人）	产品销售率（%）
1	邯郸制氧机厂	-26.8	-0.6	113.0	152.2	0.5	-16.3	28 969	100.8
2	哈尔滨制氧机有限责任公司	139.4	13.7	100.0	86.1	1.7	5.1	36 579	89.6
3	苏州制氧机有限责任公司	216.4	10.3	113.4	64.2	1.0	14.2	124 356	99.9
4	杭州制氧机集团有限公司	271.7	9.2	103.5	56.6	0.9	15.9	241 729	101.9
5	开封东京空分集团有限公司	252.1	17.2	136.5	59.7	3.8	3.3	209 295	97.6
6	河南开元空分集团有限公司	214.4	5.3	100.5	76.4	1.4	2.9	203 464	99.4
7	开封黄河空分集团有限公司	307.0	10.5	99.4	74.3	2.2	4.0	320 600	100.0
8	开封空分集团有限公司	101.2	3.9	104.2	66.5	0.8	2.6	30 836	99.4
9	四川空分设备(集团)有限责任公司	292.3	9.4	98.3	63.7	0.9	10.8	279 067	96.1
10	上海启元空分技术发展有限公司		34.3		59.0	0.9	19.6	310 705	100.0

中国通用机械工业年鉴2010

产品与项目

公布行业名牌产品及获奖项目，推荐行业新产品、节能产品

Announcing the industrial famous-brand products, recommending industrial new products and energy-saving products

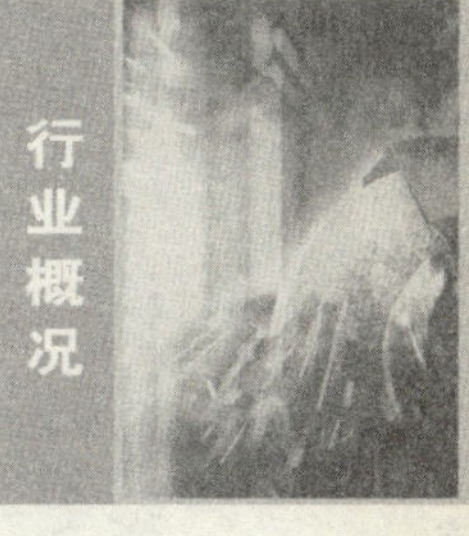

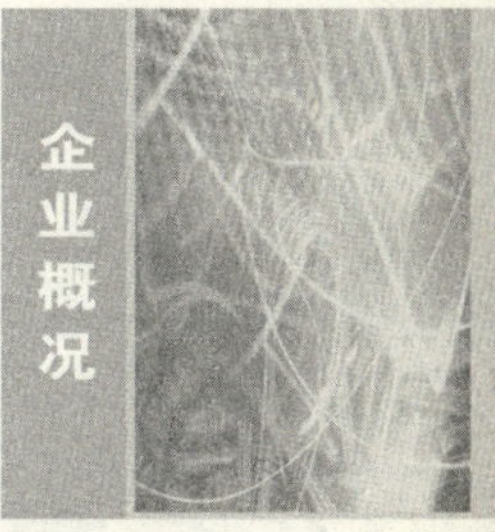

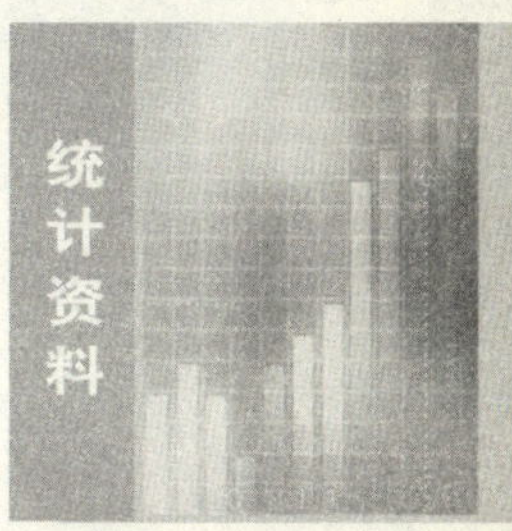

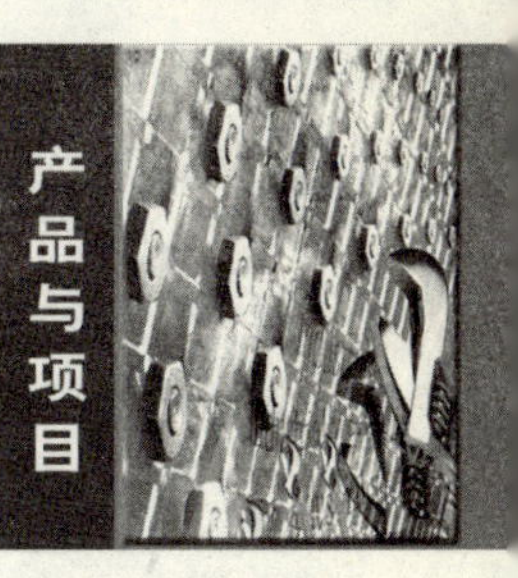

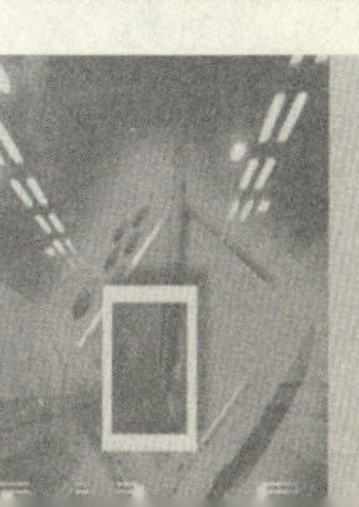

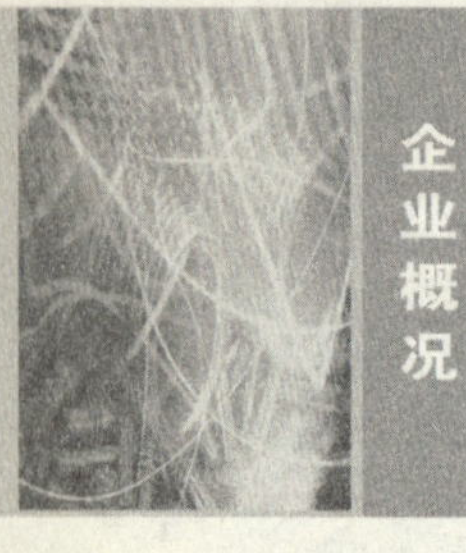

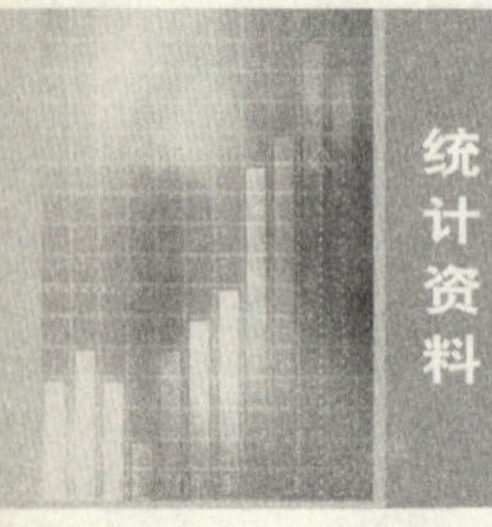

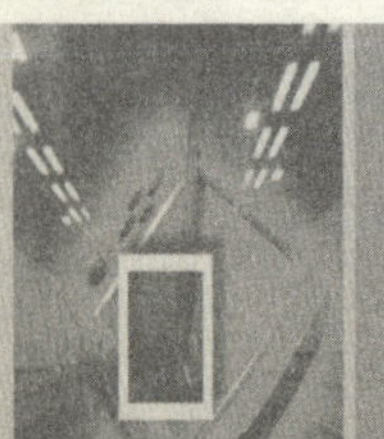

产品与项目

2009 年通用机械行业名牌产品

序号	所属行业及企业名称	商　标	产 品 名 称	获 奖 等 级
	泵			
1	山东长志泵业有限公司	兴齐	ZA/ZE 系列石油化工流程泵	山东省名牌产品
2	山东同泰集团股份有限公司	TONGTAI	D、DG 系列离心泵	山东省名牌产品
3	中国有色(沈阳)冶金机械有限公司	沈冶	往复式活塞隔膜泵	辽宁省名牌产品
4	中泉集团有限公司	中泉	多级离心泵	浙江省名牌产品
5	浙江新界泵业有限公司	新界	水泵	浙江省名牌产品
6	南京蓝深制泵集团股份有限公司	蓝深	污水污物潜水电泵	江苏省名牌产品
7	四川三台剑门泵业有限责任公司	剑门	PWA 泥浆泵	四川省名牌产品
	风机			
8	沈阳鼓风机集团有限公司	沈鼓	离心式工业风机	中国名牌产品
9	四平鼓风机股份有限公司	四风	BB24、BB50 水泥窑尾高温风机	吉林省名牌产品
10	邯郸市东方风机制造有限公司	御罕峰	风机	河北省中小企业名牌产品
11	南通大通宝富风机有限公司	新源	所有风机产品	南通市名牌产品
12	南通大通宝富风机有限公司	大通宝富	大型离心通风机；高、低速，单、多级离心鼓风机	南通市名牌产品
13	江苏金通灵风机股份有限公司	金通灵	除尘用离心风机，压缩排除、送气离心风机，气体压缩、吸入和运送离心风机	江苏省名牌产品
14	百事德机械(江苏)有限公司	BK	三叶罗茨鼓风机	江苏省名牌产品、无锡市名牌产品
15	浙江明新风机有限公司	明新	轴流通风机	浙江省名牌产品
16	山东省章丘鼓风机股份有限公司	齐鲁、章鼓	罗茨鼓风机	山东省名牌产品
17	武汉鼓风机有限公司	武鼓	离心、轴流通风机	湖北省名牌产品
18	湖北省风机厂有限公司	三峰	离心鼓风机	湖北省名牌产品
19	长沙鼓风机厂有限责任公司	长风	罗茨鼓风机	湖南省名牌产品
20	湘潭平安电气有限公司	平安	YBK56、FB 系列矿业隔爆通风机	湖南省名牌产品
21	重庆通用工业(集团)有限责任公司	重通	№18 及以上高温风机	重庆市名牌产品
22	浙江兴益风机电器有限公司	兴益	离心风机	浙江省名牌产品
23	浙江上风实业股份有限公司	shangfeng	地铁隧道轴流风机	浙江省名牌产品
	阀门			
24	中核苏阀科技实业股份有限公司	SUFA	工业阀门	江苏省名牌产品
25	江苏竹箦阀业有限公司	ZJ	阀门	江苏省名牌产品
26	吴江市东吴机械有限责任公司	吴	弹簧式安全阀	江苏省名牌产品
27	宁波埃美柯铜阀门有限公司	埃美柯	阀门	浙江省名牌产品
28	江南阀门有限公司	江一	DTD 调节型耐高温金属密封蝶阀	浙江省名牌产品
29	伯特利阀门集团有限公司	BTL	工业阀门	浙江省名牌产品
30	高能阀门集团有限公司	HPV	阀门	浙江省名牌产品
31	保一集团有限公司	保一	阀门	浙江省名牌产品
32	大众阀门集团有限公司	众	给排水阀门	浙江省名牌产品
33	宣达实业集团有限公司	宣达	高温调控蝶阀	浙江省名牌产品
34	浙江盾安阀门有限公司	盾安	铜球阀、闸阀	浙江省名牌产品
	压缩机			
35	阜新金昊空压机有限公司	金昊	空压机	辽宁省名牌产品
36	南京压缩机股份有限公司	顺风	压缩机	江苏省名牌产品

（续）

序号	所属行业及企业名称	商　标	产 品 名 称	获 奖 等 级
37	开山股份有限公司	开山	凿岩机、空压机	浙江省名牌产品
38	上海佳力士机械有限公司	佳力士	单螺杆空气压缩机	上海市名牌产品
	真空设备			
39	淄博水环真空泵厂有限公司	华成	ZBE 系列水环式真空泵	山东省名牌产品
40	广东省佛山水泵厂有限公司	肯富来 KENFLO	离心泵	广东省名牌产品
	减变速机			
41	江苏泰隆减速机股份有限公司	泰隆	减速机	江苏省名牌产品
42	泰星减速机股份有限公司	泰星	减速机	江苏省名牌产品
	分离机械			
43	杭州兴源过滤科技股份有限公司	兴源	压滤机	浙江省名牌产品
44	南京中船绿洲机器有限公司	绿洲	碟式卧螺离心机	江苏省名牌产品

2009 年通用机械行业获奖项目

序号	所属行业及企业名称	项 目 名 称	获 奖 名 称
	泵		
1	石家庄强大泵业集团有限责任公司	ERP 制造业信息化	石家庄市科技进步奖一等奖
		A31 耐磨材料研究	石家庄市科技进步奖二等奖
2	丰球集团有限公司	WQN600—10—30 内循环闭式冷却系统潜污泵	绍兴市科学技术奖三等奖、诸暨市科学技术奖二等奖
3	襄樊五二五泵业有限公司	烟气脱硫循环泵的研制	湖北省科技进步奖三等奖
4	广东省佛山水泵厂有限公司	KPS 型单级双吸离心泵	中国机械工业科学技术奖三等奖
5	沈鼓集团水泵股份有限公司	百万千瓦级核电机组用泵的热冲击分析	沈阳市科技进步奖三等奖
		CARR 工程反应堆主循环泵 YNKD400/300H 研制	沈阳市科技进步奖二等奖
		DCT—10 高压多级除鳞泵	辽宁省优秀新产品奖
	风机		
6	沈阳鼓风机集团有限公司	64 万 t/a 乙烯装置用裂解气压缩机组	中国机械工业科学技术奖一等奖
		沈阳鼓风机集团有限公司战略重组异地改造	中国机械工业科学技术奖二等奖
		单轴悬臂多级离心压缩机	中国机械工业科学技术奖二等奖、辽宁省科技进步奖三等奖
		离心压缩机排气蜗壳的优化设计	中国机械工业科学技术奖三等奖
		年产百万吨级乙烯装置用压缩机有限元分析	中国机械工业科学技术奖三等奖
		大型新型齿轮增速组装式离心压缩机组	中国机械工业科学技术奖三等奖
		三元闭式叶轮整体铣制加工工艺研究	中国机械工业科学技术奖三等奖、辽宁省科技进步奖二等奖
		大型乙烯装置用离心压缩机技术开发及成果转化	辽宁省科技成果转化一等奖
		大型齿轮增速整体组装式等温型压缩机组	辽宁省优秀新产品奖
		单级悬臂循环气压缩机研制	沈阳市科技进步奖一等奖
		DMCL1204 + 2MCL1203 + 3BCL527 空分装置用离心压缩机组	沈阳市科技进步奖一等奖
		百万吨乙烯装置丙烯压缩机首级模型级开发	沈阳市科技进步奖二等奖
		大型火电机组脱硫装置用动调轴流增压风机	沈阳市科技进步奖二等奖

（续）

序号	所属行业及企业名称	项 目 名 称	获 奖 名 称
		6M40—320/0.4—30—BX 氢气压缩机研制	沈阳市科技进步奖三等奖
		离心压缩机进气室内分流叶片的全新开发及应用	沈阳市科技进步奖三等奖
		大型煤化工装置用离心压缩机	沈阳市科技振兴奖
7	陕西鼓风机(集团)有限公司	2 万 m^3/h 空分装置压缩机组	中国机械工业科学技术奖三等奖
		高炉煤气余压透平发电装置自动准同期并网方法分析与实验研究	中国机械工业科学技术奖三等奖
		透平压缩机组及能量回收机组远程在线监测及故障诊断系统	西安市科学技术奖二等奖
8	江苏金通灵风机股份有限公司	单级高速鼓风机	国家重点新产品
9	山东省章丘鼓风机股份有限公司	炭黑用整体焊接 C 型多级离心鼓风机	济南市科技进步奖三等奖
10	湖北省风机厂有限公司	单吸入双支撑脱硫增压离心鼓风机	湖北省重大科技成果奖
		单吸耐磨防腐转炉煤气鼓风机	湖北省重大科技成果奖
11	湘潭平安电气有限公司	BD—Ⅱ系列弯掠组合隔爆对旋轴流主通风机	全国工商联科技进步奖
		对旋轴流局部通风机结构一体化	湖南省优秀技术创新项目
		FBDY 系列矿用隔爆型压入式对旋轴流局部通风机	湘潭市科学技术进步奖
12	重庆通用工业(集团)有限责任公司	6—39—B 系列新型高效等减速曲叶型风机	重庆市科学技术成果奖
		高效等宽流道干熄焦循环风机	重庆市科学技术成果奖
		BCD300—1.90/1.00 曝气风机	重庆市科学技术成果奖
		LDCS—P 系列新型低温离心式制冷机	重庆市科学技术成果奖
		兆瓦级(850～1 250kW)风力发电机叶片及机组重要零部件	重庆市科学技术成果奖
		LC205H—6.6P 核电专用离心式制冷机	重庆市优秀重点新产品
	阀门		
13	良精集团有限公司	95°截球体嵌入式阀座球阀	温州市科学技术进步奖
14	河南省高山阀门有限公司	S14F/44F 高效节能热静力型蒸汽疏水阀	中国机械工业科学技术奖三等奖
15	江南阀门有限公司	大口径电动真空蝶阀	中国机械工业科学技术奖三等奖
		JLH 型截止、节流、止回多功能阀	浙江省科技进步奖三等奖
16	中核苏阀科技实业股份有限公司	核一级高 Cv 值止回阀	中国机械工业科学技术奖二等奖
		核二级电动弹簧式平行双闸板闸阀	中国机械工业科学技术奖三等奖
17	大连大高阀门有限公司	核一级大口径全流通高 Cv 值锻钢旋启式止回阀	中国机械工业科学技术奖二等奖
	压缩机		
18	四川金星压缩机制造有限公司	M 型 CNG 汽车加气站用天然气压缩机	四川省科技进步奖三等奖
19	无锡压缩机股份有限公司	压缩机双球面浮动连接结构	无锡市第二届专利奖金奖
		高效节能天然气压缩机的研制及产业化	中国机械工业科学技术奖三等奖
20	江西气体压缩机有限公司	2Z—1.5/25 变频系列乙炔气压缩机	中国机械工业科学技术奖二等奖
	真空设备		
21	中国科学院沈阳科学仪器研制中心有限公司	卷烟物检综合测试台	沈阳市专利奖优秀奖
22	浙江真空设备集团有限公司	ZJQ—10000 罗茨泵	台州市科技进步奖三等奖
23	淄博水环真空泵厂有限公司	2BEC100 水环真空泵	山东省科技进步奖三等奖
24	成都南光机器有限公司	RK ZDQ270 型电子束蒸发源系统	四川省科技进步奖三等奖
	分离机械		
25	杭州兴源过滤科技股份有限公司	XAZ 全自动啤酒麦汁压滤机	中国机械工业科学技术奖三等奖

2009 年通用机械行业节能新产品

序号	所属行业及企业名称	产品名称	产品主要特点	主要应用领域
	风机			
1	沈阳鼓风机集团有限公司	S1300—11、S1400—18 离心鼓风机	三元叶轮应用在该机型上，使其效率提高了 7 个百分点，整机的轴功率明显降低，同时也降低了配套电动机的价格；叶轮直径由 1 120mm 变为 860mm，极大地降低了叶轮材料成本。该机型部分配套变速机的中心距从 350mm 降到 300mm	SO_2 制酸
		大型空分装置用 SVK32—5S 多轴组装式离心压缩机	本产品比同参数单轴水平剖分型机组少 5 级，功耗降低 265kW；机组具备性能可靠、运行稳定、功耗低、噪声低的特点，主要技术指标达到国际同类机组先进水平	空分装置及动力站
2	陕西鼓风机（集团）有限公司	韩国现代制铁有限公司 5 250m³ 高炉、宝钢 5 046m³ 高炉	不消耗任何燃料，同时回收能量相当于高炉鼓风所需能量的 30%；替代减压阀组高精度顶压控制；提高煤气品质；无污染，噪声低	冶金行业用于回收高炉煤气所具有的热能及压力能，驱动发电机发电
		27 万 t/a 硝酸装置四合一机组	硝酸“四合一”透平装置主要由汽轮机、轴流压缩机、NOx 压缩机和硝酸尾气透平膨胀机组成，尾气透平膨胀机在机组中起能量回收的作用，可回收能量占压缩机组能耗的 60% 以上；技术含量高，填补了国内空白；性能优良可靠，达到世界先进水平	硝酸
		丙烯制冷压缩机组	使用最新模化设计软件，充分考虑压缩性系数对计算精度的影响；外缸采用筒型结构，轴封采用干气密封，可有效解决丙烯介质外泄漏问题	煤化工、合成氨、液化天然气、乙烯等
3	北京华怡净化科技研究所有限公司	HY—GG 系列高速高压风机（以 1. 25A 为例）	高风压、小流量、体积小、重量轻、无级调速；现有技术与原技术相比，耗电仅为原来的 1/12，耗材仅为原来的 1/10	可做小型风机更新换代，并可为高精尖技术配套
		TXYC 超高效稀土永磁三相同步电动机	效率高达 93. 2%，异步电动机效率为 79%，节电效果显著	
4	上海鼓风机厂有限公司	FAF、SAF、PAF 型电站动叶可调轴流风机	在运行中液压可调，性能范围宽广，高效区域大，变工况效率变化小	石化、火电站、冶金
		GAF 型大型矿井轴流风机	通过液压调节机构，可一次性完成所有叶片的角度调节，满足矿井正常情况下较频繁性的正风风量调节要求	大型煤矿
		RAF 型脱硫增压风机	液压调节装置带有独特的反馈机构，调节方便，灵活、稳定、可靠；结构先进、合理，技术经济性好，符合环保节能的要求	石化、火电站、冶金
5	南通大通宝富风机有限公司	600MW 循环流化床电站锅炉一次、二次风机（28 ~ 32 号）	采用双吸双支撑结构；为防止涡流诱导振动，在风机进气箱与叶轮之间加装叶片整流装置，将调节装置设置在进风口处，从而减少了在进气过程中的流动损失，风机效率达 89%，比同类风机效率提高 5% 左右；由于风量大、压力高，叶轮周速达 248m/s，叶轮采用特殊复合钢材和全新的加工工艺方法	电力行业、冶金行业的高压力通风，高温、高含尘量环境
		D1080—51—0. 72 / 0. 153 真空机（新型高速鼓风机）	采用双支多级高速结构；真空度高，压力比大（5∶1）；由蒸汽透平拖动，前两级叶轮采用三元流动设计，后三级采用高效二元叶型设计，整机效率高达 81% 以上，比一般压缩机效率高出 8 个百分点；风机在 6 120 r/min 转速时，运转平稳，无泄漏；水平剖分结构，方便安装和检修	
6	江苏金通灵风机股份有限公司	单级高速鼓风机	效率高，功耗低，结构紧凑，重量轻	污水处理
7	百事德机械（江苏）有限公司	BZ 型三叶罗茨鼓风机	采用新型线型的叶轮，风机回漏风小、温度低，能耗降低 15% ~20%	环保、电力、水利、化工、粮食、气力输送

（续）

序号	所属行业及企业名称	产品名称	产品主要特点	主要应用领域
8	浙江明新风机有限公司	YHF高效节能烟叶烘烤循环风机	叶轮轮毂为铝合金高压压铸成型，具有很好的导流作用，能完全消除叶片根部的涡流；叶轮角度可以自由调节，安装方便；增强了保证风筒强度的加强筋设计；风筒具有较好的防腐性能	烟草行业
9	山东省章丘鼓风机股份有限公司	ZR8—800TW型罗茨真空泵	流量大、压力高，高效节能	变压吸附制氧
10	湖北省风机厂有限公司	单吸耐磨防腐转炉煤气鼓风机	风机壳体、叶轮均为钢板焊接，叶轮耐磨防腐，风机效率高（比一般风机高3%～5%）	钢厂转炉一次除尘系统
		烧结SJ系列离心风机	风机主体均为钢板焊接，设计上借鉴国外先进技术，使风机最高效率可达84.6%，相应节能效率明显	烧结厂抽送烧结烟气
11	湖北双剑鼓风机制造有限公司	D200—2.445高速风机	采用三级压缩，叶轮为钛合金材料一次铸造成型，风机体积小	利用秸秆类纤维质原料生产乙醇
12	长沙鼓风机厂有限责任公司	S系列高效节能型罗茨鼓风机	三叶内回流、同步斜齿轮、宽频带消声、整体撬装箱式隔声罩等设计特点，整体融合紧凑，噪声低；转速高、体积小、重量轻、无水冷却、无油输送；关键零部件优质、优材，高精度设计与制造；安装、操作、维护简便，控制、保护功能齐备	石油、化工、冶金、电力、化肥、建材、矿山、港口、轻纺、造纸、食品、医药、环保、空分、气力输送、城市燃气
13	重庆通用工业（集团）有限责任公司	6—39—B系列新型高效等减速曲叶型离心通风机	采用等减速设计方法，叶片型线设计为双曲线型式，减少气流在叶轮内部的流动损失；通过风机静止件（进风口）与转动件（叶轮）进行匹配优化设计，改变进风口型线，变动进风口进气角度，提高了风机整机效率，最高效率可以提高4.5%	水泥、钢铁、电力、化工
14	南阳防爆集团股份有限公司	防爆节能风机	防爆电机技术、高效电机技术、防爆电机与风机的一体化设计、高压检测试验技术等与风机技术相结合，确保了风机的高效性、可靠性与安全性	煤矿、地铁
	真空设备			
15	泰兴新型工业泵厂	WLW2400B无油立式往复真空泵	无油，节能，使用寿命长	化工、制药
		氯化物专用无油立式真空泵	无油，节能，耐腐，寿命长	化工
		立式无油耐腐真空泵（钛泵）	无油，节能，耐腐，寿命长	化工、制药
16	淄博真空设备厂有限公司	2SAT双级锥体液环真空泵	在较高真空区域（4～10kPa）抽速大，效率高，节能效果明显	电力、石油、化工、食品、制药
		SKC锥体液环真空泵及压缩机	多种结构的分配器组合，形成不同的高效工作区，适应多变工况；独特的喷嘴节能技术，使进口气体中的可凝性气体预先冷凝下来，以提高高效工作区的抽速	煤炭、电力（烟气脱硫）、化工、造纸
		2LYG双级双作用锥体压缩机	单端机械密封，密封可靠。采用径向吸排气结构，高、低压强叶轮采用不同线速度，自动适应压缩比的变化，轴承为润滑油润滑，改善轴承润滑冷却效果，提高了产品的运行效率	石油化工、制药、煤矿
		Y300液环压缩机	通过优化设计，使液环线速度突破液环压缩机极限，提高了设备技术性能指标，设有可调节结构的排气装置，可根据排气压力不同自动调整，有效避免过压现象，保证了设备和工艺系统的稳定运行	盐化工、氯碱、制药、石油化工
		YG双作用液环压缩机	采用双作用结构，自动平衡叶轮径向力。采用轴向吸、排气全封闭的防腐蚀结构；具有明显的节能效果，运行可靠，维护方便	石油化工、气体压缩冷凝、尾气回收
17	博山精工泵业有限公司	复合材料水环式真空泵	过流部件采用喷涂特种防腐材料和注塑成型件，具有与PTFE相媲美的耐腐蚀性能，可取代含钼不锈钢乃至钛及钛合金等贵重金属	化工、制药、石油、煤气、天然气、食品加工、环保
		自冷凝气水分离装置	具备气水分离和对水环式真空泵工作液降温两种功能，结构简单合理，重量轻，制造和使用成本低	与各种水环式真空泵/机组配套
18	衡阳市真空机电设备有限公司	三室两锁真空太阳能集热管镀膜机	改单室镀膜技术为多室镀膜技术，产量提高一倍，质量可靠	太阳能热利用

（续）

序号	所属行业及企业名称	产品名称	产品主要特点	主要应用领域
		四室五锁真空太阳能集热管镀膜机	改单室镀膜技术为多室镀膜技术，产量提高两倍，质量可靠	太阳能热利用
	分离机械			
19	杭州兴源过滤科技股份有限公司	污泥深度脱水干化一体机	使用聚丙烯材料滤板和滤布，保温性能良好，热损失少，采用隔膜压榨技术对首次脱水后的污泥进行二次压榨脱水，使污泥含水率降到50% ~58%，达到城市污泥显著减量化和稳定化，减少后续能源消耗，节能效果明显	市政、疏浚、工业废水
		全自动海藻胶隔膜压滤机	将隔膜压榨滤板及其过滤工艺应用于海藻胶（包括褐藻胶、琼脂、卡拉胶以及衍生产品）的脱水过滤，明显降低滤饼含水率，显著提高滤饼脱水速度和效率，节约了能源	海洋资源利用
20	浙江轻机实业有限公司	P100/2 双级活塞推料离心机	采用推料离心机上的洗涤装置使产品盐分下降，有利于联碱生产中洗水平衡，提高纯碱质量；采用推料离心机能有效降低重碱水分，减少粘碱堵塞的频率，改善炉头堆碱状况；减少炉气量，缓解煅烧冒炉现象，提高煅烧炉处理能力，改善环境；以离心机能平均降低重碱含水 5%、每小时生产能力为40t 计算，每吨纯碱产品可以减少炉气量约为 121m^3、节约蒸汽 155kg，节能效益明显	化工

大事记

记载2009年通用机械行业重大事件

Recording the major events of general machinery industry in 2009

综述

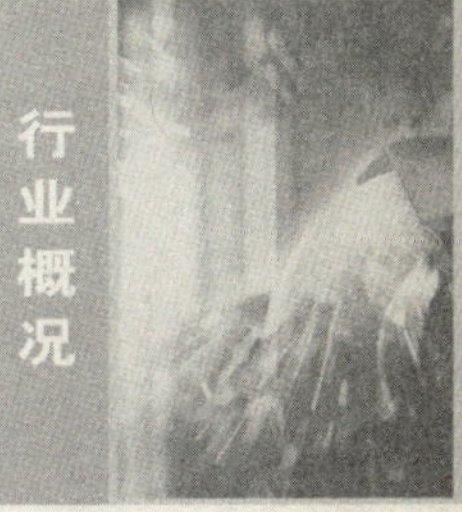

行业概况

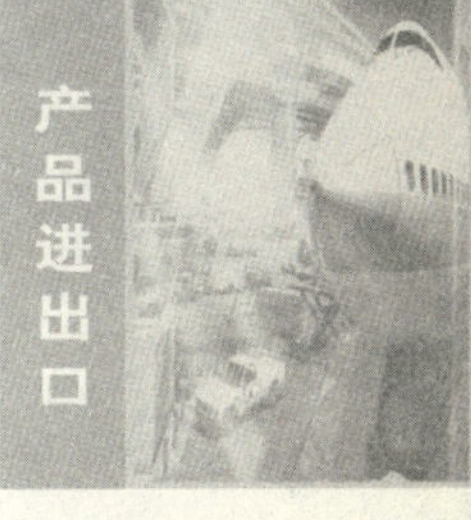

产品进出口

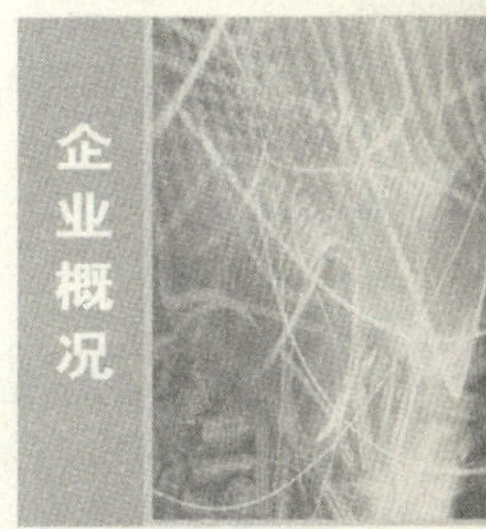

企业概况

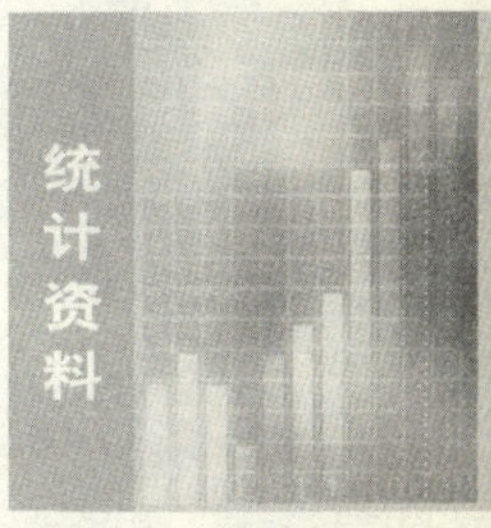

统计资料

产品与项目

大事记

附录

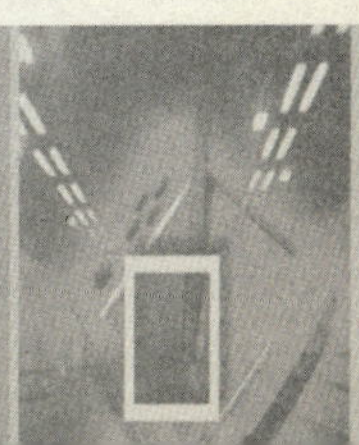

综述

行业概况

产品进出口

企业概况

统计资料

产品与项目

大事记

附录

2009年中国通用机械工业大事记

中国通用机械工业年鉴2010

大事记

2009年中国通用机械工业大事记

1月

5日 由重庆通用工业(集团)有限责任公司生产制造的第一套850kW大型风力发电机叶片正式下线运往武隆四眼坪风电场。这标志着重庆市经济委员会2008年重大新产品——产业化风力发电机叶片项目已步入正轨,第一套风力发电机叶片的成功下线填补了重庆风力发电机叶片生产的空白。

7日 沈阳鼓风机集团有限公司自主研制的国产化首台百万吨乙烯装置用裂解气压缩机顺利通过三缸联动机械运转及性能试验,各项指标完全达到技术协议及国际标准要求,标志着沈阳鼓风机集团有限公司已跻身世界高端压缩机制造商的行列。

15日 中共中央政治局常委、全国人大常委会委员长吴邦国在国家发改委《振兴老工业基地工作简报》第5期"我国自主研制成功首台百万吨乙烯裂解气压缩机组"一文上批示:向沈阳鼓风机集团有限公司表示祝贺。这是我国大型石化装备的重大突破,意义重大。中共中央政治局委员、国务院副总理张德江批示:祝贺我国自主研制的百万吨级乙烯装置用裂解气压缩机组试车成功,这是我国振兴装备制造业的又一重大成果。希望总结经验,再接再厉,不断取得新成绩。

2月

16日 中共中央政治局常委、中央政法委书记周永康在公安部部长孟建柱、辽宁省委书记张文岳、沈阳市委书记李英杰等陪同下到沈阳鼓风机集团有限公司考察。沈阳鼓风机集团有限公司董事长、总经理苏永强介绍了沈阳鼓风机集团有限公司及其产品在国民经济建设中的重要地位与作用,以及为重大装备国产化作出的突出贡献。周永康勉励全体干部员工迎难而上,乘势而进。

19日 全国机械工业先进集体劳动模范先进工作者表彰大会在人民大会堂召开。沈阳鼓风机集团有限公司、四平鼓风机股份有限公司、南阳防爆集团股份有限公司被国家人力资源和社会保障部、中国机械工业联合会授予"全国机械工业先进集体"荣誉称号。沈阳鼓风机集团有限公司的郭庆丰、印明洋、张奎尧和山东省章丘鼓风机厂有限公司技术中心主任孔庆芹获得"全国机械工业劳动模范"荣誉称号。

22日 沈阳鼓风机集团有限公司为中国石油天然气股份有限公司抚顺石化分公司100万t/a乙烯装置提供乙烯压缩机组签字仪式在沈阳友谊宾馆举行。百万吨乙烯装置的裂解气压缩机、丙烯制冷压缩机和乙烯压缩机是装置中最关键的核心设备。沈阳鼓风机集团有限公司继成功研制天津石化公司裂解气压缩机、镇海炼化公司丙烯制冷压缩机后,又承接了自主研制抚顺石化公司乙烯压缩机的合同,大型乙烯生产技术长期被世界少数几家公司垄断的时代由此结束。

25日 由上海玻璃钢研究院、国家科委"九五"、"十五"风电攻关项目的专家设计,在重庆大学和中国计量科学院北京鉴衡认证中心鉴证下进行的,用时长达半年之久的"重通造"850kW风轮叶片500万次循环全尺寸疲劳试验顺利完成。这是重庆通用工业(集团)有限责任公司在国内首次成功完成风轮叶片的全尺寸疲劳试验的全部项目,在风电叶片生产史上具有重要意义。

3月

25日 中国通用机械工业协会压缩机分会2009年全体会员大会在江西赣州隆重召开,来自全国各地压缩机行业的专家、教授、企业家等90余人云集于此,共商行业新的发展之计。压缩机分会理事长李晓锋作了"提振信心、科学发展、迎接挑战"的工作报告。会议对2008年第四届国际流体机械展获奖企业和压缩机行业统计先进单位进行表彰,并举行了隆重的颁奖仪式。

4月

2日 中国科学院院士、东北大学机械电子工程学院闻邦椿教授应邀到沈阳鼓风机集团有限公司主讲产品设计知识。讲座主题为"以科学发展观和自主创新思想为指导,贯彻绿色设计、创新设计或基于系统工程的设计思想",为沈阳鼓风机集团有限公司科技人员指明了产品设计的方向。沈阳鼓风机集团有限公司领导和300多名技术人员聆听了讲座。

17日 全国政协副主席、国家科技部部长万钢,国家科技部副部长杜占元,国家工业和信息化部副部长苗圩,由辽宁省委常委、沈阳市委书记曾维,市政协主席刘雅琴和副市长邹大挺等陪同,视察沈阳鼓风机集团有限公司。沈阳鼓风机集团有限公司党委书记李军、副总工程师戴继双陪同参观,并汇报了公司的发展状况、研制重大产品业绩和打造世界级企业的前景规划。

★ 国家能源局在沈阳召开天然气长输管道关键设备国产化工作会议。国家发改委副主任、国家能源局局长张国宝出席会议,辽宁省副省长刘国强及沈阳鼓风机集团有限公司等13家单位的代表参加了会议。张国宝充分肯定了沈阳鼓风机集团有限公司依靠技术创新填补国内空白，不断取得重大装备国产化新突破的业绩，希望沈阳鼓风机集团有限公司进一步提升重大装备自主研发能力，与用户实现双赢。会后，张国宝由辽宁省及沈阳市政府主要领导陪同参观了沈阳鼓风机集团有限公司。

28日 中国通用机械工业协会风机分会组织召开了风机行业经济形势报告及座谈会。风机分会50多家会员单位的董事长、总经理和主要领导参加了会议，会议邀请了中国机械工业联合会总工程师、中国通用机械工业协会会长隋永滨，国家能源局能源节约和科技装备司副司长黄鹂，中国通用机械工业协会秘书长张雨豹及有关人员参加了会议。风机分会理事长苏永强主持了经济形势报告会，隋永滨会长作了“机械工业当前运行情况及今后展望”的经济形势报告。风机分会副理事长印建安组织了下午的座谈会。与会代表结合各自企业在经济危机中遇到的问题，先后在座谈会上发言。中国通用机械工业协会秘书长张雨豹作了总结发言。

29日 湖北省段轮一副省长到湖北省风机厂有限公司考察，总经理熊俊杰详细汇报了生产、技术及销售情况。段副省长对金融危机给公司提出了具体的指导意见，希望公司全体员工齐心协力、共渡难关。

5月

11日 重庆通用工业（集团）有限责任公司在首钢京唐钢铁联合有限责任公司500万t/a球团项目风机设备招标活动中成功中标，这是该公司继为首钢矿业、武钢、邯钢等国内著名钢铁行业球团工程提供风机产品后，再次承制球团项目高温耐磨回热风机设备。此次中标的项目是当前国内最大的球团项目，也是我国200万t/a以上球团项目中唯一采用单台高温耐磨回热风机工艺的项目，属国家重点工程。

16日 沈鼓集团通风设备有限公司研制成功国内首台“三炉塔合一”动叶可调双级钢叶片轴流风机，填补了600MW机组双级引风机完全国产化的空白。该引风机除可将烟气从锅炉中引出外，集脱硫和脱硝功能于一身，真正实现引风、脱硫、脱硝三种功能合一，取代了多台风机联合作业的传统模式，降低了生产成本，减少了对空间的占用，还便于用户对风机的维护。

26日 中国石油化工股份有限公司在沈阳鼓风机集团有限公司主持召开了中国石化镇海炼化分公司百万吨乙烯装置用丙烯制冷压缩机组出厂验收会。专家认定：该机组达到了国际先进水平，实现了我国大型离心压缩机设计制造技术的重大突破，填补了国内空白，实现了国产化。该机组的研制成功，打破了该类产品长期依赖进口的局面，为国家节省了大量工程建设投资，有显著的经济效益和社会效益。

月内 中国机械工业联合会、中国汽车工业协会公布了2008年度机械工业百强、汽车工业三十强企业名单，沈阳鼓风机集团有限公司、陕西鼓风机（集团）有限公司再度入选中国机械工业百强。

6月

3日 重庆市副市长童小平、重庆机电集团副总裁杨明全、机电股份公司总经理何勇等到重庆通用工业（集团）有限责任公司大型风电叶片产业化晏家工业园生产基地视察指导工作，并参观了叶片制造车间。

8日 经国家发改委和国家技术质量监督局授权，由中国标准化研究院、全国压缩机标准化委员会组织的单螺杆空气压缩机国家标准起草工作二次会议和空气压缩机系统经济运行国家标准起草工作会议在广东顺德召开。

单螺杆压缩机是新型的高科技产品，其各项技术经济指标都优于传统的螺杆压缩机。但由于以前单螺杆压缩机在国内的生产规模尚小，故一直沿用传统的螺杆压缩机的标准。近年来单螺杆压缩机的生产规模快速扩大，单螺杆压缩机产业的发展越来越迫切地需要一个能体现产业自身优势特点的独立标准，以更好地促进螺杆压缩机行业的发展和推动技术进步。根据前期单螺杆国家标准起草会议确定的基本方向，单螺杆国家标准在节能指标（比功率）、噪声、振动等方面将高于传统螺杆压缩机标准，特别是在节能指标方面等将会有明显的提高。

11日 沈阳鼓风机集团风电有限公司成立，标志着沈阳鼓风机集团有限公司正式向风电行业进军，加速提高国产风电的研制能力和水平，迈出了加快推进风电设备国产化的新步伐。

13日 中国通用机械工业协会阀门分会五届七次理事会在开封开元名都大酒店召开。中国机械工业联合会总工程师兼中国通用机械工业协会会长隋永滨、国家能源局能源节约和科技装备司副司长黄鹂出席会议。开封市周以忠、孙继刚等市领导到会祝贺，全国阀门行业的专家、企业家100余人参加会议，中国石化集团公司张兆文处长、余良俭处长和乐敏工程师等十多位用户单位领导和专家旁听了会议。

会议由中国通用机械工业协会阀门分会第四届理事长、河南开封高压阀门有限公司董事长房四平主持。开封市市长周以忠首先致欢迎词。

在此次会议上，阀门分会副理事长兼秘书长宋银立通报了全国阀门行业情况并汇报了协会工作，总结了2008年阀门协会工作，并提出了2009年工作计划。报告主要介绍了当前我国阀门行业状况、阀门行业值得关注的市场和协会自身建设以及今后工作重点。阀门分会常务副理事长、中核苏阀科技实业股份有限公司总工程师张宗列作了题为“核电国产化的现状与核电发展的未来方向”的报告，报告指出我国当前核电发展的形势，行业内部在核电项目的订货情况以及企业在核电领域的努力方向。阀门分会常务副理事长、宣达集团董事长叶际宣就金融危机对温州阀门企业的影响和应对措施提出了自己的建议。他说此次国际金融危机给整个阀门产业的影响主要表现在以下几个方面：一是企业订单特别是中小企业的订单明显下降；二是2009年年底，部分外贸企业因为国际金融危机产品滞留仓库，损失严重；三是从2009年3月份开始，全行业开始出现回暖迹象，但情况仍然不容乐观；四是企业家没有因国际金融危机的影响而丧失信心。应对措施主要是靠政府扶持，加大技术创新力度，建立铸锻件生产基地，引进和留住人才，解决中小企业的资金运行困难的问题。阀门分会副理事长、成都乘风阀门有限责任公司董事长丁骐作了关于长输管线阀门国产化的情况的汇报。阀门分会副理事长、大连大高阀门有限公司董事长于传奇宣读了2008年中国国际阀门博览会获奖产品和单位名单。

在此次会议上，国家能源局能源节约和科技装备司副司长黄鹂介绍了我国能源产业的发展趋势并指出了当前存在的一些问题。她深入分析了美国奥巴马政府新能源政策对全球经济的影响以及其他发达国家和发展中国家的能源政策对我们的启示，明确指出了我国装备制造业所面临的任务。

最后，隋永滨会长作重要讲话。首先，他对2009年经济形势做了深度分析。他认为，我国应该继续稳定出口市场，加快重大装备研制，提高基础配套水平，优化组织结构，转变经济增长方式。并指出，我国国民经济连续多年高速增长，国际金融危机和全球经济衰退使我国经济提前进入调整期；钢铁、电力、有色金属等行业持续高速增长，产能过剩逐渐显现。经济衰退使得各国贸易保护加剧，人民币升值，进出口增长难度加大。因此，固定资产投资仍是促增长的主要动力。机械制造行业要抓紧国家扩大内需的各项政策措施，抓住十大产业调整振兴规划为装备制造业带来的发展机遇，坚持改革创新，不断提高为国民经济发展和基础设施建设提供装备的能力和在国际国内两个市场的竞争能力。

会议结束后，全体会议代表一同到河南开封高压阀门有限公司参观考察。

14日 中共中央政治局常委、全国政协主席贾庆林由全国政协副主席兼秘书长钱运录和辽宁省及沈阳市领导陪同，亲临沈阳鼓风机集团有限公司调研，听取了公司董事长、总经理苏永强关于企业发展和经营情况的介绍。贾庆林高度评价沈阳鼓风机集团有限公司在推进重大技术装备国产化上取得的成绩，热情勉励沈阳鼓风机集团有限公司攻克难关保增长，同心协力促和谐，为促进辽宁老工业基地振兴贡献力量。

15日 中国通用机械工业协会压缩机分会联络员及统计信息工作会议在江西景德镇召开。会上，压缩机分会秘书长钱家祥向各位代表介绍了当前的经济形势，就申报中国机械工业科学技术奖及申报中小企业创新基金进行了政策解答。压缩机分会统计信息网主任安平对2008年度统计信息工作做了总结，同时部署了下一年度的统计工作要点，并就如何规范填报统计表及所涉及的指标进行了重点讲解。压缩机分会综合办公室主任刘海芬针对当前各企业尤其是中小型民营企业技术人员职称评定困难的问题，进行了相关政策解答。

20~31日 为进一步了解国外同行业企业的发展水平和向国外企业学习先进的管理经验，促进我国阀门行业向着国际化又好又快地发展，中国通用机械工业协会阀门分会组织了2009年赴俄罗斯阀门考察团，对俄罗斯阀门企业进行了为期11天的考察。此次赴俄罗斯考察的代表团由阀门分会秘书长宋银立担任考察团团长，成员单位包括北京阀门总厂有限公司、兰州高压阀门有限公司、西安泵阀总厂有限公司、盾安阀门有限公司、四川精控阀门有限公司、上海自动化仪表七厂、天津百利二通机械公司、郑州市郑蝶阀门有限公司、安徽铜都阀门有限公司、北京航天十一所和上海增欣机电设备公司等在内的国内阀门知名厂商15家，共计18人。考察期间，主要参观了雅尔多斯（YARDOS）、阿姆古斯（ARMAGUS）、布拉故斯臣克（BLAGOVESCHENSK）、古斯（GUSAR）4家阀门企业，1家阀门电动执行器企业——图拉电装厂（Tula ElectroPrivod）和1家俄罗斯阀门研究中心，并参观了在莫斯科举办的第十届俄罗斯国际石油、天然气展览会。考察团同俄罗斯阀门协会围绕两国阀门行业发展及合作进行了简要的技术座谈。

此次考察虽然时间短暂，但参观的企业具有一定的代表性，代表们对俄罗斯整体的阀门行业发展水平有了一定的了解，同时学到了不少俄方阀门企业的管理经验。

26日 重庆市经济委员会主任吴冰在重庆机电集团副总裁杨明全、重庆通用工业（集团）有限责任公司总经理刘永刚及技术副总经理张剑鸣等陪同下，对重庆通用工业（集团）有限责任公司研制生产的DCD300—1.9曝气风机进行了考察指导。

29日 淄博市人民政府颁发的淄政发〔2009〕60号文件《淄博市装备制造业调整振兴规划》将博山精工泵业有限公司公司列入真空泵产品发展的依托单位之一，将给予重点扶持。

★ 西安陕鼓动力股份有限公司与上海鼓风机厂有限公司、上海电气集团总公司在上海锦江饭店正式签订了战略重组框架协议，西安陕鼓动力股份有限公司持有海鼓风机厂有限公司60%的股权，此次战略重组为陕西鼓风机（集团）有限公司、海鼓风机厂有限公司未来长远发展奠定良好基础。

7月

11日 中共中央政治局常委、国务院副总理李克强一行在中共中央政治局委员、重庆市委书记薄熙来，市长王鸿举陪同下视察了海装风电设备公司。李克强对重庆通用工业（集团）有限责任公司在引进技术基础上的再创新，并具备了模具制造、实验检测能力和完全自主知识产权给予了肯定，并勉励企业再接再厉，为国家风电事业的发展作出更多的贡献。

12日 山东省章丘鼓风机股份有限公司创立大会暨第一次股东大会召

开。全体发起人(或委托人),经贸局、证券公司代表参加会议,会议讨论通过了股份公司章程、议案等一系列方案和细则,选举产生了第一届董事会、监事会成员,全体发起人在创立大会决议上签字,标志着山东省章丘鼓风机股份有限公司正式成立。随即召开了第一届董事会第一次会议、第一届监事会第一次会议,决议产生了董事长、副董事长、副总经理、财务总监、监事会主席等。这标志着该公司进一步深化改革工作取得了成功,为上市工作和企业做大做强奠定了基础。

13 日 江泽民同志由中国国际经济交流中心理事长曾培炎,辽宁省委书记张文岳、省长陈正高,沈阳市委书记曾维、市长李英杰等陪同,到沈阳鼓风机集团有限公司考察。听取了公司董事长、总经理苏永强关于企业发展情况的介绍,以及近年来沈阳鼓风机集团有限公司在推进重大技术装备国产化方面取得可喜成绩的工作汇报,并为沈阳鼓风机集团有限公司签名题字。

8月

3～4日 风机行业高效节能离心通风机系列化基本模型研发第二次协调会在威海召开。西安交通大学、西安达尔流体机械研究所、中国通用机械工业协会风机分会和参与此项研发试制工作的16家企业的总经理、总工程师、技术负责人共31人参加了会议。会议听取了西安交通大学和西安达尔流体机械研究所关于前一阶段项目进展情况的介绍,以及后续研发工作计划和进度安排。与会代表对于研发工作取得的阶段性成果给予了充分的肯定,并就如何加强合作、尽快将研发成果转化为实际生产提出了相关的建议。与会代表还一致认为,随着市场经济的不断发展,追求技术创新是企业生存与发展的关键所在。围绕市场需求,生产企业与大专院校联合进行课题攻关,开发研制新产品,不仅可以发挥各自的优势,实现优势互补,同时为风机行业开创了一条"产学研结合"、"厂校联合"自主研发设计的新路,将有助于促进风机行业自主创新能力、整体设计技术水平的提高。

19 日 由重庆通用工业(集团)有限责任公司自主研发的新产品BCD300—1.90/1.00曝气风机、6—39—B系列高效曲叶片离心通风机和高效等宽流道干熄焦循环风机全部一次通过重庆市经济与信息化委员会组织的专家验收。通过验收的这些新产品均属重庆市技术创新指导性计划项目。其中,BCD300—1.90/1.00曝气风机是公司推出的第二代新产品,主要性能指标达到国际同期先进水平,它的成功研发打破了该产品长期为进口产品所垄断的格局。高效等宽流道干熄焦循环风机的成功研发,完善了该产品系列,使我国炼焦行业的干熄焦法工艺设备只采用进口设备成为历史。

22 日 国务院副总理张德江、陕西省委书记赵乐际、西安市委书记孙清云、陕西省副省长吴登昌视察陕西鼓风机(集团)有限公司。张德江副总理对陕西鼓风机(集团)有限公司转型发展的思路给予了充分的肯定。

月内 湖北双剑鼓风机制造有限公司"大型烟气脱硫、污水处理高速风机"被列入国家发改委、工业和信息化部重点产业振兴和技术改造投资计划,获500万元无偿资助。

★ 中国通用机械工业协会压缩机分会秘书处组织了"第一期压缩机技术培训班",中国流体机械及压缩机国家工程研究中心主任、西安交通大学教授、博士生导师束鹏程教授为来自行业企业的32名设计人员授课,重点对往复活塞式压缩机热力计算及动力计算、压缩机相关零部件、压缩机方案设计、压缩机发展新技术等模块进行了讲解。

9月

22～28日 由中国通用机械工业协会压缩机分会组团一行5人赴德国考察、交流。期间与德国机械制造商联合会(VDMA)总部进行了考察交流,双方就如何建立双方协会的技术合作平台,为双方企业的技术交流提供服务;定期召开新产品发布、技术交流、高峰论坛、展览会;加强产品标准、测试方法等问题进行了交流。

24 日 吉林省四平市市长刘喜杰、市政府秘书长李纯厚、市政府办公室副主任李捷宣、市工信局局长马占青等一行15人在四平鼓风机股份有限公司董事长施云蛟、总经理焦书平、副总经理毕世平等陪同下,参观了公司的生产现场。公司董事长施云蛟汇报了公司的生产经营情况。刘喜杰市长对企业的发展给予了充分肯定和高度评价。

★ 日本日新电机公司(Nissin)采购部负责人木下智贵、设计部主任田村茂久和日新上海公司副总经理小岛章敬在麦青公司(MCC)总裁何新宇的陪同下,到中国科学院沈阳科学仪器研制中心有限公司访问交流。

25 日 辽宁省召开高技能人才表彰大会,沈阳鼓风机集团有限公司杨建华、徐强荣获"第二届辽宁省有突出贡献高技能人才"称号,李喜涛、李杰清荣获"辽宁省技术能手"称号。

月内 在北京隆重召开的第四届全国杰出专业技术人才表彰大会上,中央组织部、中央宣传部、人力资源和社会保障部、科学技术部联合授予沈阳鼓风机集团有限公司"五朵金花"创新团队"全国专业技术人才先进集体"荣誉称号。党和国家领导人习近平、张德江等亲切接见了获奖的先进集体和个人代表。

★ 为隆重纪念中华人民共和国成立60周年,记录和宣传60年来对重庆经济发展作出突出贡献的企业和个人,中共重庆市委宣传部、中共重庆市委党史研究室、《红岩春秋》杂志社、重庆电视台、重庆晨报等机关和新闻媒体发起并举办了"60年影响重庆经济60企业及60人"评选活动。重庆通用工业(集团)有限责任公司荣膺"60年影响重庆经济60企业"殊荣,集团公司总经理、党委书记刘永刚荣获"60年影响重庆经济60个人"殊荣。

10月

12 日 沈阳鼓风机集团有限公司为天津石化公司100万t/a乙烯装置

提供的核心设备——乙烯裂解气压缩机开车成功，标志着当前我国首套拥有自主知识产权的百万吨级乙烯裂解气压缩机正式投入运转，技术参数完全符合要求，机组达到国际先进水平。

12～16日 由中国煤炭工业劳动保护科学技术学会矿井通风专业委员会主办，湘潭平安电气有限公司承办的第六届矿井通风专业委员会代表大会暨第十四届矿井通风学术年会在徐州开隆重召开。

14日 中国通用机械工业协会压缩机分会理事扩大会议在山西省太原市召开。会议由压缩机分会理事长李晓峰主持，会议审议通过了中国通用机械工业协会压缩机分会新一届理事会换届选举办法，听取了压缩机分会秘书长钱家祥所作的“团结奋斗，开创压缩机行业新局面”的报告。会议就2010年第五届中国国际流体机械展和高峰论坛做了动员，得到了代表们的积极响应。会后，代表们赴山西省太原气体压缩机厂观摩学习。

26日 陕西鼓风机（集团）有限公司推进卓越绩效管理，荣获“全国质量奖”，成为中国风机行业和陕西省首家荣获我国质量领域最高荣誉的企业。

28日 吉林省四平市总工会主席张进忠、副主席朱爱华及市工信局工会主席张秀臣一行3人到四平鼓风机股份有限公司调研。公司董事长施云蛟和总经理焦书平分别汇报了企业的基本情况和生产经营情况。

29日 广东中环真空设备有限公司的JCP—W2300型磁控溅射镀膜设备研发成功。该设备最大特点是颠覆传统设计，采用了“基片固定，阴极运动”的逆向设计理念，靶体可作二维运动，同时，将靶材设计为仿形、异形、弧形等结构，满足对工件尺寸大、形状不规则、膜层均匀度要求严格的特殊镀膜要求。该设备已投入我国新一代高性能战斗机的部件生产，为我国的国防事业作出了贡献。

11月

3日 山东省章丘市市委书记毕筱奇，市委常委、秘书长孟学峰，副市长王继民一行带领市经贸局、发改委、财政局等部门以及部分银行代表到山东省章丘鼓风机股份有限公司调研，视察参观了企业。在该公司召开了全市工业经济运行情况调度会，与会的14家企业负责人汇报了当年企业各项工作完成情况以及下一步打算，经贸局局长李兴贵汇报了工业经济运行情况，市委书记毕筱奇作了重要讲话，对当前经济形势进行了分析，并鼓励大家抓住一切发展机遇，推进工业经济的良好快速发展。

13日 陕西鼓风机（集团）有限公司国产化首台首套PTA空压机组在重庆市蓬威石化有限责任公司顺利投运，机组各项热力性能参数和机组能量平衡均达到设计要求，投入工艺运行平稳，国产化第一批CTA（粗对苯二甲酸）产品出产。

15～17日 中国通用机械工业协会风机分会第六届理事会第四次会议在厦门市召开，26名理事全部到会。中国通用机械工业协会会长隋永滨、秘书长张雨豹，国家能源局能源节约和科技装备司黄鹂副司长应邀参加了会议，并对国家当前经济形势及机械工业发展预测及分析作了重要讲话，对风机行业的技术进步、市场需求分析、产业结构调整、建立研发体系等提出了具体要求。

会议由陕西鼓风机（集团）有限公司总经理李宏安主持，中国通用机械工业协会风机分会理事长、沈阳鼓风机集团有限公司董事长苏永强作了题为“凝聚信心、面向未来、努力开创中国风机工业可持续发展的新局面”的工作报告；西安交通大学流体机械研究所所长秦国良教授对风机行业新系列离心通风机联合设计作了阶段性的情况介绍；风机分会秘书处汇报了2010年第五届中国国际流体机械展览会风机分会参展工作计划、部分理事单位理事人员调整的报告、部分会员单位除名的报告以及风机分会第七届会员大会筹备工作方案和第七届理事会换届方案。陕西鼓风机（集团）有限公司、上海鼓风机厂有限公司、武汉鼓风机有限公司等副理事长单位汇报了对本地区申请入会单位的考察情况，并提出了推荐意见。

经全体参会理事和代表的认真讨论，对会议的各项议题达成了共识，并做出如下决议：同意上海鼓风机厂有限公司常务副总经理蔡精毅任中国通用机械工业协会风机分会副理事长，宁波风机有限公司总经理郑国成、湖北省风机厂有限公司总经理熊俊杰任风机分会理事；同意中国通用机械工业协会风机分会秘书处提出的“2010年第五届中国国际流体机械展览会风机分会参展工作计划”；同意北京新安特风机有限公司、北京风机厂四厂、邯郸东方风机制造有限公司、包头市爱科风机技术有限公司、浙江大学化工机械研究所、武汉瑞丰暖通设备制造有限公司、南阳防爆集团有限公司、新乡市风机总厂有限公司等8家单位为第15批新会员；对连续欠交会费的企业和因改制不再生产风机、并自愿退会的企业予以除名；讨论通过了风机分会第七届会员大会筹备工作方案和第七届理事会换届方案。

18日 南阳防爆集团股份有限公司承办的“十一五”国家科技支撑计划“重点节能低耗机电产品与装置关键技术研究”工作会议在该公司召开，项目顺利验收。

19日 日本ORIX集团环境能源部部长兼理事、OEC公司总裁小原真一等一行5人在东方中科集成科技股份有限公司总经理王戈的陪同下到达北京中科科仪技术发展有限责任公司参观考察。

23日 国家能源局主持的“天然气长输管道关键设备国产化研制工作启动签约仪式”在北京隆重举行。沈阳鼓风机集团有限公司董事长苏永强与中石油西气东输公司签订了西气东输二线工程关键设备国产化的电驱压缩机组合同和燃驱压缩机组研制协议。

25日 常熟市鼓风机有限公司为美国IES公司制作的专供美国GP集团的SA摇摆风机顺利通过验收。

月内 湖北双剑鼓风机制造有限公司“S型烟气脱硫高速风机”被列入国家科技部中小企业创新基金（获130

万元无偿资助)。

12月

1日 中核苏阀科技实业股份有限公司与国家核电上海核工程研究设计院共同开发研制的核一级比例喷雾阀样机通过了由国家能源局委托中国核工业集团公司、中国机械工业联合会主持的专家鉴定,这标志着我国已经具备了该类阀门的自主设计、制造能力。

9日 湖北省风机厂有限公司研发的单吸双支撑脱硫增压离心鼓风机和单吸耐磨防腐转炉煤气风机科技成果鉴定会在省发改委培训大厦会议室召开。经专家评审认定,这两项产品处于国内领先水平。

11日 淄博水环真空泵厂有限公司自主研制的“2BEC120超大抽气量高效水环真空泵”新产品顺利通过省级科技成果鉴定。来自沈阳真空技术研究所、国家真空设备质量监督检验中心、东北大学、合肥工业大学、山东理工大学等单位的专家参加了鉴定会。鉴定委员会一致认为,该产品抽气量为国内最大,效率为同类产品最高,技术指标达到了国际领先水平。

15~16日 由山东省章丘鼓风机股份有限公司自主研发、拥有专利技术的高效氧压鼓风机、C300钢结构高效离心鼓风机和QP型高产高效球破机通过了由山东省经济和信息化委员会、济南市科技局主持的产品技术验收和鉴定。与会的山东大学、中国石油大学等高校的专家教授对公司的产品研发和各项工作给予了高度评价,认为产品主要性能指标达到了同类产品国内领先、国际先进水平。

30日 解放军某部召开“充气式多谱段假导弹发射车”专家鉴定会,其中北京华怡净化科技研究所有限公司为其配套的专用设备“风热电一体机”通过了鉴定。该机属国内首创,各项技术指标达到国际先进水平,符合军方要求。

公布国家重大技术装备自主创新指导目录和相关的行业标准

Announcing the guidance catalog for independent innovation of national major technical equipment and the relevant industrial standards

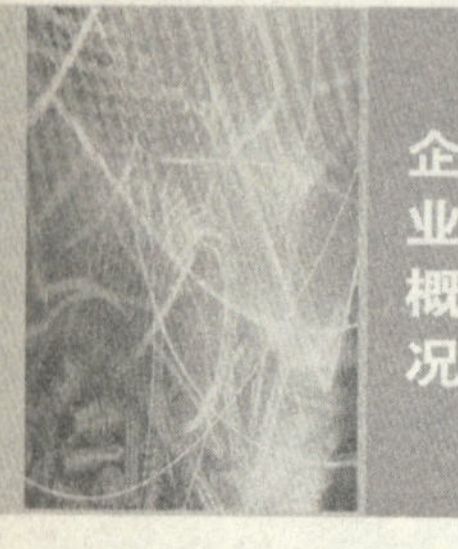

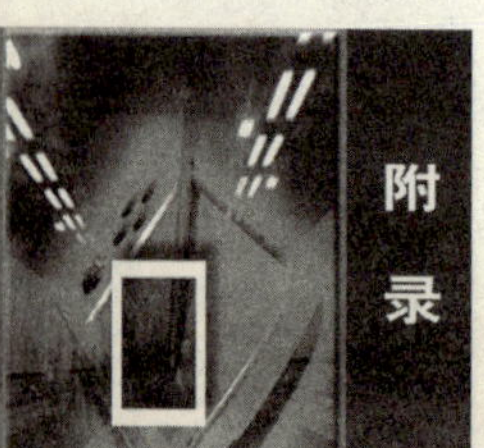

附录

重大技术装备自主创新指导目录（2009年版）（摘选）

《重大技术装备自主创新指导目录（2009）》（以下简称《目录》）共列出18个领域、240项装备产品。凡列入本《目录》的产品，可优先列入政府有关科技及产品开发计划，优先给予产业化融资支持，享受国家关于鼓励使用首台（套）政策；产品开发成功后，经认定为国家自主创新产品的，优先纳入《政府采购自主创新产品目录》，享受政府采购政策支持。

1.《目录》编制的范围

《目录》编制的范围包括清洁高效发电设备，超、特高压输变电成套设备，大型石油及石化装备，大型煤化工成套设备，大型高精度冶金成套设备，大型煤炭及大型露天矿设备，轨道交通装备，大型环保及资源综合利用设备，大型施工机械，新型纺织机械，新型、大马力农业装备，电子、生物、医药等高技术装备，高技术船舶及海洋工程装备，高档数控机床，民用飞机，高档印刷机械，关键基础零部件及大型铸锻件，机场专用装备及港口机械。

2. 重大技术装备产品分类原则

列入本《目录》的产品分为两类：一类是指新开发的产品——采用新技术原理、新设计构思，能够显著提高性能和质量的产品；另一类是指重大改进和提高的产品——在性能、结构、材质、工艺等方面有明显改善的产品。

3. 重大技术装备产品入选标准

入选《目录》的重大技术装备产品需满足下列条件：①重大工程和国民经济建设急需；②进口量大；③出口创汇额高或出口潜力大；④节能、节材潜力大，环保，经济效益和社会效益显著。

这些产品在技术上应达到国际先进水平，并具备2012年前可以完成研制工作的技术基础。

4.《目录》的内容（摘选）

摘选的《目录》的具体内容见下表。

产品名称	类别	主要技术指标	需突破的关键技术	市场预测或产业化前景
核电				
核一级泵、阀（包括主泵、稳压器比例喷雾阀和安全阀、大口径高压闸阀和止回阀、二级主蒸汽隔离阀等）	Ⅰ	要求高可靠性，具有耐辐射、抗地震、无泄漏、抗冷热交变冲击及定时阻断等特定功能	①主泵高效、多工况点水力模型研制，无润滑起动，转子特定工况稳定性计算；②核一级阀门及主蒸汽隔离阀结构设计计算，高可靠性密封研制；③通过结构设计、特殊材料研制及加工工艺满足核一级泵、阀各种特定功能要求；④核一级泵、阀试验装置及试验技术	积极发展核电是我国重要的能源战略，2010～2015年核电建设高峰期要具备年产10～12套百万千瓦核电装备能力。其中核级泵、阀、核级仪控系统是核电装备自主化的薄弱环节
核二级泵（包括上充泵、喷淋泵、安注泵、余热排出泵、水压试验泵等）	Ⅱ	满足各种特定水力性能和多工况点运行要求，还需具备耐辐射、抗地震、耐杂质磨损及抗冷热交变冲击等各种特定功能	①高效、低气蚀、多工况点水力模型研制；②通过结构设计、特种材料研制及加工满足核二级泵各种特定功能要求；③抗热冲击及杂质试验装置设计及试验技术；④K1电机研制	
大型火电机组				
百万千瓦超超临界火电机组关键辅机	Ⅰ	满足百万千瓦超超临界火电机组可靠运行要求	①大型锅炉给水泵、凝结水泵研制；②高温高压阀门、安全阀、调节阀研制；③送引风机研制；④DCS数字化控制系统研制；⑤600～1 000 MW发电机保护断路器研制	预计每年机组需求10台以上，其中泵、阀、风机、DCS等关键辅机当前主要依靠进口
风力发电机组				
2.5MW以上陆上风力发电机组及关键部件	Ⅰ	功率曲线保证率大于95%；风场平均年可利用率大于95%；设计寿命大于20年；满足国家电网接入系统的要求	风机的总体设计技术；风机叶片、主轴承、控制系统研制技术	国内当前每年新增装机容量近10 000MW，预计到2020年将达到1亿kW的总装机容量

（续）

产品名称	类别	主要技术指标	需突破的关键技术	市场预测或产业化前景
3～5MW海上风力发电机组及关键部件	Ⅰ	额定功率3～5MW；设计工作寿命20年；风场平均年可利用率大于95%；功率曲线保证率大于95%；电能质量符合等同IEC 61400—21标准要求	海上风机总体及气动设计技术；海上风机的特殊性技术研究；风机叶片、齿轮箱、轴承、控制系统研制技术	
百万吨级乙烯装置				
百万吨级裂解气压缩机组（含驱动汽轮机）	Ⅱ	介质为乙烯裂解气；功率≥5.2万kW；多边效率85%	高效模型级研发技术；大型转子强度及稳定性计算；大型转子及机壳设计制造工艺技术；大功率机组联动试车和验证技术	预计2020年前将新建和改造30余套百万吨级乙烯装置，当前国内已核准百万吨级乙烯装置有5套以上
百万吨级乙烯压缩机组（含驱动汽轮机）	Ⅱ	介质为乙烯及其他烃类介质；功率≥1.5万kW；多边效率80%	高效模型级研发技术；机组联动试车和验证技术；低温材料与关键工艺技术	
百万吨级丙烯压缩机（含驱动工业汽轮机）	Ⅱ	介质为丙烯；功率≥3万kW；多边效率82%	高效模型级研发技术；大型转子及机壳制造工艺技术；大型机组联动试车和验证技术	
工艺流程泵（包括百万吨级急冷油泵、水泵，高速进料泵，大功率液力透平泵等）	Ⅰ	介质为油及工艺液体；驱动设备为汽轮机；满足百万吨级乙烯装置工艺需求	适应能量回收的蒸汽轮机设计制造技术及高效泵水力模型研发；抗气蚀技术；高转速泵流体设计技术	
百万吨级精对苯二甲酸（PTA）装置				
大型多轴工艺空气压缩机组（含压缩机、汽轮机、尾气透平、电机及齿轮箱）	Ⅰ	介质为空气；功率≥2万kW	大功率多轴离心压缩机及高精度高速齿轮箱设计制造技术；尾气回收透平设计制造技术；多股流、低品位蒸汽轮机设计制造技术；整机试验验证技术	当前国内已经核准的60万～100万t/a PTA装置有30套以上，其中大型工艺空气压缩机、压力离心机、大型高速泵等关键设备基本进口
精制高速进料泵	Ⅰ	介质为工艺液体；转速≥25 000r/min；扬程≥120m	高效水力模型研制技术；泵组集成技术	
压力螺旋卸料离心机	Ⅰ	转鼓直径≥1 200mm；带压操作	大型压力离心机设计制造技术及试验验证技术	
石油、天然气长输管道设备				
天然气长输管道离心压缩机	Ⅰ	介质为天然气；功率≥2万kW；效率≥85%	管道离心压缩机设计制造技术；增压站多机组负荷分配控制技术以及在线监测技术等	“十二五”期间，我国将建设4万km的石油天然气长输管道，其中输气压缩机组、输油泵及阀门等主要场站设备依赖进口
大口径全锻焊油气长输管道球阀	Ⅰ	40in及48in（1 000mm及1 200mm）、600Lb及以上全锻焊油气管道球阀	焊缝无热处理工艺技术；高压密封技术；气液联动驱动装置研发；长输管道阀门特定性能要求试验验证技术等	
管道油泵	Ⅰ	流量1 300～3 100m^3/h；扬程350～1 100m	高效水力模型研发技术；大型转子和泵壳制造工艺技术；机组试验验证技术	
大型天然气液化设备				
预冷压缩机	Ⅰ	介质为丙烷或混合冷剂等；功率≥3万kW；效率≥85%	高效模型级研发技术；大型转子及机壳制造工艺技术；大型机组联动试车和验证技术	当前，天然气液化的关键处理设备国内尚无自主产品，中石油、中海油液化项目有较大规模的市场需求
深冷混合冷剂离心压缩机	Ⅰ	介质为丙烯、丙烷等；功率≥4万kW；效率≥85%	高效模型级研发技术；大型转子及机壳制造工艺技术；低温材料及关键工艺技术；大型机组试验验证技术	
大型高效冷箱	Ⅰ	约40个铝制板翅式换热器四单元并联，夹点最小温差达1℃，压力≥6MPa	高效翅片设计计算及工艺技术；高压大截面冷箱钎焊技术；冷箱总体设计计算软件开发	

（续）

产品名称	类别	主要技术指标	需突破的关键技术	市场预测或产业化前景
大型天然气液化储罐	Ⅱ	18万m^3预应力混凝土全仓容地上贮罐，悬顶式内罐	结构设计、密封及保温技术，低温材料研制及现场焊接组装技术	
煤制油设备				
高压油煤浆进料隔膜泵	Ⅱ	出口压力20MPa以上，工作温度290℃，固体含率50%	多支点、大推力动力端设计；特殊冲洗、密封结构的液力端设计；特殊介质工况下易损件寿命提高；电气、检测和控制系统设计	煤制油是解决我国油资源短缺的重要措施之一，由于煤制油工艺条件苛刻，关键设备主要依靠进口
液化反应器离心循环泵	Ⅱ	出口压力20MPa以上，工作温度480℃，固体含率50%	耐磨结构、特殊密封结构，电气控制系统设计	
长寿命高压差减压阀	Ⅱ	压差20MPa，高固含率，气、液、固三相流体用，寿命2 000h以上	材料、结构设计，抗冲击与耐磨集成技术	
煤制化肥设备				
大型空气分离设备	Ⅱ	7万m^3以上		应用于煤化工、冶金、石油化工等领域，年需求量10套以上
冶金成套设备				
干熄焦（CDQ）成套设备	Ⅰ	产能≥150～190t/h，配套7m以上焦炉，焦炭耐磨转鼓指数≥87%	熄焦运载车的设计制造技术；出焦旋转密封装置设计制造技术；干熄焦强制循环泵制造技术；高温循环风机制造材料研制	年需求量≥10套
800～1 000万吨级大型选矿厂成套装备				
大型立盘真空过滤机	Ⅰ	过滤面积500m^2；过滤盘直径10m；产量500～550t/h；给矿浓度≥40%～60%；成品水分12%～14%	过滤机选型技术；特大型过滤机设计制造技术；智能控制技术	
传动件				
冶金齿轮箱	Ⅰ	宽板轧机齿轮箱，最大轧制宽板宽度2 300mm，最大功率12 000kW；大型冶金起重机用齿轮箱，最大力矩2 600kN·m	高功率密度、高可靠性设计技术；关键制造技术；试验测试技术	冶金工业有稳定增长的需求
高速火车齿轮箱与城市轨道交通齿轮箱	Ⅰ	200km/h、300km/h、350km/h高速火车用齿轮箱；城市轨道交通专用齿轮箱	大功率、高转速、重负载、小空间齿轮箱设计技术；箱体密封及润滑技术；可靠性技术；大批量生产的可靠性技术	预计未来2年内将有超过3 000台电力机车和600台内燃机车的需求。高速火车方面，预计2010年底将投入使用1 000列左右，比2007年的105组有大幅度提升。根据我国城市城轨地铁的发展需要，2010年需配车辆6 000多辆
大型星轮齿轮箱	Ⅰ	速比20～1 000，转矩1 000～5 000kN·m，功率500～9 000kW	大批量生产的可靠性技术	星轮传动技术是我国自主知识产权技术，是对少齿差传动理论的重大发展，它同时兼具大速比、大转矩、大功率、小体积的特点。它的发展壮大将会带来无法估量的社会效益和经济效益

注：表中的"类别"项中，Ⅰ代表需新开发的产品，Ⅱ代表需重大改进和提高的产品。

阀门行业国家标准和行业标准

标准编号	标准名称	代替标准编号
GB 7512—2006	液化石油气瓶阀	GB 7512—1998
GB 10879—2009	溶解乙炔气瓶阀	GB 10879—1989
GB 15382—2009	气瓶阀通用技术要求	GB 10877—1989
		GB 13439—1992
		GB 15382—1994
		GB 17877—1999
GB/T 4213—2008	气动调节阀	GB/T 4213—1992
GB/T 8464—2008	铁制和铜制螺纹连接阀门	GB/T 8464—1998
		GB/T 15185—1994 部分
GB/T 11698—2008	船用法兰连接金属阀门的结构长度	GB/T 11698—1989
GB/T 12221—2005	金属阀门　结构长度	GB/T 15188.1—1994
		GB/T 15188.2—1994
		GB/T 15188.3—1994
		GB/T 12221—1989
		GB/T 15188.4—1994
GB/T 12222—2005	多回转阀门驱动装置的连接	GB/T 12222—1989
GB/T 12223—2005	部分回转阀门驱动装置的连接	GB/T 12223—1989
GB/T 12224—2005	钢制阀门　一般要求	GB/T 12224—1989
GB/T 12225—2005	通用阀门　铜合金铸件技术条件	GB/T 12225—1989
GB/T 12226—2005	通用阀门　灰铸铁件技术条件	GB/T 12226—1989
GB/T 12227—2005	通用阀门　球墨铸铁件技术条件	GB/T 12227—1989
GB/T 12228—2006	通用阀门　碳素钢锻件技术条件	GB/T 12228—1989
GB/T 12229—2005	通用阀门　碳素钢铸件技术条件	GB/T 12229—1989
GB/T 12230—2005	通用阀门　不锈钢铸件技术条件	GB/T 12230—1989
GB/T 12232—2005	通用阀门　法兰连接铁制闸阀	GB/T 12232—1989
GB/T 12233—2006	通用阀门　铁制截止阀与升降式止回阀	GB/T 12233—1989
GB/T 12234—2007	石油、天然气工业用螺柱连接阀盖的钢制闸阀	GB/T 12234—1989
GB/T 12235—2007	石油、石化及相关工业用钢制截止阀和升降式止回阀	GB/T 12235—1989
GB/T 12236—2008	石油、化工及相关工业用的钢制旋启式止回阀	GB/T 12236—1989
GB/T 12237—2007	石油、石化及相关工业用的钢制球阀	GB/T 12237—1989
GB/T 12238—2008	法兰和对夹连接弹性密封蝶阀	GB/T 12238—1989
GB/T 12239—2008	工业阀门　金属膈膜阀	GB/T 12239—1989
GB/T 12240—2008	铁制旋塞阀	GB/T 12240—1989
GB/T 12241—2005	安全阀　一般要求	GB/T 12241—1989
GB/T 12242—2005	压力释放装置性能试验规范	GB/T 12242—1989
GB/T 12243—2005	弹簧直接载荷式安全阀	GB/T 12243—1989
GB/T 12244—2006	减压阀　一般要求	GB/T 12244—1989
GB/T 12245—2006	减压阀　性能试验方法	GB/T 12245—1989
GB/T 12246—2006	先导式减压阀	GB/T 12246—1989
GB/T 12250—2005	蒸汽疏水阀　术语、标志、结构长度	GB/T 12248—1989
		GB/T 12249—1989

（续）

标 准 编 号	标 准 名 称	代替标准编号
		GB/T 12250—1989
GB/T 12251—2005	蒸汽疏水阀　试验方法	GB/T 12251—1989
GB/T 12712—1991	蒸汽供热系统凝结水回收及蒸汽疏水阀技术管理要求	
GB/T 13927—2008	工业阀门　压力试验	GB/T 13927—1992
GB/T 13932—1992	通用阀门　铁制旋启式止回阀	
GB/T 22654－2008	蒸汽疏水阀　技术条件	JB/T 9093—1999
JB/T 93—2008	阀门零部件　扳手、手柄和手轮	JB/T 93—1991
		JB/T 94—1991
		JB/T 1692—1991
		JB/T 1693—1991
JB/T 106—2004	阀门的标志和涂漆	JB/T 106—1978
JB/T 308—2004	阀门　型号编制方法	JB 308—1975
JB/T 450—2008	锻造角式高压阀门　技术条件	JB/T 450—1992
		JB/T 2766—1992
		JB/T 2773—1992
		JB/T 2774—1992
		JB/T 2775—1992
JB/T 1308.1—1999	PN250MPa 阀门　型式和基本参数	JB 1308—1973
JB/T 1308.2—1999	PN250MPa 阀门、管件和紧固件　技术条件	JB 1309—1973
JB/T 1700—2008	阀门零部件　螺母、螺栓和螺塞	JB/T 1700.1—1991
		JB/T 1700.2—1991
		JB/T 1706—1991
		JB/T 1709—1991
		JB/T 1760—1991
JB/T 1701—2010	阀门零部件　阀杆螺母	JB/T 1694—1991
		JB/T 1695—1991
		JB/T 1696—1991
		JB/T 1698—1991
		JB/T 1699—1991
		JB/T 1701—1991
JB/T 1702—2008	阀门零部件　轴承压盖	JB/T 1702.1—1991
		JB/T 1702.2—1991
JB/T 1703—2008	阀门零部件　衬套	JB/T 1703—1991
JB/T 1708—2010	阀门零部件　填料压盖、填料压套和填料压板	JB/T 1708—1991
		JB/T 5206.1—1991
		JB/T 5206.2—1991
		JB/T 5206.3—1991
		JB/T 5207—1991
JB/T 1712—2008	阀门零部件　填料和填料垫	JB/T 1712—1991
		JB/T 1713—1991
		JB/T 1716—1991
		JB/T 5209—1991
JB/T 1718—2008	阀门零部件　垫片和止动垫圈	JB/T 1718—1991
		JB/T 1719—1991
		JB/T 1720—1991
		JB/T 1721—1991

（续）

标 准 编 号	标 准 名 称	代替标准编号
		JB/T 1728—1991 JB/T 1761—1991
JB/T 1726—2008	阀门零部件　阀瓣盖和对开圆环	JB/T 1726—1991 JB/T 1727—1991
JB/T 1741—2008	阀门零部件　顶心	JB/T 1741—1991
JB/T 1749—2008	阀门零部件　氨阀阀瓣	JB/T 1749—1991
JB/T 1754—2008	阀门零部件　接头组件	JB/T 1753—1991 JB/T 1754—1991 JB/T 1755—1991 JB/T 2770—1992 JB/T 2771—1992
JB/T 1757—2008	阀门零部件　卡套、卡套螺母	JB/T 1757—1991 JB/T 1758—1991
JB/T 1759—2010	阀门零部件　轴套	JB/T 1759—1991
JB/T 2203—1999	弹簧式安全阀　结构长度	JB 2203—77
JB/T 2205—2000	减压阀结构长度	JB 2205—77
JB/T 2765—1981	阀门　名词术语	
JB/T 2768—2010	阀门零部件　高压管子、管件和阀门端部尺寸	JB/T 2768—1992
JB/T 2769—2008	阀门零部件　高压螺纹法兰	JB/T 2769—1992
JB/T 2772—2008	阀门零部件　高压盲板	JB/T 2772—1992
JB/T 2776—2010	阀门零部件　高压透镜垫	JB/T 2776—1992 JB/T 2777—1992
JB/T 2778—2008	阀门零部件　高压管件和紧固件温度标记	JB/T 2778—1992
JB/T 5208—2008	阀门零部件　隔环	JB/T 5208—1991
JB/T 5210—2010	阀门零部件　上密封座	JB/T 5210—1991
JB/T 5211—2008	阀门零部件　闸阀阀座	JB/T 5211—1991
JB/T 5296—1991	通用阀门　流量系数和流阻系数的试验方法	
JB/T 5298—1991	管线用钢制平板闸阀	
JB/T 5299—1998	液控止回蝶阀	JB/T 5299—1991
JB/T 5300—2008	工业用阀门材料　选用导则	JB/T 5300—1991
JB/T 6438—1992	阀门密封面等离子弧堆焊　技术条件	
JB/T 6439—2008	阀门受压件　磁粉探伤检验	JB/T 6439—1992
JB/T 6440—2008	阀门受压铸钢件　射线照相检测	JB/T 6440—1992
JB/T 6441—2008	压缩机用安全阀	JB/T 6441—1992
JB/T 6899—1993	阀门的耐火试验	
JB/T 6900—1993	排污阀	
JB/T 6901—1993	封闭式眼镜阀	
JB/T 6902—2008	阀门液体渗透检测方法	JB/T 6902—1993
JB/T 6903—2008	阀门锻钢件超声波检查方法	JB/T 6903—1993
JB/T 7248—2008	阀门用低温钢铸件　技术条件	JB/T 7248—1994
JB/T 7744—1995	阀门密封面等离子弧堆焊用合金粉末	
JB/T 7746—2006	紧凑型钢制阀门	JB/T 7746—1995
JB/T 7747—2010	针形截止阀	JB/T 7747—1995
JB/T 7749—1995	低温阀门技术条件	
JB/T 7927—1999	阀门铸钢件　外观质量要求	JB/T 7927—1995
JB/T 7928—1999	通用阀门　供货要求	JB/T 7928—1995

（续）

标准编号	标准名称	代替标准编号
JB/T 8527—1997	金属密封蝶阀	
JB/T 8528—1997	普通型阀门电动装置技术条件	ZB J16002—1987
JB/T 8529—1997	隔爆型阀门电动装置技术条件	
JB/T 8530—1997	阀门电动装置　型号编制方法	
JB/T 8531—1997	阀门手动装置　技术条件	
JB/T 8691—1998	对夹式刀形闸阀	
JB/T 8692—1998	烟道蝶阀	
JB/T 8858—2004	闸阀　静压寿命试验规程	JB/T 8858—1999
JB/T 8859—2004	截止阀　静压寿命试验规程	JB/T 8859—1999
JB/T 8860—2004	旋塞阀　静压寿命试验规程	JB/T 8860—1999
JB/T 8861—2004	球阀　静压寿命试验规程	JB/T 8861—1999
JB/T 8862—2000	阀门电动装置寿命试验规程	JB/T 8862—1999
JB/T 8863—2004	蝶阀　静压寿命试验规程	JB/T 8863—1999
JB/T 8864—2004	阀门气动装置　技术条件	JB/T 8864—1999
JB/T 8937—2010	对夹式止回阀	JB/T 8937—1999
JB/T 9092—1999	阀门的检验与试验	ZB J16006—1990
JB/T 10507—2005	阀门用金属波纹管	
JB/T 10529—2005	陶瓷密封阀门　技术条件	
JB/T 10530—2005	氧气用截止阀	
JB/T 10606—2006	气动流量控制阀	
JB/T 10673—2006	撑开式金属密封阀门	
JB/T 10674—2006	水力控制阀	
JB/T 10675—2006	水用套筒阀	

分离机械行业国家标准和行业标准

标准编号	标准名称	代替标准编号
GB 19815—2005	离心机　安全要求	
GB 19814—2005	分离机　安全要求	
GB/T 4774—2004	分离机械　名词术语	GB/T 4774—1984
GB/T 5745—2002	船用碟式分离机	GB/T 5745—1996
GB/T 7779—2005	离心机型号编制方法	GB/T 7779—1987
GB/T 7780—2005	过滤机型号编制方法	GB/T 7780—1987
GB/T 7781—2005	分离机型号编制方法	GB/T 7781—1987
GB/T 10894—2004	分离机械　噪声测定方法	GB/T 10894—1989
GB/T 10895—2004	离心机、分离机　机械振动测试方法	GB/T 10895—1989
GB/T 10901—2005	离心机　性能测试方法	GB/T 10901—1989
GB/T 21357—2008	喷气燃料过滤分离器相似性技术规范	
GB/T 21358—2008	喷气燃料过滤分离器通用技术规范	
JB/T 10769.1—2007	三足式及平板式离心机　第1部分:型式和基本参数	
JB/T 10769.2—2007	三足式及平板式离心机　第2部分:技术条件	

（续）

标准编号	标准名称	代替标准编号
JB/T 447—2004	活塞推料离心机	JB/T 447—1992
		JB/T 4063—1991
JB/T 502—2004	螺旋卸料沉降离心机	JB/T 502—1991
		JB/T 4335—1991
JB/T 3200—2008	外滤面转鼓真空过滤机	JB/T 3200—1997
JB/T 4064—2005	上悬式离心机	JB/T 4064—1992
		JB/T 445—1992
JB/T 4333.1—2005	厢式压滤机和板框压滤机　第1部分:型式与基本参数	JB/T 5152—1991
JB/T 4333.2—2005	厢式压滤机和板框压滤机　第2部分:技术条件	JB/T 4333—1997
		JB/T 8104—1999
JB/T 4333.3—2005	厢式压滤机和板框压滤机　第3部分:滤板	JB/T 5283—1997
JB/T 4333.4—2005	厢式压滤机和板框压滤机　第4部分:隔膜滤板	
JB/T 5153—2006	板框式加压滤油机	JB/T 5153.1—1991
		JB/T 5153.2—1991
JB/T 5282—2010	翻盘真空过滤机	JB/T 5282—1999
JB/T 5284—2010	隔爆型刮刀卸料离心机	JB/T 5284—1991
JB/T 5285—2008	真空净油机	JB/T 5285—2001
JB/T 6418—2010	分离机械　清洁度测定方法	JB/T 6418—1992
JB/T 7217—2008	分离机械涂装通用技术条件	JB/T 7217—1994
JB/T 7218—2004	筒式加压液体过滤滤芯	JB/T 7218—1994
JB/T 7219—2006	筒式加压过滤机滤芯　性能试验方法	JB/T 7219—1994
JB/T 7220—2006	刮刀卸料离心机	JB/T 7220—1994
JB/T 7241—2010	进动卸料离心机	JB/T 7241—1994
JB/T 7243—2010	离心萃取机　型号编制方法	JB/T 7243—1994
JB/T 8051—2008	离心机转鼓强度计算规范	JB/T 8051—1996
JB/T 8101—2010	离心卸料离心机	JB/T 8101—1999
JB/T 8102—2008	带式压榨过滤机	JB/T 8102—1999
JB/T 8103.1—2008	碟式分离机　第1部分:通用技术条件	JB/T 8103—1999
JB/T 8103.2—2005	碟式分离机　第2部分:碟式啤酒分离机	JB/T 5287.1—1991
JB/T 8103.3—2005	碟式分离机　第3部分:碟式乳品分离机	JB/T 5287.2—1991
JB/T 8103.4—2005	碟式分离机　第4部分:碟式胶乳分离机	JB/T 5287.3—1991
JB/T 8103.5—2005	碟式分离机　第5部分:碟式淀粉分离机	JB/T 6419—1992
JB/T 8103.6—2005	碟式分离机　第6部分:碟式植物油分离机	JB/T 7231—1994
JB/T 8103.7—2008	碟式分离机　第7部分:酵母分离机	JB/T 7242—1994
JB/T 8652—2008	螺旋卸料过滤离心机	JB/T 8652—1997
JB/T 8653—2006	水平带式真空过滤机	JB/T 8653—1997
JB/T 8865—2010	活塞推料离心机用滤网	JB/T 8865—2001
JB/T 8866—2010	筒式加压过滤机	JB/T 8866—2001
JB/T 8947—2008	固定室带式真空过滤机用橡胶滤带	JB/T 8947—1999
JB/T 9095—2008	离心机、分离机锻焊件常规无损检测	JB/T 9095—1999
JB/T 9097—1999	加压叶滤机	ZB J77006 ~ 77007—1989
JB/T 9098—2005	管式分离机	JB/T 9098—1999
JB/T 10409—2004	圆盘加压过滤机	
JB/T 10410—2004	工业用水自动反冲洗过滤器	
JB/T 10411—2004	离心机、分离机奥氏体钢锻件超声检测及质量评级	
JB/T 10502—2005	浓缩带式压榨过滤机	

世界领先水平的螺杆空气

The World Leading Screw Ai

精心的设计

开山西雅图北美研发中心

几十位专家精心设计、倾心之作

节能 能效高于国家节能标准

低噪声 噪声之低 国际一流

高可靠性 新一代高效率SKY系列螺杆转子